현대 우리말의 마침씨끝 연구

현대 우리말의 마침씨끝 연구

한 길

도서출판 역락

머리말

세계 수천의 언어 가운데 우리말은, 사용하는 사람 수에서 보아 15위 이내에 든다고 하니 우리 나라는 언어 강대국임에 틀림이 없다. 또한 우리 나라처럼 단일 언어를 사용하는 나라도 흔치 않다니 말에 있어서 우리는 축복을 받은 셈이다.

그러나 우리말은 예로부터 중국어에 시달려 오다가 급기야 「낱말 만드는 법」에서 중국어에 지고 말았다. 그 결과 한자어가 토박이 낱말보다 훨씬 더 많아지게 되었으며, 새로운 낱말은 한자어로 만들어야지 토박이 낱말로 만들면 안 된다거나 우스꽝스럽다고 비웃기까지 하기에 이르렀다.

최근에는 영어에 짓눌려 영어에서 들어온 외래어가 판치게 되었으니 이대로 가다가는 머지 않아 우리말 낱말은 죄다 외래어가 차지하고 겨우 토씨나 씨끝 정도에서만 살아 남거나, 아예 우리말 자체가 사라져 버릴지도 모른다.

우리말을 지킬 뿐 아니라 나아가 세계 속의 주요 언어로 당당히 설 수 있도록 우리 모두 힘을 기울여야 할 것이다. 우리말을 사랑하고 갈고 닦는 일을 게을리 하지 않고, 일본, 중국, 동남아시아 지역에서 불고 있는 한류 열풍에 교훈을 얻어 우리말을 널리 세계화시킬 수 있는 길을 찾아 나가야 하겠다.

우리말은 언어유형론적 관점에서 보면 교착어[첨가어]에 속한다. 교착어는 뿌리에 명확한 말본적 관념을 가진 말본형태소를 덧붙여서 말본 기능을 나타내는 언어를 일컫는다. 이처럼 우리말은 교착어에 속하기 때문에 뿌리에 덧붙는 씨끝과 토씨가 풍부하고, 이들이 여러 가지 말본적 기능을 맡고 있음은 이미 잘 알려진 사실이다. 그러므로 우리말의 말본적 특성을 명료하게 드러내기 위해서는 씨끝과 토씨들을 식별해 내고 이들의 말본적 특성과 의미 기능을 밝히는 일이 무엇보다도 중요하다. 말본형태소인 씨끝과 토씨 가운데 말본적 기능 부담성에서 보면, 토씨보다는 씨끝이 훨씬 더 크기 때문에 씨끝에 대한 체계적인 연구가 말본 연구에서 가장 중요한 자리를 차지하여야 하며, 또한 우리말의 말본적 특성을 올바로 규명하기 위해서는 씨끝에 대한 철저한 연구가 반드시 필요하다.

우리말에서 여러 가지 중요한 말본적 기능을 담당하고 있는 씨끝 가운데 특히 마침씨끝은 가짓수도 많을 뿐 아니라 월에서 여러 가지 말본적 기능을 맡고 있어 기능부담이 가장 큰 말본형태소에 해당한다. 월의 끝에 놓이는 마침씨끝은 들을이높임법 체계의 등분과 의향법 체계의 각 종류에 따라 여러 종류가 분포해 있으며, 또한 같은 의향법이나, 동일한 등분의 들을이높임법에 해당하더라도 마침씨끝마다 독특한 말본적 특성과 의미적 기능을 가지고 서로 대립되어 있다.

이 책에서는 지금의 우리말에서 쓰이고 있는 마침씨끝들에 대하여 씨끝마다의 고유한 형태적 특성과 아울러 통어적 특성을 드러내고, 의미적 기능과 함께 담화상에서 어떻게 쓰이는가 하는 화용적 특징을 밝히고자 하였다. 곧 마침법을 실현하는 기능, 말할이의 들을이에 대한 의향을 나타내는 의향법 특성, 말할이가 들을이에 대한 높임의 정도를 나타내는 들을이높임법의 특성에 관하여 논의하였다. 또한 마침씨끝마다의 말본적 특성과 의미 기능을 살피기 위하여 들을이높임법 체계 안에서 반말의 위치를 설정하고 이를 바탕으로 하여 들을이높임법 체계를 다시 세운 다음, 각 등분에 해당하는 마침씨끝들을 일정한 원칙에 따라 설정하고, 마침씨끝마다의 고유한 형태·통어적 특성과 의미·화용적 기능을 분석하여 체계적인 기술을 하고자 하였다.

우리말은 말본형태소 가운데 씨끝이 가장 중요한 기능을 담당하며,

그 가운데에서도 마침씨끝이 기능부담성에서 가장 크다. 그러므로 마침씨끝을 설정하여 마침씨끝의 기능을 밝히고, 마침씨끝마다의 개별적인 말본적 특성과 의미 기능을 명시적으로 드러내는 일이 우리말 연구의 중요한 과제 가운데 하나이다. 이런 까닭에 이 책에서는 마침씨끝의 말본적 특성과 의미 기능을 체계적이고 명시적으로 드러낼 수 있는 방안을 마련하고자 하였다.

이 책은 1991년에 출간된 바 있는 『국어 종결어미 연구』를 깁고 보태서 다듬은 것으로, 앞선 책의 잘못된 부분은 바로잡고, 미쳐 다루지 못한 것은 새로이 보태고, 소홀히 다루었던 것은 더욱 세밀하게 기워 넣고자 하였다.

끝으로, 이 책의 간행을 기꺼이 맡아 준 도서출판 역락의 이대현 사장님께 감사를 드리며, 이 책을 위해 애써 준 편집부 조혜진 님을 비롯한 관계자 여러분께 고마운 마음을 전한다.

2003년 12월
지은이 적음

차 례

제1장 모두풀이

1. 연구 목적 및 대상

현재 세계에는 수억이 사용하는 언어부터 단지 수십 명만이 사용하여 겨우 명맥만 유지하고 있는 언어에 이르기까지 육천여 가지 언어가 있다고 한다. 이들을 언어유형론적 특성에 따라 구분하면, 뿌리가 그대로 한 낱말인 언어를 고립어[중국어, 월남어 따위], 낱말의 굴절이 내부적 변화로 표시되는 굴절어[영어, 독일어, 라틴어, 희랍어 따위], 뿌리에 씨끝이 붙어서 낱말을 이루는 교착어[우리말, 일본어, 터키어, 헝가리어 따위] 등 몇 가지로 나뉘게 된다. 우리말은 언어유형론적 관점에서 보면 교착어[또는 첨가어]에 속하게 된다. 교착어는 뿌리에 명확한 말본적 관념을 가진 말본형태소를 덧붙여서 말본 기능을 나타내는 언어를 일컫는다.

이처럼 우리말은 교착어에 속하기 때문에 뿌리에 덧붙는 씨끝과 토씨가 풍부하고, 이들이 여러 가지 말본적 기능을 맡고 있음은 이미 잘 알려진 사실이다. 그러므로 우리말의 말본적 특성을 명료하게 드러내기 위해서는 씨끝과 토씨들을 식별해 내고 이들의 말본적 기능과 의미적 특성을 밝히는 일이 무엇보다도 중요하다. 말본형태소인 씨끝과 토씨 가운데 말본적 기능 부담성에서 보면, 토씨보다는 씨끝이 훨씬 더 크기 때문에 씨끝에 대한 체계적인 연구가 말본 연구에서 가장 중요한 자리를 차지하여야 하며, 또한 우리말의 말본적 특성을 올바로 규명하기 위해서는 씨끝에 대한 철저한 연구가 반드시 필요하다.[1]

풀이씨[움직씨, 그림씨, 잡음씨]의 뿌리에 덧붙는 씨끝은 뒤에 다른 씨끝이 놓일 수 있느냐 없느냐에 따라 안맺음씨끝과 맺음씨끝으로 나뉜다. 맺음씨끝은 다시 월을 끝맺는 기능을 하는 마침씨끝[종결어미]과 안마침씨끝[비종결어미]으로 나뉘는데, 이 글에서는 월을 끝맺음하는 마침씨끝에 관하여 다루기로 한다. 월의 끝에 놓이는 마침씨끝은 들을이높임법 체계의 등분과 의향법 체계의 각 종류에 따라 여러 종류가 분포해 있으며, 또한 같은 의향법이나, 동일한 등분의 들을이높임법에 해당한다고 하더라도 마침씨끝마다 독특한 말본적 특성과 의미적 기능을 가지고 서로 대립되어 있다.

이 연구의 목적은 지금의 우리말에서 쓰이고 있는 마침씨끝들에 대하여 씨끝마다의 고유한 형태적 특성과 아울러 통어적 특성을 드러내고, 의미적 기능과 함께 담화상에서 어떻게 쓰이는가 하는 화용적 특징을 밝히려는 데 있다.[2] 이 글에서는 마침씨끝이 가지는 여러 가지 기능에 관하여 살피고, 각 기능의 특성을 드러내고자 한다. 곧 마침법을 실현하는 기능, 말할이의 들을이에 대한 의향을 나타내는 의향법 특성, 말할이가 들을이에 대한 높임의 정도를 나타내는 들을이높임법의 특성

---

1) 권재일(1992:34)에서도 한국어의 통사 특성을 밝히는 데 있어서, 말본형태소(씨끝과 토씨) 가운데 "순수한 굴곡에 해당하는 어미가 더욱 기본적이라고 생각한다"고 하고, "특히 활용에 해당하는 어미를 바탕으로 해야 한다고 본다"라 하였다. 이 글에서의 견해도 이와 마찬가지이다.

2) 장석진(1985:22)은 언어 기술에서 문법의 개념을 협소하게 잡아 발화(utterance)를 문(sentence)과 구별하여 발화, 화맥 등을 언어 사용면으로 돌리어 문법에서 제외시키는 Chomsky, Katz의 언어이론을 정당시하더라도 문을 최대분석단위로 하는 문문법(sentence grammar)을 지향하고 담화(discourse)를 분석의 대상으로 삼아 화용을 배제하는 문법 기술이 아니라 통사 - 의미론(semantax)에 화용의 제상을 폭넓게 다룰 수 있는 통사 - 의미 - 화용론, 또는 거꾸로 화용 - 의미 - 통사론(pragmantax)의 통합이론으로 언어 기술이 정립되어 가는 것이 바람직하다고 하였다. 이 글에서도 이와 같은 언어 기술 방법을 적극 지지하며, 우리말 마침씨끝에 대한 연구에 적용하기로 한다.

에 관하여 논의하기로 한다. 또한 마침씨끝마다의 말본적 특성과 의미 기능을 살피기 위하여 들을이높임법 체계 안에서 반말의 위치를 설정하고, 이를 바탕으로 하여 들을이높임법 체계를 다시 세운 다음, 각 등분에 해당하는 마침씨끝들을 일정한 원칙에 따라 설정하고, 마침씨끝마다의 고유한 형태·통어적 득성과 의미·화용직 특성을 분석하여 체계적인 기술을 하고자 한다.

마침씨끝에 대한 접근 방법은 마침씨끝의 기능에 따라 여러 각도에서 가능하나, 대체로 화용적인 특성에 해당하는 의향법과 들을이높임법의 관점에서 다루는 것이 일반적이다. 이 가운데 많은 연구 논저에서는 의향법의 기준에서 체계화를 꾀하고 있으나, 어떤 마침씨끝들은 모든 의향법에 두루 쓰이는 일이 있기도 하기 때문에 의향법을 기준으로 하여 접근하는 데는 문제가 따르게 된다.[3] 예컨대 마침씨끝 '-어'는 서술법, 물음법, 꾀임법, 시킴법 등 모든 의향법에 두루 쓰이는 일이 있어, 만일 의향법의 관점에서 마침씨끝을 다루게 되면 의향법마다에서 '-어'를 설정하여 다루게 됨으로서 번거로움이 생기게 된다.[4] 그러나 모든 '-어'는 들을이높임의 정도에서 반말[안높임]이라는 한 등분을 나타내기 때문에 모든 '-어'를 한 범주로 처리할 수 있는 이점이 생기게 된다.[5]

---

3) 의향법은 그 정의에 따라 마침씨끝에 국한하여 설정하기도 하고, 마침씨끝뿐만 아니라 그 앞에 놓이는 일부 안맺음씨끝까지 포함하여 설정하기도 한다. 서정수 (1990)에서는 마침씨끝에 의해 실현되는 것을 '문말 서법', 안맺음씨끝에 의해 실현되는 것을 '비문말 서법'이라 하여 구별하고 있다. 이 글에서는 마침씨끝에 의해 표시되는, 들을이에 대한 태도나 주어진 명제 내용에 대하여 가지는 말할이의 태도에 국한하여 논의하기로 한다.

4) '-어'는 의향법에 따라 그 뒤에 놓이는 절종결의 종류가 달라진다. 그렇기 때문에 '-어' 다음에 어떤 절종결이 놓이느냐에 따라 의향법이 결정된다고 할 수도 있다. 그러나 절종결 자체가 의향법을 결정해 주는 변별적 기능을 가지는 것은 아니고, 각 의향법의 '-어'에 절종결이 얹혀 여러 의향법을 확실히 드러내는 것으로 보는 것이 합리적이다.

5) 들을이높임의 관점에서도 하나의 마침씨끝이 반드시 한 등분으로만 쓰이는 것은 아니다. 어떤 종류의 마침씨끝은 두 가지 이상의 등분으로 쓰이는 일도 있다. 예컨 대 '-게'는 들을이높임의 등분이 반말인 경우와 예사낮춤인 경우가 있지만, 의향법

이에 따라 먼저 들을이높임의 관점에서 마침씨끝들을 분류하여 체계화한 다음, 의향법이나 그 밖의 특성을 기술하기로 한다.

1980년대 말까지의 마침씨끝에 관한 연구는 주로 마침씨끝에 의해 표시되는 의향법과 들을이높임법의 등분에 따른 분류나 구분을 통하여 마침씨끝들이 어디에 해당하는가를 밝히는 일에 한정되어 왔다. 그러나 그 가운데서도 일부 마침씨끝에 대한 개별적인 특성을 밝히고자 하는 논의가 있었지만, 마침씨끝 하나하나에 관한 구체적이고 깊이 있는 연구 성과는 단편적으로 이루어졌을 뿐이다.[6] 다시 말해서 마침씨끝에 의해 표시되는 들을이높임법에 관하여는 들을이높임의 등분을 몇 등급으로 가를 것이냐에 초점이 놓여졌으며, 의향법에 관하여는 우리말의 의향법이 몇 가지로 나뉘느냐에 관심이 모아졌었다. 그래서 마침씨끝을 분류할 때에는 이들 두 기준을 바탕으로 하여 마침씨끝의 분류 체계를 설정하는 데 중점을 두었다. 그렇기 때문에 같은 의향법이면서 들을이높임의 등분도 같은 마침씨끝들에 대한 형태·통어적 특성에서의 차이나, 의미·화용적 특성에서의 차이를 규명한 연구는 찾아보기 어려운 실정이었다.[7] 그러나 마침씨끝마다의 말본적 특성과 의미 기능에 관한 구체적이고 체계적인 연구는 1990년대에 이르러 본격화되기 시작하였으며 그 동안 상당한 성과도 이룩하였다.[8]

에서와 비교하면, 들을이높임법에서는 마침씨끝의 쓰임이 훨씬 더 고정적이다.

6) 현대 우리말의 문체법에 관한 대표적인 연구로는 고영근(1965, 1974ㄱ, 1974ㄴ, 1976, 1990)을 들 수 있고, 느낌월의 마침씨끝에 대한 체계적인 연구로는 노대규(1983)를 들 수 있다.

7) 이에 대한 논의가 우리말의 특질을 밝히는 데 대단히 중요하기 때문에 반드시 필요하다. 왜냐하면 마침씨끝 '-어'와 '-지'는 들을이높임의 등분이 반말이고, 의향법에서도 모든 의향법에 두루 쓰이는 점에서 같으나 이들은 분명히 형태·통어적인 특성과 의미·화용적 특성에서 차이를 보이기 때문이다. 이에 관하여는 뒤에서 구체적으로 논의하기로 한다.

8) 1990년대에 들어 마침씨끝 전반에 관한 체계적인 연구는 한길(1991)에서 이루어졌다. 그 후 마침씨끝에 대하여 초점을 맞춘 논의가 활발해져 많은 성과를 거두게 되었다.

마침씨끝에 관한 이 글에서의 연구 대상은 현재 우리말에서 쓰이는 것은 모두 포함된다. 마침씨끝이 형태 구성에 따라 단일형태소로 이루어진 단일형과 둘 이상의 형태소배합으로 이루어진 복합형으로 나뉘고, 복합형은 다시 분석하면 하나 이상의 구성요소가 불구형이 되는 것과 축약되어 녹아붙은 축약형으로서 원형으로의 회복이 불가능한 것으로 나눌 수 있는데, 이들이 모두 연구 대상에 포함된다.

마침씨끝은 쓰임에 따라, 지금의 우리말에서 남녀노소, 입말, 글말에 제한 없이 두루 쓰이는 것과 제한이 있는 것으로 나눌 수 있다. 쓰임에서 아무런 제한이 없는 것은 당연히 이 연구 대상의 범위에 포함된다.

쓰임에 제한이 있는 것으로, 첫째로, 사용 연령층에 제한이 있는 것을 들 수 있다. 성인에서만 주로 쓰이는 것과 어린이에서만 주로 쓰이는 것으로 나눌 수 있으며, 이들도 모두 이 연구의 대상에 해당된다. 곧 사용 연령의 제약 여부에 관계없이 모두 연구 대상에 포함된다.

둘째로, 사용되는 지역에 제약이 있는 것으로, 표준어에 해당하는 마침씨끝이 이 연구의 주된 대상이지만, 그 밖에도 지역적인 제약이 있는 것도 일부 연구의 범위에 포함된다. 곧 지역적 제약은 표준어의 범위에는 포함되지는 않으나 비교적 광범위하게 여러 지역에서 쓰이는 것과 한정된 특수 지역에서만 쓰이는 특정 지역 방언으로 구분 가능하며, 이 가운데 앞의 것은 연구 대상에 포함시키되 뒤의 것은 제외시키기로 한다.

셋째로, 사용되는 시대적 제한으로, 지금 우리말에서 제한적으로 쓰이되 옛말의 잔재에 해당하는 것과 옛말일 뿐 지금말에서는 생명력을 잃은 것으로 나눌 수 있으며, 이 가운데 앞의 것은 연구 대상에 포함시키되 뒤의 것은 제외시키기로 한다. 곧 옛말에서 비롯되었으나 지금의 말에서는 완전히 없어진 것은 제외되며, 아직 일부의 제한된 환경에서라도 쓰이는 것은 연구 대상에 포함된다.[9]

---

9) 허웅(1995:540)에서는 옛말투의 처리 문제에 대하여 다음과 같은 태도를 취하였다. 이 글에서도 이와 같은 태도에서 옛말투의 마침씨끝을 연구 대상으로 삼는다.

넷째로, 마침씨끝에 따라 문맥이나 화맥에 제한을 받는 것도 있고 받지 않는 것도 있다. 문맥이나 화맥에 제한을 받지 않는 것들은 단독으로 월의 마침씨끝으로 기능을 수행하여 통사적으로도 온전한 자립성을 갖게 되지만, 문맥이나 화맥의 제한을 받는 것은 단독으로는 월의 마침씨끝으로는 쓰이지 못하고 앞이나 뒤의 문맥이나 화맥이 전제되어야만 쓰일 수 있어 통어적으로 자립성이 의심스러운 것들이다. 이 글에서는 문맥이나 화맥에 의존하건 하지 않건 관계없이 모두 연구 대상으로 삼고, 문맥이나 화맥에 기대는 것들은 그 쓰임의 특성을 밝히기로 한다.

다섯째로, 마침씨끝을 본래부터 마침씨끝이냐, 마침씨끝 밖의 것에서 마침씨끝으로 전성된 것이냐에 따라 나눌 수 있으며, 이들 모두 연구 대상에 포함된다. 그러나 임시로 마침씨끝처럼 쓰일 뿐 아직 마침씨끝으로 바뀌지 않은 것들은 제외된다.

예컨대, 본디 이음씨끝의 '-도록'은 "내일 아침 일찍 오도록., 해산했다가 이 자리에 다시 모이도록.[10) …"에서와 같이 시킴법의 마침씨끝처럼 쓰이는 일이 있지만, 그 뒤에 '-할것'이나 '해', '해라', '하게' 따위가 줄어든 것으로 이해되기 때문에, '-도록'은 마침씨끝에 해당하지 않는다.

또한 본디 마침씨끝이 아닌 '-을는지'도 "그 애가 이 책을 읽을는지?, 그 사람이 과연 올는지? …"에서와 같이 물음법의 마침씨끝처럼 쓰이기도 하지만, 그 뒤에 '알겠어'나 '모르겠어' 따위가 줄어든 것으로 이해되기 때문에 '-을는지'도 마침씨끝의 얼안에는 포함되지 않고 단지 임시로 마침씨끝처럼 쓰인 것으로 보인다.

여섯째로, 마침씨끝이 풀이씨의 뿌리와의 통합에서 제약이 없는 것,

지금말은, 쌓이고 쌓인 옛말의 투영이다. … 옛말의 말투가 잘 쓰이지는 않으나, 그렇다고 아주 없어지지도 않고 살아 있는 것이 더러 있는 데서 오는 부조리 때문이다. 그렇다고 이러한 말씨를 지금말의 말본에서 완전히 제외할 수도 없는 일이니, 이러한 경우에는 '옛말투'라는 딱지를 붙여 풀이하는 수밖에 없다.

10) 이 보기에서의 '-도록'을 국립국어연구원편(1999) 「표준국어대사전」에서는 "명령의 뜻을 나타내는 종결어미"라고 하였다.

움직씨, 그림씨, 잡음씨 가운데 어느 하나나 둘과만 통합하여 제약이 따르는 것, 특수한 한두 풀이씨 뿌리에만 통합되어 극히 제약이 심한 것으로 나누어 볼 수 있다. 첫 번째와 두 번째에 해당하는 마침씨끝과 세 번째의 마침씨끝을 구별하여, 제약이 극심한 세 번째의 마침씨끝을 모자람 마침씨끝이라 할 수 있다. 이들 마침씨끝은 모두 연구 대상에 포함된다.

이 글에서 든 보기 월은 대부분 1945년 이후에 쓰여진 중부지방 출신 작가들의 현대 소설과 희곡 작품, 수필 따위에서 인용한 것들이다. 그러나 적당한 보기를 찾기 어려운 것들은 만들어 사용하였다. 현대 우리말의 들을이높임법에서 주종을 이루고 쓰이는 반말의 마침씨끝이 오늘날과 같이 확대되어 쓰이기 시작한 것은 8.15 광복 이후이며, 특히 반말의 마침씨끝에 의해 표시되는 들을이높임의 등분이 오늘날과 같아진 시기가 1945년 이후이기 때문에 연구 대상을 광복 이후로 한정하였다. 지역적으로는 주로 중부지방으로 한정하였다.[11]

2. 연구 방법

우리말은 말본형태소에서 씨끝이 가장 중요한 기능을 담당하며, 그 가운데에서도 마침씨끝이 기능부담성에서 가장 크다고 하겠다. 그러므로 마침씨끝을 설정하고, 마침씨끝의 기능을 밝히고, 마침씨끝마다의 개별적인 기능과 의미적 특성을 명시적으로 드러내는 일이 우리말 연구의 중요한 과제 가운데 하나이다. 그러므로 마침씨끝의 기능과 의미적 특성을 체계적이고 명시적으로 드러낼 수 있는 방안을 마련하기로 한다.

---

11) 중부지방으로 한정한 까닭은 같은 마침씨끝이라도 방언에 따라 들을이높임의 정도가 다른 경우가 있으며, 쓰임의 여부에서도 차이가 날 수 있기 때문이다.

우리말에서 마침씨끝이 여러 가지 기능을 수행함에도 불구하고, 마침씨끝의 다양한 기능이 그 동안 연구의 기본 과제가 되는 데에는 소홀하였다. 이 연구에서는 마침씨끝의 여러 기능에 대하여 객관적이고 합리적으로 밝힐 수 있는 방법을 적용하여 마침씨끝의 기능을 명료하게 밝히기로 한다. 마침씨끝의 기능은 크게 네 가지로 나누어 볼 수 있다.

첫째, 형태론적 측면에서 마침씨끝이 가지는 형태배합상의 특성을 나타내는 기능을 들 수 있다. 마침씨끝이 통합되어 있는 형태론적 구조 안에서 다른 요소와의 통합관계에 미치는 기능에 대하여 통합관계의 제약을 통하여 밝히기로 한다. 곧 마침씨끝과 통합관계에 놓이는 풀이씨 뿌리와의 통합 제약, 안맺음씨끝과의 통합 제약, 마침씨끝 뒤에 놓이는 특수토씨와의 통합 제약, 이와 같은 제약이 따르는 원인 따위의 규명을 통하여 마침씨끝이 형태론적 특성을 나타내는 기능을 밝히기로 한다.

둘째, 통어론적 측면에서 마침씨끝이 가지는 월조각과의 공기관계나 월을 끝맺는 기능, 의향법이나 들을이높임법에 영향을 미치는 기능을 들 수 있다. 곧 마침씨끝이 통어론적 구조 안에서 풀이말 밖의 임자말, 홀로말, 어찌말 따위 월조각과의 공기관계에 미치는 기능에 관하여 공기관계의 제약을 통하여 밝히기로 한다. 또한 마침씨끝은 모든 월의 짜임에 필수 요소로서 월을 끝맺는 기능을 담당하므로 이에 관하여 체계적으로 밝힐 수 있는 방법을 적용하기로 한다.

셋째, 의미론적 측면에서 마침씨끝이 가지는 의미적 특성을 나타내는 기능을 들 수 있다. 마침씨끝이 말본적인 기능과 아울러 고유한 의미적 특성을 나타내는 기능을 가지는데, 마침씨끝마다의 의미적 특성은 대단히 추상적이기 때문에 그 실체가 쉽게 드러나지 않는 속성을 보인다. 마침씨끝의 의미 특성을 객관적으로 규명하기 위하여 분석적 방법을 적용하기로 한다. 곧 마침씨끝의 의미를 이루는 요인들을 분석하여 밝힘으로써 해당 마침씨끝의 의미 규명은 물론이고 다른 마침씨끝의 의미 특성과 비교·대조할 수 있는 방안을 모색하기로 한다.

넷째, 화용론적 측면에서 마침씨끝이 가지는 월로 표현되지 않은, 발화에 관련된 여러 가지 요소에 관한 사항을 나타내는 기능을 들 수 있다. 다시 말해서 마침씨끝은 월을 발화하는 데 관련되는 말할이에 관한 것, 들을이에 관한 것, 말할이와 들을이 사이의 관계, 발화가 이루어지는 장면 따위를 나타내는 바, 이러한 특성을 실제로 마침씨끝의 쓰임을 통하여 구체적으로 밝히는 방법을 따르기로 한다.

마침씨끝의 다양한 기능 가운데 가장 중요한 것으로는 의향법을 나타내는 기능이다. 마침씨끝에 의해 실현되는 우리말의 의향법에 관하여 기존의 연구 논저에서 밝힌 내용을 검토하여, 이를 바탕으로 하고 타당성 있는 기준을 설정하여 의향법 체계를 세운 다음, 각각의 마침씨끝이 어떤 종류의 의향법에 해당하며, 왜 그 의향법에 해당하는가를 말본적 특성을 주로 하고 의미 특성을 고려하여 객관적으로 드러낼 수 있는 방법을 적용하기로 한다.

마침씨끝의 기능 가운데 의향법에 못지 않은 중요한 기능으로는 들을이높임법을 나타내는 기능이다. 곧 우리말은 어떤 월이든지 들을이에 대한 높임의 정도가 표시되는데, 이 역할을 주로 마침씨끝이 담당한다. 들을이높임법 체계는 연구 논저에 따라 제각각 다른 주장을 하고 있어 극히 혼란된 모습을 보이고 있는 실정이다. 들을이높임법 체계를 확고히 설정하기 위하여 기존의 연구 논저에서 밝힌 내용을 검토하여 문제점을 드러낸 다음, 이를 바탕으로 하고 현대 우리말의 들을이높임법 가운데 주종을 이루고 쓰이는 등분인 반말을 중심으로 하여 들을이높임법 체계를 정립하는 방식을 택하기로 한다. 다시 말해서 반말의 위치를 제일 먼저 고정시킨 다음 이를 바탕으로 하여 들을이높임법 체계를 확립하기로 한다.

마침씨끝마다의 개별적인 특성을 규명하기 위하여 마침씨끝을 공통 특성을 가지는 것들끼리 묶는 분류 작업이 필수적이다. 마침씨끝들을 의향법 기준에 따라 분류할 수도 있고, 들을이높임법의 기준에 따라 분류할 수도 있는데, 들을이높임법의 기준에 따라 분류하여 고찰하는 것이 더 합리적인 방법이다. 왜냐하면 어떤 마침씨끝은 모든 의향법의 하위 범주에 모두 실현될 수 있기 때문에 의향법마다 일일이 언급해야 하는 문제점이 따른다. 그러므로 의향법 기준을 적용하지 않고 들을이높임법 기준을 적용하여 분류한 다음, 마침씨끝마다의 형태·통어적 특성과 의미·화용적 특성을 살피는 방식을 따르기로 한다.

들을이높임법 체계 등분 안에서 입말로 가장 널리 쓰이고 있는 반말에 해당하는 마침씨끝을 가장 먼저 살핌은 너무나 당연하다. 반말의 정의를 통하여 반말의 개념을 확실히 한 다음, 모든 반말의 마침씨끝에 공통으로 적용되는 특성을 정립하고 이를 바탕으로 반말의 마침씨끝을 선정하는 방법을 마련하였다. 그 다음 선정된 각각의 반말 마침씨끝이 가지는 개별적인 특성을 면밀히 규명하고자 하였다.

반말 마침씨끝 연구에 적용되었던 동일한 방법을 아주낮춤, 아주높임, 예사낮춤, 예사높임의 마침씨끝 연구에 적용하여 각각의 들을이높임 등분에 해당하는 마침씨끝을 선정하고, 마침씨끝마다의 개별적인 특성을 밝히는 방식을 따랐다.

위에서 든 들을이높임의 등분에 해당하는 마침씨끝들은 들을이를 높이든가 안 높이든가 낮추든가 하며, 높낮이에 관하여도 정도의 차이가 있는 데 비하여 높낮이없음의 마침씨끝은 높낮이에 관한 한 중화되어 높낮이가 없게 된 것들이다. 이들 마침씨끝이 가지는 공통 특성에 따라 높낮이없음의 마침씨끝을 설정한 다음, 높낮이없음 마침씨끝마다의 개별적인 특성을 밝히는 방식을 따르기로 하였다.

위에서 살핀 연구 방법에 따라 현대 우리말에서 쓰이고 있는 마침씨끝들을 들을이높임법 체계의 등분을 기준으로 하여 마침씨끝마다의 개별적인 특성을 객관적으로 규명하고 합리적으로 체계화시키는 작업을 마무리하고자 하였다.

3. 마침씨끝 개관

3.1 씨끝의 체계

우리말은 주로 임자씨 뿌리에는 토씨가 붙어 월에서 차지하는 자리를 정하여 주며, 풀이씨 뿌리에는 다양한 굴곡의 씨끝이 일정한 순서에 따라 결합되어 여러 가지 말본적 기능을 수행하게 된다.

풀이씨 뿌리에 붙는 굴곡의 씨끝은 뒤에 다른 씨끝이 덧붙을 수 있는 것들과 없는 것으로 크게 가를 수 있으며, 앞의 것을 안맺음씨끝이라 하고 뒤의 것을 맺음씨끝이라고 한다.

풀이씨 뿌리에 붙을 수 있는 안맺음씨끝은 높임법과 때매김법의 말본 범주를 실현하는데, 안맺음씨끝에 해당하는 마침씨끝 앞자리에 놓일 수 있는, 가능한 모든 안맺음씨끝을 나열하면 (1)과 같다.

☞　안 맺 음 씨 끝　☜　맺음씨끝

1　　2　　3　　4　　5　　6

(1) 가(풀이씨 뿌리)-+-**시**-+-**었**-+-**겠**-+-**습**-+-**더**-+-**이**-+마침씨끝

(1)에서 풀이씨 뿌리 '가-' 다음에 6가지의 안맺음씨끝이 통합되었다. 이들은 모두 제각기 다른 기능과 의미적 특성을 나타내지만, 말본적 범주로는 높임법과 때매김법에 관련되어 있다. 곧 1·4·6은 높임법과 관련되어 있으며, 2·3·5는 때매김법과 관련되어 있다.

안맺음씨끝 6 뒤에는 맺음씨끝이 놓여, 월을 끝맺게 되기 때문에 이와 같은 기능을 하는 맺음씨끝을 이 글에서는 마침씨끝이라고 하였다. 왜냐하면 모든 맺음씨끝이 월을 끝맺는 기능을 수행하면 마침씨끝을 별도로 설정할 필요가 없지만 (2)에서와 같이 마침씨끝 가운데 월을 끝맺지 않는 것들도 있기 때문이다. 이처럼 맺음씨끝 가운데 월을 끝맺지 않는 것들을 안마침씨끝이라고 하기로 한다.

(2) ㄱ. 인생은 짧-**고**, 예술은 길다.
　　ㄴ. 할아버지께서 서울에 가시었-**으니까**, 너는 집을 보아라.

(2)에서 '-고'와 '-으니까' 뒤에는 다른 어떤 씨끝도 덧붙을 수 없으므로 맺음씨끝에 해당하지만, 마침씨끝과는 달리 뒤에 마디가 놓인 점에서 차이를 보여 안마침씨끝에 해당한다. 곧 안마침씨끝인 '-고'와 '-으니까'는 앞마디의 맺음씨끝으로 쓰임과 아울러 뒷마디를 앞마디에 이어 주는 역할을 하기 때문에 이와 같은 기능을 하는 것들을 이음씨끝이라고 하기로 한다.

맺음씨끝으로 (2)에서 살핀, 월을 끝맺지 않는 안마침씨끝으로는 앞마디와 뒷마디를 이어 주는 이음씨끝 밖에도 (3)에서와 같이 다른 기능을 담당하는 것들도 있다.

(3) ㄱ. 나는 할아버지께서 서울에 가시었-**음**을 몰랐다.
　　ㄴ. 나는 할아버지께서 서울에 가시-**는** 것을 몰랐다.
　　ㄷ. 할아버지께서 서울에 가시-**게** 되었다.

(3)에서 '-음', '-는', '-기' 뒤에도 다른 어떤 씨끝도 덧붙을 수 없기 때문에 맺음씨끝에 해당하며, 또한 월을 끝맺지 않으므로 안마침씨끝에 해당하지만, 이들의 기능은 안긴월의 풀이말 끝자리에 덧붙어 안긴월의 풀이말이 되면서 다른 말본적 자격을 가지게 한다. 곧 ㄱ의 '-음'은 이름씨의 자격을, ㄴ의 '-는'은 매김씨의 자격을, ㄷ의 '-게'는 어찌씨의 자격을 가지게 하는 점에서 마침씨끝이나 이음씨끝과 차이를 보이기 때문에 이와 같은 기능을 하는 안마침씨끝을 자격씨끝이라고 하기로 한다. 위에서 살핀 씨끝의 체계를 정리하면 (4)와 같다.

(4) **씨끝** ---- 안맺음씨끝
　　　맺음씨끝 ----- **마침씨끝**
　　　　　안마침씨끝 ----- 이음씨끝
　　　　　　　　　　　　　자격씨끝

곧 우리말의 씨끝은 뒤에 씨끝이 놓이느냐 안 놓이느냐에 따라 안맺음씨끝과 맺음씨끝으로 나뉘며, 맺음씨끝은 월을 끝맺느냐 안 끝맺느냐에 따라 마침씨끝과 안마침씨끝으로 나뉜다. 안마침씨끝은 다시 그 기능에 따라 이음씨끝과 자격씨끝으로 나뉜다. 이 글의 연구 대상은 씨끝 가운데 맺음씨끝이고, 맺음씨끝 가운데 바로 마침씨끝이 해당된다.

3.2 마침씨끝의 설정 기준

마침씨끝을 설정하기 위한 방안으로는 두 가지를 상정할 수 있다. 첫째로 엄격한 형태소 분석을 통해 그 자체가 독자적인 최소의 말본 단위로 쓰일 수 있건 없건 관계없이 단순 형태소로 설정하는 방법이 있고[12], 둘째로 독자적으로 말본적 기능을 수행하는 최소한의 형식으로 보아 형태소 분석을 통해 단순 형태소의 마침씨끝을 설정하되, 그 자체가 독자적인 말본적 기능을 수행하지 못하는 경우 그 앞에 놓여 한 몸처럼 쓰이는 안맺음씨끝이나 뒤에 놓여 한 몸처럼 융합되어 쓰이는 언어형식과 합쳐 마침씨끝으로 설정하는 방법이 있다.[13] 이 글에서는 마침씨끝을 독자적으로 최소의 말본 단위로 기능하는 것에 초점을 맞추어 두 번째 방법을 택하기로 한다.[14]

우리말에서 여러 가지 기능을 담당하고 있는 마침씨끝은 가짓수도 많을 뿐 아니라 형태도 다양한 실정이다. 들을이높임법의 등분에 따라

---

12) 이와 같은 태도로 마침씨끝을 설정한 대표적인 연구 논저로는 서태룡(1988), 한동완(1988), 김태엽(2001) 등이 있다.

13) 이와 같은 태도에서 마침씨끝을 설정한 연구 논저로 최현배(1971:270)를 들 수 있다. 예컨대 '-나이다'와 '-노이다'는 형태 분석이 가능하지만 전체를 마침씨끝으로 보는 까닭에 대하여 "워낙 그 어우름이 밀착(密着)하였으므로, 도저히 따로 떼기가 어려운 점이 있다. 그래서 그것은 마침법의 한 씨끝으로 보았노라."라고 하였다.

14) 김석득(1992:520)에서는 독립적으로 말본의 기능을 발휘하는 특정한 형식을 "말본적 최소형"이라고 하였다. 이 글에서도 마침씨끝에 대하여 미시적 형태소 분석을 통한 단순 형태소로 보는 관점에 국한하지 않고 "말본적 최소형"의 관점도 고려하여 설정하기로 한다.

각 등분마다 여러 가지 마침씨끝이 분포해 있으며, 마침씨끝 자체도 단일한 형태소로 이루진 단순형부터 둘 이상의 형태소 결합으로 이루어진 복합형에 해당하는 것들이 있다. 복합형의 마침씨끝이더라도 짜임에서는 다양한 유형으로 이루어져 있어 복잡한 양상을 보이고 있다. 또한 본래 마침씨끝이 아니었던 것이 마침씨끝으로 기능이 바뀐 것들로 있는 실정이다.

정상적인 월의 짜임에서 월 끝에 놓이는 월조각인 풀이말에서 안맺음씨끝 다음에 마침씨끝이 놓이게 되는데, 이 자리에 놓이는 마침씨끝이 다른 언어형식에 도움을 받지 않고서도 독자적으로 말본적 기능을 수행하는 경우에는 단순형으로 이루어진 전형적인 마침씨끝에 해당하여 마침씨끝으로 설정하는 데 아무런 문제가 없다.

그러나 비록 형태배합상 맺음씨끝 자리에 놓이더라도 그 자체가 독자적인 말본적 단위가 되지 못하는 경우에는 그 앞에 놓이는 안맺음씨끝이나 그 뒤에 덧붙는 언어형식과 더불어 말본적 최소형이 되는 것도 마침씨끝으로 설정한다. 곧 '가십니다'에서 형태소 분석은 '가-+-시-+-ㅂ-+-니-+-다'로 이루어져, '-다'가 맺음씨끝에 해당하지만 '-다' 자체만으로는 독자적으로 말본적 기능을 수행하지 못하고 항상 '-ㅂ-+-니-'와 통합되어 최소한 '-ㅂ니다'가 되어야만 독자적으로 말본적 기능을 수행하기 때문에 '-ㅂ니다'를 복합형 마침씨끝으로 설정하게 된다. 또한 '가시겠다니까'에서도 형태소 분석은 '가-+-시-+-겠-+-다+-니까'로 이루어져 있지만, '-다'가 맺음씨끝이고 이에 '-니까'가 덧붙은 형식에 해당된다. 여기에서도 '-다'만으로는 말본적 기능을 독자적으로 수행하지 못하고 '-니까'와 결합되어야만 마침씨끝으로서의 최소한의 말본적 기능을 수행하기 때문에 '-다니까'를 복합형 마침씨끝으로 설정하게 된다.

마침씨끝 가운데 일부는 본디 다른 용도로 쓰이던 것들이 있다. 예컨대 마침씨끝으로 쓰이고 있는 '-거든'은 본디 이음씨끝에 해당하던 것이었으나 마침씨끝으로 쓰임이 바뀌어 용법과 의미에서 이음씨끝과 관계를 끊고 마침씨끝으로 자리를 옮긴 것이기 때문에 (5)의 ㄴ에서 쓰인 '-거든'은 마침씨끝으로 설정된다.

> (5) ㄱ. 내가 집에 늦게 돌아오-**거든** 네가 먼저 자거라.
>   ㄴ. 어제 비가 많이 왔-**거든**.

(5)에서 ㄱ의 '-거든'은 이음씨끝으로 기능을 하여 마침씨끝과는 관련이 없지만, ㄴ의 '-거든'은 월을 끝맺는 기능을 수행하여 마침씨끝으로서의 자격을 가지게 된다. 이와 같이 본디 마침씨끝이 아니었더라도 잠시 마침씨끝처럼 쓰이는 것이 아니라 마침씨끝으로 전용되어 쓰이는 것들도 마침씨끝으로 설정된다. 그러나 임시로 마침씨끝처럼 쓰였지만 본디의 언어형식과 쓰임과 뜻에서 차이가 나지 않고 본디 쓰임으로 의미상 차이 없이 쉽게 돌이킬 수 있는 것들은 마침씨끝에서 제외된다.

3.3 마침씨끝의 얼개

현대 우리말의 마침씨끝 테두리 안에는 입말에서 주로 쓰이는 것, 글말에서 주로 쓰이는 것, 예스러운 표현으로 겨우 명맥만 유지할 뿐 그리 잘 쓰이지는 않는 것으로 쓰임에서 제약이 따르는 것과 입말이건 글말이건 관계없이 쓰여 쓰임에 제약이 따르지 않는 것들이 모두 들어간다.

마침씨끝을 사용하는 연령층에서도 어린이들이 주로 사용하는 것, 어른들이 주로 사용하는 것들이 있어 제약이 따르는 마침씨끝들과 모든 연령층에서 두루 사용되어 사용 연령에 제약이 따르지 않는 것들이 있는데, 사용 연령층의 제약이 있느냐 없느냐에 관계없이 모두 마침씨끝의 테두리 안에 들어간다.

마침씨끝을 사용하는 지역에서도 제약을 보이기도 하여 특정 지역에 국한하여 사용되는 것도 있고, 전국적으로 두루 널리 쓰여 제약이 심하지 않는 것도 있다. 이 글에서는 지역적으로는 중부지방에서 쓰이는 것으로, 주로 표준어의 범주 안에 드는 것을 대상으로 하되, 표준어에 들지 않는 것이라도 여러 지역에서 두루 쓰이는 것들은 포함시키고, 특정 지역에 한정되어 쓰이는 것은 포함시키지 않는다.

이와 같은 관점을 바탕으로 하고, 3.2에서 논의한 마침씨끝의 설정 기준을 적용하면 현대 우리말의 마침씨끝이 다음과 같이 정립된다.[15]

> **단순형** : -어, -지, -게, -네, -는가, -는군, -거든, -데, -는데, -고, -ㄹ세, -음세, -으이, -세, -거니, -느니, -오, -는구려, -구려, -는다, -으마, -는구나, -으니, -을라, -노라, -누나, -느냐, -니, -자, -어라, -으려무나, -다, -음, -으라,
>
> **복합형** : -는다나, -자나, -으라나, -는다고, -냐고, -자고, -으라고, -는다니까, -냐니까, -으라니까, -을게, -을래, -을까, -는걸, -을걸, -다니, -느냐니, -자니, -으라니, -는다면서, -자면서, -으라면서, -는데, -는지, -는다지, -고말고, -다마다, -는다네, -을런가, -을손가, -는다오, -읍디다, -읍디까, -으리다, -으리까, -읍시다, -는단다, -는다니, -느니라, -도다, -을진녀, -을지니라, -으렷다, -을소냐, -을지어다, -을거나, -을러라, -을레라, -을지라, -을지로다, -는고, -을거나, -습니다, -는답니다, -나이다, -으오이다, -올시다, -습니까, -나이까, -으오이까, -으십시오, -으소서, -는담, -을것, -으랴

위에 설정한 마침씨끝 가운데 상당수는 둘 이상의 다른 종류의 의향법으로 쓰이기도 하며, 들을이높이법의 등분에서도 둘 이상의 다른 등분으로 쓰이기도 한다, 꼴이 같더라도 의향법이 다르거나 들을이높임의 등분이 다른 경우에는 각각 다른 마침씨끝으로 구별되어야 하지만 이에 대한 자세한 논의는 뒤에서 하기로 한다. 또한 의미적 특성에서도 중의성을 보이는 것들이 여럿 있으며, 이 가운데 의미상 동음어 관계에

---

15) 여기서는 단지 마침씨끝의 전체 얼거리를 다루기 때문에 마침씨끝을 의향법이나 들을이높임법의 차이에 따른 구별은 하지 않는다. 이들에 대한 자세한 구별은 제3장 이후부터 이루어진다.

놓여 있는 것들도 있다. 의미상 동음어 관계에 놓이는 것들은 각각 다른 마침씨끝으로 구분됨은 당연하지만 이에 대한 구체적인 논의도 뒤에서 하기로 하고 여기서는 우선 현대 우리말에서 마침씨끝에 해당하는 것들을 설정하는 데 국한하였다.

제2장 마침씨끝 연구의 기본 과제

1. 들머리

　마침씨끝 연구에서 우선적으로 가장 중요하면서도 기본적인 과제는 마침씨끝의 성격을 규정하여 마침씨끝을 설정하고, 마침씨끝이 월에서 어떤 자리를 차지하는가를 밝히는 일이다. 마침씨끝이 선정된 후에 마침씨끝들이 월에서 어떤 기능을 담당하는가를 체계적으로 규명하는 작업이 뒤따라야 함은 너무나 자명한 일이다.

　우리말은 월의 짜임에서 풀이말의 개념 구조에 따라 월조각이 결정되어 기본 월이 정해지기 때문에 우리말에서는 모든 월조각 가운데 풀이말이 가장 중요한 자리를 차지하게 된다. 풀이말을 짜 이루는 형태배합에서 풀이말의 풀이씨 뿌리에 여러 가지 씨끝들이 하나 혹은 둘 이상이 결합되어 이루어진다. 월의 풀이말을 이루는 풀이씨 뿌리 다음에 통합될 수 있는 씨끝 가운데 맨 끝에 놓여 다른 씨끝이 결합될 수 없는 마침씨끝은, 풀이말을 구성하는 앞자리에 놓이는 다른 요소에 여러 가지로 영향을 미치기 때문에 이에 대한 철저한 논의가 마침씨끝에 대한 형태론적 연구에서 기본적 과제에 해당한다. 마침씨끝은 이 밖에도 우리말에서 여러 가지 중요한 기능을 맡고 있기 때문에 기능부담성이 큰 말본적 형태에 해당한다.

　마침씨끝은 풀이말의 끝자리에 놓여 풀이말의 구성 요소로서 중요한 역할을 하며, 각 구성 요소에도 영향을 미칠 뿐 아니라 월 전체에도 영향을 미쳐 월을 끝맺어 주는 역할을 담당하며, 또한 월을 짜 이루는 월 조각들에도 영향을 미치게 된다. 또한 말할이가 들을이에게 명제 내용에 대한 자신의 태도를 나타내는 의향법을 실현하며, 들을이에 대한 높낮이의 정도를 나타내는 들을이높임법을 실현하게 되므로 이에 대한 면밀한 고찰이 마침씨끝에 대한 통어론적 연구에서 가장 기본적인 과제에 해당한다.

마침씨끝은 말본적인 기능을 나타냄과 아울러 마침씨끝마다 고유한 의미적 특성을 나타내는데, 마침씨끝의 의미적 특성은 대단히 추상적이기 때문에 그 실체가 쉽게 드러나지 않는 속성을 보인다. 마침씨끝의 의미 특성을 객관적으로 규명할 수 있는 방법론의 모색이 마침씨끝에 대한 의미론적 연구에서 가장 중요하고도 기본적인 과제에 해당한다.

마침씨끝은 말본적 기능과 아울러 의미적 특성을 가질 뿐 아니라 화용적 특성을 나타내기도 한다. 곧 월을 발화하는 데 관련되는 말할이에 관한 것, 들을이에 관한 것, 말할이와 들을이 사이의 관계, 발화가 이루어지는 장면 따위를 나타내는 바, 이러한 특성을 실제로 마침씨끝의 쓰임을 통하여 구체적으로 밝히는 일이 마침씨끝에 대한 화용론적 연구에서 기본적인 과제에 해당한다.

위에서 언급한 마침씨끝 연구의 기본 과제로서 마침씨끝이 월에서 차지하는 위치와 마침씨끝의 식별 원칙에 관하여 논의하고, 이를 바탕으로 설정된 마침씨끝들이 가지는 다양한 기능을 형태·통어적 특성과 의미·화용적 기능으로 나누어 구체적으로 검토하여 이에 대한 연구의 필요성을 드러내기로 한다.

2. 월에서의 마침씨끝 자리와 식별 원칙

우리말의 정상적인 모든 월은 풀이말이 가장 핵심이 되는 필수 조각으로, 풀이말의 개념구조에 따라 월조각이 결정된다. 월을 이루는 최소의 조건으로 풀이말과 임자말을 갖추어야 하는데, 임자말과 풀이말의 관계가 한번만 나타나고, 풀이말이 풀이씨의 마침법으로 된 월을 단순한 월(홑월)이라 한다(허웅, 1983:257). 홑월의 구조는 임자말과 풀이말의 관계형식에 따라[1] ① 무엇이 어찌한다, ② 무엇이 어떠하다, ③ 무엇이 무엇이다의 세 가지로 가를 수 있으며(최현배, 1971:749), 이들은 각각 풀이말을 이루는 풀이씨의 개념구조에 따라 더욱 세분화된다. 예컨대, '무엇이 어찌한다'에서 '어찌한다' 자리에 놓이는 풀이씨가 제움직씨이면 그대로 쓰이지만, 남움직씨이면 '무엇을'이란 부림말을 반드시 필요로 하여 '무엇이 무엇을 어찌한다'가 되며, 풀이씨가 '주다, 가르치다, 묻다' 따위인 경우에는 '무엇을' 밖에도 '누구에게'를 필요로 하여 '누가 누구에게 무엇을 어찌한다'의 짜임새를 이루게 된다.[2] 이와 같이 풀이말을 이루는 풀이씨의 개념구조에 따라 월의 짜임새가 구체적으로 결정이 되며, 월을 짜 이루는 조각의 수효와 종류가 결정된다.[3]

우리말은 월을 구성하는 월조각의 배열 순서가 자유스러운 말로 알

---

1) 허웅(1983:258)에서 임자말은 풀이말에 이끌려 한 짜임새를 만드는데 이를 임자=풀이 짜임새라 하고, 풀이씨의 활용에 따라 서술이 물음이나 시킴이나 꾀임으로 바뀌어도 이 짜임새는 바뀌지 않는다고 하였다.

2) 남기심(2001:46-49)에서는 풀이말의 개념구조에 따라 필수적으로 요구되는 월조각을 보충어라 하였다. 풀이말에 의해 요구되는 보충어는 "어느 언어에서나 넷을 넘지 않는 것으로 알려져 있다"(80쪽)고 하였다.

3) 우리말의 월은 풀이말의 풀이씨 개념구조에 의해 반드시 필요한 월조각만이 아니라 부가적인 월조각으로 나뉘는데, 월조각의 종류에 대하여 연구 논저마다 차이를 보이고 있다. 최현배(1971:748)는 임자말, 풀이말, 부림말, 기움말, 꾸밈말, 홀로말 등 6가지를 들었고, 허웅(1980:251-254)은 풀이말, 임자말, 부림말, 위치말, 방편말, 견줌말, 어찌말 등 8가지를 들었다.

려져 있으나, 항상 자유스러운 것은 아니고 일정한 제약이 따르는 경우가 있다[4]. 또한 월조각의 기본적인 배열 순서에서 아직 문제가 제기될 수 있는 부분이 있기도 하지만[5], 풀이말의 위치는 월조각 가운데 가장 뒤에 놓이는 것이 기본적인 월조각의 배열 순서에 해당된다. 그렇기 때문에 정상적인 월에서는 풀이말이 맨 끝에 놓여 월을 끝맺는다.

월조각 가운데 마지막에 놓이는 것이 풀이말이며 이 자리에 놓이는 낱말로는 움직씨, 그림씨, 잡음씨이다.[6] 이들 풀이씨는 뿌리에 씨끝이 배합되어 이루어지는데, 풀이씨 뿌리에 붙는 여러 가지 다른 기능을 가지는 씨끝들 가운데 마침씨끝은 그 뒤에 굴곡의 씨끝이 결합될 수 없는 맺음씨끝에 해당한다. 맺음씨끝으로는 마침씨끝만이 아니라 안마침씨끝에 해당하는 이음씨끝과 자격씨끝도 있기 때문에 맺음씨끝 가운데 마침씨끝을 식별해 낼 수 있는 방법을 살피기로 한다.

마침씨끝은 월의 끝에 놓이는 풀이말을 이루는 풀이씨에 결합되는 씨끝 가운데 끝자리에 놓여서 월을 끝맺는 씨끝으로, 바른 자리의 월에서는 뒤에 다른 월조각이 놓이지 않는다. 바른 자리에서 월조각 사이의 자리바꿈이 일어나는 거꾸른 자리에서 월조각 가운데 가장 뒤에 놓이던 풀이말이 월의 끝에 놓이지 않고, 다른 월조각이 그 뒤에 놓이게 되면, 꼴로만 보아서는 풀이말이 월을 끝맺는 기능을 하지 않는 것처럼 보이기도 한다. 그러나 이 경우에도 풀이말 다음에 월의 끝에 얹히는 절종결이 놓여 풀이말이 월의 끝임이 드러난다.

---

4) 풀이말의 논항 성분과 관련하여 어순 제약에 관한 내용은 남기심(2001:200-207) 참조.
5) 풀이말이 '주다, 가르치다, 묻다' 따위의 경우에 있어서는 이들 풀이씨에 의해 요구되는 월조각 가운데 '무엇을'과 '누구에게'의 배열 순서가 어떤 것이 먼저냐 하는 문제가 제기될 수 있다. 최현배(1971:748)에서 보기를 든 바와 같이 이들의 자리잡기는 일정하지 않다.
6) 잡음씨에는 '이다'와 '아니다'가 있으나, '이다'인 경우에는 앞에 놓이는 이름씨나 이에 해당하는 것이 놓여야 한다. 일반적으로 이를 합쳐 풀이말로 보지만, 최현배(1971)에서는 '이다'만을 풀이말로 보고, 그 앞의 것을 기움말로 다루었다.

(1) ㄱ. 나는 꼭 이루어 내겠다(↘) 이 일을(→).

ㄴ. 누가 믿겠니(↗) 그런 소리를(→).

ㄷ. 결심해라(↓) 사내답게(→).

ㄹ. 가자(↘) 빨리(→).

ㅁ. 굉장히 빠르구나(↘) 저 자동차가(→)

일반적으로 서술월과 느낌월, 꾀임월에는 '내림'의 절종결이, 물음월에서 판정물음에는 '올림'의 절종결이, 설명물음에는 '내림'의 절종결이, 시킴월에는 '끊음'의 절종결이 놓이게 된다. (1)에서 살핀 바와 같이 월 끝에 놓이는 절종결은 거꾸른 자리에서도 월의 끝에 놓이지 않고 풀이말 뒤에 놓임을 알 수 있다. 비록 월조각들이 자리바꿈을 하여 풀이말이 월의 끝자리에 놓이지 않고 다른 월조각이 월의 끝에 놓였을지라도 월의 끝에 얹히는 절종결이 풀이말 다음에 그대로 놓여 풀이말의 끝에 놓인 씨끝이 마침씨끝임을 쉽게 알 수 있다. (1)을 월조각이 자리바꾸기 이전으로 돌이키면 (2)와 같다.

(2) ㄱ. 나는 이 일을 꼭 이루어 내겠다(↘).

ㄴ. 누가 그런 소리를 믿겠니(↗)?

ㄷ. 사내답게 결심해라(↓).

ㄹ. 빨리 가자(↘).

ㅁ. 저 자동차가 굉장히 빠르구나(↘).

직관적으로 볼 때, (1)은 바른 자리의 월조각 배열 순서로 받아들여지지 않고, (2)가 바른 자리 배열로 받아들여지므로 (1)을 발화할 때에 비록 풀이말이 월의 끝에 놓이지 않았다고 하더라도 풀이말 다음에 월의 끝에 얹히는 절종결이 놓이게 된다. 그러므로 풀이말이 월의 끝에 자리잡거나 월 가운데에 자리잡거나 간에 풀이말이 월 끝이 되며, 풀이말을 이루는 풀이씨의 맨 끝에 놓이는 씨끝이 월을 끝맺는 마침씨끝이 된다.

마침씨끝과 함께 맺음씨끝에 해당하는 자격씨끝은 풀이씨를 다른 씨

[품사]와 같은 자격을 가지게 하는 씨끝으로, 풀이씨의 뿌리에 결합되어 월조각에서 풀이말 밖의 임자말이나 부림말, 매김말, 어찌말의 조각으로 쓰이게 하고 월을 끝맺어 주는 기능을 하지 않기 때문에 자격씨끝 다음에는 월의 끝에 놓이는 절종결이 얹히지 않는다. 특히 이음씨끝과 마침씨끝의 구별도 절종결의 종류에 따라 구별 가능하므로 절종결의 종류가 마침씨끝을 자격씨끝이나 이음씨끝과 구별해 주는 기준이 된다.

위에서 살핀 바와 같이 마침씨끝은 월조각 가운데 월의 끝에 놓이는 풀이말의 풀이씨 뿌리에 결합되는 씨끝 가운데 맨 끝에 결합되는 씨끝으로, 마침씨끝에 의해 월이 끝맺어지기 때문에 어떤 자리에 놓이더라도 마침씨끝 다음에는 월의 끝에 놓이는 절종결이 놓이게 된다.

마침씨끝은 월의 끝에 놓여 월을 끝맺는 기능을 담당하고, 뒤에는 월 끝에 놓이는 절종결이 놓여 다른 종류의 씨끝들과 식별된다. 그렇지만 실제 월에서 마침씨끝만을 한정하여 마침씨끝으로 설정하는 일은 그리 단순한 일은 아니기 때문에 이 부분에 대해서도 마침씨끝 연구에서 기본적으로 다루어야 할 과제가 된다. 우리말의 마침씨끝은 다음 원칙을 적용하여 설정 가능해진다.

맺음씨끝 자체가 풀이씨 뿌리에 직결될 수 있으며, 뒤에 덧붙은 언어 형식을 제거하더라도 말본적 특성이 달라지지 않으며, 맺음씨끝만으로도 의향법을 실현할 수 있고 들을이높임법의 등분을 나타내는 등, 독자적으로 말본적 기능을 수행하여 최소의 말본 단위가 되면 마침씨끝으로 설정된다. 곧 앞에 놓이는 안맺음씨끝의 도움 없이도 말본적 최소형이 되며, 또한 뒤에 어떤 언어형식의 도움을 받지 않더라도 독자적으로 말본적 기능을 수행하는 맺음씨끝이 이에 해당한다. 이 글에서 단순형의 마침씨끝으로 설정하여 다루는 것들이 모두 이에 속한다.

맺음씨끝 자체만으로는 풀이씨 뿌리에 직결될 수 없으며, 의향법과 들을이높임법이 실현될 수 없고, 항상 앞에 놓이는 안맺음씨끝과 결합되어야만 풀이씨 뿌리에 통합될 수 있으며, 의향법과 들을이높임법이 실현되는 경우에는 최소한의 말본적 기능을 수행하는 말본적 최소형을 마침씨끝으로 설정하게 된다. 그러므로 여기에 해당하는 마침씨끝은 ‘안맺음씨끝+…맺음씨끝’으로 이루어져 있다. 이 글에서 복합형으로 설정하여 다루는 마침씨끝 가운데 ‘-습니다’, ‘-습니까’, ‘-으십시오’, ‘-읍시다’, ‘-읍디까’, ‘-읍디다’, ‘-으리까’, ‘-으리다’ 따위가 이에 속한다. 이들 마침씨끝에서 맺음씨끝은 ‘-다’, ‘-까’, ‘-오’, ‘-다’이지만 이 자체만으로는 말본적 최소형이 되지 못하고 앞에 놓인 안맺음씨끝들과 결합되어야만 최소한의 말본적 기능을 수행하며, 항상 한 몸처럼 작용하여 분리되지 않기 때문에 단일한 마침씨끝으로 설정하게 된다.

맺음씨끝 다음에 언어형식이 덧붙어 있는 경우, 맺음씨끝 자체만으로 독자적으로 말본적 기능을 수행하고, 덧붙는 언어형식을 분리하더라도 말본적 기능에서 별다른 변화가 없으며, 의미적으로도 덧붙은 언어형식의 의미만 줄어들면, 맺음씨끝만이 마침씨끝으로 설정된다. 예컨데 반말에는 들을이높임의 토씨 ‘요’가 통합될 수 있는데, ‘요’를 제거하더라도 들을이높임의 등분이 달라지는 것을 제외하면 말본적 기능에서는 별다른 차이가 없기 때문에 ‘반말+요’를 별도의 마침씨끝으로 설정하지 않게 된다. 또한 시킴의 ‘-게’와 꾀임의 ‘-세’ 다음에 ‘나’가 통합되어 ‘-게나’, ‘-세나’가 되지만 ‘나’를 떼어내더라도 그 자체만으로도 독자적으로 말본적 기능을 수행하며, 또한 ‘나’가 덧붙어 있건 없건 관계없이 말본적 기능이 달라지지 않고 단지 의미적인 면에서만 ‘나’의 첨가로 ‘부드러움’의 의미가 더해지기 때문에 ‘게나’와 ‘-세나’를 별도의 마침씨끝으로 설정하지 않는다. 곧 맺음씨끝 다음에 다른 언어형식이 덧붙어 있더라도 맺음씨끝 자체가 말본의 최소형이 되는 경우에는 맺음씨끝만이 마침씨끝으로 설정된다.

맺음씨끝 다음에 이음씨끝 따위의 언어형식이 덧붙어 있는 경우, 맺음씨끝 자체만으로 독자적으로 말본적 기능을 수행하지 못하고, 반드시 합쳐져야만 말본적 최소형이 되는 경우에는 ‘맺음씨끝+언어형식’이 마침씨끝으로 설정된다. 곧 '맺음씨끝+언어형식'이 녹아 붙어 복합형의 마침씨끝이 생성된 것으로, 이 글에서 복합형으로 설정하여 다루는 마침씨끝 가운데 '-는다고', '-느냐고', '-자고', '-으라고', '-는다니까', '-냐니까', '-자니까', '-으라니까', '-는다면서', '-냐면서', '-자면서', '-으라면서', '-다마다', '-는담' 따위가 이에 속한다.

형식상 맺음씨끝끼리 결합되어 있는 경우, 본디의 형식에서 축약된 것으로 쓰임과 뜻의 차이 없이 본디 형식으로 돌이킬 수 있으면 끝자리의 맺음씨끝만이 마침씨끝으로 설정된다. 그러나 본디의 형식에서 축약된 것이지만 쓰임과 뜻에서 차이 없이 본디 형식으로 돌이킬 수 없는 경우에는 '맺음씨끝1+맺음씨끝2'가 마침씨끝으로 설정된다. 곧 '맺음씨끝1+맺음씨끝2'가 마침씨끝으로의 새로운 쓰임과 뜻을 획득하여 최소의 말본형이 되었기 때문에 마침씨끝으로 설정된다. 이 글에서 복합형으로 설정하여 다루는 마침씨끝 가운데 '-다니', '-냐니', '-자니', '-으라니', '-는다나', '-자나', '-으라나', '-는대', '-는다지', '-는다네', '-는다오', '-는단다', '-는다니' 따위가 이에 속한다.

본디 맺음씨끝이 아니었지만 맺음씨끝으로 전용되어, 본래의 기능과는 관련을 끊고 마침씨끝으로의 새로운 쓰임과 뜻을 획득한 경우도 당연히 마침씨끝으로 설정된다. 예컨대 이음씨끝의 '-고', '-거든', '-는데' 따위가 마침씨끝으로 전용된 경우와 자격씨끝의 '-기'가 마침씨끝으로 전용된 경우가 있다. 그러나 맺음씨끝 이외의 언어형식이 임시로 맺음씨끝 자리에 놓여 마침씨끝처럼 쓰이더라도 본래의 기능대로 회복 가능한 경우에는 마침씨끝으로 설정되지 않는다.

맺음씨끝 밖의 언어형식들이 축약되고 녹아 붙어 맺음씨끝 자리에 놓여 마침씨끝으로 쓰이는 일이 있다. 이 경우 마침씨끝으로의 쓰임과 뜻을 얻게 되면 당연히 마침씨끝으로 설정된다. 예컨대 '-는 것을'이 축약되고 녹아 붙어 마침씨끝으로의 새로운 쓰임과 뜻을 얻어 '-는걸'이란 마침씨끝이 되었다. 이 밖에 '-을걸', '-을게' 따위가 이에 속한다.

맺음씨끝 밖의 언어형식들이 결합되어 맺음씨끝 자리에 놓여 마침씨끝으로 쓰이는 일도 있다. 이 경우에도 마침씨끝으로의 쓰임과 뜻을 얻게 되면 마침씨끝으로 설정되는데, '-고말고', '-을것' 따위가 이에 속한다.

위에서 살핀 바와 같이 마침씨끝은 형태적으로 여러 가지 양상으로 이루어져 있기 때문에 기본적으로 이에 대한 체계적인 연구가 꼭 필요한 실정이다.

3. 마침씨끝의 형태적 특성 규명

마침씨끝은 월에서 풀이말의 끝자리에 놓여 풀이말의 구성 요소로서 기능을 할 뿐만 아니라 풀이말 밖의 다른 월조각이나 월 전체, 나아가 월로 표현되지 않은 월을 이루는 데 관여하는 요소와 관련된 것에 영향을 미치는 등 여러 가지 특성을 나타내고 있다. 그 가운데 마침씨끝의 형태 배합상의 특성으로 기본적으로 규명해야 할 과제에 관하여 살피기로 한다. 형태적 특성에서는 마침씨끝이 형태론적 구성 안에서 다른 요소와 어떤 제약 관계에 놓이는가에 대하여 보기를 들어 논의하기로 한다.

풀이말은 그 자리에 놓이는 풀이씨의 뿌리에 안맺음씨끝들이 결합되고, 마지막에 마침씨끝이 결합되어 이루어진다. 풀이씨 뿌리에 안맺음씨끝의 결합은 수의적이지만 마침씨끝은 반드시 결합되어야만 한 낱말을 이루어 자립형식으로 쓰일 수 있게 된다. 곧 우리말은 풀이말 자리에 놓이는 풀이씨 뿌리 다음에 안맺음씨끝이 모두 놓인다고 하더라도 끝에 마침씨끝이 결합되지 않으면 독립된 월조각의 단위로써 기능을 할 수가 없다. 그러므로 마침씨끝은 풀이씨의 뿌리가 자립의 단위로써 풀이말이란 월조각을 이루고 풀이말이란 기능을 수행할 수 있게 하는 역할을 한다.

풀이말은 반드시 마침씨끝으로 끝맺어야만 형태적으로 온전해지며, 풀이말로서의 기능을 수행할 수 있게 된다. 풀이말을 이루는 풀이씨 뿌리에 마침씨끝이 직결되기도 하고 안맺음씨끝이 결합된 다음에 마침씨끝이 결합되기도 하는데, 마침씨끝이 안맺음씨끝과 결합할 때 선택 제약이 따르기도 한다. 곧 어떤 마침씨끝은 안맺음씨끝과의 선택 제약이 따르지 않으나, 어떤 것은 선택 제약이 심한 경우도 있으며, 일부 마침씨끝은 어떤 안맺음씨끝과의 결합도 불가능하여 항상 풀이씨 뿌리에 직결되어야 하는 것도 있다.

 (3) ㄱ. 저분이 유리창을 깨**시었겠습더이까**?
   ㄴ. 나라를 위해 목숨을 바친 사람들의 말로는 어떻게 되**었게**?
   ㄷ. 내가 그 일을 하**마**.

(3)에서 ㄱ의 마침씨끝 '-더이까'는 모든 안맺음씨끝과의 결합에서 선택 제약이 없으나, ㄴ의 '-게'는 '-었-'과만 결합할 수 있어 선택 제약이 대단히 심하다. ㄷ의 '-마'는 어떤 안맺음씨끝과도 결합될 수 없고 항상 풀이씨 뿌리에 직결되는 형태배합상의 제약을 보인다.

이와 같이 마침씨끝에 따라 안맺음씨끝과의 결합에서 선택 제약의 차이를 보일 뿐 아니라 풀이씨 뿌리와의 통합관계에서도 선택의 차이를 보이는 일이 있다. 곧 어떤 마침씨끝은 풀이씨의 종류에 관계없이 모든 풀이씨 뿌리에 통합될 수 있으나, 어떤 것은 일부 제한된 풀이씨 뿌리에만 통합되기도 한다. 마침씨끝이 풀이씨 뿌리에 직결되는 경우만이 아니라 안맺음씨끝 다음에 마침씨끝이 결합되어 풀이씨 뿌리에 간접 통합되는 경우에도 마찬가지로 제약이 따르게 된다.

 (4) 가. ㄱ. 순이가 학교에 **가-ㄹ까**?
   ㄴ. 순이가 얼굴이 **예쁘-ㄹ까**?
   ㄷ. 순이가 우등생**이-ㄹ까**?

　　나. ㄱ. 내가 시장에 **다녀오-ㄹ게**.
　　　　ㄴ. * 내가 얼굴이 **예쁘-ㄹ게**.
　　　　ㄷ. * 내가 우등생이-ㄹ게.

　(4)에서 '가'의 마침씨끝 '-을까'는 풀이씨의 뿌리가 움직씨(ㄱ), 그림씨(ㄴ), 잡음씨(ㄷ)로 풀이씨의 종류에 관계없이 통합관계를 이룰 수 있지만, '나'의 '-을게'는 ㄱ의 움직씨 뿌리와만 통합관계를 이룰 수 있을 뿐 ㄴ과 ㄷ에서처럼 그림씨와 잡음씨 뿌리와는 통합관계를 이룰 수 없다. 또한 '-을게'는 움직씨 뿌리와의 통합관계에서도 제약을 보여 [행동성]움직씨 뿌리에만 통합될 수 있을 뿐 [비행동성] 움직씨 뿌리에는 통합될 수 없는 제약이 따른다.

　(5) ㄱ. 내가 내일 학교에 **가-ㄹ게**.
　　　ㄴ. * 내가 내일 **앓-을게**.

　(5)에서는 ㄱ의 풀이씨 '가-'가 [행동성] 움직씨이기 때문에 적격한 월이 되었으나, ㄴ의 풀이씨 '앓-'은 주체의 능동적인 행위가 될 수 없는 [비행동성] 움직씨이기 때문에 부적격한 월이 되었다. 다시 말해서 (5)의 ㄱ과 ㄴ은 풀이씨를 제외하면 차이가 없는 월이지만 단지 마침씨끝의 다름으로 말미암아 적격성에서 차이를 보인 것은 바로 마침씨끝에 그 원인이 있기 때문이다.

　마침씨끝 뒤에는 또 다른 마침씨끝이나 안맺음씨끝이 놓일 수 없음은 당연하다. 그러나 마침씨끝 다음에 특수토씨가 통합되기도 하는데, 마침씨끝과 특수토씨와의 통합관계에서도 어떤 마침씨끝 다음에는 통합 가능하나, 다른 마침씨끝 다음에는 불가능한 경우가 있다. 예컨대 들을이높임 토씨 '요'는 반말의 마침씨끝 뒤에는 통합될 수 있지만 예사낮춤이나 아주낮춤, 예사높임 마침씨끝 다음에는 통합될 수 없다.

(6) ㄱ. 밥을 먹-어-요.
    ㄴ. * 밥을 먹-어라-요.
    ㄷ. * 밥을 먹-게-요.
    ㄹ. * 밥을 먹-으오-요.

이와 같이 마침씨끝은 그 종류에 따라 각각 형태적 배합 관계를 다르게 하는 힘이 있기 때문에 마침씨끝마다의 고유한 형태적 특성을 나타내는 힘을 가진다고 할 수 있다. 그렇기 때문에 마침씨끝마다의 형태 배합상의 특성이 어떻게 나타나며 왜 그런 제약이 나타나는가에 대한 규명이 마침씨끝의 형태적 특성 연구에서 기본적 과제가 되어야 한다.

4. 마침씨끝의 통어적 특성 규명

마침씨끝은 풀이말 자리에 놓이는 풀이씨 뿌리나 안맺음씨끝의 뒤에 통합되는 데 있어 선택 제약 관계에 놓이는 형태적 기능을 담당하는 것만이 아니라 통어적 기능을 담당하기도 한다. 다시 말해서 마침씨끝의 말본적 기능이 풀이말의 범위 안에서만 일어나는 것이 아니라 월 전체에 영향을 미치기도 하고, 월을 구성하는 다른 월조각에까지 영향을 미치게 된다.[7]

마침씨끝은 풀이말의 끝에 놓이더라도 풀이말을 끝맺어 주는 기능만이 아니라 월 전체를 끝맺어 주는 기능을 하고 있다. 곧 월조각을 모두 갖추더라도 한 월로 성립되려면 반드시 월을 끝맺어 주는 마침씨끝이 풀이말의 끝에 놓여야 한다. 남기심(2001:39)에서 "나도 그 책을 읽었고

---

[7] 마침씨끝의 통어적 기능에 대하여는 유목상(1984:123)과 남기심·고영근(1985:25) 참조.

그도 그 책을 읽었다"에서 "'-다'는 '나도 그 책을 읽었고 그도 그 책을 읽었-'을 끝맺어 주는 것이 확실하다"고 하고, 이를 다음과 같이 분석하여, 마침씨끝 '-다'가 월 전체를 끝맺어 줌을 주장하였다.[8]

(7) [[[나도 그 책을 읽었][고]] [그도 그 책을 읽었]][다]]

(7)에서 의향법 가운데 서술법을 실현하는 마침씨끝 '-다'가 형태적 기능만을 담당한다면 그 영향력이 풀이말 안에만 미쳐야 하나, 앞마디에도 영향을 미쳐 앞마디가 서술법에 해당할 뿐 그 밖의 어느 의향법으로도 해석되지 않는다. 이는 바로 '-다'가 월 전체에 영향을 미치고 있음을 드러내 준다. 물음법의 마침씨끝 '-니'도 이은월에서 앞마디에 영향을 미쳐 물음법으로만 해석되게 하고, 꾀임법의 '-자'도 같은 환경에서 꾀임법으로만 해석되게 하며, 시킴법의 '-어라'도 같은 환경에서 시킴법으로만 해석되게 하기 때문에 마침씨끝은 월 전체에 관련됨이 더욱 확실하다.

(8) ㄱ. [[철수는 밥을 먹고 순이는 청소를 하-][-니]]?
    ㄴ. [[밥을 먹고 청소를 하-][-자]].
    ㄷ. [[철수는 밥을 먹고 순이는 청소를 하-][-어라]].

곧 (8)에서는 마침씨끝이 앞마디에 영향을 미쳐 ㄱ의 '철수는 밥을 먹-'이 물음법의 '-니'에 영향을 받아 물음법에 해당할 뿐 서술, 꾀임, 시킴법으로는 해석되지 않는다. ㄴ은 꾀임의 '-자'에 영향을 받아 앞마디 '밥을 먹-'이 꾀임법으로만 해석되며, ㄷ은 시킴의 '-어라'에 영향을 받아 '철수는 밥을 먹-'이 시킴법으로만 해석된다. 이와 같이 마침씨끝

---

8) 남기심(2001:40)에서는 마침씨끝 '-다'가 통어적 기능만을 하는 것이 아니고 "나도 그 책을 읽었고 그도 읽었다, 그 책을."이 가능하여 "'읽었-'과 '-다'가 한 덩어리의 단어로서 기능함을 알 수 있다."고 하여 '-다'가 통어론적 단위가 될 수도 있고 형태론적 단위가 될 수 있다고 하였다.

은 월 전체에 영향을 미쳐 월을 끝맺어 주는 기능을 하고 있다.

마침씨끝은 월 전체에 영향을 미치고 월을 끝맺어 주는 기능을 수행함과 아울러 월을 구성하는 다른 월조각에도 영향을 미쳐 공기관계에 제약을 미치기도 한다. 마침씨끝이 임자말과의 공기관계에 제약을 미치는 현상에 대하여 살피기로 한다.

(9) ㄱ. **내가** 내일 그 곳에 가-**마**.
　　ㄴ. * **네가** 내일 그 곳에 가-**마**.
　　ㄷ. * **저분이** 내일 그 곳에 가-**마**.

(9)는 마침씨끝이 임자말의 가리킴에 영향을 미친 보기들이다. ㄱ은 임자말이 첫째가리킴, ㄴ은 둘째가리킴, ㄷ은 셋째가리킴으로 가리킴에서만 차이가 날 뿐이고 그 밖에는 모두 같지만 ㄱ만이 적격한 월이 되고 ㄴ과 ㄷ은 부적격한 월이 되었다. 그 까닭은 바로 마침씨끝 '-마'가 임자말의 가리킴에 영향을 미쳤기 때문이다. 곧 '-마'는 임자말이 첫째가리킴인 경우로 말할이 자신이 임자말로 등장하는 월에서 적격하게 쓰일 뿐이고, 둘째가리킴이나 셋째가리킴에서는 쓰일 수 없는 통어적인 제약 때문이다. 이런 제약은 마침씨끝에 따라 약간씩 다르기도 하여 둘째가리킴만 적격한 것이 있는가 하면, 아무런 제약이 없는 것이 있기도 하여 이에 대한 현상과 원인을 밝힐 필요성이 제기된다.

마침씨끝은 높임법과도 관련을 맺기 때문에 임자말의 가리킴이 동일하더라도 높임의 정도에서 일치해야 하는 제약이 있다. 곧 첫째가리킴에서 서술법의 맺음씨끝은 제약 없이 공기관계를 이룰 수 있으나, 임자말 자리에 놓이는 낱말의 높낮이 정도가 서로 맞아야만 하는 제약이 따른다.

(10) ㄱ. **내가** 그 일을 하겠-**다**.
　　ㄴ. * **제가** 그 일을 하겠-**다**.

(10)에서 마침씨끝 '-다'의 들을이높임 정도는 아주낮춤이기 때문에 월의 임자말과 공기관계에서 '저'와는 어울릴 수 없지만, '나'와는 어울릴 수 있다. 임자말로 쓰인 '저'와 공기관계를 이룰 수는 서술법 마침씨끝은 [높임]의 마침씨끝이어야 하며, [안높임]이나 [낮춤]의 마침씨끝과는 어울릴 수 없는 제약이 따른다.

> (11) ㄱ. **제가** 그 일을 하겠-**습니다**.
> ㄴ. **제가** 그 일을 하겠-**어요**.
> ㄷ. * **제가** 그 일을 하겠-**어**.
> ㄹ. * **제가** 그 일을 하겠-**네**.
> ㅁ. * **제가** 그 일을 하겠-**다**.

곧 (11)의 월들은 명제 내용과 의향법 종류가 모두 같지만, 마침씨끝의 들을이높임 정도가 다름으로 말미암아 ㄱ과 ㄴ만이 적격하고, 그 밖의 월은 부적격한 월이 되었다.

마침씨끝은 임자말과의 공기관계 밖에도 홀로말과의 공기관계에서 제약을 보이기도 한다. 홀로말 가운데 일부는 들을이에 대한 높임의 정도가 표시되기 때문에 마침씨끝에도 제약이 따르게 되어, 홀로말과 같은 정도의 들을이높임 등분을 나타내는 마침씨끝이 놓여야 한다. 아울러 일부의 홀로말은 특정한 의향법의 마침씨끝과만 공기되는 제약을 보이기도 한다. 곧 마침씨끝은 부름말로 된 홀로말에 영향을 받기도 하고, 또한 영향을 미치기도 하는 셈이다.

> (12) ㄱ. **옜다**, 이거 가지-**어라**/ * -**게**/ * -**오**/ * -**십시오**/ * -**어요**.
> ㄴ. **옜습니다**, 이거 가지-**십시오**/ * -**어라**/ * -**게**/ * -**오**/ * -**어**.
> (13) ㄱ. **옜다**, 이거 가지-**어라**/ * -**ㄴ다**/ * -**니**/ * -**자**/ * -**는구나**.
> ㄴ. **옜습니다**, 이거 가지-**십시오**/ * -**ㅂ니다**/ * -**ㅂ니까**/ * -**ㅂ시다**.

(12)와 (13)은 홀로말과 마침씨끝과의 공기관계를 보여 준다. (12)는

들을이높임의 정도에서 ㄱ의 홀로말 '옜다'는 아주낮춤에 해당하기 때문에 마침씨끝이 아주낮춤인 '-어라'와 공기관계를 보이며, ㄴ은 '옜습니다'가 아주높임이기 때문에 마침씨끝에도 아주높임인 '-십시오'가 쓰여야 함을 보여 준다. (13)은 의향법에서 ㄱ과 ㄴ의 홀로말 '옜다'와 '옜습니다'는 의향법에 제약이 따르기 때문에 시킴법의 마침씨끝과만 공기관계를 이룰 수 있음을 보여 준다. 이와 같은 제약은 홀로말 자체에만 국한된 것이 아니다. 만일 마침씨끝이 홀로말과의 공기 제약에 미치는 영향이 없다면 위 보기와 같은 쓰임의 제약은 따르지 않아야 할 것이다. 이로 보아 마침씨끝이 홀로말과의 공기관계 제약에 영향을 미침은 확실한 셈이다.

마침씨끝은 어찌말과도 공기관계에서 제약을 보이기도 한다. 예컨대 다음 보기에서와 같이 마침씨끝에 따라 때어찌말이나 말재[話式] 어찌말에 제약이 따르는 일이 있기도 하다.

(14) ㄱ. 내가 **지금(이따가, 다음에)** 도와주-**ㄹ게**.
　　 ㄴ. 내가 **＊방금(＊아까, ＊이전에)** 도와주-**ㄹ게**.
(15) ㄱ. **설마**, 그 사람이 그리하-**ㄹ까?**/＊-**ㄴ다**/＊-**자**/＊-**여라**/＊-**는구나**.
　　 ㄴ. **아무쪼록**, 몸을 튼튼히 하-**여라**./＊-**ㄴ다**/＊-**니?**/＊-**자**/＊-**는구나**.

(14)에서는 ㄱ과 같이 '-ㄹ게'가 미래 지향적인 현재나 미래를 나타내는 때어찌말과는 공기관계를 이루지만, ㄴ과 같이 과거 지향적 현재나 과거를 나타내는 때 어찌말과는 공기관계를 이루지 못함을 알 수 있다. (15)에서는 ㄱ과 같이 말재 어찌말 '설마'가 물음법의 마침씨끝과만 공기될 수 있음을 보이고, ㄴ과 같이 '아무쪼록'은 시킴법의 마침씨끝과만 공기됨을 보여 준다.

위에서 살핀 바와 같이 마침씨끝은 월 전체에 영향을 미치고 월을 끝맺어 주는 기능을 함과 아울러 월 안의 다른 월조각과도 공기관계의 제약을 보이는 특성을 가진다. 그러므로 마침씨끝마다 통어적 제약이

어떻게 달리 나타나며, 왜 그런 제약이 나타나는가를 밝히는 것이 마침
씨끝의 통어적 특성 연구에서 기본적 과제가 되어야 한다.

5. 마침씨끝의 의미적 특성 규명

마침씨끝은 월의 풀이말을 구성하는 씨끝 가운데 맨 끝에 놓여 풀이
말 안에서의 요소들과 형태배합적인 특성을 나타내며, 아울러 월 전체
와 풀이말 밖의 다른 월조각과 공기관계를 이루고 있음은 앞에서 살펴
보았다. 마침씨끝은 이와 같은 기능 밖에도 각기 독특한 의미적 특성을
가지고 있어서 말할이가 명제 내용[9]에 대하여 표현하고자 하는 의도에
따라 그에 상응하는 마침씨끝을 선택하게 된다.

동일한 의향법과 들을이높임의 등분에 해당하는 마침씨끝들이라도
의미가 각기 다르기 때문에 같은 명제 내용에 결합되더라도 제 각기 다
른 의미적 특성을 드러내게 된다. 그렇기 때문에 마침씨끝마다의 본유
적인 의미 특성을 분명히 밝혀야 함은 너무나 자명하다. 그러나 마침씨
끝의 의미는 다른 형태소(뿌리나 파생의 가지)들의 의미보다 한층 더 추상
적이기 때문에 그 의미 파악이 쉽지가 않다. 허웅(1981:255-257)에서는 굴
곡법 가지의 의미 파악이 어려운 점으로 다음과 같은 4가지 이유를 들
고 있다.

첫째, 다른 형태소들보다 굴곡의 가지의 뜻이 더욱 추상적이기 때문
이라는 점.

둘째, 다른 형태소들의 의미는 대개 단의적인 것이 드물고 뭇뜻을 가
진 것이 많지만 굴곡의 가지는 더욱 심해 보인다는 점.

---

9) 발화된 월에서 말할이의 태도를 제외한 부분으로 발화의 대상이 되는 내용을 명제
   내용이라 하기로 한다.

셋째, 다른 언어기호처럼 유의가 드물지 않다는 점.

넷째, 때로는 문법범주에 어떠한 실질적인 내용이 전혀 없어 보이는 일이 있어 문법학자의 정신을 흐리게 하는 일이 있다는 점.

그러나 굴곡의 가지의 뜻을 파악하기는 매우 힘드는 일이지만 불가능한 일은 아니라 하고 불가능하다면 문법학이 성립되지 않을 것이고 하였다. 나아가 굴곡의 가지의 뜻을 얼마만큼 바르게 파악하느냐에 따라 문법학의 학문적 수준이 결정되는 것이라 하였다.

이와 같이 굴곡의 가지의 뜻 파악이 어려우면서도 문법학에서 중요한 자리를 차지하기 때문에 마침씨끝에 관한 연구에서도 형태·통어적 특성에 대한 규명과 아울러 마침씨끝마다 분명한 의미 특성이 밝혀져야만 한다.[10]

마침씨끝들이 동일한 의향법과 동일한 들을이높임 등분임에도 불구하고 각기 의미가 다름은 다음 보기를 통하여 쉽게 알 수 있다.

    (16) ㄱ. 철수가 밥을 먹었-**어**?
        ㄴ. 철수가 밥을 먹었-**지**?
        ㄷ. 철수가 밥을 먹었-**을까**?
        ㄹ. 철수가 밥을 먹었-**나**?

(16)에서 각 월은 명제 내용은 동일하지만 마침씨끝만이 다름을 보여주고 있다. (16)의 마침씨끝들은 의향법이 모두 물음법으로 동일하며, 들을이높임의 등분도 모두 반말로 같지만, 의미에서 각각 차이를 보이고 있다. ㄱ에서는 '-어'가 '말할이의 단순한 물음'의 의미로 이해되고, ㄴ에서는 '-지'가 '말할이가 추정한 것을 들을이에게 확인하기 위한 물음'의 의미로 이해된다. ㄷ에서는 '-을까'가 '말할이의 추정 물음'의 의미로 이해되며, ㄹ에서는 '-나'가 '말할이 자신의 의혹을 물음'이란 의미로 이해된다.

---

10) 굴곡가지의 내용 기술 방법에 관하여는 허웅(1981:257-258) 참조.

이와 같이 동일한 의향법, 같은 들을이높임법 등분에 해당하는 마침씨끝들이 각기 독특한 의미적 특성을 가지고 있음이 드러났다. 그러므로 마침씨끝마다의 고유한 의미적 특성이 객관적으로 명료하게 밝혀져야만 한다. 곧 마침씨끝마다의 객관적 의미 특성의 규명이 마침씨끝의 의미적 특성 연구에서 기본적 과제가 되어야 한다.

6. 마침씨끝의 화용적 특성 규명

마침씨끝은 월을 이루는 월조각들과 형태·통어적으로 관련을 맺고 있으며, 그 자체가 개별적인 의미적 특성을 가지고 있을 뿐만 아니라 월로 표현되지 않은 발화에 관련된 여러 요소와도 관련을 맺고 있다. 다시 말해서 마침씨끝은 월을 발화하는 데 관련되는 말할이에 관한 것, 들을이에 관한 것, 말할이와 들을이 사이의 사회적 관계, 말할이의 들을이에 대한 태도, 말이 행하여지는 장면 따위의 화용적 특성을 나타내는 기능을 담당하고 있다.

말할이에 관한 것으로, 마침씨끝이 말할이의 명제 내용에 대한 태도인 의향법을 나타낸다.

> (17) ㄱ. 철수가 학교에 가-**ㄴ다**.
> ㄴ. 철수가 학교에 가-**니**?
> ㄷ. 학교에 가-**자**.
> ㄹ. 학교에 가-**거라**.

(17)의 ㄱ과 ㄴ에서는 명제 내용인 '철수가 학교에 가-'에 대하여 말할이의 태도가 다르게 나타난다. 곧 ㄱ에서는 마침씨끝 '-ㄴ다'를 통하여 말할이의 '진술'하는 태도를 나타내며, ㄴ에서는 '-니'를 통하여 말

할이가 들을이에게 명제 내용에 대한 '물음'의 태도를 나타낸다. ㄷ에
서는 명제 내용 '(우리가) 학교에 가-'에 대하여 '-자'를 통하여 말할이의
들을이에 대한 '꾀임'의 태도를 나타낸다. ㄹ에서는 명제 내용 '(네가)
학교에 가-'에 대하여 '-거라'를 통하여 말할이의 들을이에 대한 '시킴'
의 태도를 나타낸다.

이와 같이 마침씨끝은 명제 내용에 대한 말할이의 태도인 의향법을
실현하기 때문에 마침씨끝이 각각 어떤 의향법을 실현하는가, 의향법의
종류는 어떻게 체계화되는가에 대한 연구가 필수적으로 요구되며, 아울
러 마침씨끝에 대한 화용론적 연구에서 기본적인 과제가 되어야 한다.

들을이에 관점에서 마침씨끝은 들을이에 대한 높임의 정도를 나타내
는 기능을 한다. 마침씨끝은 말할이의 관점에서 말할이의 의향법을 실
현할 뿐 아니라 발화에서 들을이로 등장하는 사람에 대한 높임의 등분
을 결정해 주는 기능을 담당한다. 우리말은 상대방을 들을이로 끌어들
일 때, 상대방의 나이, 신분, 직업, 친인척 관계, 친소관계 따위의 장면
적 요인에 따라 그에 상응하는 높임의 등분이 결정된다. 이 때 들을이
높임의 정도를 좌우하는 결정적 역할은 마침씨끝이 담당한다.[11]

> (18) ㄱ. 철수가 학교에 가-**ㅂ니다**.
> ㄴ. 철수가 학교에 가-**오**.
> ㄷ. 철수가 학교에 가-**아요**.
> ㄹ. 철수가 학교에 가-**아**.
> ㅁ. 철수가 학교에 가-**네**.
> ㅂ. 철수가 학교에 가-**ㄴ다**.

(18)에서와 같이 동일한 명제 내용인 '철수가 학교에 가-'에 대하여

---

11) 이 때 임자말이 첫째가리킴이나 둘째가리킴인 경우에는 들을이높임의 정도에 따라
알맞은 대이름씨나 토씨가 선택되어 풀이말의 마침씨끝과 공기관계를 이루어야 한
다. 그렇기 때문에 원칙적으로 들을이높임이 말본적으로 마침씨끝에 의해 실현되
지만 어휘적으로 대이름씨나 토씨도 들을이높임을 나타내는 데 관여하고 있다.

어떤 마침씨끝으로 월을 끝맺음하느냐에 따라 들을이에 대한 높임의 정도가 사뭇 달라진다. ㄱ은 말할이가 들을이를 아주 높이는 예문이고, ㄴ은 예사 높이는 예문이며, ㄷ은 높이는 예문임에 비하여 ㄹ은 안 높이는 예문이다. ㅁ과 ㅂ은 들을이를 낮추는 예문으로, ㅁ을 예사낮춤이라 하고, ㅂ을 아주낮춤이라 한다. (18)에서의 마침씨끝은 모두 월의 어느 조각의 영향 때문에 달리 선택된 것이 아니다. 곧 이들 마침씨끝은 월로 나타나지 않은 발화의 구성 요소인 들을이에 대한 높낮이에 관련됨으로써 화용적 특성을 보임을 알 수 있다.

말할이가 들을이에 대한 높임의 등분을 결정하는 데 객관적 기준으로서 말할이와 들을이 사이의 사회적 관계인 장면적 요인이 작용하기도 하지만 말할이의 주관적인 판단이 영향을 미치기도 한다. 곧 사회적 통념상 들을이가 분명히 높임의 대상이더라도 말할이가 들을이를 높이고자 하는 의향이 없을 때는 들을이를 안 높이기도 한다. 그렇기 때문에 실제 말살이에서는 들을이높임의 등분 결정에 객관적인 기준을 마련하더라도 실제 적용에는 많은 융통성이 요구되기도 한다.[12]

(18)에서 ㄱ, ㄴ, ㅁ, ㅂ은 들을이 높임의 등분이 아주높임, 예사높임, 예사낮춤, 아주낮춤으로 연구 논저마다 일반적으로 높임의 정도에서 일치하는 편이지만[13], ㄷ과 ㄹ은 들을이높임법에서의 명칭, 들을이높임법 범주에 포함시키느냐의 문제, 포함시키는 경우 높임의 정도 문제 따위에 있어서 연구 논저마다 각기 다르기 때문에 이에 대한 새로운 체계 세움이 이루어져야 한다.

마침씨끝은 말할이에 관한 의향법, 들을이에 관한 들을이높임법을

---

12) 말할이와 들을이 사이의 관계가 동일한 경우인데도 같은 시기, 같은 지역의 토박이들이 사용하는 말에서 들을이에 대한 높임의 정도가 다른 보기를 쉽게 찾을 수 있음이 이를 뒷받침해 준다.

13) 예외적으로 김종택(1981)에서는 아주낮춤과 예사낮춤을 낮춤으로 보지 않고, 예사낮춤을 수하존대, 아주낮춤을 평대로 보았다. 이와 같은 견해는 김태엽(1999, 2001)에서도 유지된다.

실현하고, 말할이와 들을이 사이의 관계를 보여준다. 예컨대 마침씨끝은 말할이와 들을이 사이의 친소관계를 나타내기도 하는데, 친할수록 높임의 정도가 낮아지고, 친하지 않을수록 높아지는 경향을 보인다. 곧 (18)에서 친한 경우에는 ㄹ, ㅁ, ㅂ의 등분이 쓰일 수 있으나, 친하지 않은 경우에는 ㄱ, ㄴ, ㄷ의 등분이 쓰이게 되어 마침씨끝 자체가 말할이와 들을이 사이의 친소관계를 표시하는 기능도 함을 알 수 있다. 그러므로 마침씨끝마다 말할이와 들을이 사이의 사회적 관계가 어떻게 나타나는가를 살필 필요성이 제기된다.

또한 마침씨끝은 말이 이루어지는 장면을 나타내 주는 기능을 한다. 예컨대 격식을 갖추느냐 안 갖추느냐에 따라 격식적인 장면에서는 (18)에서의 ㄱ, ㄴ, ㅁ, ㅂ의 등분이 사용되며, 격식을 안 갖추는 비격식적 장면에서는 ㄷ, ㄹ의 등분이 쓰여 마침씨끝이 격식성을 나타내 주는 기능을 담당한다. 그리고 말이 이루어지는 장면에도 관련을 맺어 마침씨끝에 따라 상관적 장면에서만 쓰이는 것들도 있고, 단독적 장면에서만 쓰이는 것들도 있다. 어떤 것은 모든 장면에 두루 쓰일 수 있는 것들도 있다. (19) ㄱ은 상관적인 장면에서만 쓰이는 보기이고, ㄴ은 들을이를 의식해서 들을이에게 발화하는 상관적 장면으로 이해되기도 하고 말할이의 혼잣말인 단독적 장면으로도 이해된다. ㄷ은 혼잣말로 쓰이는 단독적 장면으로 이해된다.

> (19) ㄱ. 내일 서울에 가-**니**?
>   ㄴ. 내가 내일 서울에 가-**ㄹ까**?
>   ㄷ. 오늘 저녁에 무엇을 먹-**는담**?

위에서 살핀 바와 같이 마침씨끝은 월의 발화하는 데 관련되는 말할이에 관한 것, 들을이에 관한 것, 말할이와 들을이 사이의 사회적 관계, 말할이의 들을이에 대한 태도, 말이 행하여지는 장면 따위의 화용적 특성을 나타내는 기능을 담당하기 때문에 마침씨끝마다의 화용적 특성을 명시적으로 밝히는 일이 마침씨끝의 화용적 특성 연구에서 기본적 과제가 되어야 한다.

7. 마무리

마침씨끝이 풀이말의 끝자리에 놓이지만 풀이말의 구성 요소와 형태 배합상의 제약을 보이는 형태적 특성을 나타내며, 월 전체를 끝맺어 줄 뿐 아니라 월 전체에 영향을 미치며, 월의 다른 월조각과 공기관계를 맺는 통사적 특성을 보인다. 또한 마침씨끝 자체가 고유의 의미적 특성을 보이며, 발화와 관련된 여러 요소와 관련을 맺는 화용적 특성을 보인다. 그러므로 이들 특성에 대한 연구가 마침씨끝 연구에서 기본 과제에 해당함을 논의하였다. 지금가지 논의된 내용을 간추리면 다음과 같다.

첫째, 형태배합상 마침씨끝은 풀이말 자리에 놓이는 풀이씨 뿌리에 통합되는 씨끝 가운데 맨 끝에 놓이는 씨끝으로, 발화와 관련하여 여러 가지 중요한 기능을 담당하는 기능부담성이 큰 말본적 형태이다.

마침씨끝은 월의 끝에 놓여 월을 끝맺는 기능을 담당하고, 뒤에는 월 끝에 놓이는 절종결이 놓여 다른 종류의 씨끝들과 식별된다. 그렇지만 실제 월에서 마침씨끝만을 한정하여 마침씨끝으로 설정하는 일은 그리 단순한 일은 아니기 때문에 이 부분에 대해서도 마침씨끝 연구에서 기본적으로 다루어야 할 과제가 되어야 함을 논하였다.

둘째, 마침씨끝은 풀이말 자리에 놓이는 풀이씨의 종류에 따라 통합 관계에 차이를 보일 뿐 아니라 풀이씨의 뿌리 다음에 통합되는 안맺음 씨끝과의 통합관계에서도 선택 제약이 따르는 형태적 특성을 가지고 있기 때문에 이에 대한 연구가 기본적으로 필요하다.

셋째, 마침씨끝은 월 전체를 끝맺어 주며, 월의 다른 조각에까지도 공기관계에 영향을 미친다. 예컨대 마침씨끝의 종류에 따라 임자말의 가리킴 제약이 좌우되는 등, 통어적 특성을 나타내기 때문에 이를 철저히 규명하여야 한다.

넷째, 동일한 의향법, 같은 들을이높임법 등분에 해당하는 마침씨끝들이 각기 독특한 의미적 특성을 가지고 있다. 그러므로 마침씨끝마다의 고유한 의미적 특성이 객관적으로 명료하게 밝혀져야만 한다. 곧 마침씨끝마다의 객관적 의미 특성의 규명이 마침씨끝의 의미적 특성 연구에서 기본적 과제가 되어야 한다.

다섯째, 마침씨끝은 월로 표시되지 않는 발화와 관련된 요소들의 특성, 곧 여러 가지 화용적 특성을 나타내기도 한다. 마침씨끝의 화용적 특성 가운데 중요한 것으로는 들을이높임의 등분을 나타내 주는 기능과 명제 내용에 대한 말할이의 태도를 나타내는 의향법을 표시하는 기능을 들 수 있다. 이 밖에도 마침씨끝은 말이 행하여지는 장면 따위의 화용적 특성을 나타내기 때문에 이들에 대한 체계적인 연구가 기본 과제가 되어야 한다.

제3장 의향법 및 들을이높임법 체계

1. 의향법 체계

1.1 들머리

마침씨끝은 발화에서 명제 내용에 대하여 말할이의 들을이에 대한 태도를 실현하는 말본 범주인 의향법을 나타낸다. 곧 마침씨끝은 말할이가 들을이에게 자신의 생각을 여러 가지로 표현할 수 있는 의향법을 표시해 주는 기능을 담당하고 있다. 의향법의 개념은 정의 및 기준의 다름에 따라 구분 내용이 달라질 수 있는데[1], 여기에서는 마침씨끝에 의해 말할이와 들을이 사이에 어떤 의사 전달 행위가 이루어졌느냐, 또는 말할이가 명제 내용에 대하여 어떤 태도를 가지느냐에 따라 의향법을 살피기로 한다.

현대 우리말의 의향법 종류는 연구 논저에 따라 4가지부터 10가지에 이르기까지 다양한 실정이다. 이 장에서는 기존의 연구 논저에서 의향법의 하위 범주를 어떻게 설정했는가를 살피고, 이들 체계에 대한 문제점을 검토한 다음, 새로이 의향법 체계를 설정하기로 한다.

---

1) 의향법에 대한 정의에 따라 마침씨끝에 국한하여 설정하기도 하고 마침씨끝뿐 아니라 그 앞에 놓이는 안맺음씨끝 일부까지를 포함하여 설정하기도 한다.

1.2 기존의 의향법 체계

네 가지부터 열 가지에 이르는 기존의 의향법의 분류 내용은 의향법에 관한 연구자의 태도와 분류 기준의 차이에서 비롯되었다. 각 종류별로 그 내용을 살피기로 한다.

의향법 체계 가운데 네 가지 종류를 설정한 대표적인 연구로는 최현배(1937:1157, 1971:855)를 들 수 있다. '바탈에 의한 월의 체계'로 월을 2분법적 기준으로 세 가지 기준을 적용하여 다음과 같이 네 가지로 체계화하였다.

    ㄱ. 따따로(개별적)
     1) 단독적 태도--------------베풂월
     2) 관계적 태도
        말하는 이 중심----------시킴월
        말듣는 이 중심---------물음월
    ㄴ. 함께(共同的)----------------꾀임월

남기심(1973:52-53)에서는 의향법을 말본적 특성에 따라 건너따옴월에서 실현되는 간접화 씨끝을 바탕으로 서술법, 의문법, 명령법, 청유법의 네 가지로 설정하였다.

허웅(1984:225)에서도 2분법에 따라 세 가지 기준을 적용하여 네 가지로 분류하였다. 곧 첫째, '들을이에게 요구 있음/없음'의 기준, 둘째, 요구함이 있는 경우 '대답 요구냐 행동 요구냐의 기준' 셋째, 행동을 요구하는 경우 '들을이만이냐 말할이와 들을이 함께냐의 기준'을 적용하여 서술법, 물음법, 시킴법, 꾀임법의 네 가지 의향법 체계를 세웠다.

    <의향법의 체계>
     ㄱ. 들을이에게 요구 없음----------------서술법
     ㄴ. 들을이에게 요구 있음

1) 대답을 요구------------------------물음법
2) 행동을 요구
   들을이만의 행동을------------------시킴법
   함께 함을------------------------ 꾀임법

허웅(1995:522)에서도 아래와 같이 의향법을 2분법과 세 가지 기준을 적용하여 네 가지로 분류한 점은 위와 동일하여 차이가 없으며, 단지 위에서의 '꾀임법'이란 갈말을 쓴 데 비하여 여기서는 '함께법'이란 갈말을 쓴 점에서 차이를 보일 뿐이다.

의향법---요구 없음-----------------------------------서술법
    ---요구 있음---답을 요구----------------------물음법
        ---일하기를 요구---들을이만---시킴법
              ---둘이 함께--**함께법**

권재일(1992:112)에서도 아래와 같이 의향법의 하위 범주로 두 가지 기준을 적용하여 네 가지로 체계화한 점은 위의 내용과 동일하지만, 서술법을 다시 '행동수행성의 있음/없음' 기준에 따라 평서법, 감탄법, 약속법으로 나눈 점에서 차이를 보인다.

<의향법의 하위범주>
[기준] 1. 청자에 대하여 요구함이 있음/없음
       2. 행동수행성이 있음/없음
[하위범주 체계]
                [기본 의향법]   [행동수행주체]
    요구함(-)-------------①서술법
                행동수행성(-)---평서법
                             감탄법
                행동수행성(+)----약속법----[화자]

요구함(+)
　　행동수행성(-)------②의문법
　　행동수행성(+)--------③명령법------------------[청자]
　　　　　　　　　　　　④청유법------------[화자+청자]

　의향법 체계 가운데 다섯 가지 종류를 설정한 대표적인 연구로는 정인승(1956:99)으로, "말끝을 마치는 형식이니, 그 마치는 방법으로서 ①베풂법(서술법), ②물음법(의문법), ③시킴법(명령법), ④이끎법(청유법), ⑤느낌법(감탄법)의 다섯 가지로 다르다."고 하였다. 의향법을 4가지로 설정한 체계와 다른 점은 느낌법(감탄법)을 따로 세운 점이데, 이 다섯 가지 분류 체계가 학교문법에도 그대로 적용되었다. 남기심·고영근(1985:341)에서도 의향법을 "문체법"이라 부르고 "평서문, 의문문, 감탄문, 명령문, 청유문"의 다섯 가지로 분류하여 정인승(1956)에서와 동일하다. 서정수(1994:250)에서는 "문말 서법은 서술법, 약속법, 의문법, 명령법 및 청유법의 다섯 가지로 나뉜다."고 하였으며, 서태룡(1985)에서도 "서술형, 의문형, 명령형, 청유형, 약속형"인 다섯 가지 종류를 설정하였으나, 이들의 분류 내용은 정인승(1956)과 달리 '느낌법'을 설정하지 않고 '약속법'을 설정한 점에서 차이를 보인다. 곧 네 종류로 설정한 내용에 '약속법'을 더 설정한 셈이 된다.

　의향법 체계 가운데 여섯 가지 종류를 설정한 대표적인 연구는 김석득(1992:395)으로, 2분법과 네 가지 기준을 적용하여 다음과 같이 "말할이의 의향"을 여섯 가지로 분류하였다.

<말할이의 의향>
요청 없음---서술법---감동 없음---수의적 상대(풀이)---풀이법
　　　　　　　　　　　　　　절대적 상대(약속)--- 약속법
　　　　　　　감동 있음--------------------------- 느낌법
요청 있음---대답-- 물음법
　　　행위---공동---------------------------------------권유법
　　　　　　개별-- 시킴법

곧 위의 여섯 가지의 종류는 네 가지 종류의 내용에 '약속법'과 '느낌법'을 더 설정한 셈이다.

의향법 체계 가운데 일곱 가지 종류를 설정한 대표적인 연구로는 이희승(1957:98)으로, 의향법을 "문체법"이라 부르고. "설명법, 의문법, 명령법, 공동법, 약속법, 허락법, 감탄법"인 일곱 가지 종류를 설정하였다. 노대규(1983:15)에서도 "문장의 문법적 서법 형태를 중심으로 국어 문장의 유형을 분류하면, 국어의 문장 유형은 (1)서술문, (2)의문문, (3)명령문, (4)청유문, (5)감탄문, (6)허락문, (7)약속문 등의 일곱 가지로 나뉘어질 수 있다"고 하였는데, 이희승(1957)의 분류와 일치한다.

의향법 체계 가운데 여덟 가지 종류를 설정한 대표적인 연구로는 고영근(1976:18)으로, "설명법, 의문법, 감탄법, 명령법, 허락법, 공동법, 약속법, 경계법"인 여덟 가지 종류를 설정하였으나, 이희승(1957)의 일곱 가지 종류의 내용과 비교하면, 이희승(1957)의 분류에 "경계법"을 더 설정한 셈이 된다. 윤석민(2000:79)에서는 고영근(1976)의 여덟 가지 분류 내용과 동일하나, 2분법적 분류 방식에 따라 네 가지 기준을 적용하여 다음과 같이 체계화하였다.

<현대국어 문장종결법의 체계>
```
상태 --- 화자 ---- 전달 ---- - 정감적 ----> 설명법
                        +정감적 ----> 감탄법
        청자 ---- 요구 --------------------> 의문법
행동 --- 화자 ---- 전달 --------------------> 약속법
        청자 ---- 전달 ----- - 정감적 ----> 허락법
                        +정감적 ----> 경계법
                요구 --------------------> 명령법
        화자와 청자 --- 전달과 요구 ---> 공동법
```

의향법 체계 가운데 열 가지 종류를 설정한 대표적인 연구로는 김민수(1960)로, "설명형, 의문형, 질문형, 응락형, 명령형, 소원형, 경계형, 청

유형, 추측형, 감탄형"인 열 가지를 설정하였다. 이에는 여덟 가지 종류에 "소원형"과 "추측형"을 더 설정한 셈이다.

위에서 살핀 바와 같이, 네 가지 종류에서 열 가지 종류에 이르기까지 공통점은 네 가지 종류의 의향법을 모두 포함한다는 것이다. 이 네 가지 종류에 '느낌법'이나 '약속법'을 더하면 다섯 가지 종류가, '느낌법'과 '약속법'을 모두 더하면 여섯 가지 종류가, 여기에 '허락법'을 더하면 일곱 가지 종류가, 여기에 또 '경계법'을 더하면 여덟 가지 종류가 되었다. 여덟 가지 종류에 '소원법'과 '추측법'을 더 하면 열 가지 종류가 됨을 알 수 있다.

1.3 기존의 체계에 대한 검토

지금까지의 연구 논저에서 분류된 의향법의 종류는 1.2에서 살핀 바와 같이 네 가지로부터 10가지에 이르고 있다. 이와 같은 여러 가지의 의향법 종류가 제기된 까닭은 의향법 분류 기준상의 차이가 있기 때문이다.

의향법을 실현하는 마침씨끝이 형태·통어적 특성과 의미·화용적 특성을 가짐은 앞에서 살폈다. 의향법을 구분할 때, 마침씨끝의 형태·통어적 특성, 곧 말본적 특성에 초점을 맞추느냐, 의미·화용적 특성, 곧 의미 기능에 초점을 맞추느냐에 따라 의향법의 분류 내용이 달라졌다.

네 가지의 분류는 주로 마침씨끝의 말본적 특성에 초점을 두어 분류한 경우라 할 수 있다. 남기심(1973:52-53)은 "종래 문법에서 감탄형 어미로 불리던 '-(는)구나', 약속형 어미로 불리기도 하는 '-마'는 모두 간접화할 때 서술형으로 귀착하며, 이른바 허락형 어미 '-려무나(렴)'는 명령형 '-라'로 간접화한다"고 하고, "이와 같은 사실은 용언의 종지법 어미로써 서술형, 의문형, 명령형, 청유형의 네 가지 이상을 설정하는 것은 불합리하다는 것을 말해 준다"라고 하여 마침씨끝이 건너 따옴월에서 변이하는 유형에 따라 의향법을 분류하였다. 이 밖의 의향법 구분은 이들 네 가지 종류에 감탄, 약속, 허락, 경계 따위 가운데 일부나 전체를 더하여 구분한 것들이었다.

감탄, 약속, 허락, 경계 따위는 말본적 특성에 따라 설정되었다기보다는 해당 마침씨끝의 의미 기능에 초점을 맞추어 설정된 것으로 보인다. 만일 마침씨끝의 의미를 기준으로 하여 의향법을 분류한다면 이들 밖에도 여러 가지 유형의 의향법이 추가될 수도 있을 것이다.[2] 이들을 독립된 한 종류의 의향법으로 다루기 어려운 까닭은 이 밖에도 여러 가지를 더 들 수 있다. 그 가운데 한 가지 이유를 보면, 서술, 물음, 시킴, 꾀임은 들을이높임의 모든 등분에 마침씨끝이 갖추어져 있으나, 이른바 느낌법, 약속법, 허락법, 경계법 따위는 극히 일부의 등분에만 마침씨끝이 갖추어져 있어 다른 등분이 빈칸으로 남는다는 점이다. 곧 모든 등분에 분포해 있는 서술법, 물음법, 꾀임법, 시킴법과 특정한 일부 등분에만 한정되어 분포하는 느낌법, 약속법, 허락법, 경계법을 동일한 층위에서 대립시키는 것은 불합리하여 격에 맞지 않는 셈이다.

감탄법을 독립된 의향법으로 인정하느냐 않느냐에 따라 네 가지 분류와 다섯 가지 분류로 나뉘게 된다. 감탄법을 따로 설정하지 않은 최현배(1971:265-266)는 "느낌을 나타냄은 비단 이른바 느낌꼴만의 일이 아니라 베풂꼴 속에 붙인 것들로써도 느낌을 나타낼 수 있을 것"이라고 하고 "그뿐 아니라 느낌꼴이란 매우 불비하여 '-구나', '-도다', '-구려'의 셋뿐이오, 아주낮춤과 예사낮춤에 쓰일 따름인즉, 특히 한 갈래를 이룰 것까지는 못된다"고 하였다. 나아가 "느낌꼴과 베풂꼴 사이에는 엄밀한 말본스런 구분이 있지 아니하다"라 하여, 말본적으로나 의미적으로나 감탄법을 따로 설정할 필요가 없이 서술법에 포함되어야 한다고 하였다.

---

2) 마침씨끝마다 대체로 의미가 다르기 때문에 의미의 다름에 따라 의향법을 세밀하게 구분한다면 의향법의 수효는 우리말의 마침씨끝 수효만큼이나 많아질 것이다. 그렇기 때문에 의미의 유사성 정도에 따라 그리 큰 차이가 없는 경우에는 하나로 묶는 방법이 체계화시키는 작업에 필수적이다.

그러나 감탄법을 의향법의 한 종류로 설정한 노대규(1983:15-16)는 감탄문의 설정 근거로 일곱 가지 이유를 들고 있다. 그런데 감탄문이 노대규(1983)에서처럼 독특한 통사·의미·화용적 특성을 가지고 있다고 하더라도 의향법에 따라 월을 분류하는 데 있어서 감탄문을 설정하는 것과 하지 않는 것 사이에 그리 큰 문제가 발생되는 것은 아니다. 왜냐하면 의향법은 말할이의 들을이에 대한 태도를 나타내는 것이기 때문에 서술이나 느낌, 약속을 나타내는 경우에는 말할이의 들을이에 대한 태도가 동일하다고 하겠다. 곧 이들은 들을이에게 아무런 요구가 없다는 점에서 공통성을 가진다. 그리고 감탄문은 통어·의미·화용상 공통되는 부분이 있고, 노대규(1983)에서 지적된 바와 같이 차이 나는 부분이 있는데, 이 때 공통점에 착안하면 감탄문을 서술문의 범주에 넣을 수 있고, 차이점에 착안을 하면 감탄문과 서술문을 따로 분리하여 독립된 의향법으로 설정할 수도 있다.

이 글에서는 이른바 감탄문의 독특한 특성을 인정하더라도, 감탄문과 서술문의 공통성에 더 비중을 두어 일차적으로는 감탄문을 서술문의 범주에 포함시키고, 이차적으로 서술문을 분류할 때 감탄문을 설정하기로 한다. 왜냐하면 우리말의 의향법은 마침씨끝에 의해 실현되는데, 이른바 감탄문이라 하는 예문과 서술문의 차이가 통어·의미상 그리 큰 차이가 없기 때문이다.

    (1) ㄱ. 오늘 날씨가 참 좋-**구나**.
        ㄴ. 오늘 날씨가 참 좋-**네**.[3]
        ㄷ. 오늘 날씨가 참 좋-**다**.

(1)에서 ㄱ만이 아니라 ㄴ과 ㄷ에도 감탄의 의미가 포함되어 있음을 알 수 있다. 노대규(1983:34)는 ㄱ의 '-구나' 의미를 "화자 자신이 미처

---

3) '-네'를 서술법의 마침씨끝으로 보는 것이 일반적이나, 감탄법을 의향법의 한 종류로 설정한 김석득(1967:17)은 감탄법의 예사낮춤 마침씨끝으로 보았다.

지각하지 못했던 사실을 화자 자신이 몸소 보고, 듣고 냄새맡고, 맛보고, 만져보고, 생각하고 느끼어 새로이 지각하게 됨"이라 하였으며, 장경희(1985:93)는 '-구나'의 기본의미를 "처음 앎"이라 하였다. 그러나 ㄴ과 ㄷ의 마침씨끝들도 이와 동일한 의미로 쓰이고 있다. 예컨대 '-구나'가 "미처 알지 못한 새로운 사실을 앎"의 의미를 갖고 있음에 비하여 서술법의 마침씨끝인 '-네'와 '-다'도 같은 의미로 쓰이는 일이 있다.

> (2) ㄱ. **지난번엔 몰랐었는데**, 이제 보니 참 똑똑하-**구나**.
> ㄴ. **지난번엔 몰랐었는데**, 이제 보니 참 똑똑하-**네**.
> ㄷ. **지난번엔 몰랐었는데**, 이제 보니 참 똑똑하-**다**.

(2)에서 ㄱ과 ㄴ, ㄷ에 의미상 어떤 차이가 있다면, 그 의미의 차이는 마침씨끝의 다름 때문이라고 할 수 있다. 곧 명제 내용은 모두 동일하지만 마침씨끝이 다르기 때문이다. 그러나 실제로 ㄱ, ㄴ, ㄷ은 의미상 그리 큰 차이를 느낄 수 없다. (2)의 ㄱ을 이른바 감탄문이라 하고, ㄴ과 ㄷ을 서술문이라 하는데, 이들은 통어적으로도 차이가 없고 의미상으로도 두드러진 차이가 발견되지 않기 때문에 일차적으로는 감탄법을 서술법 속에 포함시키더라도 문제될 것은 별로 없다.

서술문과 이른바 감탄문이 건너 따옴월로 포함될 때, 이들 마침씨끝들이 동일한 형태로 중화되는 점도 감탄법을 서술법 범주에 넣을 수 있는 근거가 된다.4) 노대규(1983:16)는 감탄문은 화자가 명제 내용의 사실에 대하여 현재 시점에서 지각한 정서적으로 표현하는 행위이므로 감탄문에는 직접화법만 있고 간접화법은 없다고 하였으나, 실제 예문을 들어보면, 이른바 감탄문들도 간접화법으로 나타낼 수 있음을 알 수 있다.

> (3) ㄱ. 갑→을 : 저 꽃이 참 아름답-**구나**.

---

4) 각 의향법의 마침씨끝들이 건너 따옴월에 포함될 때, 마침씨끝들이 중화형태로 바뀌는 현상에 관하여는 남기심(1973:52-54) 참조.

을→병 : 갑이 나에게 저 꽃이 참 아름답-**다**고 한다.
ㄴ. 갑→을 : 철수가 오늘 참 빨리 오-**는군**.
을→병 : 갑이 나에게 철수가 오늘 참 빨리 오-**ㄴ다**고 한다.
ㄷ. 갑→을 : 저분이 교장 선생님이시-**구면**.
을→병 : 갑이 나에게 저분이 교장 선생님이시-**라**고 한다.

이와 같이 이른바 감탄문의 마침씨끝의 의미는 서술문의 마침씨끝으로도 표시가 가능할 뿐 아니라 건너 따옴월에서의 중화형태도 동일하기 때문에 일차적으로 의향법을 가를 때 감탄법을 따로 설정하지 않고, 서술법의 범주에 넣되, 이차적으로 서술법을 가를 때 차이점에 초점을 맞추어 감탄법을 설정하는 것이 합당하다.

느낌법과 아울러 약속법, 허락법, 경계법도 건너 따옴월에서의 중화형태나 들을이높임법 체계 등분의 빈칸 여부에 비추어 볼 때 서술법, 물음법, 꾀임법, 시킴법과 같은 층위에서 대립되는 것으로 보기는 어렵다. 약속법은 건너 따옴월에서 서술법의 중화형과 동일하게 실현되며, 의미적 특성에서도 서술법과 공통된 점이 있고 차이점도 있지만 공통점에 먼저 착안하면 일차적으로 약속법을 서술법의 범주에 포함시킬 수 있다. 허락법 또한 건너 따옴월에서 시킴법의 중화형태와 동일하게 실현되며, 의미적으로 공통점이 있는 점에서 일차적으로 시킴법의 범주에 포함시킬 수 있다. 경계법도 건너 따옴월에서 서술법의 중화형태로 실현되며 의미적으로도 서술법과 공통점이 있기 때문에 일차적으로 서술법의 범주에 넣을 수 있다.

1.4 의향법 체계의 설정 기준

앞에서 살핀 바와 같이 의향법의 분류에 관한 다양한 주장들이 있으며, 각 주장에는 그 나름대로의 문제점을 포함하고 있음을 알 수 있었다. 그러면 여기서는 앞에서 고찰한 의향법 체계에 대한 검토 내용을 바탕으로 하여 의향법 체계 설정 기준을 마련한 다음, 새로이 의향법 체계를 설정하기로 한다.

의향법을 분류할 때 어떤 기준을 적용하느냐, 어떤 순서로, 어떻게 적용하느냐에 따라 분류 내용이 달라질 수 있다. 여기서는 의향법을 실현하는 마침씨끝의 통사적 특성과 의미적 특성을 바탕으로 마침씨끝들을 일차적으로 분류한 다음, 마침씨끝의 의미적 속성 개념에 따라 이차적으로 분류하는 방식을 따르기로 한다.

우리말의 마침씨끝은 건너 따옴월에 포함될 때, 네 가지 유형 가운데 하나로 중화되는 특성을 보인다. 곧 모든 마침씨끝은 중화형태인 '-는다', '-느냐'. '-자', '-으라' 가운데 하나로 실현된다. 그러므로 의향법의 일차적 분류 기준으로 독자적인 건너 따옴월의 중화형태가 있느냐 없느냐가 첫 번째 기준이 된다. 곧 의향법의 일차적 분류로 한 범주가 되려면 독자적인 건너 따옴월 중화형태를 가져야 한다. 의미적 특성에서 보면, 건너 따옴월의 중화형태에 따라 '-는다'로 중화되는 것들은 서술월의 마침씨끝들이고, '-느냐'로 중화되는 것들은 물음월의 마침씨끝들이며, '-자'로 중화되는 것들은 꾀임월의 마침씨끝들이고, '-으라'로 중화되는 것들은 시킴월의 마침씨끝들이다. 이 네 가지 월의 마침씨끝들은 들을이에 대한 높임법을 실현하는데, 대체로 각 월의 종류마다 들을이높임법의 각 등분에 해당하는 마침씨끝들이 갖추어져 있다. 그러므로 의향법의 설정에서 일차 분류 기준으로 들을이높임법 등분에 빈칸이 있느냐, 없느냐가 두 번째 기준이 된다. 곧 의향법의 일차적 분류로 한 범주가 되려면 들을이높임의 등분에 빈칸이 없어야만 한다.

의향법 설정 기준으로, 통사적 특성에 해당하는 '건너 따옴월에서의 독자적 중화형태를 가지고 있음'과 '들을이높임법 등분에서의 빈칸 없음'의 기준을 적용하면, 네 가지의 의향법으로 분류된다. 이 네 가지 의향법은 의미적 특성의 관점에서 '들을이에 대한 요구가 있느냐 없느냐의 기준'에 따라 요구함이 있는 것과 없는 것으로 나뉘고, '대답의 요구냐 행동의 요구냐'의 기준에 따라 '대답 요구'와 '행동 요구'로 나뉜다. 행동의 요구가 있는 경우 '행동의 대상이 누구냐'의 기준에 따라 '들을이'만 해당하는 것과 '말할이와 들을이'가 함께 해당하는 것으로 나뉜다. 이 세 가지 기준에 따라 의향법의 네 가지 하위 범주를 체계화하면 다음과 같다.

<의향법의 일차적 분류 체계>
들을이에게 요구 없음 -- 서술법
들을이에게 요구 있음 --- 대답 요구 ----------------------------- 물음법
　　　　　　　　　　　　 행동 요구 ---[말할이+들을이] ----- 꾀임법
　　　　　　　　　　　　　　　　　　 [들을이] --------------- 시킴법

　이와 같이 우리말의 의향법 체계는 일차적으로 마침씨끝의 말본적 특성에 의해 네 가지 유형의 의향법 범주가 설정되고, 마침씨끝의 의미적 특성에 따라 서술법, 물음법, 꾀임법, 시킴법의 네 가지로 범주화 되었다. 곧 말할이의 들을이에 대한 태도에 따라 들을이에게 아무런 요구함이 없이 말할이 자신의 뜻을 베풀거나, 약속하거나, 느낌을 나타내며 건너 따옴월에서 '-다'로 중화되는 의향법이 서술법이고, 들을이에게 요구가 있는 것으로, 들을이에게 대답을 요구하며 건너 따옴월에서 '-냐'로 중화되는 의향법이 물음법이다. 들을이에게 어떤 행동을 함께 하기를 요구하며 건너 따옴월에서 '-자'로 중화되는 것이 꾀임법이며, 들을이에게 어떤 행동을 하기를 요구하며 건너 따옴월에서 '-으라'로 중화되는 것이 시킴법이다.

　위와 같은 의향법 분류는 월의 마침씨끝 유형에 의해 이루어지는데, 우리말의 의향법은 마침씨끝에 의해 바로 인식되는 경우와 '-어', '-지', '-오'와 같이 마침씨끝에 의해 금방 식별되지 않고, 마침씨끝 뒤에 놓이는 절종결의 종류에 따라 식별되는 것들이 있다.[5]

　우리말의 의향법은 일차적 분류로 서술법, 물음법, 꾀임법, 시킴법의

네 가지로 범주화되지만, 각 범주에 해당하는 마침씨끝들은 공통적인 요인과 아울러 이질적인 요소도 가지고 있다. 마침씨끝마다 약간의 말본적 특성에서도 차이를 보이는 일이 있지만, 특히 의미적인 면에서 큰 차이를 보이기도 한다. 그러므로 일차적으로 분류된 범주마다 이차적으로 의미적 속성 개념에 따라 다시 세분화할 수 있다.

서술법에 해당하는 마침씨끝들은 의미적인 면에서 여러 가지 속성 개념을 나타내기도 한다. 첫째, 말할이가 명제 내용을 풀어 밝히는 속성 개념을 나타내는 마침씨끝들이 있는데, 이들 마침씨끝에 의해 실현되는 의향법이 풀이법에 해당한다. 둘째, 말할이가 정감적 태도를 가지고 명제 내용에 대한 놀라워하는 느낌을 나타내는 마침씨끝들이 있는데, 이들 마침씨끝에 의해 실현되는 의향법이 감탄법에 해당한다. 셋째, 말할이가 명제 내용을 할 것을 약속하는 속성 개념을 나타내는 마침씨끝들이 있는데, 이들 마침씨끝에 의해 실현되는 의향법이 약속법에 해당한다. 넷째, 말할이가 명제 내용에 대하여 들을이에게 주의할 것을 경계하는 속성 개념을 나타내는 마침씨끝들이 있는데, 이들 마침씨끝에 의해 실현되는 의향법이 경계법에 해당한다.

물음법에서의 물음은 들을이에게 대답을 요구하는 물음과 들을이에게 대한 대답을 요구하지 않는 물음으로 나눌 수 있다. 첫째, 말할이가 명제 내용에 대하여 들을이에게 대답할 것을 요구하는 의미 속성을 나타내는 마침씨끝들이 있는데, 이들 마침씨끝에 의해 실현되는 의향법이 질문법에 해당한다. 둘째, 말할이가 들을이에게 어떤 응답을 요구하는 것이 아니라 명제 내용에 대해 의심을 가지고 있음을 드러내는 의미 속성을 가지는 마침씨끝들이 있는데, 이들 마침씨끝에 의해 실현되는 의향법이 의문법이다.

꾀임법은 의미 속성상 말할이가 명제 내용에 대하여 들을이에게 함

---

5) 권재일(1992:91)은 절종결의 종류에 따라 의향법이 식별되는 마침씨끝을 상황의존형 어미라고 하였다.

께 행동에 옮길 것을 제안하기 때문에 의미적 속성 개념에 따라 제안법
이라 하였다.

시킴법에 해당하는 마침씨끝들은 의미적인 면에서 들을이에게 명령
하는 의미 속성을 나타내는 것과 허락하는 의미적 속성을 나타내는 것
으로 나눌 수 있다. 첫째, 말할이가 들을이에게 명제 내용에 대하여 행
동에 옮길 것을 명령하는 속성 개념을 나태는 마침씨끝들이 있는데, 이
들 마침씨끝들에 의해 실현되는 의향법이 명령법에 해당한다. 둘째, 말
할이가 들을이에게 명제 내용을 행동에 옮길 것을 허락하는 속성 개념
을 나타내는 마침씨끝들이 있는데, 이들 마침씨끝에 의해 실현되는 의
향법이 허락법에 해당한다. 의향법의 네 가지 하위 범주에 위에 살핀
이차적 기준을 적용하여 체계화하면 다음과 같다.

<의향법의 이차적 분류 체계>

일차 분류 체계	속성개념	이차 분류 체계
서술법	풀이	풀이법
	감탄	감탄법
	약속	약속법
	경계	경계법
물음법	질문	질문법
	의혹	의문법
꾀임법	제안	제안법
시킴법	명령	명령법
	허락	허락법

위에 살핀 바와 같이 의향법은 일차적으로 서술법, 물음법, 꾀임법,
시킴법으로 분류되고, 이들은 이차적으로 의미적 속성 개념에 따라 풀
이법, 감탄법, 약속법, 경계법, 질문법, 의문법, 제안법, 명령법, 허락법
으로 분류되었다. 의향법 분류 기준과 분류 체계를 재정리하면 다음과
같다.

<분류 기준>
　일차 분류 기준
　1. 통사적 기준
　　1) 독자적 건너 따옴월 중화형태 있음
　　2) 들을이높임법 등분에 빈칸 없음
　2. 의미적 기준
　　1) 들을이에 대한 요구 [있음/없음]
　　2) 대답 요구/행동 요구
　　3) 행동의 대상 [들을이/말할이+들을이]
　이차 분류 기준
　마침씨끝의 의미적 속성 개념

<의향법 분류 체계>

일차 분류	이차 분류	대표 씨끝
서술법	풀이법	-는다
	감탄법	-구나
	약속법	-마
	경계법	-을라
물음법	질문법	-니
	의문법	-을까
꾀임법	제안법	-자
시킴법	명령법	-어라
	허락법	-으려무나

1.5 마무리

발화에서 명제 내용에 대하여 말할이의 들을이에 대한 태도를 실현
하는 말본 범주인 의향법은 마침씨끝에 의해 실현된다. 곧 마침씨끝에
의해 말할이와 들을이 사이에 어떤 의사 전달 행위가 이루어졌느냐, 또
는 말할이가 명제 내용에 대하여 어떤 태도를 가지느냐에 따라 의향법

을 체계화하였다.

현대 우리말의 의향법 하위 범주는 연구 논저에 따라 4가지부터 10가지에 이르기까지 다양한 실정으로, 기존의 연구 논저에서 의향법의 하위 범주를 어떻게 설정했는가를 살피고, 이들 체계에 대한 문제점을 검토한 다음, 이를 바탕으로 새로이 의향법 체계를 설정하였다.

의향법의 분류 기준은 의향법을 실현하는 마침씨끝의 통사적 특성과 의미적 특성을 바탕으로 마침씨끝들을 일차적으로 분류한 다음, 마침씨끝의 의미적 속성 개념에 따라 이차적으로 분류하는 방식에 의해 이루어졌다.

일차 분류 기준 가운데 통사적 기준으로는 '독자적 건너 따옴월 중화 형태 있음'의 기준과 '들을이높임법 등분에 빈칸 없음'의 기준을 적용하였으며, 의미적 기준으로는 '들을이에 대한 요구 [있음/없음]'의 기준과 '대답 요구/행동 요구'의 기준, '행동의 대상 [들을이/말할이+들을이]'의 기준에 의해 4가지 의향법으로 체계화하였다. 이 네 가지 의향법 범주를 이차 분류 기준인 마침씨끝들의 '의미적 속성 개념' 기준을 적용하여 9가지 의향법으로 체계화하였다. 곧 우리말의 의향법은 일차적으로 서술법, 물음법, 꾀임법, 시킴법으로 분류되고, 이들은 이차적으로 의미적 속성 개념에 따라 풀이법, 감탄법, 약속법, 경계법, 질문법, 의문법, 제안법, 명령법, 허락법으로 분류되었다.

2. 들을이높임법 체계[6]

2.1 들머리

말할이가 표현하고자 하는 내용을 들을이에게 발화하기 위해서는 들

---

6) 들을이높임법 체계는 한길(2002)에 포함되어 있는 내용을 대체로 그대로 따왔다.

을이를 어느 정도의 높임 등분으로 대우해야 할 것인가를 미리 결정하지 않으면 안 된다. 그런데 우리말은 들을이에 대한 높임의 등분이 세분화되어 있어 주체높임법에 비해 대단히 복잡한 양상을 띠고 있음은 이미 잘 알려진 사실이다. 우리말에서의 들을이높임 등분은 지금까지의 연구 논저에서 밝혀 놓은 것에 따르면 각양각색이나 대체로 4등분에서 6등분 사이로 되어 있다.[7]

우리말에서 들을이높임의 등분은 주로 월의 끝에 놓이는 마침씨끝에 의해 결정되는데, 현대 우리말의 입말에서는 반말의 마침씨끝과 반말에 들을이높임 토씨 '요' 통합형이 부쩍 많이 쓰이고 있는 실정이다.[8] 이에 따라 그 전까지는 별로 관심의 대상이 되지 못했던 이들 마침씨끝에 의해 표현되는 들을이높임의 등분 문제에 대하여 최근 들어 관심을 많이 갖게 되었다.[9] 더욱이 이들 마침씨끝이 많이 쓰임에 따라, 복잡한 양상의 들을이높임의 등분이 사회계층의 다양성을 반영한다는 관점에서 흥미 있는 일이나, 인간층의 평균개념의 관점에서 단점을 지니고 있기 때문에 보다 원활한 언어생활을 위해 말끝말씨를 간소화해서 '해요' 꼴과 '해' 꼴만 보존하고 나머지 마침씨끝은 없애자는 제안[10]까지도 하지만, 어떻든 현대 우리말의 들을이높임의 마침씨끝 가운데 반말의 마침씨끝과 여기에 '요'가 통합된 형태의 쓰임이 입말에서는 주류를 이루

---

7) 들을이높임의 4가지 등분으로는 최현배(1971)의 아주높임, 예사높임, 예사낮춤, 아주낮춤을 들 수 있고, 6가지 등분으로는 최근의 여러 들을이높임법 연구 논저에서의 '하다'의 꼴바꿈을 이용한 (1) 해라체, (2) 해체, (3) 하게체, (4) 하오체, (5) 해요체, (6) 합쇼체를 들 수 있다. 기존의 연구 논저에서 세운 들을이높임법 체계는 2.2에서 상세히 밝히기로 한다.

8) 박영순(1976)과 서정수(1984)의 '해요'와 '해'의 사용 빈도 조사를 보면, 반말의 마침씨끝이 널리 많이 쓰이고 있음을 알 수 있다. 점점 반말과 반말에 '요' 통합형이 확대되어 쓰여 왔기 때문에 현재에는 조사 당시보다 더 많이 쓰이게 되었음을 짐작할 수 있다.

9) 반말과 반말에 '요' 통합형에 대하여 본격적으로 관심을 기울인 대표적인 연구로는 성기철(1975)을 들 수 있다.

10) '해요' 꼴과 '해' 꼴만 보존하자는 제안을 한 연구로는 양인석(1980:108)이 있다.

게 되었다. 이는 다양했던 들을이높임법의 등분이 점차 간소화해 감을 반영해 주는 사실이라고 하겠으나, 현재 우리말의 마침씨끝으로 비격식체인 반말의 마침씨끝이나 여기에 '요'가 통합된 형태만 사용되는 것은 아니고 격식체인 아주높임, 예사높임, 예사낮춤, 아주낮춤의 마침씨끝들이 일부는 한정된 계층에서만 사용되더라도 대부분 현재의 글말에서는 물론 입말에서도 적극적으로 사용되고 있기 때문에 들을이높임의 등분에서 격식체를 소홀히 하거나 배제할 수는 없는 실정이다. 그러므로 비격식체와 격식체의 관계를 분명히 해야만 들을이높임법 체계를 제대로 세울 수 있게 된다.[11]

여기서는 지금까지의 연구된 들을이높임의 등분 체계에 대하여 반말의 등분 처리 문제를 중심으로 재검토하고, 이를 바탕으로 하여 들을이높임법 체계를 새로이 설정하고, 그 체계 안에서 반말이 차지하는 위치를 확고히 함과 아울러 발화할 때 격식체와 비격식체가 뒤섞이는 현상에 관하여 살피기로 한다.

2.2 기존의 들을이높임법 체계

우리말의 들을이높임법 체계는 연구 논저에 따라 제각기 다른 실정이다. 들을이높임법 연구 논저에서 들을이높임 등분에 관하여 체계화시킨 내용을 시기별로 정리하고 특이 사항을 밝히기로 한다. 비록 광복 이후의 우리말을 대상으로 한 연구는 아닐지라도 참고로 주시경(1910)까지 거슬러 올라가 그 이후의 체계를 시기별로 밝히기로 한다.

주시경(1910)은 들을이에 대한 높임을 다음과 같이 "長幼尊卑의 다름을 가르는 것"을 "序分"이라 하고 1원적 3등분 체계로 나누었다.

---

11) '해요' 꼴과 '해' 꼴을 비격식체라 하고 아주높임, 예사높임, 예사낮춤, 아주낮춤을 격식체라 하여 구분한 연구 논저들이 있는데, 이 글에서도 이를 그대로 따르기로 한다.

```
         ┌ 높음 : (ㅂ)니다, 십데다 : 老年에 쓰는 것
서분 ─┼ 같음 : 오, (시)오 : 中年에 쓰는 것
         └ 낮음 : 다 : 幼年에 쓰는 것
```

1) 높음 : 저 대가 푸릅니다 - ㅂ니다가 끗기니 이 말을 듣는이를 높이
　　　　어 말하는 것
　　　　그 어른이 오십데다 - 십데다가 끗기니 오는 이와 듣는이를
　　　　다 높이어 말하는 것
2) 같음 : 저 대가 푸르오 - 오가 끗기니 이 말을 듣는이를 같게 말하는 것
　　　　가시오 - 시오가 끗기니 오만 쓰이는 것보다 높으니라.
3) 낮음 : 저 대가 푸르다 - 다가 끗기니 이 말을 듣는이를 낮추어[12] 말
　　　　하는 것

이 체계에서는 반말에 대한 언급이 없으며, '-오'와 '-시오'를 같음의 영역에 넣은 점이 특이하다.

김희상(1911)은 1원적 5 등분 체계로 다음과 같이 설정하였다.

높임 등분	서술꼴	시킴꼴
상대	보압니다	보압시오
중대	보오	보오
半待	보아	보아
반반대	보네	보게
하대	본다	보아라

이 체계에서는 반말을 등분 안에 포함시켜 높임의 정도를 반대(半待)라 한 점이 주목할 만하다. 또한 '-오'를 '중대'라 하고, '-네'와 '-게'를 '반반대'라 한 점도 오늘날 앞의 것을 예사높임이라 하고 뒤의 것을 예사낮춤이라 하는 연구 논저의 내용과 맥이 닿아 있다는 점에서 특기할 만하다.

---

12) 원문에는 "높히어"로 되어 있으나 내용상으로는 "낮추어"가 맞는 것으로 이해되어 수정하였음.

박승빈(1937)은 1원적 5등분 체계를 다음과 같이 설정하였다.

높임 등분		서술꼴	시킴꼴
	至恭	옵니다	(시)옵시오
敬語	禮遇	ㅂ니다	(시)ㅂ시오
	平凡	오	(시)오
非敬語	忽待	네	게
	下待	는다	라(거라, 너라)

"반말은 완성되지 못한 말"(273쪽)이라 하여 들을이높임법 체계 안에 포함시키지 않은 것 같다. 높임을 3등분으로 나누고 '-오-'가 통합된 것을 "至恭"이라 하여 가장 높은 등분으로 삼은 점이 특이하다.

최현배(1937/1961/1971)는 1원적 4 등분 체계를 다음과 같이 설정하였다.

높임등분	대이름씨	마침법
아주높임(極尊稱)	어르신, 어른, 당신	합쇼
예사높임(普通尊稱)	당신, 그대	하오
예사낮춤(普通卑稱)	자네	하게
아주낮춤(極卑稱)	너	해라
등외 - 반말(反語)		

최현배(1971:264)에서는 "반말(反語)은 '해라'와 '하게', '하게'와 '하오'의 중간에 있는 말이니: 그 어느 쪽임을 똑똑히 들어내지 아니하며, 그 등분의 말맛을 흐리게 하려는 경우에 쓰히느니라. 그러므로, 반말은 아주 높힘(極尊稱) 아님만은 분명하니라"라 하여 반말을 등외로 처리하고 높임의 정도를 예사높임, 예사낮춤, 아주낮춤에 두루 걸친 것으로 본 점이 특이하다.

이희승(1964)에서는 1원적 5등분 체계를 다음과 같이 설정하였다.

높임등분	명칭
더 아주높임	하소서체
아주높임	합쇼체
예사높임	하오체
예사낮춤	하게체
아주낮춤	해라체

반말의 높임 정도를 예사높임에서 아주낮춤에 이르는 것으로 본 점과, 아주높임보다 더 높이는 등분으로 '하소서체'인 '더 아주높임'을 설정한 점이 특이하다.

박창해(1964)에서는 풀이말의 맺음씨끝에 의해 표시되는 들을이에 대한 높임을 높낮이로 파악하지 않고 아래와 같이 정식용어, 평교용어, 중간용어 따위로 표시하였다.

표현형식	서술형	명령형
정식용어	-ta(-pnita)	-o
정식용어의 반말	-u/-o/-ayo	-u/-o/-ayo
중간용어	-e	-e
평교용어	-ta	-la
평교용어의 반말	-a	-a

박창해(1964:90)에서는 정식과 평교 둘로 나누고 여기에 각각 반말을 배분하여 그 격식성을 누그러뜨리는 것으로 처리한 점과 '하게'를 중간으로 본 점이 특이하다.

김석득(1968)에서는 1원적 5등분 체계를 다음과 같이 설정하였다.

높임등분	마침법 씨끝
낮춤	-ㄴ다, -냐, -라, -자, -는구나
예사낮춤	-네, -나, -게, -세, -는군

반말   -지, -아, -는구만
예사높임   -오, -죠, -는군요
높임   -ㅂ니다, -ㅂ니까, -세요, -ㅂ시다, -시는군요

　반말을 예사높임과 예사낮춤 사이에 넣어 들을이높임법 체계를 세운 점이 특이하다. 또한 반말에 '요' 통합형을 따로 등분 설정을 하지 않고, 예사높임의 등분 안에 포함시켰으며, 여기에 '-시-'가 통합된 것을 아주높임 등분에 포함 시킨 점도 특이하다.

　장석진(1973)에서는 1원적 5등분 체계를 다음과 같이 설정하였다.

높임등분	**시킴꼴**
아주높임(formal)	합시오
예사높임(blunt)	하오
예사낮춤(familiar)	하게
두루낮춤(intimate)	해
아주낮춤(plain)	해라

　반말을 예사낮춤과 아주낮춤 사이에 해당하는 두루낮춤으로 본 점이 특이하다. 반말에 '요' 통합형의 높임 정도를 등분 안에서 다루지 않았다.

　김민수(1972)에서는 1원적 6등분 체계를 다음과 같이 설정하였다.

높임등분	**보기**
극칭	신령님께 축수**하나이다**./제가 억울**하오이다**.
상칭	선생님께 보고**합니다**./제가 억울**합니다**.
중칭	형에게 부탁**하오**./제가 억울**하오**.
평칭	자네가 알아서 **하게**./내가 억울**하이**.
반칭	네가 어서 이야기**해**./내가 억울**해**.
하칭	네가 꼭 성공**해라**./내가 억울**하다**.

반말을 '반칭'이라 하고 높임의 정도를 '하게'와 '해라' 사이에 넣었으며, 반말에 '요' 통합형을 등분 안에 포함시키지 않고, 가장 높은 등분으로 '하나이다'체를 설정한 점이 특이하다. "극칭은 보통 잘 쓰이지 않으며, 축원이나 정중한 文章에서나 쓰인다"고 하면서도 등분으로 설정하였다.

이길록(1972)에서는 1원적 5등분 체계를 다음과 같이 설정하였다.

높임등분	서술법	물음법
상칭법(옵니다체)	공부합니다.	공부합니까?
준상칭법(하오체)	공부하오./공부해요.	공부하오?/공부해요?
반칭법(반말체)	공부해.	공부해?
평칭법(하게체)	공부하네.	공부하는가?
하칭법(해라체)	공부한다.	공부하느냐?

반말을 '반칭'이라 하고 높임의 정도를 '하오'와 '하게' 사이에 넣고, '하게'를 평칭이라 하여 낮춤으로 보지 않은 점과 반말의 '요' 통합형을 '준상칭법' 등분 안에 포함시켜 높임의 정도를 '하오'와 같게 처리한 점이 특이하다.

이맹성(1973)에서는 1원적 6등급 체계를 다음과 같이 설정하였다.

높임등분	서술법 씨끝
아주높임	-옵니다
두루높임	-어요
예사높임	-오
예사낮춤	-네
두루낮춤	-어
아주낮춤	-(는)다

반말을 예사낮춤과 아주낮춤 사이에 넣고, 반말에 '요' 통합형을 아주높임과 예사높임 사이에 넣은 점과 반말을 '두루낮춤', 반말에 '요' 통합형을 '두루높임'이라 한 점이 특이하다.

이익섭(1974)에서는 1원적 6등급 체계를 다음과 같이 설정하였다.

청자의 자질			결과
[하대(평대)]	[존대]	[친밀(격식)]	
+	-	+(-)	해라체
+	-	- (+)	반말체
-	-	+(-)	하게체
-	-	- (+)	하오체
-	+	+(-)	해요체
-	+	- (+)	합쇼체

반말과 반말에 '요' 통합형의 처리가 이맹성(1973)에서와 같으며, 단일한 6등분 체계로 설정한 점도 같으나, 청자의 자질에 따라 '하다'의 시킴꼴로 등분의 명명을 붙인 점이 특이하다.

고영근(1974)에서는 2원적 체계로 다음과 같이 설정하였다.

	높임등분	씨끝
사원적 체계	합쇼체·하소서체	-ㅂ니다, -ㅂ시오, -ㅂ나이다
	하오체	-(으)오, -소, -우
	하게체	-네, -게
	해라체	-다
이원적 체계	'요' 통합 가능형	
	'요' 통합형	

이른바 격식체를 사원적 체계로 설정하고, 비격식체를 이원적 체계로 설정한 점이 특이하다. 반말을 "'요' 통합 가능형"이라 하고, 반말에 '요' 통합형을 "'요' 통합형"이라 하여 사원적 체계에 포함시키지 않고 별도로 분리하여 체계화시킨 점이 특징적이다.

황적륜(1976)에서는 2원적 체계로 다음과 같이 설정하였다.

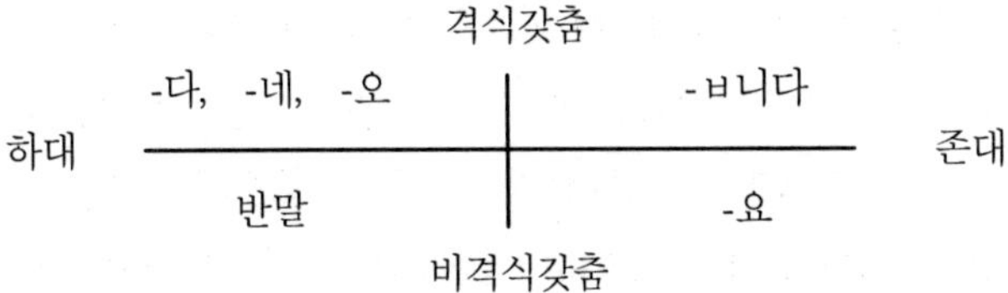

'격식갖춤'과 '비격식갖춤'의 이원적 체계로 설정하고 '격식갖춤'에 "尊卑待의 정도에 따라 -ㅂ니다, -오, -네, -다 등 네 개의 화계"(117쪽)를 설정하고, '비격식갖춤'에서 "-요는 -ㅂ니다의 非格式變異形, 반말은 -네 와 -다의 非格式變異形"의 두 화계를 설정한 점이 특이하다.

조준학(1976)에서는 2원적 체계를 다음과 같이 설정하였다.

	Formal	Informal
존 대 :	-ㅂ니다	-요
중 간 :	-오	-게
비존대 :	-다	-아

격식체와 비격식체로 나누고 각각 3등분 체계를 설정하여, '하게'를 비격식체에 넣고, '하오'와 높임의 정도를 같은 것으로 본 점과 '해라' 와 '해'를 '비존대'로, 같은 높임 정도로 보되, 낮춤으로 보지 않은 점이 특이하다. 또한 '하십시오'와 '해요'를 같은 높임 정도로 처리한 점도 특이하다.

김종택(1981)에서는 1원적 3체계로 다음과 같이 설정하였다.

존대(+) 수상존대 : -ㅂ니다, -ㅂ니까, -ㅂ시다, -오
　　　　 수하존대 : -(이)네, -는가, -세, -게
평대(O)　　　　 : -는다, -느냐, -자, -라

김종택(1981:21)은 "존대법은 어미만으로 나타나는 일반존대 외에, 존 칭보조어간 {시}, 혹은 {십시}, 그리고 겸양보조어간 {오} 등과 어울려

더욱 다양한 표현 가치 체계를 형성한다.”고 하고, “여기서 존칭어미만을 가진 것을 ‘예사존대’, 존칭보조어간을 가진 것을 ‘가진존대’, 존칭보조어간에 겸양보조어간을 아울러 가진 것을 ‘겹존대’, 그냥 보조어간만을 가진 것을 ‘겸양존대’”라고 하여 아래와 같이 세분화하였다.

예사존대 : -ㅂ니다, -오
가진존대 : -십니다, -십시오
겹존대　 : -시옵니다, -시옵소서
겸양존대 : -옵니다

이 체계의 특성은 “낮춤”에 해당하는 등분이 없다는 점이다, ‘해라’를 낮춤으로 보지 않고 ‘평대’로 보고 그 밖에는 모두 높임으로 본 점, ‘하십시오’와 ‘하오’를 ‘수상존대’, 기존의 연구 논저에서 대체로 낮춤으로 처리한 ‘하게’를 ‘수하존대’라 하여, 높임으로 본 점이 특이하다.

신창순(1984:248-249)은 1원적 2체계를 다음과 같이 주장하였다. “들을이에 대한 말씨의 대우로는 기본적으로 두 가지가 있을 뿐이다. 곧 예대해서 말하는 경우와 예대하지 않고 말하는 경우와이다. 어느 인간 사회에서나 존비, 상하의 대립관계는 있기 마련이고, 그에 따라서 존자에 대한 존자로서의 대우습관도 있다. 다만 국어의 경우 그 습관을 말씨에 반영시켰기 때문에 다른 언어에 비겨 존대의 말씨가 한 벌 더 있게 된 것이다. 말하자면 예사말 밖에 따로 더 존대말이 있는 것이다.”라 하여 ‘예사말’과 높일 필요가 있을 때 쓰이는 ‘존대말’ 두 가지만 있을 뿐이고, “아주낮춤, 예사낮춤은 잘못된 것으로 낮은 자로 대우하는 것이 아니라 존대를 하느냐 안 하느냐 가운데에서 존대를 안 하는 것일 뿐이다.”라 하였으며, “아주높임, 예사높임도 잘못된 것으로 존자를 존자로서 대우함을 말씨에 표시함으로써 존자를 존자로 대우할 것이라는 사회규범을 따르고 있을 뿐이지 남을 높이는 것은 아니다.”라 하여 낮춤을 인정하지 않았으며, 높임도 그 정도성을 인정하지 않은 점이 특이하다.

이상복(1984)에서는 2원적 체계로 다음과 같이 설정하였다.

   1) 격식 갖춘 상대존대 : 안맺음씨끝 {-(으)ㅂ-}으로 나타남
     아주높임 : -(으)ㅂ니다, -(으)ㅂ디다, -(으)ㅂ니까, -(으)ㅂ디까, -(으)ㅂ
           시다, -(으)십시오
   2) 격식 안갖춘 상대존대 : 맺음씨끝과 -요로 나타남
     아주높임(해요체) : 반말 형태 + -요
     예사높임(하오체) : -오, -소, -(는)구료, -구료(시킴)
     예사낮춤(하게체)
     아주낮춤(해라체)
     반말(해체) : 들을이를 높이지도 낮추지도 않는 것임-높임과 낮춤
           사이에 놓여야 함.

격식 갖추느냐 안 갖추느냐에 따라 2원적으로 체계화시켰으며, '격식 갖춤'에는 오로지 '하십시오체'만을 아주높임 등분으로 설정하였으며, 그 밖의 것은 모두 '격식 안 갖춤'에 포함시켜 '하오체'와 '하게체', '해라체'를 여기에 넣은 점이 특이하다.

서정수(1984)에서는 2원적 체계로 다음과 같이 설정하였다.

격식체(formal Style)

	등 급	서술형	의문형	명령형	청유형
존대	아주높임(합쇼체)	(으)ㅂ니다	(으)ㅂ니까	(으)십시오	(으)십시다
(+Respect)	예사높임(하오체)	(으)오	(으)오	(으)오	(으)ㅂ시다
비존대	예사낮춤(하게체)	네	는가	게	세
(-Respect)	아주낮춤(해라체)	ㄴ/는다	니	어라/아라	자

비격식체(Informal Style)

	등 급	서술형	의문형	명령형	청유형
존대	두루높임(해요체)	어요	어요	어요	어요
비존대	두루낮춤 (해체, 반말)	어	어	어	어

격식체에 4등분, 비격식체에 2등분의 이원적 체계를 설정한 점과 반말을 비격식체의 두루낮춤, 반말에 '요' 통합형을 두루높임이라 한 점이 특이하다.

성기철(1985)에서도 2원적 체계로 다음과 같이 설정하였다. 서정수(1984)에서와 별 차이가 없다.

격식체
높임   아주높임(합쇼체): -ㅂ니다, -십시오
          예사높임(하오체): -오
낮춤   예사낮춤(하게체): -네, -게
          아주낮춤(해라체): -는다, -어라

비격식체
높 임   두루높임(해요체): -어요
낮 춤   두루낮춤(해체, 반말): -어

서정목(1988)에서는 들을이에 대한 높임을 손윗사람과 손아랫사람으로 나누어 각각 존대와 비존대 등분으로 나누는 독특한 체계를 다음과 같이 세웠다.

손윗사람   존대 - 옵니다체 - 높임 형태소 출현
             비존대 - 오오체 - 비출현
손아랫사람   존대 - 오네체 - 높임형태소 출현
             비존대 - 온다체 - 비출현

들을이가 손윗사람이면 다 높이는 것으로 당연시하였던 것을 존대와 비존대로 나누고, 일반적으로 높임으로 다루었던 '하오체'를 비존대로 본 점과, 들을이가 손아랫사람이면 당연히 낮춤으로 간주하던 것을 존대와 비존대로 나누고 일반적으로 낮춤의 영역에 포함시키던 '하게체'를 높임으로 본 점이 특이하다.

한길(1991)에서는 2원적 체계로 다음과 같이 체계화하였다.

구 분	격식체	비격식체	구 분
높 임	아 주 높 임	반말 + 요	높 임
	예 사 높 임		
같 음	높낮이 없음	반 말	안높임
낮 춤	예 사 낮 춤		
	아 주 낮 춤		

격식체로 5등급을, 비격식체로 2등급을 설정하고, 반말을 '안높임'으로 본 점과 '하라체'를 격식식체의 '높임'과 '낮춤' 사이의 '같음' 등급으로 설정한 점이 특이하다.

김혜숙(1991)에서는 2원적 체계로 다음과 같이 설정하였다.

높임 격식체 - 합니다체(합니까, 합니다그려, 합시다)
　　　　　　　 - 하오체(하오)
친밀체 - 해요체(해요, 하구료)
낮춤 격식체 - 하네체(하게, 하는가, 하네그려, 하세)
　　　　　　　 - 한다체(해라, 하느냐, 하는구나, 하자)
친밀체 - 해체(해, 하는구먼)

격식체로 4 등분, 친밀체로 2 등분을 설정하여 서정수(1984)와 성기철(1985)과 유사하나, '반말'과 '반말의 '요 통합형' 처리에서 '친밀체'라 하여 차이를 보이는 점이 특이하다.

권재일(1992)에서는 2원적 체계를 다음과 같이 설정하였다.

		[+격식]	[-격식]
	1	-습니다	
[+높임]	2	-으오	-어/지-요
	3	-네	
[- 높임]		-다	-어/지

　[+격식]과 [-격식] 이원적 체계로 [+격식]에 4등분, [-격식]에 2등분을 설정하고, 낮춤을 별도의 등분으로 설정하지 않은 점과, '해라체'와 '해체'를 높임의 정도가 같은 [-낮춤]으로 처리하고, '하오체'와 '해요체'를 같은 높임의 정도로 다룬 점이 특이하다.

　장석진(1993)에서는 1원적 6등분 체계로 다음과 같이 설정하였다.

상대(ㅂ-계)	-ㅂ니다(평)	-ㅂ니까(의)	-ㅂ시오(명)	-ㅂ시다(청)
공대(요-계)	-요	-요?	-요	-요
상중대(오-계)	-오	-오?	-오	-오
중대(에-계)	-네	-나	-게	-세
평대(아-계)	-다	-느냐/-니	-라	-자
하대(어-계)	-어	-어?	-어	-어

　'해체'인 반말의 높임 정도를 가장 낮은 등급인 '하대'로 보고, '해라체'를 '해'보다 높은 등급인 평대로 본 점과 '하게체'를 중간 정도에 해당하는 '중대'로 본 점이 특이하다.

　이주행(1994)에서는 1원적 체계로 설정하되, 구형체계와 신형체계로 나누어 다음과 같이 설정하였다.

구형체계

존대	합쇼체(으뜸높임)
평대	하오체(버금높임 혹은 같음(평등))
하대	하게체(같음 혹은 버금 낮춤)
	해라체(으뜸낮춤)

신형체계

존대	하세요체(으뜸높임)
평대	해요체(버금높임)
하대	해체(같음 혹은 낮춤)

　현재 우리말의 들을이높임법 체계는 신형체계가 해당하는 것으로 보인다. 신형체계에서 반말인 '해체'를 '하대'로, 여기에 '요' 통합형인 '해요체'를 '평대'로, 여기에 주체높임의 '-시-'가 통합된 '하세요체'를 존대로 본 점이 특이하다. 또한 '하십시오체', '하오체', '하게체', '해라체'를 들을이높임법 신형체계에서 따로 등분 설정하지 않은 점이 특이하다.

　임홍빈·장소원(1995)에서는 2원적 체계로 다음과 같이 설정하였다.

> 높은 대우 - 하니다(격식체), 해요(비격식체)
> 같은 대우 - 하오(격식체), 하게(비격식체)
> 낮은 대우 - 한다(격식체), 해(비격식체)

　격식체와 비격식체로 나누어, 각각 높음, 같음, 낮음의 3 등분 체계로 설정하였다. '하게체'를 비격식체로 처리하고 '하오체'와 높임의 정도를 동일한 '같음'으로 본 점과 '하십시오체'와 '해요체'를 동일한 '높음' 등분으로, '해라체'와 '해체'를 동일한 '낮음' 등분으로 본 점이 특이하다.

　김정수(1996)에서는 1원적 6등분 체계로 다음과 같이 설정하였다.

등급	조금높임	조금 더 높임	예사높임	아주높임	가장 높임	안높임/안낮춤
어형	하게체	하오체	해요체	하십시오체	하옵소서체	-Ø- (해체/해라체)

　낮춤을 별도의 등분으로 설정하지 않고, '해체'와 '해라체'를 동일한 등급인 '안높임/안낮춤'으로 다룬 점과, '하게체'를 '조금 높임' 등급으로, '해요체'를 예사높임 등급으로, 별도의 '하옵소서체'를 가장 높은 등급으로 설정한 점이 특이하다.

　유송영(1996)에서는 1원적 체계로, 힘(power)과 유대(solidarity)의 개념을 적용 6등급의 체계를 다음과 같이 설정하였다.

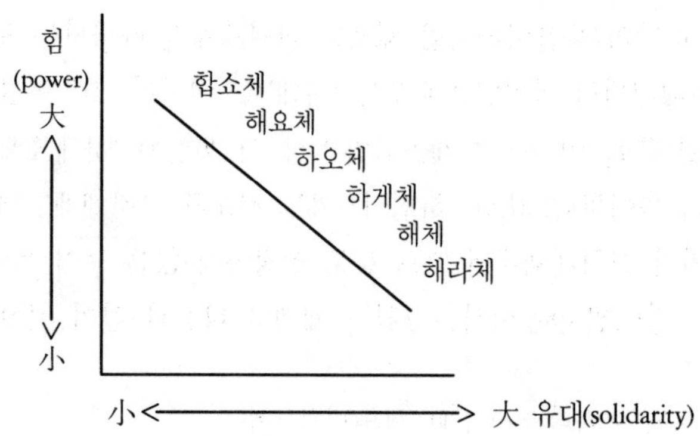

유송영(1996:119)에서 "국어 청자 대우법 체계는 '6등급의 청자 대우 어미가 청자의 힘(power)과 청화자 사이의 유대(solidarity)의 정도성에 있어서 시이소(seesaw) 관계를 이루고 있는 역동적인 체계'이다"라 하였다. 말할이와 들을이 사이의 힘과 유대관계의 정도에 따라 6등분으로 체계화한 점이 특이하다.

김영희(1996)에서는 2원적 체계로 다음과 같이 설정하였다.

	격식체		**비격식체**
	1. 하옵니다체		
높 임	2. 합니다체	**높 임**	해요체
	3. 하오체		
	4. 하네체		
안높임	하다체	**안높임**	해체

격식체로 5등급을, 비격식체로 2등급을 설정하였는데, '해라체'와 '해체'를 '낮춤'으로 보지 않고 똑같은 '안높임'으로 본 점과 격식체로 가장 높은 등급인 '하옵니다체'를 설정한 점이 특이하다. 김영희(1996:185)에서 '하옵니다체'를 설정해야 함을 "하옵니다체는 일상 대화에서의 사용빈도가 미미함에도 불구하고 그 형태론적 특징이나 언중들의 언어

의식으로 보아 별개의 대우 등급으로 인정해야 하고 그 기능은 '높임'
의 최고 등급을 표시하는 1등급으로 기술해야 한다"고 하였다.

서상준(1996)에서는 1원적 6등분 체계로 다음과 같이 설정하였다.

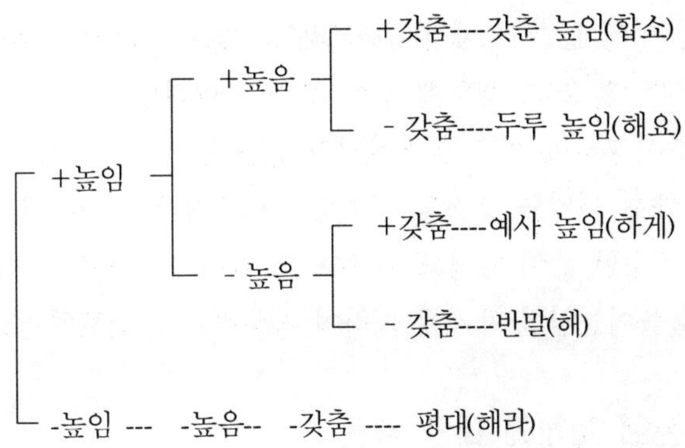

'하오체'를 따로 등분 설정을 하지 않고, '하게체'를 예사높임에 넣은
점과 '해라'를 낮춤으로 보지 않고 평대로 보고 '하라'를 '해라'의 이형
태로 본 점이 특이하다.

김태엽(1999)에서는 1원적 4 등분 체계로 다음과 같이 설정하였다.

우리말의 들을이높이법은 낮춤은 없고, 높임과 안높임의 대립만 있
으며, 높임은 그 정도에 따라 3등급으로 나뉘는 것으로 처리한 점이 특
이하다.

이윤하(2001)에서는 2원적 체계로 다음과 같이 체계화하였다.

> 높음 대우 - 합니다(격식체)　해요체(비격식체)
> 같음 대우 - 하오체(격식체)　하네체(비격식체)
> 낮음 대우 - 한다체(격식체)　해체(비격식체)

격식체에 3등분을, 비격식체에 3등분을 설정하고, '해라체'와 '해체'를 '낮음'의 영역에, '하오체'와 '하게체'를 '같음' 영역에, '하십시오체'와 '해요체'를 '높음'의 영역에 넣은 점이 특이하다.

위에서 주시경(1910) 이후 현재까지의 연구 논저에 나타난 들을이높임법 체계에 대한 다양한 주장을 살폈다. 각 주장마다 현격한 차이가 있기도 하고 비슷한 점이 있기도 하였다. 2.3에서는 '반말'의 처리 문제를 중심으로 들을이높임법 체계에 대하여 세부적으로 검토하기로 한다.

2.3 기존의 체계에 대한 검토

위에서 살핀 바와 같이 들을이높임법 체계에 관하여 연구 논저마다 각기 다른 체계를 설정하였다. 또한 들을이높임법의 등분 가운데 반말이 어느 위치에 해당하느냐에 관한 연구도 많이 이루어졌으나, 그 연구 결과의 내용이 연구 논저마다 각기 다른 양상을 띠고 있다. 반말의 등분 처리에 관한 그 동안의 연구 결과를 내용의 유사 정도에 따라 몇 가지의 유형으로 구분하여 살피고, 그 문제점을 검토하기로 한다.

첫째로 반말을 불분명한 등분으로 다룬 연구에 대하여 검토해 보기로 한다. 여기에 속하는 연구로는 최현배(1971), 안병희(1965), 유목상(1984) 등을 들 수 있다. 최현배(1971:264)는 "반말은 '해라'와 '하게', '하게'와 '하오'의 중간에 있는 말이니 그 어느 쪽임을 똑똑히 들어내지 아니하며, 그 등분의 말맛을 흐리게 하는 경우에 쓰이느니라. 그러므로 반말은 아주높임[極尊稱] 아님만은 분명하니라."라고 하였고, 안병희(1965:118)는 "반말은 말끝을 흐려 상대에 대한 공대 여부를 밝히지 않으려는 것"이라 하였으며, 유목상(1984:56)은 "반말은 活用에 있어 위아래의 가름이 분명치 않을 때 어름으로 쓰는 對人語尾라 할 것이다"라 하였다. 이와 같이 앞에 든 연구에서는 들을이높임법의 등분 체계 안에서 반말의 위치를 불분명한 상태의 등분으로 다루었다.

반말은 쓰임에 있어서 말할이가 들을이에게 연속해서 발화할 때, 들을이높임의 등분이 아주낮춤이나 예사높임의 월과도 자연스럽게 호응 관계를 맺고 있는 경우도 있다.[13] 또한 들을이를 어느 등분으로든 대우하기가 부적당하다고 말할이가 생각하는 경우에 적당히 어물어물 지나치기 위하여 반말을 쓰는 일도 있다. 그렇기 때문에 반말에 대한 앞에서와 같은 처리 방법은 어느 정도 타당한 일면을 가지고 있다고 할 수 있다. 그러나 현대 우리말에서 적어도 입말에서는 반말과 반말에 '요' 통합형이 들을이높임법에서 주류를 이루고 쓰이고 있기 때문에 반말에 대한 확고한 자리를 설정해야 한다. 그리고 아주높임, 예사높임, 예사낮춤, 아주낮춤의 격식체 안에서 반말의 위치를 설정할 것이 아니라, 비격식체를 중심으로 해서 반말의 위치를 설정하는 것이 비격식체가 두루 쓰이고 있는 현실로 보아 합리적이라 할 수 있다. 그런데 앞에서와 같이 반말을 불분명한 등분으로 처리하는 것은 반말이나 반말에 '요' 통합형이 지금처럼 확산되어 쓰이기 이전에 격식체를 위주로 하고, 반말의 생성과 용법상의 특징에 따라 반말의 위치를 격식체의 등분 안에서 설정하려고 하였기 때문이라 할 수 있다.

둘째로, 반말을 등외로 처리하고 높임의 정도를 두루낮춤으로 다룬 연구를 보면, 성기철(1975, 1985)을 들 수 있다. 성기철(1975:181)은 들을이높임의 등분을 높임[尊待]과 낮춤[下待]으로 가르고 낮춤을 다시 등분과 등외로 나눈 다음 반말을 등외에 포함시켜 두루낮춤에 해당된다고 설명하였다.

여기서 주목할 만한 것은 반말의 두루 쓰임에 착안하여 높임과 낮춤

---

13) 들을이높임의 등분이 반말인 월의 월 사이의 호응관계에 대하여는 서정수(1984:83) 참조.

을 각각 격식체와 비격식체로 구분하고, 격식체를 등분으로, 비격식체를 등외로 처리한 점이다. 또한 반말의 들을이높임의 등분이 고정되어 있는 것이 아니고, 낮춤이면 어떤 경우에나 두루 통용되는 낮춤을 가리키는 것으로 보아 두루낮춤에 해당되는 것으로 처리한 점이다. 이와 같은 처리 방법은 반말의 널리 쓰임과 반말의 들을이높임 정도를 비교적 정확하게 규명하는 데 기여했다고 할 수 있다. 그러나 반말을 두루낮춤으로 본 점이 문제점으로 제기될 수 있다. 왜냐하면 반말은 낮춤으로 볼 수 없는 장면에서 사용될 수 있기 때문이다. 예컨대, 반말이 예사낮춤이나 아주낮춤으로 치환될 수 없는, 치환되면 부적격해지는 경우가 있음을 발견할 수 있다. 만일 반말이 아주낮춤과 예사낮춤에 두루두루 통용된다면 자연스럽게 치환되어야 할 것이다.

> (1) ㄱ. 형, 나 좀 도와 <u>줘</u>.
>   ㄴ. *형, 나 좀 도와 <u>주게</u>.
>   ㄷ. *형, 나 좀 도와 <u>다오</u>.
> (2) ㄱ. 엄마, 나 학교 <u>가</u>.
>   ㄴ. *엄마, 나 학교 <u>가네</u>.
>   ㄷ. *엄마, 나 학교 <u>간다</u>.
> (3) ㄱ. 삼촌, 언제 집에 <u>왔어</u>?
>   ㄴ. *삼촌, 언제 집에 <u>왔는가</u>?
>   ㄷ. *삼촌, 언제 집에 <u>왔니</u>?

위에 든 보기는 반말의 들을이높임의 등분이 낮춤에만 해당되는 것이 아님을 시사해 준다. 그리고 동일한 들을이에게 대한 연속적인 발화에서 들을이가 말할이보다 손위인 경우, 들을이높임이 반말인 월은 연속적으로 발화되더라도 허용될 수 있지만, 반말을 썼다가 예사낮춤이나 아주낮춤을 쓰는 것은 허용되지 않는 점으로 미루어 보아 반말의 높임의 정도가 낮춤에만 해당된다고는 할 수 없다.

셋째로, 반말의 들을이높임의 정도를 격식체의 예사낮춤과 아주낮춤의 사이에 해당하는 것으로 처리한 연구로는 김민수(1981), 이익섭(외) (1983), 박영순(1985) 등을 들 수 있다. 김민수(1981:202)는 월을 공대문(恭待文)과 하대문(下待文)으로 가르고 하대문을 다시 하대문 - 하게, 보통하대문 - 해, 극하대문 - 해라로 갈라 반말을 '하게'와 '해라' 사이의 보통하대문으로 처리하였다. 이익섭(외)(1983:235)은 현대 우리말에서의 반말체는 적어도 상대방을 해라체보다는 더 낮추어 말하는 등분은 아니며, 또 하게체보다 더 높여 말하는 등급이 아님은 분명하다고 하여, 반말의 위치가 아주낮춤과 예사낮춤 사이임을 주장하였으며, 박영순(1985:253)은 들을이높임의 등분을 했습니다(최존대), 했어요(존대체), 했오(준존대체), 했네(하게체), 했어(해체), 했다(하다체) 등 6가지 등분으로 가르고, 반말의 위치를 하게체와 해라체 사이에 놓았다.

위와 같이 반말의 들을이높임의 위치를 예사낮춤과 아주낮춤 사이에 놓는 경우, 대체로 최현배(1971)의 들을이높임의 등분인 아주높임, 예사높임, 예사낮춤, 아주낮춤의 4가지 등분을 바탕으로 하여 반말에 '요' 통합형을 아주높임과 예사높임 사이에 설정하고, 반말의 위치를 예사낮춤과 아주낮춤 사이에 설정하여 들을이높임법 체계를 6등분 체계로 설정한 셈이 된다.

이와 같은 반말의 처리 방법은 격식체와 비격식체의 등분을 하나의 체계로 설정하여 단일한 들을이높임법의 등분 체계를 설정하는 이점이 있다. 그러나 과연 반말에 '요' 통합형이 아주높임과 예사높임의 사이에 해당되는 지, 또한 반말이 예사낮춤과 아주낮춤 사이에 해당되는 지 분명히 밝힐 수 있을까가 의문이다. 그리고 격식체와 비격식체는 쓰임에 있어서 차이가 있기 때문에 격식체와 비격식체를 하나의 범주로 묶어 단일한 체계로 들을이높임법의 등분을 설정하는 위의 방법이 옳은가 하는 의문이 생긴다.[14]

---

14) 격식체와 비격식체의 쓰임 상의 차이에 관하여는 서정수(1984:20) 참조.

넷째로, 들을이높임법 체계에서의 반말의 위치를 격식체의 높임과 낮춤 가운데에 놓은 연구에 대하여 살피기로 한다. 여기에 속하는 연구로는 김석득(1968)과 허웅(1969)을 들 수 있다. 김석득(1968:109)은 들을이높임의 최소 존비형을 5등급으로 하고, 이들 순서를 낮춤, 예사낮춤, 반말, 예사높임, 높임으로 하여 반말을 예사높임과 예사낮춤 사이에 해당하는 등분으로 다루었으며, 허웅(1969)에서도 반말의 위치를 높임과 낮춤 사이로 설정하였다.[15]

반말의 등분 처리에 관한 위와 같은 설명에서 문제점으로 제기될 수 있는 것은 앞에서도 지적한 바와 같이 쓰임에서 차이가 있는 격식체와 비격식체를 단일한 체계로 처리한 점을 들 수 있고, 비격식체의 높임인 반말에 '요' 통합형의 위치가 불확실하다는 점을 들 수 있다.[16] 또한 반말은 동일한 들을이에게 연속해서 발화하는 경우에 아주낮춤인 월이나 예사낮춤인 월과 자연스러운 호응관계를 이루고 있는데, 반말을 높임과 낮춤의 가운데에 고정시켜 놓음으로 말미암아 이 호응관계를 효과적으로 설명하기가 어렵게 된다.

다섯째, 반말을 격식체에서 분리하여 들을이높임의 등분을 격식체와 비격식체로 이원적으로 분리하여 체계화시킨 연구에 대하여 검토하기로 한다. 여기에 속하는 연구로는 고영근(1974), 황적륜(1976), 서정수(1984), 성기철(1985) 등을 들 수 있다.

고영근(1974:84)은 들을이높임법을 4원적 체계와 2원적 체계로 크게 둘로 가르고, 4원적 체계에는 해라, 하게, 하오, 합쇼체를 설정하였으며, 2원적 체계로 '요' 통합 가능형(반말), '요' 통합형(해요체)을 설정하였다. 황적륜(1976:117)은 들을이높임법을 격식갖춤과 비격식갖춤으로 구분하

---

15) 한길(1982:102-104)에서도 반말의 등분을 높임과 낮춤의 중간에 놓아, 들을이높임의 등분을 크게 높임, 반말, 낮춤의 3분 체계를 주장한 일이 있다. 그러나 현재로서는 이 주장을 그대로 유지하지 않고 부득이 수정을 하게 되었다.

16) 김석득(1966)은 반말에 '요' 통합형은 예사높임에 넣고, 주체높임의 '-시-'와 반말에 '요' 통합형을 아주높임에 넣었다.

고, 이를 각각 존대와 하대로 양분하여 반말을 하대의 범주에 넣었다. 서정수(1984:39)와 성기철(1985:132)은 들을이높임법을 격식체(formal style)와 비격식체(informal style)로 나눈 다음, 비격식체의 등분을 존대와 비존대로 나누고 반말을 비존대의 두루낮춤의 범주에 넣었다.

위에 든 연구에서는 해체와 해요체가 현대 우리말의 들을이높임법에서 보편적으로 두루 쓰이고 있음을 분명히 인식했을 뿐 아니라, 격식체와 비격식체가 실제 쓰임에 있어서 차이가 남을 염두에 두고 들을이높임법 체계를 격식체와 비격식체로 양분하여 체계화시켰는데, 이 점이 바로 현대 우리말의 들을이높임법의 양상을 옳게 파악한 견해라고 할 만하다. 그러나 반말의 들을이높임 정도를 두루낮춤이라 하거나 하대라 한 점은 재고해 볼 필요가 있다.17)

여섯째, 비격식체의 안높임인 반말과 높임인 반말에 '요' 통합형을 들을이높임법의 대표형으로 보고, 격식체의 아주높임[합니다]과 아주낮춤[한다]을 비대표형으로 처리한 경우를 보면 양인석(1980)을 들 수 있다. 양인석(1980:109)은 반말과 반말에 '요' 통합형이 두루 쓰임을 중시하고, 이를 중심으로 하여 들을이높임법의 대표형을 설정하였는데, 대표형을 높임과 낮춤으로 양분하여 높임에는 반말높임, 낮춤에는 반말을 설정하였으며, 종래의 많은 연구자들이 격식체로 보았던 '합니다', '한다' 등을 비대표형의 높임과 낮춤으로 처리하였다.

이러한 등분 처리 방식은 현재 우리말의 입말에서 반말과 반말에 '요' 통합형이 격식체보다 더 많이 쓰이고 있음에 착안하여 설정한 것이라 할 수 있으나, 비대표형으로 다룬 '합니다'와 '한다'의 들을이높임 형태가 현재 말할이의 나이, 신분, 직업, 계층 따위에 관계없이 널리 쓰이고 있기 때문에 이를 비대표형으로 처리하기에는 너무 시대를 앞서가는 느낌을 준다.18) 그리고 공식적인 장면에서의 대화나 방송, 강연

---

17) 앞에서 든 보기 (1), (2), (3)에서와 같이 반말은 들을이높임의 정도를 낮춤으로 볼 수 없는 장면에서 쓰이는 일이 있기 때문이다.

따위에서는 오히려 격식체가 더 적극적으로 쓰이는 현재의 언어 사실로 보아 비격식체를 대표로 설정하고 격식체를 비대표형으로 설정한 것은 합리적인 처리 방법이라 하기 어렵다. 또한 반말의 들을이높임의 정도를 낮춤으로 본 점도 앞에서 지적한 바와 같이 문제점으로 남게 된다.

지금까지 논의된 여러 종류의 들을이높임법 체계에 대한 검토를 종합해 볼 때, 해결해야 할 가장 큰 문제점은 반말을 들을이높임법 체계에서 어떻게 처리하느냐에 집약된다.

2.4 들을이높임법 체계의 설정 기준

앞에서 살핀 바와 같이 들을이높임법 체계에서 반말의 위치에 관한 다양한 주장들이 있었으며, 각 주장에는 그 나름대로의 문제점을 포함하고 있음을 알 수 있었다. 그러면 여기서는 앞에서 고찰한 들을이높임법 체계에 대한 검토 내용을 바탕으로 하여 반말의 위치가 어디에 해당하는가에 대하여 설명한 다음, 새로이 들을이높임법 체계를 설정하기로 한다.

우리말에서 높임법의 체계가 오늘날과 같아진 시기는 대체로 1945년 8월 15일 광복 이후로 볼 수 있다. 특히 들을이높임법은 말할이와 들을이 사이의 상하 관계, 친소관계 따위의 반영이라 할 수 있는데, 광복을 계기로 그 이전과 이후의 사회 제도가 바뀌게 됨에 따라 들을이높임법 체계에도 변동이 생기게 되었다. 곧 광복 이후 서구의 민주주의 사조 및 그것을 바탕으로 한 문화 양식이 유입된 결과 종래의 신분상의 상하 관념은 점차 줄어들고 평등 사상이 보급되어 들을이높임법의 등분 체계에 많은 영향을 미치게 되었다(서정수, 1984:129). 그리하여 격식체가 주류를 이루던 들을이높임법의 등분 체계에서 점차 비격식체인 반말과

---

18) 반말이나 반말에 '요' 통합형의 쓰임을 통시적으로 보면, 1950년대 이전보다 그 이후에 시간이 흐를수록 그 쓰임이 확산되었다. 이런 추세라면 비격식체의 쓰임이 더욱 확대되어 들을이높임법의 대종을 이루리라는 추측은 가능하다.

반말에 '요' 통합형이 확대되어 쓰임에 따라 현재 우리말에서는 오히려 격식체보다는 이들 비격식체가 더 많이 쓰이게 되었다.[19] 그렇기 때문에 적어도 현재 사용되는 입말을 중심으로 하여 들을이높임법의 등분 체계를 설정할 때는 격식체의 등분을 위주로 하고 거기에 반말이나 반말에 '요' 통합형을 끼워 넣을 것이 아니라, 비격식체인 반말과 반말에 '요' 통합형을 중심으로 설정해야 할 것이다.

현재 우리말에서 대체로 들을이를 높이지 않을 때, 반말의 마침씨끝으로 월을 끝맺고, 높이고자 할 때에는 여기에 '요'를 통합하면 된다. 그런데 '요'는 반말의 마침씨끝 다음에만 통합될 수 있는 것이 아니라 격식체의 아주높임 마침씨끝 다음에도 통합될 수 있다. 그러나 반말의 마침씨끝 다음에 '요'가 통합되는 것은 그 쓰임에 있어서 나이, 직업, 성별, 친소관계, 출신지역 따위에 관계없이 일반적이나 아주높임의 마침씨끝 다음에 '요'가 통합되는 것은 일반적으로 모두 통용될 수 없고, 특수한 계층(특히 하위계층)이나 일부지방 방언에서만 쓰이는 점에서 차이를 나타낸다. 그 뿐 아니라 반말의 마침씨끝 다음에는 '요'가 통합되느냐 안 되느냐에 따라 높임의 정도가 [높임]이냐 [안높임]이냐가 결정되는 데 비하여, 아주높임의 마침씨끝 다음에는 '요'가 통합되느냐 안 되느냐에 따라 높임의 정도가 달라지지 않는다는 점에서 차이가 있다.[20] 격식체의 들을이높임 등분 가운데 '요'는 아주높임의 마침씨끝 다음에만 통합될 수 있을 뿐, 예사높임이나 예사낮춤, 아주낮춤의 마침씨끝 다음에는 일반적으로 통합될 수 없다. 그렇기 때문에 마침씨끝에 '요'가 통합되어 자연스럽게 두루 통용되고, 높임의 정도가 [안높임]에

---

19) 서정수(1984:40)에 따르면 해요체와 합쇼체[합니다]의 사용 비율이 대략 60:40으로 나타나고, 해체와 해요체의 사용 비율이 50대 이하에서는 65:35 정도로 해체가 많이 쓰인다고 하였다.

20) 양인석(1980:102)에 따르면, 아주높임의 맺음씨끝 다음에 '요'의 통합 여부는 높임꼴의 구실이라기보다는 정표지(情表識)에 따라 다정다감이 있느냐 없느냐의 차이라 하였다.

서 [높임]으로 달라지면, 그 마침씨끝은 반말의 마침씨끝이 되며, 그 월의 들을이높임의 등분은 반말이 된다.

반말의 마침씨끝에 '요'가 통합되면, 들을이높임의 정도가 어디에 해당되는가에 대하여 살피기로 한다. 들을이높임의 등분을 결정하는 사회적 요인이 어떻든 간에 말할이의 주관적 판단과 사회적 인습에 따라 들을이가 높임의 대상이라고 생각되어 들을이를 높이고자 할 때에는 무조건 반말에 '요' 통합형을 쓸 수 있다. 격식체로는 아주높임에 해당하는 들을이에게도 반말에 '요' 통합형을 쓸 수 있고, 예사높임에 해당하는 들을이에게도 사용할 수 있기 때문에 반말에 '요' 통합형의 들을이높임 정도는 [높임]에 해당한다.

그런데 말할이가 들을이를 높임의 대상이라고 생각하지 않으면, 격식체에서 들을이가 예사낮춤에 해당되건 아주낮춤에 해당되건 관계없이 들을이를 높이지 않기 위해 반말을 사용한다. 반말이 들을이를 안 높이는 등분이라 해서 반드시 낮춤을 의미하는 것은 아니다. 월의 주체를 높이기 위해 주체높임의 '-시-'를 풀이말에 통합하고, 주체가 높임의 대상이 아니라서 말할이가 주체를 높일 의향이 없으면 '-시-'를 풀이말에 통합하지 않는데, 이 때 풀이말에 '-시-'가 통합되지 않았다고 해서 주체낮춤이라고 하지 않는 것처럼, 반말도 그 높임의 정도를 들을이 낮춤이라 하지 않고 들을이 안높임이라고 하여야 한다.

그러면 반말의 높임 정도를 낮춤이라 하지 않고 안높임이라고 하여야 하는 까닭에 대하여 반말의 쓰임을 통해 구체적으로 논의하기로 한다. 반말이 쓰이는 환경을 보면, 격식체의 아주낮춤 월과 자연스러운 호응관계를 이루고 있음을 쉽게 발견할 수 있고, 또한 들을이높임의 등분이 반말인 월의 마침씨끝을 아주낮춤의 마침씨끝으로 치환하더라도 높임의 정도에서 볼 때 크게 달라지지 않는 경우가 있다.

    (4) ㄱ. 그건 좀 억울한 생각이 안 드니? 세상에 나왔다가 겨우 고기밥
         이나 돼?

　　ㄴ. 난 너희들 교육을 잘 시켰다. 너희들이 방해해서 그 꼴이지.
　　ㄷ. 우리 나라 산들은 좋은 산, 나쁜 산이 없다. 저마다 개성을 지니
　　　 고 있어.

　(4)에서는 말할이가 동일한 들을이에게 연달아 발화를 하는 경우인
데, 들을이높임의 등분이 격식체의 아주낮춤인 월을 발화했다가 비격식
체의 반말인 월을 발화했다. 그런데 이처럼 두 월 사이의 자연스러운
호응관계가 이루어질 수 있는 것은 반말과 아주낮춤이 들을이높임의
정도에 있어서 그리 큰 차이가 없음을 암시해 준다.

　(5) 가. ㄱ. 너희들 말이다. 정신자세가 이게 뭐냐?
　　　　　ㄴ. 너희들 말이야. 정신자세가 이게 뭐야?
　　　 나. ㄱ. 너 이놈, 할애비를 놀리면 못쓴다.
　　　　　ㄴ. 너 이놈, 할애비를 놀리면 못써.
　　　 다. ㄱ. 야 이놈아, 나가 죽어라.
　　　　　ㄴ. 야 이놈아, 나가 죽어.

　(5)에서 ㄱ과 ㄴ은 들을이높임의 정도에서만 보면, 높임의 정도가 두
드러지게 차이가 나는 것은 아니다. (4)와 (5)에서처럼 반말이 아주낮춤
과 자연스러운 호응관계를 이루고 있고, 반말의 마침씨끝을 아주낮춤의
마침씨끝으로 바꾸더라도 높임의 정도에서 그리 큰 차이가 없다고 해
서, 반말의 들을이높임 정도가 격식체의 아주낮춤에만 해당되지는 않는
다. 왜냐하면, 반말이 아주낮춤과 호응관계를 이루었던 것과 같이 예사
낮춤과도 자연스러운 호응관계가 이루어지며, 반말의 마침씨끝과 예사
낮춤의 마침씨끝끼리의 치환이 일어나더라도 높임의 정도에서 그리 큰
차이가 없는 경우가 있기 때문이다.

　(6) ㄱ. 우린 자넬 나무라는 게 아니야. 그놈의 할미가 미워서 그래. 자
　　　 이 포도주나 한 잔 하게.

    ㄴ. 그만 두게. 아까 우리가 의문을 갖던 문제의 핵심을 찾아야겠
      어. 지금 말일세.
    ㄷ. 난 그 일터에서 죽었어야 했어. 그랬더라면 내 동생도 저렇게
      방황하지 않아도 됐을 거고 말일세.

(6)에서도 (4)에서와 마찬가지로 말할이가 들을이에게 연달아 발화하는 경우인데도 반말인 월과 예사낮춤인 월이 자연스럽게 호응관계를 이루고 있음을 알 수 있다.

    (7) 가. ㄱ. 자네가 그 짐 좀 들어다 주게.
        ㄴ. 자네가 그 짐 좀 들어다 줘.
      나. ㄱ. 자, 이 포도주나 한 잔 하게.
        ㄴ. 자, 이 포도주나 한 잔 하지.

(7)은 들을이높임의 등분이 예사낮춤인 월의 마침씨끝이 반말의 마침씨끝으로 바뀐 보기인데, 들을이높임의 정도에서만 보면 ㄱ과 ㄴ은 거의 차이가 없다.

그러나 반말은 예사낮춤과 아주낮춤의 월과 자연스러운 호응관계를 이룰 수 있을 뿐 아니라 예사높임의 월과도 호응관계를 이루는 일이 있다.[21]

    (8) ㄱ. 저것 좀 봐. 학생은 벌써 내 염려를 하는구려. 하지만 이제 뭐
        바람날까 걱정이오?
      ㄴ. 식사는 즐거웠어. 자 항해를 시작하지. 어려서 난 선원이 되려
        고 마음먹었던 적이 있었오.

(8)에서는 들을이높임의 등분이 반말인 월과 예사높임의 월이 호응관계를 이루었으나, 높임의 정도가 다름을 분명히 알 수 있다. 들을이높임의 등분이 반말인 월은 들을이를 높이지 않았으며, 예사높임의 월은

---

21) (8)의 ㄱ과 ㄴ은 성기철(1975:185)에서 든 보기를 인용하였는데, 성기철(1975)은
    반말은 예사높임과 자연스러운 호응관계가 이루어진다고 하였다.

들을이를 어느 정도 높여 대우했음을 쉽게 인식할 수 있는 점에서 반말과 아주낮춤, 반말과 예사낮춤의 호응관계와는 차이가 있다.

들을이높임의 경우 높낮이의 대체적인 수행은 나이에 기본 요인을 두고 있으나 이에 못지 않게 사회적 지위, 직장, 친족관계, 친밀성, 형식 따위의 요인과 환경 변화에 따른 관계 의식의 변동 요인에 의하여 거의 직관적으로 이루어지기 때문에 들을이높임의 정도가 다른 등분끼리 동일한 들을이에게 연달아 발화하는 월에서 뒤섞여 쓰이는 일이 생기게 된다.[22]

(9) 가. ㄱ. 배신자는 언제나 불행한 법이오.
        ㄴ. 배신자는 언제나 불행한 법이야.
    나. ㄱ. 무슨 소리가 났오?
        ㄴ. 무슨 소리가 났어?

(9)에서 예사높임의 월 ㄱ의 마침씨끝을 반말의 마침씨끝으로 바꾸면 ㄴ이 되는데, 그렇게 되면 ㄱ과 ㄴ의 들을이높임의 정도가 달라짐을 누구나가 쉽게 알 수 있다. (8)에서 살핀 바와 같이 반말이 예사높임 월과 자연스러운 호응관계를 이루고 있으나 (9)에서처럼 예사높임과 반말은 들을이높임의 정도가 분명하게 차이 나기 때문에 반말의 들을이높임 정도가 [높임]에 해당되지는 않는다. 그런데 반말이 쓰이는 장면을 주의 깊게 살펴보면, 격식체의 예사낮춤이나 아주낮춤이 쓰일 수 없는 장면에서 비격식체인 반말은 자연스럽게 쓰이는 경우를 볼 수 있다. 앞에서 보기로 든 (1), (2), (3)에서와 같이, 나이 차이가 별로 없는 형제 자매 사이에 동생이 손위인 형이나 누나, 언니에게 말을 할 때나 선후배 사이에 후배가 선배에게 발화할 때, 나이가 젊은 사람이나 어린이가 자기

---

22) 들을이높임법에서 높낮이의 결정에 장면적인 요소가 관여함에 대하여는 김석득 (1977:43) 참조. 들을이높임의 정도가 다른 월끼리 뒤섞이는 현상에 대하여는 Lukoff(1978:272-279) 참조.

어머니나 가까운 친척 어른에게 발화할 때 등의 장면에서 예사낮춤이나 아주낮춤의 마침씨끝으로는 월을 끝맺음할 수 없는데, 반말의 마침씨끝으로는 자연스럽게 끝맺음할 수 있다. 이와 같은 상황에서 쓰인 반말은 비록 높임의 대상인 손위에게 쓰였다고 하더라도 들을이높임의 정도가 [높임]에 해당되지는 않는다. 들을이를 높이려면 반말의 마침씨끝 다음에 '요'가 반드시 통합되어야 한다. 또한 이와 같은 장면에서 예사낮춤이나 아주낮춤의 마침씨끝이 쓰일 수 없다는 점으로 미루어 반말은 그 높임의 정도가 낮춤에 해당하는 것이 아니라 단지 말할이와 들을이의 관계에서 들을이가 손위일지라도 안 높였기 때문에 반말의 들을이높임의 정도는 [안높임]에 해당됨이 더욱 분명해 진다. 또한 들을이가 말할이 자신인 경우, 곧 스스로 묻고 스스로 대답할 때, 주로 반말의 마침씨끝으로 월을 끝맺는 것으로 보아, 이 때 스스로를 낮추거나 높였다고는 생각되지 않으므로 반말의 들을이높임의 정도를 [안높임]으로 보아야 함이 더욱 확실하다. 그런데 안높임은 높임이 아니면 모두 해당될 수 있기 때문에 낮춤이나 두루낮춤과는 다르다.

위에서 말할이가 들을이를 높일 의향이 없을 때는 반말의 마침씨끝으로 월을 끝맺음하여 들을이높임의 등분을 반말로 표시하고, 들을이의 신분이나 지위의 높고 낮음, 나이의 많고 적음 따위에 관계없이, 들을이를 높일 의향이 있으면 반말의 마침씨끝에 '요'를 통합시켜 들을이에 대한 높임을 표시하기 때문에 반말의 들을이높임의 정도가 [안높임]에 해당됨을 살펴보았다.

그러면 반말과 반말에 '요' 통합형인 비격식체와 아주높임, 예사높임, 예사낮춤, 아주낮춤인 격식체는 들을이높임의 등분 체계에서 어떤 관련을 맺고 있는가에 대하여 살피기로 한다. 앞에서 살핀 격식체와 비격식체에 대한 종래의 처리 방법을 크게 둘로 가르면, 첫째로 반말과 반말에 '요' 통합형을 격식체에 포함시켜 단일한 들을이높임의 등분 체계를 설정하는 방법이 있고, 둘째로 반말과 반말에 '요' 통합형을 비격식체로 처리하고 격식체와 구별하여 들을이높임의 등분을 이원적 체계로 설정하는 방법이 있는데, 여기서는 두 번째 방법을 타당한 것으로 보고자 한다. 왜냐하면, 첫째로 격식체와 비격식체는 쓰임에서 차이를 보이기 때문이다.[23] 서정수(1984:40)에서 들을이높임의 등분을 격식체와 비격식체로 나누고, 격식체는 주로 1)공식적인 자리, 2)상하관계를 분명히 해야 할 자리, 3)잘 모르거나 그리 친하지 않은 사이 따위에 쓰여지는 말씨이고, 비격식체는 1)사적인 자리, 2)대등한 관계가 위주 되는 자리, 3)서로 친하고 허물없는 사이일 경우 쓰이는 말씨라고 한 것처럼 격식체와 비격식체는 쓰임에서 차이가 있기 때문에 이를 뒤섞어 일원적인 들을이높임법 등분 체계를 설정할 수는 없다. 둘째로 반말이나 반말에 '요' 통합형이 들을이높임법에서 격식체의 어떤 등분의 위치와 높임의 정도가 같다든가 혹은 어느 등분 사이에 해당되는 높임의 위치가 아니라는 점이다. 곧 반말에 '요' 통합형의 높임의 범위가 격식체의 아주높임과 예사높임의 범위에 걸쳐 있으며, 반말의 높임의 범위는 예사낮춤과 아주낮춤 사이와 높임도 아니고 낮춤도 아닌 높낮이 없음의 같음[24] 사이에 걸쳐 있기 때문에 격식체와 비격식체를 단일한 체계로 뒤섞을 수는 없다.

위와 같은 두 가지 이유로 말미암아 반말과 반말에 '요'통합형을 하나의 범주로 묶어 비격식체로 체계화하고, 아주높임, 예사높임, 예사낮춤, 아주낮춤을 묶어 격식체로 체계화하여 들을이높임법 체계를 이원적 체계로 설정해야 한다.

---

23) 남기심·고영근(1993:334)에서는 "격식체의 용법을 의례적 용법, 비격식체의 용법을 정감적 용법이라 할 수 있다"고 하고 의례적 용법은 주어진 사회 규범에 의해 개인적인 선택의 여지가 없을 때의 용법을 이르고, 정감적 용법은 개인적인 감정이나 느낌, 개인적인 태도를 보이기 위해 스스로 어느 문체를 선택하여 사용하는 경우를 이른다고 하였다. 일반적으로 격식체는 표현이 직접적이고 단정적이며 객관적인 데 반해, 비격식체는 부드럽고 비단정적이며 주관적이라 하였다.

24) 들을이높임에 관한 한 높낮이가 중화되어 높낮이가 없는 마침씨끝들이 있는데, 이들을 처리하기 위해 높임과 낮춤 사이에 같음의 영역을 설정하기로 한다.

이희승(1969)에서는 아주높임보다 위 등분으로 '더아주높임' 등급에 해당하는 '하소서체'를 설정하였다. 김영희(1996:233)에서도 격식체의 가장 높은 등급으로 '하옵니다체'를 설정하고, '하옵니다체'는 일상 대화에서의 사용빈도가 미미함에도 불구하고 그 형태론적 특징이나 언중들의 언어의식으로 보아 별개의 대우 등급으로 인정해야 하고 그 기능은 '높임'의 최고 등급을 표시하는 1등급으로 기술해야 한다"라 하였다. 이에 대하여 서정수(1984:113)에서는 문어체에나 일부 남아 있을 뿐 회화체에서는 거의 쓰이지 않고[25], 기도문 따위에서 가끔 쓰인다 할지라도 높임의 정도가 '합니다체'와 각별히 다르지 않기 때문에 '합니다체'보다 상위의 등급에 두기보다는 동등 이상의 격식성을 가졌다고 보는 것이 온당하다고 하였다. 또한 이익섭(1974:57)에서도 "하나이다, 하나이까, 하사이다, 하소이다 류를 합니다, 합니까 류보다 상급에 놓고 합쇼체를 재분하려 함도 이들의 차이가 문체적인 차이이거나 사회방언상의 분화일 것이므로 적절치 않겠다고 하였으며, 남기심·고영근(1993:332)에서도 하소서(또는 하나이다)체는 문어체에서나 쓰이는 것으로 '합쇼체'에 통합시킬 수 있다고 하였다. 이와 같이 '하소서체'를 아주높임보다 더 높은 등분으로 인정하느냐, 않느냐로 나뉘지만, 이 글에서는 '하소서체'를 별도의 등분으로 인정하지 않고 아주높임의 범주 안에 드는 것으로 본다. '하소서체'는 쓰임에서 제약이 심하여 입말에서는 거의 쓰이지 않을 뿐더러 아주높임의 범위가 예사높임보다 높은 경우에는 높임의 정도에 관계없이 열려 있는 것이므로 비록 '하소서체'가 '하십시오체'보다 더 높임을 나타낸다고 하더라도 아주높임의 영역 안에 포함된다.

지금까지 논의된 내용을 바탕으로 하여 들을이높임법 체계를 도표로 나타내면 다음과 같다.

---

25) '하소서체'가 감퇴한 까닭을 서정수(1984:215)에서는 임금, 귀족 등 사용대상이 사라졌다는 점과 대상들과의 관계도 상하관계에서 횡적 친밀관계로 바뀐 점이라 하였다. 이리하여 '하소서체'는 거의 완전히 구시대의 대우등급 형태가 되고 말았다고 하였다.

구　분	격식체	비격식체	구　분
높　임	아 주 높 임	반말 + 요	높　임
	예 사 높 임		
같　음	높낮이없음		
낮　춤	예 사 낮 춤	반 말	안높임
	아 주 낮 춤		

　위 도표에서 격식체의 '높임'과 '낮춤' 사이에 '같음'이란 영역을 설정하였다. 이는 어떤 마침씨끝은 높낮이에 관한 한 중화되어 들을이를 높이는 것도 아니고 낮추는 것도 아닌 경우가 있기 때문이다.

> (10) ㄱ. 한국 원정대 에베레스트 정상 정복하다.
> 　　　ㄴ. 내일도 비가 오면 어떻게 한담?
> 　　　ㄷ. 다음 빈칸에 알맞은 말을 쓰라.

　(10)은 말할이가 들을이를 높이거나 낮추는 것이 아니라 높낮이가 중화된 높낮이 없는 표현으로, 높임도 아니고 낮춤도 아니기 때문에 높임과 낮춤 사이에 이들을 넣고, 이 영역을 '같음'이란 명칭을 붙였다. 이 영역의 마침씨끝들도 반말의 마침씨끝들과 호응관계를 이룰 수 있음은 물론 높임의 정도에서도 반말의 영역에 포함된다.

　격식체의 예사낮춤과 예사높임은 점점 그 쓰임이 줄어들어 현재의 우리말에서는 일부 계층이나 연령층에 국한되어 쓰이며, 특히 예사낮춤을 나타내는 마침씨끝들이 경우에 따라서는 반말의 마침씨끝으로 쓰이어 들을이높임의 정도에 동요를 일으키기도 한다.[26] 특히 입말에서는 격식체보다 비격식체가 더 많이 쓰이고 있는 실정이다. 더욱이 나이가 젊은 계층이나 아이들은 들을이를 높일 의향이 없을 때는 반말을 씀이

---

26) 예컨대, 최현배(1971)에서는 반말의 마침씨끝으로 각 의향법의 '-어'와 '-지'를 들고 있으나, 현재는 '-게', '-네', '-는가', '-나' 따위도 경우에 따라서는 반말의 맺음씨끝으로 쓰이기도 한다.

일반적이고, 높이고자 하는 의향이 있을 때는 반말에 '요' 통합형을 많이 쓴다. 그렇기 때문에 현재 우리말의 들을이높임법 체계에서 반말을 나타내는 마침씨끝들이 차지하는 자리가 대단히 중요하다. 이 글에서 반말의 마침씨끝을 중심으로 하여 들을이높임법 체계를 설정하게 된 동기도 바로 여기에 있다.

2.5 격식체와 비격식체의 뒤섞기 현상

들을이높임법 체계는 앞에서 살핀 바와 같이 격식체와 비격식체의 이원적 체계로 설정이 되나, 실제 발화에서는 격식체와 비격식체가 뒤섞여 쓰이는 일이 많다. 말할이가 동일한 들을이에게 연속적으로 발화하는 경우에 격식체를 사용했다가 비격식체를 사용하기도 하고, 비격식체를 사용했다가 격식체를 사용하기도 한다. 격식체와 비격식체의 뒤섞기 현상이 일어날 때, 비격식체인 반말에 '요' 통합형은 주로 격식체의 아주높임이나 예사높임과 뒤섞여 쓰이고, 반말은 주로 예사낮춤이나 아주낮춤과 뒤섞여 쓰인다. 정상적인 발화에서 반말에 '요' 통합형이 예사낮춤이나 아주낮춤과 뒤섞인다든가, 반말이 아주높임이나 예사높임과 뒤섞이는 일은 없거나 극히 드물다.[27]

먼저 반말에 '요' 통합형이 아주높임과 뒤섞인 보기(ㄱ)와 예사높임과 뒤섞인 보기(ㄴ)를 보면 (11)과 같다.

> (11) ㄱ. 아, 내 집에 내 손님을 맞아들이는데 누가 뭐랄 사람이 있습니까? 어려워 말고 내 집처럼 편히 쉬세요.
> ㄴ. 사랑이 뭐요? 어디 지도상에 있는 지명이라도 되오? 이정표 같은 건 필요도 없어요. 이젠 우리 어린애들이 아니란 말이오.

---

27) 형식상 반말이 예사높임이나 아주높임과 뒤섞이는 일이 있으나, 이 경우의 반말은 들을이가 말할이 자신인 혼잣말일 때이다.

반말이 예사낮춤과 뒤섞인 보기(ㄱ)와 아주낮춤과 뒤섞인 보기(ㄴ)는 (12)와 같다.

   (12) ㄱ. 그래 아버님은 좀 어떤가? 차도가 있겠지? 모두 정성이 지극하
         니 별일은 없을 걸세.
      ㄴ. 왜 하지 말라는 짓만 골라서 하는가 말이야. 대체 까닭이 뭐냐?

위와 같이 격식체와 비격식체가 따로따로 쓰이지 않고 서로 뒤섞여서 발화될 수 있는 이유는 첫째로, 격식체와 비격식체는 쓰임에 있어서 차이가 있으나 둘 다 들을이높임의 등분을 나타내는 공통점과 아울러 뒤섞이는 등분 사이에 높임의 정도가 거의 같기 때문이라고 할 수 있다. 둘째로, 말할이의 심리적 상태나 장면의 변화로 말미암아 공식적인 장면에서 주로 쓰이는 격식체를 썼다가 친근감을 나타내는 비격식체를 쓰기도 하고, 반대로 친근감을 표시하는 비격식체를 썼다가 공식적인 자리에서 주로 쓰이는 격식체를 쓰기도 하기 때문이라 할 수 있다. 이때 격식체와 비격식체 사이에 높임의 정도가 비슷한 등분끼리만 뒤섞기 현상이 일어난다.

2.6 마무리

들을이높임법의 등분 설정은 2.2에서 살핀 바와 같이 연구 논저에 따라 각기 다른 실정이다. 현재 우리말의 입말에서는 반말과 반말에 '요' 통합형이 주류를 이루고 쓰이기 때문에 이를 중심으로 들을이높임법 체계를 재정립하였다.

반말의 들을이높임의 정도는 종래의 논저에서 본 낮춤(두루낮춤이나, 예사낮춤과 아주낮춤 사이)이거나 낮춤과 높임의 중간이 아니라 [안높임]에 해당함을 논의하였다. 왜냐하면, 들을이의 신분, 직업, 나이, 친소관계 따위의 정도에 관계없이 말할이가 들을이를 높이고자 하는 뜻이 없을

때에는 반말을 쓰고, 높이고자 하는 의향이 있을 때에는 여기에 '요'를 통합시키면 되기 때문이었다.

반말의 마침씨끝과 반말에 '요' 통합형으로 표시되는 비격식체와 아주높임, 예사높임, 예사낮춤, 아주낮춤으로 나뉘는 격식체는 그 쓰임에서 차이가 있고, 또한 들을이높임의 정도에서 반말이나 반말에 '요' 통합형이 격식체의 어느 등분과 일치하거나 격식체의 어느 특정한 등분에 해당되는 것이 아니기 때문에 격식체와 비격식체로 나누어 이원적 체계로 들을이높임법 등분을 체계화하였다. 그렇게 하여 반말은 비격식체의 [안높임]이 되고 반말에 '요' 통합형은 비격식체의 [높임]이 되었다.

들을이높임의 등분이 격식체와 비격식체로 나뉘어 이원적으로 설정되지만 실제 발화에서는 이들이 뒤섞여 쓰이게 되어, 말할이가 동일한 들을이에게 연달아 발화할 때, 들을이높임의 정도가 비슷한 등분끼리 뒤섞여 쓰인다. 이와 같은 이유는 격식체와 비격식체 모두 들을이높임법의 등분을 나타낸다는 공통점과 발화할 때 말할이의 심리상태 변화나 장면의 변화로 말미암는다.

1. 들머리

옛말에서도 들을이높임법의 하나로 반말이 쓰이고 있었음은 고영근 (1981)과 김영욱(1995, 1997)에서 이미 지적되었으나, '반말'이 지금 말에 서처럼 확대되어 쓰이기 시작한 것은 근대에 들어서부터이다. 지금의 입말에서는 오히려 반말과 반말에 '-요' 통합형이 주류를 이루고 쓰이 고 있는 실정이다.

우리말의 들을이높임법과 관련하여 '반말'이 갈말로 확고히 자리잡 은 것은 최현배(1937:309)에서이다. 최현배 이전에도 '반말'에 관한 언급 이 있었으나 들을이높임의 정도에 대하여서는 자리매김이 제대로 안 된 것들이다. 예컨대 박승빈(1935:273)에서는 "朝鮮語에 用言에 助詞가 업시 終止되면 半말이 됨. 半말은 完成되디 못한 말이라 … 對話者에 對한 對遇(하오, 하게, 하야라)가 確定되디 못 하는 것"이라고 하여, 반말로 만 끝나면 온전한 월이 되지 못할 뿐 아니라 높임의 정도가 정해지지 않은 것으로 다루었다. 이에 비해 최현배(1937:312)는 '반말'에 대하여

사람이 남에게 對하여 말을 할 적에는 어떠한 등분의 말을 써야 할는 지가 交際上 매우 重大한 意味를 가지게 되나니, 한번 잘못하면 큰 失手 가 됨을 免ㅎ지 못한다. 이러한 어려움이 있으므로, 사람들은 『반말』이란 것을 가지고 그 말의 등분을 模糊ㅎ게 하는 일이 생겨났다.

　　반말(半語)은『해라』와『하게』,『하게』와『하오』의 中間에 있는 말이
니: 그 어느 쪽임을 똑똑히 들어내지 아니하며, 그 등분의 語感을 흐리게
하려는 境遇에 쓰히느니라. 그러므로 반말은『아주높힘』(極尊稱) 아님만
은 分明하니라. 이에는 -아, -어, -지가 있는데…

라 하여, 반말이 생겨난 까닭과 반말의 높임 정도를 드러내었다.

　　반말에 대한 최현배(1937)의 논의 이후에 박창해(1946:27)에서는 "그
말을 듣는 사람이 어느 것에도 붙지 아니하므로, 중간에 있는 말"이라
하여, 높임과 낮춤 사이에 해당하는 것으로 보았다.[1]

　　김윤경(1948:123)에서는 반말의 높임 정도를 "'하오'와 '하게'의 중간,
또는 '하게'와 '해라'의 중간"이라 하고, 반말의 쓰임에 대하여 "반말은
흔히 지위 높은 이가 지위 낮은 사람을 대하여 말할 때에 끝맺는 맺씨
다. 말하자면 '하오'하기는 자존심이 허락하지 않아서 쓰기 아깝고 '하
게'나 '해라'는 쓰기에 박한 듯하여 말 끝을 맺지 않고 흐리어 버리는
것이다(130쪽)"라 하여, 높임의 정도 위치가 불분명한 것으로 다루었다.
이희승(1957:106)에서는 "이 다섯 가지 존비법(해라체, 하게체, 하오체, 합쇼
체, 하소서체)[2] 외에 반말이란 것이 있으니, … 해라도 아니오, 하게도 아
니오, 하오도 아니오, 말을 그저 어물어물 하여 끝을 아물리지 않는 말
이다"라 하였다. 안병희(1965:118)에서도 "現代國語에서는 … 「반말」은
말끝을 흐려 相對에 對한 恭待與否를 밝히지 않으려는 것"이라고 하여
이희승(1857)에서와 같다.[3]

　　지금의 말에서 반말이 활발히 쓰이고 있음에 착안하여 들을이높임법
체계 안의 한 등분으로 자리매김하고 높임의 정도를 분명히 한 연구로
는 성기철(1970, 1975, 1985)을 들 수 있다. 성기철(1975:175)에서 "반말도
다른 종결형과 같이 끝을 분명히 맺는다고 봐야겠다"고 하여 반말이

---

1) 이와 같은 주장은 김석득(1968:109)과 허웅(1969:93)에서도 이어진다.
2) 괄호 속에 것은 글쓴이가 첨가하였음.
3) 이와 같은 견해는 김승곤(1983:14)과 유목상(1986:56)으로 이어진다.

끝을 맺지 못한 어물어물한 것으로 본 이전의 주장과 달리 반말이 들을
이높임법 체계 안에 자리를 확고히 하는 데 있어서 새로운 전기를 마련
하였다. 또한 반말의 높임의 정도를 "두루낮춤"으로 보고 "두루낮춤이
란 … 낮춤이면 어떤 경우에나 두루 통용되는 낮춤을 지칭하는 것"으
로 보고, 반말을 들을이높이법 체계에서 "등외(181쪽)"로 처리하였다.[4]
서정수(1980)에서는 통계자료를 바탕으로 반말이 등외의 예외적인 존재
가 아니라 지금의 말에서 큰 세력을 이루고 있음을 증명하였다. 나아가
들을이높임법 체계를 격식체와 비격식체의 이원적 체계로 세웠으며 반
말을 비격식체에 넣고 높임의 정도를 '두루낮춤'으로 보았다.[5]

이익섭(1974:57-60)에서는 "「반말체」가 等外로 취급되거나 또는 「하게
체」보다 上級에 놓이는 일은 적어도 現代 標準語에선 합당치 않음이 분
명하다"고 하고, 높임의 정도를 해라체와 하게체 사이에 해당한다고 하
였다.[6] 이로써 반말이 들을이높임 등분체계 안에 자리잡게 되고, 높임
의 정도도 등분 체계 안에서 설정하여 일원적 체계를 세우게 되었다.

이후의 반말에 대한 연구는 들을이높임법 체계가 1원적이냐 2원적이
냐에 따라 반말이 어디에 속하며, 높임의 정도는 어떠한가에 대한 문제
에 초점이 놓이게 되었다. 앞 장에서 살핀 바와 같이 이 글에서는 들을
이높임법 체계를 2원적 체계로 설정하고 반말은 비격식체에 해당하되,
높임의 정도는 [안높임]에 해당함을 논의한 바 있다.

반말을 실현하는 마침씨끝으로 최현배(1937)에서 '-어'와 '-지' 정도를
들었으나, 성기철(1970=1975:176-177)에 이르러, 서술에 '-걸, -거든, -께, -게,
-고말고, -데1, -데2, -대'가, 의문에 '-게1, -게2, -면서, -나, -는가, -을까'가,
감탄에 '-구먼'이 추가되기에 이르렀고, 한길(1986:8)에서는 서술법에 단

---

4) 이와 유사한 주장은 고영근(1974), 황적륜(1976), 서정수(1984)에서도 제기되지만,
   세부적인 면에서는 앞에서 살핀 바와 같이 차이를 보인다.
5) 고영근(1974:84)에서도 들을이높임법 체계를 4원적 체계와 2원적 체계로 가르고,
   반말을 2원적 체계에 넣고 높임의 정도를 '하대'라 하였다.
6) 박영순(1985:253)에서도 이와 같은 견해가 이어졌다.

순형으로 '-아, -지, -게, -네, -군'과 복합형으로 '-다나, -자나, -라나, -다고, -냐고, -자고, -라고, -다니까, -냐니까, -자니까, -라니까, -ㄹ께, -ㄹ래, -는걸, -을걸'을 들었고, 물음법에 단순형으로 '-아, -지, -게, -네, -는가, -나, -데, -는데'와 복합형으로 '-다니, -냐니, -자니, -라니, -다고, -냐고, -자고, -라고, -다면서, -ㄹ까, -ㄹ래'를 들었다. 꾀임법과 시킴법으로는 각각 '-아, -지'를 들었다. 그 후 반말의 마침씨끝에 대한 생성 과정에 대한 연구를 비롯하여 이들의 형태·통어적 특성에 대한 연구와 아울러 의미·화용적 특성에 관한 연구가 부분적으로 또는 전반적으로 이루어져 왔다.[7]

이 장에서는 들을이높임의 한 등분이며 월을 끝맺는 기능을 하는 반말에 관하여 반말의 성격 규정을 통하여 반말을 정의하고, 반말의 마침씨끝을 확정하며, 반말 마침씨끝마다의 형태·통어적 특성과 아울러 의미·화용적 특성을 구체적으로 살피기로 한다.

2. 반말의 정의

마침씨끝에 의해 표시되는 들을이높임법의 등분 가운데 하나인 반말은 그 개념에 있어서 우리말 사용자마다, 연구 논저마다 조금씩 다른 실정이다. 그렇기 때문에 반말에 대한 개념 규정이 정확히 이루어져야만 지금의 우리말에서 가장 널리 쓰이고 있는 반말과 반말에 '-요' 통합형에 관한 연구가 가능해진다.

앞에서 살핀 바와 같이 반말은 들을이를 높이거나 낮추거나 하는 뜻을 분명히 나타내지 않고 어름어름하는 말이라 정의하기도 하였는데,

---

7) 반말의 마침씨끝 전반에 관한 연구로는 한길(1986, 1991), 박재연(1998), 윤석민(2000), 김태엽(2001) 등이 있다.

이는 반말의 쓰임에 있어서의 특징에 주목하여 이루어진 것이다. 일반적으로 반말은 입말에서 주로 쓰이기 때문에 토씨들이 생략되어 쓰임이 빈번하며, 말할이가 들을이를 어느 정도의 등분으로 대우하기가 곤란한 경우에 그저 어물어물하면서 발화할 때 쓰이기 때문에 위와 같은 정의가 내려졌다고 할 수 있다.

그런데 반말은 반말을 표시해 주는 마침씨끝을 분명히 가지고 있을 뿐 아니라 다른 등분의 마침씨끝이 줄어진 것도 아니다. 통시적으로 보면 반말을 나타내는 마침씨끝 가운데 다른 등분을 나타내는 마침씨끝이 줄어서 이루어진 것이 있을지라도 현재의 공시적인 관점에서 보면 반말을 나타내는 마침씨끝이 다른 등분의 마침씨끝이 줄어서 이루어졌다고 할 수는 없다.[8] 예컨대 '밥을 먹어요'나 '밥을 먹어라'의 줄어진 형태가 '밥을 먹어'일 수는 없다. 그 까닭은 '밥을 먹어라'와 '밥을 먹어', '밥을 먹어요'와 '밥을 먹어'는 들을이높임의 등분이 다를 뿐 아니라 '밥을 먹어' 자체만으로도 완전한 월이 되기 때문이다.[9] 곧 '-어' 자체만으로도 충분히 마침씨끝의 기능을 담당하고 있으며, '-어' 자체가 고유한 들을이높임의 영역을 확실히 확보하고 있기 때문에 독립된 마침씨끝으로의 자격을 가지게 된다. 또한 '-어'는 모든 의향법의 마침씨끝으로 쓰이기 때문에 특정한 의향법을 나타내는 마침씨끝인 시킴법의 '-어라'의 축약형이라고 볼 수는 없다. 다시 말해서 축약형은 원형과 뜻과 쓰임에서 차이가 없어야 동일한 것으로 간주하게 되지만, 이 경우에는 쓰임과 뜻이 다르기 때문에 '-어'를 '-어라'의 축약형으로 볼 수 없다. 임홍빈(1984:153-155)은 반말의 '-어'를 부사형 어미 '-어'가 수행-억양에 따라 문장종결형식으로 쓰인 것으로 보아, 반말의 '-어'가 부사형 어

---

8) 이 연구는 지금의 우리말에 대한 공시적인 연구이기 때문에 반말의 마침씨끝의 통시적 변화는 주 연구 대상이 아니다.

9) '먹어'를 '먹어-라'나 '먹어-요'의 단축형으로 처리한 연구로는 김종택(1982:116-117)을 들 수 있다.

미 '-어'와 동일한 형태소임을 주장하였다. 그러나 어찌꼴의 '-어'와 반말의 '-어'는 쓰임에서도 차이가 있고 뜻도 전혀 다르기 때문에 동일한 것으로 간주하는 데는 무리가 따른다. 통시적으로 반말의 '-어'가 어찌꼴의 '-어'에서 왔더라도 이는 어원적인 문제일 뿐이고 이미 지금의 공시태에서는 반말의 '-어'가 어찌꼴 '-어'와는 관계가 끊어진 것으로 보아야 마땅하다. 이런 까닭에 반말의 '-어'는 월을 끝맺는 마침법 기능을 완벽하게 수행하며, 들을이높임에서도 [안높임]을 나타내기 때문에 여느 마침씨끝과 마찬가지의 자격을 가지게 된다.

반말의 마침씨끝으로 실현되는 월의 들을이높임 정도는 앞에서 살핀 일부 연구 논저에서 설명한 것처럼 높임의 정도가 분명치 않은 어름어름하는 것이나 낮춤이 아니라 [안높임]에 해당함은 이미 앞에서 밝힌 바 있다. 다시 말해서 들을이가 [안높임]의 대상이라 높이지 않을 때에는 반말의 마침씨끝이 사용되며, 들을이를 높이고자 할 때에는 반말의 마침씨끝 다음에 들을이높임 토씨 '요'를 통합하면 되기 때문에 반말은 들을이높임의 정도가 분명치 않은 어름어름하는 말이라기보다는 들을이에 대하여 높이지 않은 말이라 할 수 있다.

지금의 우리말에서 반말은 들을이높임법 체계에서 당당히 독립된 한 등분으로 자리하고 있다. 특히 입말에서는 격식체의 다른 등분보다 반말과 반말에 '요' 통합형이 주류를 이루고 쓰이고 있다. 반말의 마침씨끝 뒤에는 언제든지 '요'가 통합될 수 있고, '요'가 통합되면 높임의 정도가 [안높임]에서 [높임]으로 바뀌게 되며, 들을이가 높임의 대상이라 높여야 하는 경우 그 대상이 누구이든지 반말에 '요' 통합형이 쓰일 수 있게 된다.

반말이 쓰이는 장면을 살펴보면, 반말은 주로 상관적 장면에서 쓰이고 단독적 장면에서는 잘 쓰이지 않는다.[10] 다시 말해서 반말은 말할이와

---

10) 상관적 장면과 단독적 장면에 관하여는 고영근(1976:71), 남기심·고영근(1981:9) 참조.

들을이가 서로 얼굴을 맞대고 이야기를 주고받는 상황에서 주로 쓰인다.

위에서 논의한 내용을 바탕으로 반말에 대한 특성의 통해 정의하면 아래와 같다.

첫째, 반말은 들을이높임법의 한 등분이다.

둘째, 반말은 형태배합상 들을이높임 토씨 '요'가 통합될 수 있으며, '요'의 통합 여부에 따라 높임의 정도가 달라진다.

셋째, 반말을 나타내는 마침씨끝 뒤에는 월의 끝에 놓이는 절종결이 놓여 통어적으로도 완결된 월의 기능을 가진다.

넷째, 들을이높임의 정도는 [안높임]에 해당한다.

다섯째, 반말은 말할이와 들을이 사이에 비격식적인 장면에서 사용된다.

여섯째, 반말은 주로 상관적 장면에서 입말로 사용된다.

3. 반말 마침씨끝의 설정 기준

앞에서 설정한 반말의 정의를 우리말의 마침씨끝에 적용하면 반말의 마침씨끝이 식별되어 나오게 된다. 반말의 마침씨끝으로는 단순형만이 아니라 복합형까지 함께 다루기로 한다. 왜냐하면 복합형으로 된 마침씨끝인 경우에는 몇 개의 형태소로 분석될 수 있지만 단순형과 마찬가지로 녹아 붙어 한 몸처럼 작용하여 마침씨끝으로서의 기능을 담당하기 때문이다. 복합형은 단순형의 마침씨끝 앞에 안맺음씨끝이 놓여 마침씨끝과 녹아 붙은 결과 분석하게 되면 마침씨끝만으로는 자립적인 말본의 단위로 기능하지 못하게 된다.

반말의 마침씨끝을 분류한 지금까지의 연구 내용에 대하여 살피면 다음과 같다.

최현배(1937, 1971:323-324)

서술법 : -어, -지, -ㅁ

물음법 : -어, -지

시킴법 : -어

꾀임법 : -어

김석득(1966:113)

서술법 : -어, -지, -ㅁ

물음법 : -어, -지

시킴법 : -어

꾀임법 : -어, -지

느낌법 : -는구면

고영근(1974:85)

서술법 : -어, -지, -ㄹ께, -다(라)구

물음법 : -어, -지, -나, -ㄹ까, -게, -다(라)니

시킴법 : -어, -지, -라구

꾀임법 : -어, -지, -자구

느낌법 : -(는, 로)군, -구면, -네, -ㄴ걸, -ㄴ데, -거든

서정수(1984:39)[11]

서술법 : -어, -이야, -지, -군

물음법 : -어, -이야, -나

시킴법 : -어, -지

꾀임법 : -어, -지

성기철(1970, 1985:107-108)

서술법 : -어, -지, -걸, -거든, -께, -게, -데1, -데2[12], -고말고, -게[13]

물음법 : -어, -ㄴ지, -게, -을까, -나, -는가, -면서

시킴법 : -어

---

11) 서정수(1984:58)는 '-는가', '-(으)ㄴ가', '-던가'를 반말에 속한다고 볼 수도 있음을 지적하였다.

12) '-데1'은 '철수가 숙제를 다 했데.'의 '-데'이며, '-데2'는 '철수가 숙제를 다 했던 데.'의 '-데'라 하였다.

13) 서술법의 두 '-게' 가운데 앞의 '-게'는 '그건 왜 그래? 내가 먹게.'의 '-게'이며, 뒤의 '-게'는 '그렇게 되면 얼마나 좋게'의 '-게'라 하였다.

    꾀임법 : -지

    느낌법 : -구면(-군), -네

한 　길(1986:8, 1991:48)

    서술법 : 단순형태 : -어, -지, -게, -네, -는가, -는군, -거든, -데, -는데

    복합형태 : -는다나, -자나, -으라나, -는다고, -냐고, -자고, -으라고, -는

              다니까, -냐니까, -자니까, -으라니까, -을께, -을래, -는걸,

              -을걸'

    물음법 : 단순형태 : -어, -지, -게, -네, -는가, -나, -데, -는데

    복합형태 : -다니, -느냐니, -자니, -으라니, -는다고, -냐고, -자고, -으

              라고, -는다면서, -을까, -을래

    시킴법 : -어, -지

    꾀임법 : -어. -지

서상준(1996:144)

    서술법 : -어, -지, -군, -데, -대, -고, -게, -네, -거든, -걸, -걸랑, -ㄹ래,

              -고말고, -ㄴ데, -(ㄴ)다

    물음법 : -어, -지, -데, -대, -고, -나, -ㄹ래, -다면서, -다니

    시킴법 : -어, -지, -고, -라고, -라니까

    꾀임법 : -어, -지, -자고, -자니까, -자

박재연(1998:89)

    반말체 종결어미 목록 : -어, -지, -게, -거든, -ㄴ데, -다니까, -냐니까,

              -라니까, -자니까, -다고, -냐고, -라고, -자고, -다면서, -라면

              서, -자면서, -다나, -냐나, -라나, -자나, -다니, -냐니, -라니,

              -자니, -ㄴ가(-나), -ㄹ까, -ㄴ지, -ㄹ지, -네, -데, -ㄴ걸, -ㄹ

              걸, -ㄹ래, -ㄹ게, -어야지, -군, -구면

위에서 분류한 반말의 맺음씨끝의 종류를 시기적으로 살펴보면, 후
기에 올수록 마침씨끝의 수효가 증가하고 있음을 알 수 있다. 최현배
(1937)에서는 반말의 마침씨끝으로 각 의향법에 '-어'와 '-지' 정도를 들
고 있을 뿐이었으나, 성기철(1985)에서는 최현배(1937)에서 들고 있는 것
보다 상당수 증가되어 있음을 볼 수 있다. 또한 초기 논저에서는 예사
낮춤으로 분류되던 것들이 후기에 올수록 반말의 마침씨끝으로 바뀌게

되었음을 살필 수 있다. 이것은 반말이 최근 들어 점차 확대되어 쓰이고 있음을 보여주는 단적인 증거가 된다.

앞에서 설정한 반말의 정의를 만족시키는 마침씨끝은 반말의 마침씨끝으로 묶이게 된다. 이들을 각기 의향법에 따라 분류하면 다음과 같다.

> **서술법** : 단순형 : -어, -지, -게, -네, -는군, -데, -거든, -는데, -고
> 복합형 : -다나, -자나, -으라나, -는다고, -느냐고, -자고, -으라고, -는다니까, -냐니까, -자니까, -으라니까, -을래, -을게, -는걸, -을걸, -고말고, -다마다
> **물음법** : 단순형 : -어, -지, -게, -네, -는가, -나, -데, -는데, -고
> 복합형 : -다니, -냐니, -자니, -으라니, -는다고, -느냐고, -자고, -라고, -는다면서, -자면서, -으라면서, -는대, -는다지, -을까, -을래, -는지
> **꾀임법** : 단순형 : -어, -지
> 복합형 : 없음
> **시킴법** : 단순형 : -어, -지, -고
> 복합형 : 없음

4. 반말 마침씨끝의 말본적 특성과 의미 기능

위에서 설정한 반말의 마침씨끝을 단순형과 복합형으로 나누어 마침씨끝마다의 말본적 특성과 의미 기능을 살피기로 한다.

4.1 단순형

앞에서 살핀 반말의 마침씨끝의 종류 가운데 단순형을 공통 특징에 따라 몇 개의 동아리로 묶어 다루기로 한다.

첫째로 서술법, 물음법, 꾀임법, 시킴법 등 모든 의향법의 월에서 마침씨끝으로 두루 쓰이는 '-어'와 '-지'를 한 동아리로 묶어 논의하고, 둘째로 반말만이 아니라 격식체의 예사낮춤 마침씨끝으로도 쓰이는 '-게', '-네', '-는가', '-나'를 한 동아리로 묶어 살피기로 한다. 셋째로 이른바 감탄법의 마침씨끝으로 일컫는 '-는군'을 별도로 다루며, 넷째로 때매김의 '-더-'가 포함되어 있으나 마침씨끝과 융합되어 한 형태소로 인식되는 '-데'를 별도로 다루고, 다섯째 반말의 마침씨끝으로만이 아니라 동일한 형태의 이음씨끝이 존재하는 '-거든'과 '-는데'를 한 동아리로 묶어 고찰하기로 한다.

4.1.1 '-어'와 '-지'

기존의 연구 논저에서는 대체로 '-어'와 '-지'에 대하여 반말을 나타내는 씨끝으로 모든 의향법에 두루 쓰이는 것으로 기술되어 있었다. 그렇기 때문에 '-어'와 '-지'가 마치 뜻과 쓰임에서 서로 같다는 느낌을 주어 왔다. 실제로 월에서 명제 내용이 똑같고 마침씨끝만 '-어'와 '-지'로 다른 경우에 뜻에서 거의 차이가 없는 보기들이 있고, 쓰임에서도 차이가 없이 서로 대치되어 쓰이더라도 적격한 경우가 있다. 다음 예를 보면 '-어'와 '-지'의 뜻이 별다른 차이가 없음을 알 수 있다.

> (1) ㄱ. 강의 없는 날이 언제-**야**?
> ㄴ. 강의 없는 날이 언제-**지**?

(1)에서 ㄱ과 ㄴ의 월 짜임에서 명제 내용은 동일하지만, ㄱ은 마침씨끝이 '-어'인 반면에 ㄴ은 '-지'인 점에서만 차이를 보인다. 마침씨끝 이외에는 모든 점에서 꼭 같기 때문에 ㄱ과 ㄴ에서 뜻이나 쓰임에서 어떤 차이라도 있다면, 이는 '-어'와 '-지'로 말미암는다고 하겠다. 그런데 실제로 ㄱ과 ㄴ은 뜻에 있어서 그리 큰 차이가 없으나 화용적인 면에서 두 월은 느낌상 약간의 차이를 보여, ㄱ은 단순한 반말을 나타내는 물음

월임에 비하여 ㄴ은 ㄱ보다는 말할이가 들을이에게 좀 더 친근감을 나타내는 물음월이라 하겠다. 곧 '-어'와 '-지'는 쓰임과 뜻에서 별 차이가 없으나 '-지'가 '-어'에 비해 [+친밀감]의 자질을 더 가지고 있는 셈이다.

그러나 다음 보기에서는 '-어'와 '-지'의 뜻이 서로 다르다는 사실을 쉽게 알 수 있다.

(2) ㄱ. 졸업은 했-**어**?
ㄴ. 졸업은 했-**지**?

(2)에서도 (1)과 마찬가지로 ㄱ과 ㄴ의 월 짜임에서의 차이는 마침씨끝에만 있다. 그렇기 때문에 ㄱ과 ㄴ에 어떤 차이라도 있다면, 이는 마침씨끝의 다름으로 말미암는다. 그런데 ㄱ은 단순한 물음월임에 비하여, ㄴ은 말할이가 명제 내용에 대하여 '그럴 것이다'라고 추정하고, 이에 대하여 들을이에게 동의를 구하거나 확인하는 물음월이다. 이와 같은 뜻 차이는 바로 '-어'와 '-지'의 차이로 말미암는다.

한편 '-어'와 '-지'는 쓰임에 있어서도 서로 자유롭게 교체되더라도 뜻에서 별 차이가 없이 적격한 월이 되는 경우가 있고, 서로 대치된다면 부적격한 월이 되는 일도 있으며, 서로 교체될 수 있으나 그렇게 되면 뜻에서 차이를 가져오는 보기들이 있기도 하다.

다음 보기에서는 '-어'와 '-지'가 서로 교체되어 쓰여도 뜻에서 그리 큰 차이가 없는 적격한 월이 된다.

(3) ㄱ. 내게도 이 곳에서 살 권리가 있-**어**.
ㄴ. 내게도 이 곳에서 살 권리가 있-**지**.

그러나 다음 보기에서는 '-어'와 '-지'가 서로 교체되어 쓰일 수 없다.

(4) ㄱ. *빠진 서류는 없을 테-**야**?
ㄴ. 빠진 서류는 없을 테-**지**?

   (5) ㄱ. 그들은 널 이해할 거-**야**.

       ㄴ. * 그들은 널 이해할 거-**지**.

  (4)에서는 같은 명제 내용에 ㄱ은 '-어'가 붙어 부적격한 월이 되었지만, ㄴ은 '-지'가 붙어 적격한 월이 되었다. (5)에서는 반대로 ㄱ의 '-어'는 적격하지만, ㄴ의 '-지'는 부적격하게 되어 '-어'와 '-지'가 쓰임에서 차이가 남을 보여준다.

  다음 보기에서는 '어'와 '-지'가 서로 교체되어 쓰이더라도 적격한 월이 되지만 뜻에 있어서 차이를 보인다.

   (6) ㄱ. 설마 영수가 합격하겠-**어**?

       ㄴ. 설마 영수가 합격하겠-**지**?

  (6)에서는 ㄱ과 ㄴ은 둘 다 적격한 월이 되지만 뜻에서 차이를 보인다. ㄱ은 뒤집음말법으로 쓰여 말할이가 들을이에게 '영수는 합격할 수 없다'고 생각한 것을 반어적인 표현으로 나타낸 월이고, ㄴ은 말할이가 '영수가 합격할 것이다'라고 추정한 것을 들을이에게 확인하거나 동의를 구하는 뜻으로 쓰인 월이다. 이와 같이 동일한 명제 내용임에도 불구하고 뜻에서 차이가 남은 마침씨끝으로 '어'와 '-지' 가운데 어느 것을 택하느냐에 달려 있는 셈이다.

  반말을 대표하는 마침씨끝 '-어'와 '-지'는 의향법에서 서술법, 물음법, 꾀임법, 시킴법인 월의 마침씨끝으로 두루 쓰이는 공통점이 있으나, 각 의향법에서의 '-어'와 '-지'는 형태·통어적 특성에서 차이를 보이는 일이 있기도 하며, 의미·화용적 특성에서도 차이를 나타내기도 하기 때문에 각 의향법에 쓰이는 '-어'와 '-지'의 특성이 어떻게 차이가 나는가를 분명하게 드러낼 필요가 생긴다.

4.1.1.1 '-어'와 '-지'의 형태·통어적 특성

'-어'와 '-지'의 형태적 특성에서는 이들 마침씨끝이 결합되어 있는 풀이말의 형태론적 구조 안에서 다른 요소와 어떤 제약 관계에 놓이는가에 대하여 논의하기로 한다. 곧 '-어'와 '-지'와 형태배합 관계에 놓이는 안맺음씨끝과의 통합관계와 풀이말 자리에 놓이는 풀이씨의 뿌리와의 통합관계에서의 제약 현상을 살피고, 뒤에 놓이는 특수토씨의 제약 현상이 어떻게 나타나는가를 살피기로 한다. 나아가 왜 이런 제약이 따르는가를 밝히고자 한다.

'-어'와 '-지' 앞에 통합될 수 있는 안맺음씨끝으로는 각 의향법에서의 '-어'와 '-지'마다 차이를 보이기 때문에 각 의향법별로 나누어 살펴야 한다.

서술법의 '-어'와 '-지' 앞에 놓일 수 있는 안맺음씨끝에 대하여 살펴보면, 주체높임의 '-시-'가 통합 가능하고[14], 때매김의 안맺음씨끝 가운데 완료의 '-었-'과 미확인의 '-겠-'은 통합될 수 있으나 회상의 '-더-'는 불가능하여, (7)의 ㄹ은 부적격한 월이 되었다.

(7) ㄱ. 선생님께서 학교에 오-**시어**./오-**시지**.
　　ㄴ. 내가 진작부터 그렇게 생각하-**였어**./생각하-**였지**.
　　ㄷ. 내가 그 일을 꼭 해 내-**겠어**./넌 아버지가 옳다고 생각하-**겠지**.
　　ㄹ. * 철수가 밥을 먹-**더어**./ * 먹-**더지**.

미확인의 '-겠-'은 미래 시간인 경우, 서술법에서 임자말이 첫째가리킴이고 풀이말이 말할이의 능동적 행위(말할이 자신이 행동자가 되어 능동적인 행동을 하려는 결정을 할 때)를 나타내면 '의도'의 뜻을 나타내고 그 밖의 경우에는 '추정'의 뜻을 나타낸다고 한다(서정수(1977:68-83)). '-겠-'이

---

14) '-시-'가 통합되기 위해서는 월의 주체가 반드시 높임의 대상이어야 한다. 높임의 대상이 아닌 경우에 '-시-'가 통합되면 부적격한 월이 되어, '-시-'가 월의 주체와만 관련된 것으로도 볼 수 있으나, 마침씨끝과도 통합에 제약을 보인다.

‘의도’를 나타내는 환경에서 ‘-어’와 통합하게 되면 ‘-겠-’은 당연히 ‘말할이의 의도’를 나타내게 된다.

> (8) ㄱ. <u>나는 내년에</u> 미국에 가-**겠어**.
>   ㄴ. <u>나는 이 다음에</u> 꼭 성공하-**겠어**.
>   ㄷ. <u>나는 오후에</u> 김 선생을 만나-**겠어**.

(8)에서는 밑줄 친 바와 같이 서술법으로 임자말이 첫째가리킴이고, 시간이 미래에 관한 것이며, 풀이말이 말할이의 행동을 나타내는 움직씨이기 때문에 ‘-겠-’이 말할이의 의도를 나타내게 된다. 그러나 (9)에서 살필 ‘-지’인 경우에는 ‘-겠-’이 의도를 나타내는 환경에서 쓰이더라도 ‘의도’의 뜻으로 파악되지 않고, ‘추정’의 뜻으로 이해된다. (8)에서 마침씨끝만 ‘-어’를 ‘-지’로 바꾸게 되면 (9)가 되지만, 이렇게 되면 마침씨끝만이 다른 데도 불구하고 (8)에서 쓰인 ‘-겠-’과 (9)의 ‘-겠-’은 그 뜻이 달라진다.

> (9) ㄱ. <u>나는 내년에</u> 미국에 가-**겠지**.
>   ㄴ. <u>나는 이 다음에</u> 꼭 성공하-**겠지**.
>   ㄷ. <u>나는 오후에</u> 김 선생을 만나-**겠지**.

(8)과 (9)를 비교해 보면, ‘-겠-’이 ‘의도’를 나타내는 환경인 점에서는 동일하지만, 마침씨끝만이 다른 데도 (8)에서 쓰인 ‘-겠-’과 (9)에서 쓰인 ‘-겠-’이 의미가 다르기 때문에 마침씨끝이 ‘-겠-’의 의미에 영향을 미쳤음을 알 수 있다. 곧 서술법의 ‘-어’에서는 ‘-겠-’이 의도를 나타내는 환경에서는 ‘의도’의 의미를 가지지만 ‘-지’에서는 ‘의도’를 나타내는 환경에서일지라도 ‘의도’의 뜻으로 파악되지 않고 ‘추정’의 의미로만 파악된다. 그러므로 서술법의 월에서 마침씨끝이 ‘-지’이면 임자말의 가리킴이나, 시간에 관한 것에 상관없이 항상 말할이의 ‘추정’의 의미로만 쓰인다고 할 수 있다. 이와 같은 사실은 다음 보기에서 더욱 분명하게 드러난다.

(10) ㄱ. <u>나는</u> <u>내일</u> 경찰에 <u>체포되</u>-**겠어**.
ㄴ. <u>나는</u> <u>내일</u> 경찰에 <u>체포되</u>-**겠지**.

(10)의 ㄱ과 ㄴ은 서술법에 해당하는 월로 임자말이 첫째가리킴이고 시간이 미래 시에 관한 것이며, 풀이말 자리에 놓이는 풀이씨로만 보면 말할이의 능동적인 행위로 이해될 수도 있고, 수동적인 행위로 이해될 수도 있는 특성을 보인다. 곧 ㄱ에서는 '-겠'이 말할이의 '의도'로 이해 가능하여 말할이가 자진해서 경찰에 잡히는 것으로 파악되며, ㄴ에서는 '-겠-'이 말할이의 '추정'으로 이해되어 말할이가 수동적으로 경찰에 잡히는 것으로 파악된다. 그러므로 마침씨끝의 차이로 말미암아 ㄱ과 ㄴ은 뜻이 달라졌으며, 또한 서술법의 월에서 마침씨끝으로 쓰이는 '-지'는 어떤 환경에서도 의도의 '-겠-'과는 통합되지 못하고 '추정'의 '-겠-'과만 통합됨을 확연히 알 수 있다. 이와 같은 까닭은 '-지'의 의미 특성으로 말미암는 것으로 보인다. 곧 '-지' 자체가 [추정]의 의미 자질을 가지기 때문에 '의도' 환경에서의 '-겠-'이지만 '의도'의 의미 특성이 중화되는 것으로 보인다.

물음법의 월에서 마침씨끝 '-어'와 '-지' 앞에 통합될 수 있는 안맺음씨끝으로는 서술법에서와 같다. 곧 주체높임의 '-시-'와 때매김의 '-었-'과 '-겠-'은 통합이 가능하지만 '-더-'는 불가능하다.[15]

---

15) 월의 주체가 둘째가리킴일 때, '-어'와 '-지' 앞에 주체높임의 '-시-'가 통합되면 동일인을 월의 주체로는 높이고 들을이로서는 안 높이는 셈이 되어 잘못된 들을이높임법의 사용처럼 이해되지만, 실제 발화에서는 이런 표현이 쓰이는 일이 있다. 지금의 규범문법으로서는 이는 비정상적인 쓰임으로밖에 달리 볼 수 없다. 정상적인 발화에서는 들을이와 주체가 동일한 경우에 주체를 높이기 위해 '-시-'가 쓰였으면 마땅히 들을이를 높이기 위해서 '-어'와 '-지' 다음에 들을이높임의 '요'가 통합되어야 한다. 월의 주체와 들을이가 동일한 둘째가리킴 월에서 주체로서는 높이고 들을이로서는 안 높이면 비꼬거나 야유하는 뜻으로 파악되기도 한다. 그러나 대체로 이와 같은 상황에서 '요'가 통합되지 않고 쓰이게 되면 '-시-'가 통합되지 않는 경우보다 들을이를 약간 더 높이는 것으로 이해된다.

(11) ㄱ. 선생님은 서울에 언제 가-**시어**?/가-**시지**?
   ㄴ. 무슨 일이 생기-**었어**?/생기-**었지**?
   ㄷ. 무슨 일이 생기-겠어?/생기-**겠지**?
   ㄹ. * 철수가 언제 거기에 가-**더어**?/ * 가-**더지**?

물음법에서 미확인의 '-겠-'은 의도를 나타내는 환경이 임자말의 가
리킴에서 서술법과 차이를 보인다. 서술법에서는 '-겠-'이 첫째가리킴일
때 '의도'를 나타내지만 물음법에서는 둘째가리킴일 때 '의도'를 나타
낸다고 한다(서정수(1977:75)). 물음법의 월에서 '-어'와 통합되는 '-겠-'이
'의도'를 나타내는 환경에 놓이게 되면 들을이의 '의도'를 나타내지만,
'-지'와의 통합에서는 '-겠-'이 '의도'의 환경에 놓이더라도 '의도'의 의
미로 이해되지 않고 '추정'의 의미로만 이해된다.

(12) ㄱ. (너는) 내년에 미국에 유학 가-**겠지**?
   ㄴ. (너는) 다음 번 시험이야 잘 보-**겠지**?
   ㄷ. (너는) 다음 학기에는 열심히 공부하-**겠지**?

(12)에서 밑줄 그은 바와 같이 임자말이 둘째가리킴이고, 시간이 올
적에 관한 것이며, 풀이말이 행동성 풀이씨인데도 '-겠-'이 들을이의
'의도'의 의미로 파악되지 않고 말할이의 '추정'의 의미로만 파악됨으
로 보아 물음법의 월에 마침씨끝으로 쓰인 '-지'와 통합되는 '-겠-'은
항상 '추정'의 의미로만 쓰임을 알 수 있다. 이와 같은 까닭은 서술법의
'-지'에서와 마찬가지로 '-지'의 의미적 특성 때문인 것 같다.

(12)에서 마침씨끝만을 '-어'로 바꾸면 '-겠-'이 들을이의 '의도'를 나
타내게 되기 때문에 물음법의 '-어'는 '의도'와 '추정'의 '-겠-'에 모두
통합 가능한 특성을 가진다.

꾀임법과 시킴법의 월에 마침씨끝으로 쓰이는 '-어'와 '-지'는 어떤
안맺음씨끝과도 통합관계를 이룰 수 없다. 때매김의 씨끝만이 아니라
주체높임의 '-시-'도 통합될 수 없기 때문에 꾀임법과 시킴법의 '-어'와

'-지'는 풀이씨의 뿌리에 직접 통합되는 형태배합상의 특성을 보인다.[16) 때매김씨끝과 통합될 수 없는 까닭은 '-어'와 '-지'의 특성에서 말미암은 것이 아니라 꾀임법과 시킴법 자체의 특성 때문으로 모든 꾀임법과 시킴법의 마침씨끝에 공통으로 적용되는 현상이다.

마침씨끝 '-어'와 '-지'는 풀이씨 뿌리와의 통합에서 어떠한 제약이 따르는가에 관하여 살피기로 한다. 각 의향법의 '-어'와 '-지'는 풀이씨의 뿌리와의 통합에서도 차이를 드러낸다. 서술법의 '-어'와 '-지'는 (13)에서와 같이 움직씨(ㄱ), 그림씨(ㄴ), 잡음씨(ㄷ)에 통합될 수 있어 통합상의 제약은 없다.

> (13) ㄱ. 철수가 지금 저녁 **먹-어**./**먹-지**.
> ㄴ. 나는 너와 노는 게 **좋-아**./**좋-지**.
> ㄷ. 나의 전부를 그들이 빼앗아 간 것**이-야**./것**이-지**.

물음법의 '-어'아 '-지'도 서술법의 그것과 마찬가지로 모든 풀이씨 뿌리에 통합될 수 있어 제약이 없으나, 꾀임법과 시킴법의 '-어'와 '-지'는 움직씨의 뿌리나 움직씨처럼 쓰이는 '있-'에 통합될 수 있을 뿐이고 그림씨나 그림씨처럼 쓰이는 '있-'과 잡음씨 뿌리 다음에는 통합될 수 없는 제약이 따른다. 이와 같은 제약은 꾀임법과 시킴법의 공통 특성에 말미암은 것으로, '-어'와 '-지'만의 특성 때문인 것은 아니다.

'-어'와 '-지'의 통어적 특성에서는 임자말의 가리킴과의 공기관계에서 어떤 제약이 따르는가를 밝히며, 마침씨끝이 '-어'와 '-지'인 월이 건너 따옴월로 포함될 때, 이들이 어떤 중화형태로 간접화하는가에 대하

---

16) 꾀임법과 시킴법의 '-어'와 '-지'에는 특별한 경우에 한하여 '-시-'가 통합되어 쓰이기도 한다.
  ㄱ. 술 좀 같이 하-**시어**./하-**시지**.
  ㄴ. 자, 담배나 한 대 피우-**시어**./피우-**시지**.
  꾀임법의 ㄱ과 시킴법의 ㄴ은 실제 발화에서 쓰이는 일이 있기도 하지만, 정상적인 높임법의 사용이라면 '-어'와 '-지' 다음에 '요'가 통합되어야 한다.

여 논의하기로 한다.

　마침씨끝 '-어'와 '-지'는 임자말과 공기관계를 이루는 경우에 있어서도 의향법마다 차이를 보인다. 서술법과 물음법에서는 첫째, 둘째, 셋째가리킴의 임자말과 공기될 수 있어 가리킴에 있어서 제약이 없으나, 꾀임법에서는 공기될 수 있는 임자말로 첫째가리킴의 겹셈만 가능한데, 일반적으로 임자말이 표면상 생략되며, 보통 말할이와 들을이를 함께 아우르는 '같이', '함께' 따위의 '둘' 이상의 더불음을 나타내는 어찌말과 공기관계를 이룬다. 시킴법의 '-어'와 '-지'는 공기될 수 있는 임자말로 첫째가리킴만이 가능하며, 둘째, 셋째가리킴의 임자말은 공기될 수 없는 제약이 있다. 이런 제약도 '-어'와 '-지'만의 특성 때문이 아니고 꾀임법과 시킴법의 특성으로 말미암은 제약으로 보편성을 띠는 것이다.

　'-어'와 '-지'가 임자말과의 공기관계에서 가리킴의 제약이 있느냐 없느냐는 의향법에 따라 차이가 있으나, 반말의 마침씨끝은 모두 임자말에 공통의 어휘적인 제약이 따르게 된다. 예컨대 임자말이 첫째가리킴인 경우에는 '나'는 공기될 수 있으나, '저'는 공기될 수 없으며, 둘째가리킴인 경우에는 아주높임이나 예사높임의 대이름씨와 높임의 정도가 이에 해당하는 어휘는 공기될 수 없으나, 아주낮춤의 대이름씨인 '너'나 '자네'는 자연스럽게 공기될 수 있다. 셋째가리킴인 경우에는 임자말의 높임의 정도와는 관계없이 모두 공기관계를 이룰 수 있다. 왜냐하면 첫째나 둘째가리킴은 들을이높임법의 해당자이거나 관련자이지만 셋째가리킴은 들을이높임의 관련 대상이 아니기 때문에 마침씨끝과는 어떠한 제약관계도 이루지 않는다.

　'-어'와 '-지'가 건너 따옴월로 포함될 때, 마침씨끝의 중화현상이 적용되어 각 의향법에서의 중화형태로 바뀌게 된다. 서술법의 '-어'와 '-지'는 건너 따옴월로 포함될 때, 여느 서술법의 마침씨끝과 마찬가지로 '-는다'로 중화되어, '-어'와 '-지'가 서술법 마침씨끝임에 해당함을 재확인할 수 있다.[17)]

(14) ㄱ. 갑→을 : 철수가 학교에 가-**아**.

　　　을→병 : (갑이 나에게) 철수가 학교에 가-**ㄴ다**고 한다.

　　ㄴ. 갑→을 : 놀랄 만한 소식을 가지고 왔-**지**.

　　　을→병 : (갑이 나에게) 놀랄 만한 소식을 가지고 왔-**다**고 한다.

마침씨끝이 위에서와 같이 중화형태로 실현되면, 들을이높임의 등분만이 중화되는 것이 아니라, 같은 의향법의 마침씨끝이라도 각각 의미가 차이나는 데도 불구하고 마침씨끝의 의미까지 중화되는 특성을 보인다.

표면상 부정의 형식을 취하지만 내용상으로는 긍정을 나타내는 월의 마침씨끝 '-어'는 건너 따옴월로 포함될 때, 월의 마침씨끝만이 중화형태로 바뀌는 것이 아니라, (15)에서와 같이 의미에 따라 월 자체가 긍정의 형식으로 바뀐 다음에 건너 따옴월에 포함된다.[18] '-지'는 이와 같은 용법으로 쓰이는 일이 없기 때문에 해당되지 않는다.

(15) ㄱ. 갑→을 : 철수가 학교에 가**잖-아**(=가**지** 않**-아**).

　　　을→병 : (갑이 나에게) 철수가 학교에 **가-ㄴ다**고 한다.

　　ㄴ. 갑→을 : 저 여자가 얼굴이 예쁘**잖-아**(=예쁘**지 않아**).

　　　을→병 : (갑이 나에게) 저 여자가 얼굴이 **예쁘-다**고 한다.

미확인의 '-겠-'이 통합되고 마침씨끝이 '-지'인 서술법 월이 건너 따옴월로 포함될 때에는 '-지'만이 중화형태 '-는다'로 바뀌는 것이 아니라 '-겠-' 자체가 '-을 것'으로 바뀌는 것이 자연스럽다.[19] 이와 같은 까닭은 '-지'와 통합된 '-겠-'이 항상 '추정'의 의미로만 이해되기 때문이

---

17) 서술법의 '-어'와 '-지'는 움직씨 뿌리 다음에서는 '-는다/-ㄴ다'로, 그림씨 뿌리나 때매김씨끝 '-었-'과 '-겠-' 다음에서는 '-다'로, 잡음씨 뿌리 다음에서는 '-라'로 실현된다. 여기서는 '-는다'를 기본형으로 삼았다.

18) 바로 따옴월에서는 그대로 포함되기 때문에 의미에 따라 월을 긍정으로 바꿀 필요가 없다.

19) 물론 '-겠-'이 건너 따옴월에서 '-을 것'으로 바뀌지 않고 그대로 쓰여도 자연스러운 경우가 있다. 곧 (16)의 ㄴ은 '부모 마음이란 다 같겠다고 한다'가 되더라도 원 발화와 별다른 차이가 없이 자연스럽다.

다. 곧 건너 따옴월에 포함될 때, '-겠-'이 '추정'의 의미만을 나타내 주기 위하여 '추정'의 의미 자질만을 가지는 표현으로 바뀌게 되기 때문이라고 하겠다.[20] 곧 (16) ㄱ은 임자말이 첫째가리킴이고, 시간이 올적에 관한 것이며, 풀이말이 [행동성] 풀이씨이기 때문에 '-겠'이 '의도'의 의미를 가지는 상황이지만, 마침씨끝 '-지'로 말미암아 '추정'의 의미를 가지게 되었는데, 건너 따옴월에 포함되는 경우 '-겠-'이 그대로 포함되면 당연히 '의도'의 의미를 가지게 되어 원발화와 의미가 달라지므로 '추정'의 의미를 보전하기 위하여 '-겠지'가 '추정'의 의미 특성을 가지는 표현인 '-게 될 것'으로 바뀌게 된다. 만일 '-겠-'이 '-을 것'으로만 치환되어 '(갑이 나에게) 자기가 내년에 일등을 할 것이라고 한다'가 되면, '-을 것'이 '의도'의 의미를 가지게 되어 원발화와 의미가 달라진다. 그렇기 때문에 '의도'의 상황에 놓인 '-겠지'는 간접화하는 경우에 [행동성]의 풀이씨를 [비행동성] 풀이씨로 바꿔 주어야만 의미가 동일한 적격한 월이 된다. (16)의 ㄱ은 [행동성] 풀이씨가 건너 따옴월에서 [비행동성] 풀이씨로 바뀐 보기에 해당하고, ㄴ은 풀이말이 [비행동] 풀이씨이기 때문에 '-겠-'만이 '-을 것'으로 바뀐 보기에 해당한다.

> (16) ㄱ. 갑→을 : 내가 내년에는 일등을 하-**겠지**.
>
>   을→병 : (갑이 나에게) 자기가 내년에는 일등을 하**게 될 것이라**고 한다.
>
> ㄴ. 갑→을 : 부모 마음이란 다 같-**겠지**.
>
>   을→병 : (갑이 나에게) 부모 마음이란 다 같**을 것이라**고 한다.

풀이말 자리에 놓이는 풀이씨의 뿌리에 안맺음씨끝이 통합되지 않고 서술법의 '-지'가 직접 통합되는 경우에는 '-지'가 건너 따옴월에 포함

---

20) '-지'와 통합된 '-겠-'이 '추정'으로만 이해되기 때문에 '의도'의 상황에 놓인 '-겠지'가 건너 따옴월로 포함될 때, [행동성] 풀이씨를 [비행동성] 풀이씨로 바꾸어야만 의미가 같아지고 적격한 월이 된다. 만일 [행동성] 풀이씨가 그대로 건너 따옴월에 포함되면 '-겠-'이 '의도'를 나타내게 되어 원발화와 의미가 달라진다.

될 때 '-는다'로만 중화되는 것이 아니라 때매김의 '-겠-'이 첨가되어야 적격한 월이 되는 보기들이 있다.

> (17) ㄱ. 갑→을 : 내가 그 친구를 한번 만나-**지**.
>   을→병 : (갑이 나에게) 자기가 그 친구를 한번 만나-**겠다**고 한다.
>   ㄴ. 갑→을 : 내가 잠깐 생각할 여유를 주-**지**.
>   을→병 : (갑이 나에게) 자기가 잠깐 생각할 여유를 주-**겠다**고
>   한다.
>   ㄷ. 갑→을 : 내가 설명해 주-**지**.
>   을→병 : (갑이 나에게) 자기가 설명해 주-**겠다**고 한다.

(17)에서와 같이 서술법의 '-지'가 건너 따옴월에서는 '-겠다'로 치환되어, '-겠-'이 실현되었다. 이와 같이 실현되는 마침씨끝이 '-지'인 월의 공통 특징은 임자말이 첫째가리킴이고, 풀이말이 행동성 풀이씨이며, 때매김의 안맺음씨끝이 통합되지 않은 점이다. 이런 상황이 아닌 월에서는 '-지'가 '-겠다'로 중화되지 않음을 다음 보기를 통하여 확인할 수 있다.

> (18) ㄱ. 갑→을 : 당신이 이 일기장을 보았을 리가 없-**지**.
>   을→병 : *(갑이 나에게) 내가 그 일기장을 보았을 리가 없-**겠다**고 한다.
>   ㄴ. 갑→을 : 시절을 잘못 만난 탓이-**지**.
>   을→병 : *(갑이 나에게) 시절을 잘못 만난 탓이-**겠다**고 한다.
>   ㄷ. 갑→을 : 내 귀는 아무도 못 속이-**지**.
>   을→병 : *(갑이 나에게) 자기 귀는 아무도 못 속이-**겠다**고
>   한다.

(17)과 (18)의 보기를 통하여 서술법의 '-지'가 마침씨끝인 월에서 임자말이 첫째가리킴이고, 풀이말이 [행동성] 풀이씨이며, 때매김의 안맺음씨끝이 통합되지 않은 경우에 한하여 건너 따옴월로 포함되면, '-지'

는 '-겠다'로 중화되는 특성을 보임을 알 수 있다. 그러므로 '-지'에는 '-겠-'의 의미 자질이 포함되어 있는 것으로밖에 달리 볼 수 없다.[21]

물음법의 '-어'와 '-지'는 건너 따옴월로 포함될 때 안맺음씨끝의 종류나 풀이씨의 뿌리 종류에 관계없이 언제든지 물음법 마침씨끝의 중화형태인 '-느냐'로 중화되어 위에서 살핀 서술법에서의 경우와 차이를 보인다. 꾀임법의 '-어'와 '-지'는 '-자'로, 시킴법의 '-어'와 '-지'는 '-으라'로 중화되어 '-어'와 '-지'가 마침씨끝임이 입증된 셈이다.

> (19) ㄱ. 갑→을 : 어떻게 그렇게 할 수가 있-**어**?/있-**지**?
> 　　　을→병 : (갑이 나에게) 어떻게 그렇게 할 수가 있-**느냐**고 한다.
> 　　ㄴ. 갑→을 : (우리) 같이 가-**아**./가-**지**.
> 　　　을→병 : (갑이 나에게) 같이 가-**자**고 한다.
> 　　ㄷ. 갑→을 : 밥 먹-**어**./먹-**지**.
> 　　　을→병 : (갑이 나에게) 밥을 먹-**으라**고 한다.

이와 같이 반말의 마침씨끝 '-어'와 '-지'는 건너 따옴월에 포함되면, 의향법에 따라 서술법의 '-어'는 '-는다'로 중화되고, '-지'는 '-는다'나 특수한 환경에서는 '-겠다'로, 물음법에서는 '-느냐'로, 꾀임법에서는 '-자'로, 시킴법에서는 '-으라'로 중화되어 이들이 마침씨끝으로 기능함이 확인된 셈이다.

4.1.1.2 '-어'와 '-지'의 의미·화용적 특성

의향법마다의 '-어'와 '-지'는 형태·통어적 기능과 아울러 각기 독특한 의미적 특성을 가지고 있어서 말할이가 명제내용에 대하여 표현하고자 하는 의도에 따라 선택하게 된다. '-어'와 '-지'는 동일한 들을이 높임의 등분에 해당하더라도 의향법마다 의미가 각기 다르기 때문에 제각기 다른 의미적 특성을 분명히 밝혀야 한다.

---

21) 이와 같은 상황에서 쓰인 '-지'의 의미를 고영근(1976:44)은 '약속'이라 하였다.

마침씨끝 '-어'의 의미는 기존의 연구 논저에서 심도 있게 논의된 일이 별로 없으나, 일부 논저에서 지엽적으로 간략하게 언급된 일은 있다. 고영근(1976:44)은 '-어'에 대하여 "화자의 짐작이나 상념이 내포되지 아니한 단순한 설명, 의문, 명령, 공동으로 매우 서실적(敍實的)이다"라 하여, 타당성 있는 의미를 제시한 바 있다. 김종택(1981:25)은 '-어'를 불친절한 어미라 하고, (20)과 같은 군대식 명령의 보기를 들고 있다.

> (20) ㄱ. 뒤로 돌아 가./갓!
> 　　　ㄴ. 차려./렷! 열중 쉬어./엇!

김종택(1981)은 어떤 경우라도 강한 명령의 경우에는 이른바 '해라체'가 쓰이지 않고 '해체'가 쓰여, '해체'가 더욱 경직된 감정의 표출 수단이라고 하고 있으나, (20)의 보기와 같이 '-어'가 경직되고 강한 명령을 나타내는 것은 '-어'의 본유적인 의미로 말미암은 것이 아니라 '-어'에 놓이는 얹침형태소의 작용 때문이라 할 수 있다. 만일 '-어'에 부드럽고 친근한 느낌을 주는 얹침형태소가 놓이기 되면 경직되거나 명령을 나타내는 반말이 아니라 (21)에서와 같이 친근감을 주는 반말이 된다.

> (21) ㄱ. 아이 착*해*.22) 저리 가*아*.
> 　　　ㄴ. 아이 예*뻐*. 이리 *와*.

(21)에는 마침씨끝 '-어'에 부드럽고 친근감을 주는 얹침형태소가 놓여 들을이에게 불친절하거나 명령적인 의미로 이해되지 않고, 친근하고 부드러운 느낌을 줌을 알 수 있다. 그러므로 '-어' 자체에 불친절하거나 친절한 의미가 내재되어 있는 것이 아니라 '-어'에 어떤 종류의 얹침형태소가 놓이느냐에 따라 불친절한 의미를 나타낼 수도 있고 친절한 의미를 나타내기도 하기 때문에 김종택(1981)에서처럼 '-어'의 의미를 경

---

22) 편의상 부드럽고 친근한 느낌을 주는 얹침형태소의 표기를 이와 같이 처리하였다.

직되고 불친절한 의미라고 하기는 어렵다.

그렇다면 '-어' 자체는 어휘적인 의미(lexical meaning)는 없고, 단지 말본적 기능으로 나타나는 말본적 의미(grammatical meaning)만을 가지게 되는데, 서술법의 '-어'는 '단순한 반말 서술'의 의미로 파악되고, 물음법의 '-어'는 '단순한 물음'의 의미로, 꾀임법의 '-어'는 '단순한 반말 꾀임'의 의미로, 시킴법의 '-어'는 '단순한 반말 시킴'의 의미로 파악된다. 반말은 높임의 정도가 [안높임]이기 때문에 각 의향법에서의 '-어'는 공통 의미로 '단순한 안높임'이라는 말본적 의미로 이해된다.

마침씨끝 '-지'에 관하여 여러 논저에서 지금까지 논의된 내용을 검토하고, 이를 바탕으로 하여 '-지'의 의미적 특성을 밝히기로 한다.

장석진(1973:127-130)은 화용론적 입장에서 의향법에 따라 '-지'의 의미를 밝혔다. 곧 서술법의 '-지'는 '추정적(suppositional)인' 의미를 가진다고 하였고, 물음법의 '-지'는 '말할이 자신이 추정한 제의에 동의를 구하는' 의미를 가지는데 영어의 부가의문문(tag question)과 일치한다고 하였으며, 시킴법의 '-지'는 '요구나 명령보다는 제의'의 의미를 가진다고 하였고, 꾀임법의 '-지'는 '건의나 요구보다는 제의'의 의미를 가진다고 하였다. 그리고 '-지'의 기본적 의미로는 '추정(suppositiveness)'을 들고 있다. 이처럼 장석진(1973)은 '-지'의 쓰임을 화맥에서 찾아서 이를 바탕으로 하여 기본 의미를 '추정'으로 설정하였는데, 실제로 다음 보기에서는 '추정'으로 해석되지 않는 '-지'들이 있음을 알 수 있다.

> (22) ㄱ. 내가 어렸을 때는 공부를 잘 했었-**지**.
> ㄴ. 내가 설명해 주-**지**.
> ㄷ. 이분이 교장 선생님이시-**지**.

(22)에서는 '-지'에 '추정'의 의미가 포함되어 있는 것으로 이해되지 않는다. ㄱ의 '-지'에는 명제 내용에 대하여 말할이가 '추정'하기 위하여 쓰인 것이 아니라 '회상'을 나타내기 위하여 쓰인 것으로 해석된다.

ㄴ의 '-지'는 명제 내용에 대하여 말할이의 '약속'의 의미로 파악되며, ㄷ의 '-지'에서는 '-어'보다 '부드럽고 친근감을 주는 서술'의 의미로 이해된다. 그러므로 '-지'가 비록 '추정'의 의미 특성을 가지는 경우가 있더라도 (22)와 같이 '추정'의 의미로 쓰이지 않는 일이 있기도 하기 때문에 각 의향법의 '-지'의 기본 의미로 '추정'만을 드는 것으로는 '추정' 밖의 여러 가지 다른 의미적 특성을 가지는 '-지'를 효과적으로 설명하기가 어렵다.

고영근(1976:44)은 "'-지'는 화자의 주관적 상념(主觀的 想念)을 표시하는 것으로 이해된다"고 하고, '-어'가 서실적(敍實的)인데 비해 '-지'는 서상적(敍想的)이라 하였으며, '-지'가 서술법으로 쓰일 때, 제1인칭(나, 우리)과 호응하면 약속의 용법이 파악된다고 하였다. 그런데 '-지'가 '-어'에 비하여 말할이의 주관적 생각을 나타내는 것이 일반적이기는 하지만, 서술법의 '-지'가 첫째가리킴과 호응한다고 해서 항상 약속의 용법으로만 이해되지는 않는다.

(23) ㄱ. 내가 시장에 다녀오-**지**.
     ㄴ. 내가 시장에 다녀왔-**지**.
     ㄷ. * 내가 시장에 다녀오겠-**지**.

(23)에서 ㄱ의 '-지'는 '약속'의 의미로 파악되어, '-지'가 약속의 의미를 가진다고 할 수 있지만 ㄴ과 ㄷ의 '-지'에서는 '약속'의 의미가 파악되지 않는다. ㄱ과 ㄴ, ㄷ의 차이는 단지 때매김의 안맺음씨끝의 종류뿐인데도 ㄷ은 부적격한 월이 되었으며, ㄴ은 적격한 월이지만 '약속'의 의미는 없다. ㄴ의 '-지'는 마침씨끝이 '-어'인 월인 '내가 시장에 다녀왔-어.'보다 '회상'의 의미와 들을이에 대한 '친근감'의 의미가 포함되어 있을 뿐이다. 그러므로 임자말이 첫째가리킴인 서술월에서의 '-지'는 '약속'의 의미로만 쓰인다고 할 수는 없다.

서정수(1984:71)는 각 의향법에 따라 '-지'의 의미를 파악하였다. '-지'

가 서술형으로 쓰일 때는 대개 사실을 확인하고 다짐하는 느낌이 가미
된다고 하였으며, 의문형으로 쓰일 때는 대개 말할이가 생각하거나 믿
는 바에 대하여 들을이의 동의 또는 확인을 바라는 뜻이 시사되고, '어
디', '무엇' 등 모름을 나타내는 말이 쓰일 때는 보통 의문을 드러낼 뿐
이라고 하였다. 명령형으로 쓰일 때는 '제의' 또는 '권유'의 느낌이 있
다고 하였으며, 청유형과 어울릴 때는 같이 행동하기를 은근히 '제의'
하는 느낌이 있다고 하였다. 서정수(1984)의 이와 같은 주장에 타당성이
있는가를 검토하기 위하여 의향법에 따라 '-지'의 의미가 과연 다른가
검증하기로 한다.

  서술법의 '-지'는 임자말이 첫째가리킴이고 때매김의 안맺음씨끝이
통합되어 있지 않으며, 풀이말이 [행동성] 움직씨이면 말할이의 '악속'
의 의미로 이해된다.

  (24) ㄱ. <u>내가</u> <u>설명하</u>-**지**.
       ㄴ. <u>내가</u> 시장에 <u>다녀오</u>-**지**.
       ㄷ. <u>내가</u> 책임을 <u>지</u>-**지**.

  (24)의 보기들은 임자말이 첫째가리킴이고 풀이말이 [행동성] 움직씨
이며 때매김의 안맺음씨끝이 통합되지 않았기 때문에 '-지'는 말할이가
들을이에게 명제 내용에 대하여 '약속'하는 의미로 이해되어 앞의 가설
이 타당한 셈이다.

  한편 서술법의 '-지'는 임자말의 가리킴이나 풀이말의 풀이씨 종류에
관계없이 완료의 '-었-'이나 단속의 '-었었-'과 통합되면, '약속'의 의미
는 전혀 찾아볼 수 없고 '회상'의 의미로만 해석된다.

  (25) ㄱ. 나는 어릴 때 공부를 잘 <u>했</u>-**지**./<u>했었</u>-**지**.
       ㄴ. 너는 어릴 때 참 <u>예뻤</u>-**지**./<u>예뻤었</u>-**지**.
       ㄷ. 그분이 우리 담임선생님<u>이시었</u>-**지**.

(25)의 ㄱ에서는 임자말이 첫째가리킴이고 풀이말이 [행동성] 움직씨이지만 때매김의 '-었-'과 '-었었-'이 결합되어 있어, '-지'가 '회상'의 의미를 가진다. ㄴ은 임자말이 둘째가리킴이고 풀이말이 그림씨이며 때매김의 '-었-'과 '-었었-'이 결합되어 있고, ㄷ은 임자말이 셋째가리킴이고 풀이말이 잡음씨이며 때매김의 '-었-'과 '-었었-'이 결합되어 있어, '-지'가 각각 명제 내용에 대한 말할이의 '회상 서술' 의미로 해석된다.

또한 서술법의 '-지'가 임자말의 가리킴이나 풀이말의 풀이씨 종류에 관계없이 미확인의 '-겠-'과 통합되면 '추정 서술'의 의미를 나타내게 된다.

(26) ㄱ. 내가 다음 번엔 당선되겠-**지**.
ㄴ. 죽어도 여기서 죽을 수밖에 딴 방법이 없겠-**지**.
ㄷ. 누가 듣고 있는 건 아니겠-**지**.

(26)의 보기에서는 때매김의 '-겠-'이 통합되었는데, 앞의 가정과 마찬가지로 여기에서의 '-지'는 말할이의 명제 내용에 대한 '추정 서술'로 파악되었다. 이처럼 '-지'가 '추정'으로 파악되는 까닭은 앞에서 살핀 건너 따옴월에 포함될 때 '-지'가 '-겠다'로 바뀐 점으로 미루어 확인할 수 있다.

이 밖의 환경에서 쓰인 서술법의 '-지'에서는 '친근하거나 부드러운 서술'의 의미로 이해된다.

물음법의 '-지'는 '-지'가 마침씨끝으로 쓰인 물음월의 종류에 따라 의미가 다르다. 물음말이 있는 물음월에서는 '친근하거나 부드러운 물음'의 의미를 나타내며, 대답으로 '예-아니오'를 요구하는 물음월에서의 '-지'는 말할이가 추정한 것을 들을이에게 확인하는 '추정 확인 물음'의 의미를 나타낸다. (27)의 ㄱ과 ㄴ에서는 '누구', '무엇'이란 물음말이 있는 물음월이기 때문에 '-지'가 '친근하거나 부드러운 물음'의 의미를 나타내고, ㄷ과 ㄹ에서는 가부의 대답을 묻는 물음월이기 때문에 '-지'가 '추정 확인 물음'의 의미를 나타내어 위의 주장이 타당한 셈이다.

(27) ㄱ. 너는 <u>누구</u>를 좋아하-**지**?
　　 ㄴ. 저녁에는 <u>무엇</u>을 먹-**지**?
　　 ㄷ. 너는 순이를 사랑하-**지**?
　　 ㄹ. 저분이 김 선생님이시-**지**?

　꾀임법의 '-지'는 말할이가 들을이에게 명제 내용에 대하여 함께 하기를 부드럽게 제안하는 경우에 쓰이기 때문에 '부드러운 제의'의 의미 특성을 나타낸다.[23) 시킴법의 '-지'는 말할이가 들을이에게 명제 내용을 해 주기를 부드럽게 권하는 경우에 쓰이기 때문에 '부드러운 권유'의 의미 특성을 나타낸다. (28)의 ㄱ은 꾀임법의 보기이고, ㄴ은 시킴법의 보기로, 공통으로 '부드러움'의 의미 자질을 가진다.

(28) ㄱ. 우리 같이 산에 가-**지**.
　　 ㄴ. 나 좀 도와 주-**지**.

　위에서 살핀 바와 같이 마침씨끝 '-지'의 의미는 각 의향법에 따라 다르고 같은 의향법이라 하더라도 쓰임에 따라 다른 의미 특성을 나타내었다. 서술법의 '-지'는 쓰이는 환경에 따라 반말의 '약속', '회상 서술', '친근하거나 부드러운 서술'의 의미 특성을 가지며. 물음법의 '-지'는 물음월의 종류에 따라 반말의 '추정 확인 물음', '친근하거나 부드러운 물음'의 의미 특성을 가짐을 살폈다. 또한 꾀임법의 '-지'는 반말의 '부드러운 제의'의 의미 특성을 가지며, 시킴법의 '-지'는 반말의 '부드러운 권유'의 의미 특성을 가지기 때문에 공통적으로 '부드러운 안높임'의 의미 자질을 가진다.

　화용적인 측면에서 보면, 마침씨끝 '-어'는 상관적 장면에서 주로 쓰인다. 곧 말할이와 들을이가 이야기를 주고받는 대화에서 주로 쓰인다.

---

23) 꾀임법의 '-지'가 부드러운 느낌을 줌에 대하여는 조준학(외)(1981:173)에서 이미 밝힌 바 있다.

마침씨끝 '-어'가 입말에서 주로 쓰이기 때문에 실제 발화에서 마침씨끝이 '-어'인 월은 성분 생략이 많이 일어나고, 토씨가 자주 생략되는 현상이 일어나게 된다. 또한 '-어'는 들을이를 전제하지 않은 말할이의 혼잣말인 단독적인 장면에서 쓰이기도 한다. 예컨대 말할이 이외에 아무도 없는 상황에서 "아휴, 더워."란 발화를 할 때, 이 발화는 말할이의 혼잣말이므로 단독적 장면에 해당하는데, '-어'가 이와 같은 장면에서도 쓰임을 알 수 있다.

서술법의 '-어'는 표면적으로 부정월의 마침씨끝이지만 의미적으로는 긍정월의 마침씨끝으로 이해되는 일이 있다.

(29) ㄱ. 철수가 학교에 가지 않-어.(=잖-아)
　　　ㄴ. 저 여자가 얼굴이 예쁘지 않-어.(=잖-아)
　　　ㄷ. 저분이 교장선생님이시지 않-어.(=잖-아)

(29)는 표면적으로는 부정월의 형식을 취하고 있지만 의미적으로는 긍정월로 이해되기도 한다. (29)의 마침씨끝을 '-어' 이외의 다른 것으로 바꾸면 부정월로만 이해되는 경우가 있다. 예컨대 (29)의 마침씨끝 '-어'를 '-지'로 바꾸면, (30)과 같이 의미상으로도 부정월로만 해석된다.

(30) ㄱ. 철수가 학교에 가지 않-지.
　　　ㄴ. 저 여자가 얼굴이 예쁘지 않-지.
　　　ㄷ. 저분이 교장선생님이시지 않-지.

그렇다면 마침씨끝 '-어'는 (29)가 표면상 부정이지만 의미상 긍정으로 해석되는 데 영향을 주었다고 볼 수 있으므로 서술법의 '-어'는 표면상 부정월이지만 의미상으로 긍정월로 이해되는 월의 마침씨끝으로 쓰인다고 할 수 있다.

마침씨끝이 물음법의 '-어'인 월은 수사의문문(rhetorical question)으로 쓰이기도 한다.[24] 곧 표면상으로는 물음월의 형식을 취하지만 내면적으로는 강한 부정적 서술을 나타내는 보기들이 있다.

    (31) ㄱ. 어떻게 그렇게 할 수가 있-**어**?
         ㄴ. 누가 그런 말을 하-**여**?
         ㄷ. 어딜 가-**아**?

  (31)은 표면상으로는 물음월로 이해되지만 내면적으로는 강한 부정적 서술을 나타낸다.[25] 다시 말해서 (31)의 표현 행위(locutionary act)는 (32)의 수행력(force)으로 나타난다고 할 수 있다.

    (32) ㄱ. 그렇게 할 수는 없다.
         ㄴ. 아무도 그런 말을 하지 않았다.
         ㄷ. 아무 데도 못 간다.

  마침씨끝 '-지'의 화용론적 특성을 살피기로 한다. '-지'는 '-아'와 마찬가지로 말할이와 들을이가 이야기를 주고받는 대화에서, 곧 상관적 장면에서 주로 쓰인다. 이와 같이 '-지'도 대화에서 주로 쓰이기 때문에 실제 발화에서 마침씨끝이 '-지'인 월은 성분 생략과 토씨의 생략 현상이 많이 일어나기도 한다. 그러나 '-지'도 들을이를 전제하지 않은 말할이의 혼잣말인 단독적인 장면에서 쓰이기도 한다. 예컨대 말할이가 홀로 있는 상황에서 "아휴, 이렇게 덥지."란 발화를 하면, 이 때의 발화는 단독적인 장면에서 쓰이는 셈이다.

  또한 '-지'는 말할이와 들을이의 관계에서 말할이가 들을이에게 친근감을 가지고 대할 때나 부드럽게 대할 때 쓰이며, 말할이가 들을이를 높이고자 하는 의향이 없을 때 쓰이는 특성을 가진다.

---

24) 김승곤(1986:132)은 의문문과 같은 형식을 하고 있으면서 평서문과 같은 발화의 힘을 가지고 있는 구문을 수사의문문이라고 하였다. 이 글에서는 이와 같은 쓰임을 반어법에 해당되는 것으로 다루고자 한다.
25) (31)은 수사의문문만이 아니라 단순한 물음을 나타내기도 하여 중의성을 띠지만, 여기서는 수사의문문으로 쓰이는 것으로 보기를 들었다.

서술법의 '-지'는 (30)에서 밝힌 바와 같이 표면상의 부정월이 내면적으로는 긍정월로 해석되는 월의 마침씨끝으로는 쓰일 수 없다. 물음법의 '-지'도 반어법의 마침씨끝으로 쓰이는 일이 거의 없으며, 있더라도 '-어'는 강한 부정의 서술을 나타냄에 비하여 '-지'는 부정의 정도가 약화된다. 시킴법이나 꾀임법의 '-지'도 강한 명령이나 꾀임의 수행력을 가지지 못하는데, 그 까닭은 '-지' 자체가 '부드러운 반말'이라는 의미적 특성을 가지기 때문이다.

4.1.2 '-게', '-네', '-는가', '-나'

마침씨끝 '-게', '-네', '-는가', '-나'로 끝맺는 월은 들을이높임의 정도가 '반말'인 경우와 '예사낮춤'인 경우가 있음이 공통적 특성이기 때문에 이들 마침씨끝을 한 범주로 다루고자 한다. 반말의 '-게', '-네', '-는가', '-나'는 본래 예사낮춤의 마침씨끝들이었으나 반말이 확대되어 쓰이는 가운데 반말로 편입된 것들로써 아직 예사낮춤으로도 쓰이는 일이 있기 때문에 이들의 차이를 살펴 반말로 쓰이는 경우를 식별해 내기로 한다.

들을이높임의 정도에 따라 반말과 예사낮춤의 '-게', '-네', '-는가', '-나'를 구별해 낼 수 있는 방법을 강구하여 이들을 구별한 다음, 이 장에서의 연구 대상인 반말의 마침씨끝 '-게', '-네', '-는가', '-나'에 대하여 형태·통사적 특성과 의미·화용적 특성을 살피고, 이를 바탕으로 하여 각 마침씨끝의 특성이 드러나도록 비교하기로 한다.

4.1.2.1 반말의 '-게', '-네', '-는가', '-나'와 예사낮춤의 '-게', '-네', '-는가', '-나'의 식별 방법

반말과 예사낮춤의 '-게', '-네', '-는가', '-나'는 음성 형식이 동일할 뿐 아니라 어느 것은 의미에서도 별다른 차이가 없기 때문에 구별이 잘 안 되는 일이 있기도 하다.

먼저 반말의 '-게'와 예사낮춤의 '-게'를 구별할 수 있는 방법에 대하여 논의하기로 한다.

월에서 마침씨끝으로 쓰인 '-게'가 예사낮춤에 해당하는 경우 이를 식별해 내는 방법을 살펴보면, 예사낮춤의 대이름씨 '자네'와 자연스럽게 공기관계를 이루는 '-게'는 예사낮춤의 마침씨끝에 해당한다.[26) 또한 의미상 차이 없이 '-게'를 '-게나'로 자연스럽게 치환할 수 있고, 들을이높임 토씨 '요'가 통합될 수 없는, 통합되면 부적격한 월이 되는 경우의 '-게'는 예사낮춤의 마침씨끝에 해당한다.[27)

월에서 마침씨끝으로 쓰인 '-게'가 반말에 해당하는 경우 이를 식별해 내는 방법을 살펴보면, '-게'를 '-게나'로 치환할 수 없고, '요'가 통합되더라도 부적격한 월이 되는 '-게'는 반말의 마침씨끝에 해당한다.[28)

반말의 '-게'와 예사낮춤의 '-게'를 식별하는 규칙을 하나로 묶어 보면, '-게'를 '-게나'로 자연스럽게 치환할 수 있으면 예사낮춤의 '-게'가 되고, '-게' 다음에 '요'가 통합되어 자연스러운 월이 되면 반말의 '-게'가 된다는 규칙을 설정할 수 있다.[29)

---

26) '자네'와 자연스럽게 공기관계를 이루는 다음 보기의 '-게'는 예사낮춤의 마침씨끝에 해당한다.
ㄱ. (자네) 마음 내키는 대로 생각하-**게**.
ㄴ. 곁방아 찧지 말고 (자넨) 가만 있-**게**.

27) 마침씨끝 '-게나'는 예사낮춤의 '-게'와 들을이높임의 등분은 같으나 의미상 '-게'보다는 친근감이 있는데, 고영근(1974)은 '-게'를 명령법으로, '-게나'를 허락법으로 처리하여 각각 의향법을 달리 보았다. '-게나'에 대한 자세한 논의는 예사낮춤의 마침씨끝에서 하기로 한다.
다음 보기에서 '-게'는 '-게나'로 치환할 수 있으나 '요'가 통합될 수 없기 때문에 예사낮춤 마침씨끝에 해당한다.
ㄱ. 마음 내키는 대로 생각하-**게**(* 요)./생각하-**게나**(* 요).
ㄴ. 빨리 학교에 가-**게**(* 요)./가-**게나**(* 요).

28) 반말의 '-게' 다음에 '요'가 통합되면 들을이높임의 정도가 달라지므로 월 안의 들을이를 나타내는 낱말도 '요'의 높임 등분에 상응하게 바꾸어 주어야만 한다.

29) 반말의 '-게'와 예사낮춤의 '-게'는 각각 별개의 형태소로 설정된다. 그 까닭은 이들은 음성적 형태는 같으나 높임의 정도에서 차이가 나며, 용법과 의미상 서로 다르기 때문이다.

반말의 '-네'와 예사낮춤의 '-네'를 구별해 내는 방법에 대하여 논의하기로 한다. 반말의 '-네' 다음에는 '요'가 통합될 수 있지만 예사낮춤의 '-네' 다음에는 통합될 수 없기 때문에 '요' 통합에 의한 적격성 여부에 따라 반말의 '-네'와 예사낮춤의 '-네'는 식별 가능하다. 또한 의향법에서 보면 예사낮춤의 '-네'는 서술법으로만 쓰이는 데 비하여 반말의 '-네'는 서술법만이 아니라 물음법으로도 쓰이는 일이 있어, 의향법의 차이에 따라 이들을 식별할 수도 있다.[30] 그리고 예사낮춤의 '-네'는 '말할이가 들을이를 의식하고 들을이에게 예사낮춤으로 명제 내용을 서술'하는 의미가 파악되므로 상관적 장면에서 쓰임에 비하여, 반말의 '-네'는 '말할이가 들을이를 의식하지 않고 스스로의 생각이나 느낌을 서술'하는 의미로도 이해되어 단독적 장면에서 쓰일 수 있기 때문에 쓰이는 장면에 따라 이들을 식별해 낼 수 있다. 이와 같이 반말의 '-네'와 예사낮춤의 '-네'의 구별은 '요'의 통합 가능성 여부, 의향법의 차이, 쓰이는 장면의 차이 등에 따라 이루어진다.

반말의 '-는가'와 예사낮춤의 '-는가'는 용법과 의미에서 거의 비슷하기 때문에 쉽게 구별되지 않는다. 그러나 이들은 쓰임과 뜻에서 약간의 차이를 보이는 일이 있기 때문에 이 차이를 통해 식별이 가능해진다. 성기철(1975, 1985)에서 '-는가'가 반말인 경우 자신의 의혹(疑惑)을 강하게 나타내고 예사낮춤인 경우 의혹의 의미가 전혀 나타나지 않는다고 한 것처럼 '의혹'의 뜻이 있고 없음에 따라 식별이 가능해진다. 쓰임의 차이에 따라 이들을 구별해 보면, 반말의 '-는가'는 말할이의 혼잣말로, 단독적 장면에서 쓰일 수 있지만 예사낮춤의 '-는가'는 혼잣말로 쓰이지 못하고 항상 말할이가 들을이를 의식하고 들을이에게 어떤 반응을 얻기 위하여 질문하는 상관적 장면에서만 쓰이기 때문에 사용되는 장면의 차이로 이들을 구별할 수 있다. 또한 반말의 '-는가'는 반어법의

---

30) 곧 물음법의 마침씨끝 '-네'는 반말에 해당한다.

마침씨끝으로 쓰일 수 있지만 예사낮춤의 '-는가'는 반어법에 쓰일 수 없기 때문에 반어법의 가능성 여부에 따라 이들을 식별할 수 있다.[31] 그리고 임자말이 둘째가리킴인 경우에 반말의 '-는가'는 아주낮춤에 해당하는 임자말과 공기할 수 있지만, 예사낮춤의 '-는가'는 불가능하기 때문에 아주낮춤의 둘째가리킴 임자말과의 공기 가능성 여부에 따라 이들을 구별해 낼 수 있다.[32] 이와 같이 반말의 '-는가'와 예사낮춤의 '-는가'는 쓰이는 장면의 차이, 반어법의 가능성 여부, 둘째가리킴 임자말의 공기관계 등에 따라 구별될 수 있다.

반말의 '-나'와 예사낮춤의 '-나'를 구별하는 데 있어서는 반말의 마침씨끝을 식별해 내는 가장 중요한 기준이었던 '요'의 통합 가능성 여부에 의한 식별 방법이 명쾌하게 적용되지 않는다. 이들의 구별도 '-는가'에서와 같이 쓰임과 뜻의 차이에 따라 가능하다. 성기철(1975, 1985)이 반말의 '-나'는 의문의 형태이긴 하지만 말할이 자신의 의혹을 강하게 나타내는 데 비하여 예사낮춤의 '-나'는 의혹의 의미가 전혀 나타나지 않는다고 한 것처럼 '의혹'의 의미 자질 유무로 이들을 구별할 수 있다. 이들은 쓰임의 차이에 따라서도 구별이 가능하다. '-는가'에서와 같이 쓰이는 장면의 차이, 반어법의 가능성 여부, 둘째가리킴 임자말과의 공기관계 등의 차이에 따라 반말의 '-나'와 예사낮춤의 '-나'로 구별된다. 곧 반말의 '-나'는 말할이의 혼잣말로 쓰일 수 있으며, 반어법 월의 마침씨끝으

---

31) 다음 보기는 반어법으로 이해되기 때문에 '-는가'가 반말의 마침씨끝에 해당한다.
ㄱ. 사람이 어디 법 가지고 사-**는가**?
ㄴ. 결과야 예상할 수 있었던 것 아니-**ㄴ가**?
위 보기는 표면적으로는 긍정의 물음이지만 속뜻으로는 부정의 서술로 이해되는데, 내면적인 의미로 풀어쓰면 다음과 같다.
ㄱ. 사람이 법으로만 살 수는 없다.
ㄴ. 결과야 예상할 수 있었던 것이다.
32) 예컨대 '네놈들이'와 공기관계를 이루는 ㄱ의 '-는가'는 반말의 마침씨끝에 해당하며, 공기관계를 이루지 못하는 ㄴ의 '-는가'는 예사낮춤의 마침씨끝에 해당한다.
ㄱ. 네놈들이 어찌 나란 말이-**ㄴ가**?
ㄴ. * 네놈들이 지금 오-**는가**?

로 쓰여 말할이의 강한 '의혹'을 나타내고, 예사낮춤의 '-나'는 말할이의 혼잣말로 쓰일 수 없으며 반어법 월의 마침씨끝으로 쓰이지 않는다.

위에서 살핀 바와 같이 '-게', '-네', '-는가', '-나'는 뜻과 쓰임의 차이에 따라 반말의 '-게', '-네', '-는가', '-나'와 예사낮춤의 '-게', '-네', '-는가', '-나'로 구별되어 별개의 마침씨끝에 해당한다.

4.1.2.2 '-게', '-네', '-는가', '-나' 의 형태·통어적 특성

반말의 마침씨끝 '-게', '-네', '-는가', '-나'의 형태적 특성으로 풀이말의 형태론적 구조 안에서 다른 요소와 어떤 제약 관계에 놓이는가에 대하여 논의하기로 한다.

이들 마침씨끝과 통합관계를 이룰 수 있는 안맺음씨끝의 종류는 마침씨끝마다 차이를 보이기 때문에 마침씨끝별로 나누어 살피기로 한다.

반말의 '-게'는 물음법과 서술법에서 쓰이기 때문에 물음법의 '-게'와 서술법의 '-게'로 나뉘어 별개의 마침씨끝에 해당한다. 물음법의 '-게'와 통합관계를 이룰 수 있는 안맺음씨끝으로는 (33)에서와 같이 주체높임의 '-시-'와 때매김씨끝 가운데 '-었-'이 있으며, '-겠-'과 '-더'와는 통합이 불가능하다.

(33) ㄱ. 그렇다면 선생님만 손해를 보-**시게**?
　　 ㄴ. 나라를 위해 목숨을 바친 사람의 말로는 어떻게 되-**었게**?
　　 ㄷ. * 어머니도 모르신다면 큰일나-**겠게**?
　　 ㄹ. * 오빠 어디 가-**더게**?

이와 같이 '-게'가 '-겠-'과 '-더-'와 통합될 수 없는 까닭은 '-게'의 의미 특성 때문인 것 같다.

문맥이나 화맥이 전제된 상태에서만 마침씨끝으로 쓰이는 특성을 보이는 서술법의 '-게'는 화맥이 전제되는 쓰임에서는 안맺음씨끝 '-시-', '-었-', '-겠-', '-더-'와 통합관계를 이루지 않음이 원칙이다.

(34) ㄱ. (일 안 해?) 피곤해서 쉬-**게**.

　　ㄴ. *(일 안 했어?) 피곤해서 쉬-**었게**.

　　ㄷ. *(일 안 하겠어?) 피곤해서 쉬-**겠게**.

　　ㄹ. *(일 안 하데?) 피곤해서 쉬-**더게**.

　문맥이나 화맥이 전제되는 상황에서의 서술법 '-게'는 임자말이 첫째 가리킴에서만 쓰이기 때문에 '-시-'와 통합되지 않는다. 때매김씨끝과 통합되지 않는 까닭은 '-게'의 의미 특성 때문인 듯하다.

　반말의 '-네'도 물음법과 서술법 월의 마침씨끝으로 쓰이기 때문에 서술법의 '-네'와 물음법의 '-네'로 나뉘어 별개의 마침씨끝에 해당한다. 서술법의 '-네'와 통합관계를 이룰 수 있는 안맺음씨끝으로는 주체높임의 '-시-'가 가능하고 때매김씨끝 가운데 '-었-'과 '-겠-'은 통합 가능하지만 '-더-'는 불가능하다.[33]

(35) ㄱ. 김선생님이 아주 젊어 보이-**시네**.

　　ㄴ. 그것 참 잘 생기-**었네**.

　　ㄷ. 내 별꼴 다 보-**겠네**.

　　ㄹ. *아주 젊어 보이-**더네**.

　물음법의 '-네'도 안맺음씨끝과의 통합관계에서 서술법의 '-네'와 꼭 같은 제약을 보여 '-시-', '-었-', '-겠-'과는 통합 가능하지만 '-더-'는 불가능함을 다음 보기를 통하여 확인할 수 있다.

(36) ㄱ. 선생님이 안 보이-**시네**?

　　ㄴ. 철수가 학교에 가-**았네**?

---

33) 월의 임자말이 둘째가리킴이라서 월의 주체와 들을이가 동일인인데도 '-네'가 '-시-'와 통합되어 자연스러운 월이 되는 보기가 있다. 여기서는 월의 주체로서는 높이고 들을이로서는 안 높여 모순된 쓰임인 것 같으나, 내면적으로는 들을이를 의식하지 않은 말할이의 혼잣말에 해당되는 것으로 생각되어 오히려 들을이를 말할이 자신으로 보는 것이 타당하다. 만일 들을이를 의식하여 들을이에게 말할이 자신의 생각이나 느낌을 서술하였다면 '요'를 통합하여야 한다.

    ㄷ. 나는 오늘 쉬어도 되-**겠네**?

    ㄹ. * 철수가 학교에 가-**더네**?

반말의 '-는가'는 물음법의 마침씨끝만으로 쓰이며, 안맺음씨끝과의 통합관계에서 특별한 제약을 보이지 않는다. 곧 (37)에서와 같이 주체높임의 '-시-'는 물론이고 때매김의 '-었-', '-겠-', '-더-'가 모두 통합될 수 있다.

    (37) ㄱ. 선생님께서 왜 그러하-**시는가**?

        ㄴ. 저분은 왜 여기 오-**았는가**?

        ㄷ. 어디 이대로 살 수 있-**겠는가**?

        ㄹ. 내게도 그런 거추장스러운 게 있-**던가**?

반말의 '-는가'가 통합될 수 있는 '-겠-'은 '추정'의 의미일 때만 가능하고 '의도'의 의미일 때에는 불가능하다. 왜냐하면 '의도'의 '-겠-'은 물음법에서 임자말이 둘째가리킴일 때 가능하지만, '-는가'와 공기관계를 이루는 둘째가리킴 월은 들을이높임의 등분에 반말이 아니라 예사낮춤에 해당하기 때문이다.

반말의 '-나'는 '-는가'와 쓰임에서나 뜻에서 그리 차이가 나지 않는다. '-나'도 물음법의 마침씨끝으로만 쓰이지만, 안맺음씨끝과의 통합에서 약간의 차이를 보여 (38)에서와 같이 때매김의 씨끝 가운데 '-더-'와는 통합될 수 없는 제약을 보인다. 곧 반말의 '-는가'는 '-더-'와 통합관계를 이룰 수 있으나 반말의 '-나'는 불가능한데, 이 점이 바로 반말 '-는가'와 '-나'의 형태배합상의 차이점이다.

    (38) ㄱ. 저분이 왜 그러-**시나**?

        ㄴ. 아니 무슨 구경거리가 나-**았나**?

        ㄷ. 내 자식이 남만 못해서야 되-**겠나**?

        ㄹ. * 어떤 놈이 왕년에 반장 안 해 본 놈이 있-**더나**?

반말의 '-나'가 통합될 수 있는 '-겠-'은 '추정'의 의미일 때만 가능하고 '의도'의 의미일 때에는 불가능하다. 왜냐하면 '의도'의 '-겠-'은 물음법에서 임자말이 둘째가리킴일 때 가능하지만, '-나'와 공기관계를 이루는 둘째가리킴 월은 들을이높임의 등분이 반말이 아니라 예사낮춤에 해당하기 때문이다.

반말의 마침씨끝 '-게', '-네', '-는가', '-나'와 통합관계를 이룰 수 있는 풀이말 자리에 놓이는 풀이씨는 움직씨, 그림씨, 잡음씨로 모든 풀이씨 뿌리에 통합될 수 있어 제약은 없다.

이들 마침씨끝으로 끝맺는 월의 뒤에는 월의 끝에 놓이는 절종결이 마침씨끝마다 차이를 보이기 때문에 마침씨끝별로 살피기로 한다.

반말의 '-네' 다음에는 '내림'이나 '올림'의 절종결이 놓인다. (39)에서와 같이 '-네'가 서술법에 쓰이게 되면 '내림'의 절종결이 놓이고, 물음법에 쓰이게 되면 '올림'의 절종결이 놓인다. 물음법의 '-네'는 가부를 묻는 물음월의 마침씨끝으로만 쓰일 수 있을 뿐이고 물음말이 포함되어 있는 설명 물음월의 마침씨끝으로는 쓰일 수 없기 때문에 물음법의 '-네' 다음에는 항상 '올림'의 절종결이 놓이게 된다.[34]

(39) ㄱ. 그 친구 정신 나간 소리 하-**네**.(↘)
ㄴ. 그런 일은 빨리 잊어야 하겠-**네**?(↗)

반말의 '-는가' 뒤에는 항상 '올림'의 절종결이 놓이게 된다. 물음말이 있는 월이건 없는 월이건 관계없이 '올림'의 절종결이 놓이는 까닭은 반말의 '-는가'가 말할이의 의혹을 나타내는 물음법의 마침씨끝으로 말할이의 혼잣말이나 반어법의 월에서 쓰이기 때문이다. (40)의 ㄱ은

---

34) 물음법의 '-네'가 물음말이 있는 물음월에는 쓰일 수 없음은 다음 보기를 통하여 알 수 있다.
ㄱ. *너 **어디**에 가-**네**?
ㄴ. *그 사람이 **무엇**을 먹-**네**?
ㄷ. *너 **언제** 서울에 가-**네**?

물음말이 없는 판정 물음월로 '올림'의 절종결이 놓인 보기이고, ㄴ은
물음말이 있는 설명 물음월로 '올림'의 절종결이 놓인 보기이다.

    (40) ㄱ. 세상에 그럴 수가 있-**는가**?(↗)
        ㄴ. 이 사람이 **왜** 이리 성급하-**ㄴ가**?(↗)[35]

    반말의 '-나' 뒤에도 항상 '올림'의 절종결이 놓인다. 물음말의 있고
없음에 관계없이 '올림'의 절종결이 놓이는 까닭은 '-는가'에서와 마찬
가지로 반말의 '-나'가 말할이의 의혹을 나타내는 의미상의 특성 때문
이다.[36] (41)의 ㄱ은 물음말이 없는 판정 물음월의 보기이고, ㄴ은 물음
말이 있는 설명 물음월의 보기이다.

    (41) ㄱ. 세상에 이럴 수가 있-**나**?(↗)
        ㄴ. **노가** 이렇게 될 줄 알았-**나**?(↗)

    반말의 '-게'는 서술법과 물음법 월의 마침씨끝로 쓰인다. 서술법의
'-게' 다음에는 '내림'의 절종결이 놓이고 물음법의 '-게' 다음에는 물음
말의 있고 없음에 따라 '내림'과 '올림'의 절종결이 놓여 일반 물음월에
서와 동일하다.
    먼저 서술법의 '-게'에 관하여 살피기로 한다.

    (42) ㄱ. 내가 개돼지란 말이**야**? 여기 앉아서 밥만 처먹-**게**.
        ㄴ. 눈알에 콩꺼풀이 쓰였**나**? 눈앞에 두고도 못 찾-**게**.
        ㄷ. 여자가 노예**인가**? 무조건 복종하-**게**.

---

35) 보기 ㄴ에 '내림'의 절종결이 놓이게 되면 말할이의 혼잣말로 이해되지 않고 들을
    이에게 대답을 요구하는 예사낮춤의 월로 해석된다.
36) 곧 예사낮춤의 '-나' 다음에는 물음말이 있느냐 없느냐에 따라 '내림'이나 '올림'
    의 절종결이 놓임과 비교해 보면, 반말의 '-나'에 포함되어 있는 말할이의 의혹을
    묻는 의미 때문에 항상 '올림'의 절종결이 놓인다고 할 수 있다.

(42)는 월의 형식상 두 월로 이루어졌지만, 의미상에서 보면 두 월이 긴밀히 연결되어 있다. 의향법에서 보면 앞의 월은 물음월이고 뒤의 월은 서술월인데, 의미상 앞의 월은 뒤 월의 근거를 표시해 준다. 위 월들은 의미상 반어적 표현으로 해석되어 상대방의 지나친 말이나 행동을 중지시키거나 경계하는 뜻으로 이해된다. (42)에서 앞의 월과 뒤의 월의 순서를 바꾸어 한 월로 만들면, (43)과 같이 부자연스러운 것으로 보아 한 월이 도치되어 표면상 두 월로 된 것으로 볼 수는 없다.

> (43) ㄱ. * 여기 앉아서 밥만 처먹**게** 내가 개돼지란 말이**야**?
>   ㄴ. * 눈앞에 두고도 못 찾**게** 눈알에 콩꺼풀이 쓰였**나**?
>   ㄷ. * 무조건 복종하**게** 여자가 노**엔가**?

(43)을 통해 알 수 있는 바와 같이 (42)의 월들은 도치되어 한 월로 될 수는 없기 때문에[37] (42)의 ㄱ, ㄴ, ㄷ은 각각 두 월로 이루어져 있음이 확실하다.

(42)와 표면적인 모습은 비슷하지만 단지 앞의 월이 물음꼴이 아닌 점에서 차이를 보이는 보기들(44)이 있다. 이 보기에서 쓰인 '-게'와 (42)의 '-게'는 쓰임에서 어떻게 다른가 살피기로 한다.

> (44) ㄱ. 어서 후딱 두 밤 갔으면 좋겠**네**. 당신 정말 비행기 타나 보-**게**.
>   ㄴ. 이거 잘 **돼**. 고양이 안 먹-**게**.
>   ㄷ. 동지들 불러**와**. 다시 싸우러 가-**게**.
>   ㄹ. 가만있**어**. 나도 일을 좀 해 보-**게**.

---

37) (42)의 월의 도치되면 한 월이 될 수 없고, 그대로 두 월로 남게 된다.
　ㄱ. 여기 앉아서 밥만 처먹-**게**. 내가 개돼지란 말이**야**?
　ㄴ. 눈앞에 두고도 못 찾-**게**. 눈알에 콩꺼풀이 쓰였**나**?
　ㄷ. 무조건 복종하-**게**. 여자가 노**엔가**?
　위와 같이 도치되더라도 두 월로 그대로 남게 됨은 '-게' 다음에 쉼[休止]이 놓이며, '-게' 다음에 월의 끝에 놓이는 절종결인 '내림'이 놓임으로 보아 알 수 있다. 만일 도치되어 한 월이 된다면 '-게' 다음에 쉼이 놓이지 않고, '내림'이 아니라 '끌음(→)'의 절종결이 놓이게 될 것이다.

위 보기에서 의미상 뒤의 월은 앞 월의 '이유'가 되는데, (42)의 보기와는 달리 (44)는 표면상으로는 두 월이지만 내면적으로는 한 월로 해석된다. 곧 한 월의 딸림마디가 뒤로 자리바꿈하여 표면적으로는 두 월의 형태로 나타난 것으로 보는 것이 타당하다. 다시 말해서 뒤의 월은 앞 월의 일부로써 어찌마디[副詞節]이었던 것이 뒤로 자리를 옮겨 표면상 두 월의 형태로 나타났다고 하겠다. (44)를 자리바꿈하기 전으로 돌이키면 (45)가 된다. 이렇게 되면 (44)와 (45)는 의미상 그리 큰 차이를 보이지 않게 된다.

> (45) ㄱ. 당신 정말 비행기 타나 보**게**, 어서 후딱 두 밤 갔으면 좋겠**네**.
> ㄴ. 고양이 안 먹**게**, 이거 잘 **둬**.
> ㄷ. 다시 싸우러 가**게**, 동지들 불러**와**.
> ㄹ. 나도 일을 좀 해 보**게**, 가만있**어**.

(45)가 자리바꿈을 하여 (44)가 되었다면 (45)의 '-게'는 마침씨끝이 아니라 자격씨끝이 된다.[38] 그렇다면 (44)의 '-게'는 표면상 마침씨끝처럼 쓰였기 때문에 (42)의 반말 마침씨끝 '-게'와 구별하여 유사 마침씨끝이라 할 수 있다. 유사 마침씨끝은 마침씨끝에 해당하는 것이 아니라 표면적으로 마침씨끝 자리에 놓여 있는 씨끝을 가리킨다. (44)의 '-게'가 유사 마침씨끝이란 사실은 다음 보기를 통하여 분명히 밝혀진다.

> (46) ㄱ. 이것 좀 잡수**십시오**. 속 시원하-**게**.
> ㄴ. 부디 읍에 가거든 고기 좀 사 오**십시오**. 아이들한테 주-**게**.
> ㄷ. 이리 좀 모셔 오**십시오**. 돈 얼마나 썼나 따져 보-**게**.

(46)의 보기들이 두 월이라면, 두 월 사이의 들을이높임의 등분에 있어서 호응관계가 맞지 않는다. 곧 앞 월에서는 들을이를 아주 높이고,

---

38) (45)에서의 '-게'는 풀이씨 뿌리에 통합되어 어찌말처럼 쓰이게 하므로 자격씨끝에 해당한다.

뒤 월에서는 들을이를 안 높인 셈이 된다. 반말이 예사낮춤이나 아주낮춤의 월과는 호응관계를 이루는 일이 있지만 아주높임의 월과 호응하는 일은 일반적이지 못하다.[39] 더군다나 동일한 들을이에게 연달아 발화하는 월에서는 높임의 호응관계가 맞지 않으면 자연스러운 월이 되지 못하지만, (46)의 보기들이 자연스러운 것으로 보아 (44)의 보기는 한 월의 딸림마디가 뒤로 자리바꿈 하여 표면상 두 월의 형태로 되었음을 뒷받침해 준다. 또한 자리바꿈 전의 월로 되돌리더라도 아주 자연스러운 월이 되며, 의미에서도 자리바꿈 전과 후의 의미가 그리 큰 차이가 없는 것으로 보아 (44)나 (46)의 보기들은 하나의 월 안에서 딸림마디가 자리바꿈을 하여 두 월의 형태로 나타났음이 확실하다. (46)을 자리바꿈 이전의 월로 되돌리면 (47)이 되는데, (46)과 (47)은 의미에서 별다른 차이가 없음을 알 수 있다.

(47) ㄱ. 속 시원하**게**, 이것 좀 잡수**십시오**.
 ㄴ. 아이들한테 주**게**, 부디 읍에 가거든 고기 좀 사 오**십시오**.
 ㄷ. 돈 얼마나 썼나 따져 보**게**, 이리 좀 모셔 오**십시오**.

위와 같이 표면적으로 두 월로써, 뒤의 월이 마침씨끝 '-게'와 같은 형태를 취하고 있지만, 한 월 안의 딸림마디가 뒤로 자리를 옮긴 것으로 이해되는 경우의 '-게'를 본래적인 마침씨끝으로 다루는 것보다는 원래 자격씨끝이 임시로 표면상 마침씨끝의 형태를 취한 것으로 보아야 함을 살폈다. 그러므로 이 장에서 다루고자 하는 서술법 마침씨끝의 '-게'는 (44)의 '-게'가 아니라 (42)의 '-게'가 해당된다.

물음월의 마침씨끝 '-게'는 물음월의 종류에 따라 달라, 판정 물음월

---

39) 반말과 아주높임의 호응관계에 대하여 성기철(1975:185)은 경우에 따라 많이 쓰이기는 하나 일반적인 것은 아니라고 하였다. 그러나 반말이 아주높임과 호응할 때는 반말이 말할이의 혼잣말로 쓰이는 경우에, 곧 들을이에 대한 의식이 아주 적거나 없을 때에 국한한다.

에서는 말할이가 예기적 상황을 통해 추정한 것을 들을이에게 확인할 때 쓰이고, 설명 물음월에서는 들을이에 대한 인지(認知) 여부 확인이나 반어적 의미를 나타낼 때 쓰인다.

반말의 '-게', '-네', '-는가', '-나'와 공기관계를 이룰 수 있는 임자말은 가리킴에서 제약이 각각 다르게 나타난다. '-네'는 서술법과 물음법에서 첫째가리킴, 둘째가리킴, 셋째가리킴 임자말과 모두 공기관계를 이룰 수 있어 임자말의 가리킴 제약은 없다.[40] 그러나 '-는가'와 '-나'는 주로 첫째가리킴과 셋째가리킴 임자말과 공기관계를 이루지만, 둘째가리킴 임자말과 공기하는 '-는가'와 '-나'는 반말이 아니라 예사낮춤의 마침씨끝으로 이해된다. 곧 임자말이 둘째가리킴인 (48)에서의 '-는가'와 '-나'는 예사낮춤 마침씨끝에 해당한다.

(48) ㄱ. **자네**가 저분을 아-**는가**?
　　　ㄴ. **자네**가 이 짐을 지겠-**나**?

'-게'는 의향법에 따라, 용법에 따라 임자말의 가리킴 제약이 다양하게 나타난다. 서술법의 '-게'는 (49)에서와 같이 첫째가리킴의 임자말과만 공기되는 제약을 가진다.

(49) ㄱ. 피곤해서 (**내가**) 좀 쉬-**게**.
　　　ㄴ. * 피곤해서 (**네가**) 좀 쉬-**게**.
　　　ㄷ. * 피곤해서 (**그 사람이**) 좀 쉬-**게**.

그러나 앞에 물음월이 놓이는 경우에는 (50)에서와 같이 첫째가리킴 임자말만이 아니라 둘째가리킴, 셋째가리킴 임자말까지 공기관계를 이룰 수 있어 임자말의 가리킴 제약은 사라진다.

---

40) 마침씨끝이 '-네'인 월에서 임자말이 둘째가리킴일 때, '자네'나 부름말로 '여보게', '영철이', '이 사람', '여보게 덕보' 따위의 예사낮춤에 해당하는 어휘들이 쓰이면 일반적으로 예사낮춤의 마침씨끝에 해당한다.

(50)[41] ㄱ. <u>내가 개돼지란 말이야?</u> **(내가)** 여기 앉아서 밥만 처먹-**게**.

　　　　 ㄴ. <u>눈알에 콩꺼풀이 쓰였나?</u> **(네가)** 눈앞에 두고도 못 찾**게**.

　　　　 ㄷ. <u>여자가 노예인가?</u> **(여자가)** 무조건 복종하-**게**.

　물음법의 '-게'가 '말할이의 추정 확인'의 용법으로 쓰이는 경우에는 둘째가리킴 임자말과만 공기관계를 이룰 수 있다. 이는 말할이가 들을 이의 행위에 대하여 추정한 것을 확인하기 위한 질문이기 때문에 (51) 과 같이 임자말은 항상 들을이를 가리키는 둘째가리킴이어야 한다.

(51) ㄱ. * <u>내가</u> 도로 가지고 가-**게**?

　　　 ㄴ. <u>네가</u> 도로 가지고 가-**게**?

　　　 ㄷ. * <u>그분이</u> 도로 가지고 가-**게**?

　'-게'가 물음법의 마침씨끝이더라도 들을이에 대한 인지(認知) 여부 확인이나 반어법으로 쓰이는 경우에는 첫째가리킴, 둘째가리킴, 셋째가 리킴의 임자말이 모두 공기관계를 이룰 수 있어 제약은 없다. 보기 (52) 는 들을이에 대한 인지 여부 확인의 물음월이고, (53)은 반어적 질문의 물음월이기 때문에 임자말의 가리킴 제약이 없음을 알 수 있다.

(52) ㄱ. <u>내가</u> 누구이-**게**?

　　　 ㄴ. <u>네가</u> 나한테 어제 뭘 잘못했-**게**?

　　　 ㄷ. <u>저분이</u> 어디 가-**게**?

(53) ㄱ. <u>내가</u> 너한테 뭘 잘못했-**게**?[내가 너한테 잘못하지 않았다.][42]

　　　 ㄴ. <u>네가</u> 나한테 뭘 잘못했-**게**?[네가 나한테 잘못하지 않았다.]

　　　 ㄷ. <u>저분이</u> 너한테 뭘 잘못했-**게**?[저분이 너한테 잘못하지 않았다.]

---

41) 문맥으로 보아 (50)의 ㄱ에서 마침씨끝이 '-게'인 월의 임자말이 첫째가리킴으로, ㄴ에서는 둘째가리킴으로, ㄷ에서는 셋째가리킴으로 추정된다.

42) [　]안의 내용은 반어법 월의 속뜻을 표시함.

이와 같이 마침씨끝 '-게'는 임자말의 가리킴 제약이 의향법의 종류에 따라, 의미적 특성에 따라 다양하게 나타남을 밝혔다.

마침씨끝이 반말의 '-게', '-네', '-는가', '-나'인 월이 건너 따옴월로 포함될 때, 마침씨끝마다 어떤 형태로 중화되는가에 대하여 살피기로 한다. 이 중화형태에 따라 어떤 의향법에 해당하는가가 분명히 밝혀진다.

반말의 '-게'는 쓰임에 따라 중화형태가 다르기 때문에 용법별로 나누어 살펴야 한다. 서술법의 '-게'는 건너 따옴월에 포함될 때 (54)와 같이 '-겠다'로 중화되기 때문에 '-게'는 서술법의 마침씨끝임이 확실하고, 의미적으로 미확인의 '-겠-'의 의미가 포함되어 있는 것으로 보아야 한다. 그렇기 때문에 서술법의 '-게'는 '-겠-'과 통합관계를 이루지 못하며, 때어찌말과의 공기관계에서도 미래지향적인 현재나 미래의 때어찌말과만 공기관계를 이룬다.

(54) ㄱ. 갑 : 그거 왜 그래?
    을 : (더러워서) 갖다 버리-**게**.
    갑 : 뭐라고?
    을 : (더러워서) 갖다 버리**겠다**고.
  ㄴ. 갑 : 그 자전거 왜 끌고 가?
    을 : (고장나서) 고치-**게**.
    갑 : 뭐라고?
    을 : (고장나서) 고치**겠다**고.

물음법의 '-게'는 앞에서 살핀 바와 같이 3가지 용법으로 나뉘는데, 먼저 '말할이의 추정 확인'의 '-게'가 마침씨끝인 월을 반복형으로 나타내면, (55)와 같이 '-게'는 중화형 '-겠느냐'로 바뀐다. 그렇기 때문에 이 쓰임의 '-게'에도 미확인 '-겠-'의 의미가 포함되어 있으며, 의향법으로는 물음법에 해당함이 증명된다.

(55) ㄱ. 갑 : 도로 가지고 가-**게**?

　　　　을 : 뭐라고?
　　　　갑 : 도로 가지고 가**겠느냐**고?
　　ㄴ. 갑 : 벌써 가-**게**?
　　　　을 : 뭐라고?
　　　　갑 : 벌써 가**겠느냐**고?

　‘들을이의 인지 여부 확인’(56-ㄱ)이나 ‘반어적 쓰임’(56-ㄴ)의 ‘-게’가
마침씨끝인 월을 반복형으로 나타내면, 이 때의 ‘-게’는 (56)과 같이 ‘-느
냐’로 중화된다. 이 용법의 ‘-게’에는 ‘말할이의 추정 확인’의 ‘-게’에서
와 달리 ‘-겠-’의 의미가 포함되어 있지 않아 차이를 보인다.

　(56) ㄱ. 갑 : 이분이 누구-**게**?
　　　　　을 : 뭐라고?
　　　　　갑 : 이분이 누구**냐**고?
　　　ㄴ. 갑 : 내가 너한테 뭘 잘못했-**게**?[내가 너한테 잘못하지 않았다.]
　　　　　을 : 뭐라고?
　　　　　갑 : 내가 너한테 뭘 잘못했**느냐**고?

　위에서 살핀 바와 같이 ‘-게’는 의향법에 따라, 쓰임에 따라 중화형태
‘-겠다’, ‘-겠느냐’, ‘-느냐’로 실현됨이 드러났다.
　반말의 ‘-네’가 마침씨끝인 월이 건너 따옴월로 포함될 때, ‘-네’는
서술법의 경우에는 ‘-는다’로 중화되며, 물음법인 경우에는 ‘-느냐’로
중화됨을 (57)을 통하여 알 수 있다.

　(57) ㄱ. 갑→을 : 남의 돈을 가지고 자선사업은 혼자 하-**네**.
　　　　　을→병 : (갑이 나에게) 남의 돈을 가지고 자선사업은 혼자 **한
　　　　　　　　　다**고 한다.
　　　ㄴ. 갑→을 : 봉급도 두 배쯤 오르겠-**네**?
　　　　　을→병 : (갑이 나에게) 봉급도 두 배쯤 오르겠**느냐**고 한다.

　마침씨끝이 반말의 ‘-는가’와 ‘-나’인 월이 건너 따옴월로 포함될 때

'-는가'와 '-나'는 중화형태 '-느냐'로 바뀌게 된다. 그렇게 되면 중화 전과 중화 후에 의미와 쓰임에서 차이를 보이게 된다. 곧 반말의'-는가' 와 '-나'는 들을이를 전제하지 않은 말할이의 혼잣말이나 반어법의 의미와 쓰임이 파악되었는데, 건너 따옴월로 포함되어 '-느냐'로 바뀌게 되면, 이와 같은 의미는 약화 내지는 소멸되고 만다.

(58) ㄱ. 갑→을 : 결과야 예상할 수 있었던 것 아니-<u>ㄴ가</u>?
　　　을→병 : (갑이 나에게) 결과야 예상할 수 있었던 것 아니<u>냐</u>고
　　　　　　　한다.
　　ㄴ. 갑→을 : 누가 경희를 노리갯감이라고 했-<u>나</u>?
　　　을→병 : (갑이 나에게) 누가 경희를 노리갯감이라고 했<u>느냐</u>고
　　　　　　　한다.

지금까지 반말의 마침씨끝 '-게', '-네', '-는가', '-나'는 각기 독특한 형태·통어적 특성과 아울러 공통적인 특성을 가지고 있음을 살펴보았다.

4.1.2.3　'-게', '-네', '-는가', '-나'의 의미·화용적 특성

반말의 마침씨끝 '-게', '-네', '-는가', '-나'는 각각 독특한 의미·화용적 특성을 가지고 있기 때문에 이들의 의미·화용적 특성에 대하여 마침씨끝별로 살피기로 한다.

앞에서 논의한 반말의 마침씨끝 '-게'의 형태·통어적 특성을 바탕으로 하여 '-게'의 의미를 설정하기로 한다. '-게'의 용법은 의향법에 따라 서술법의 '-게'는 2가지로, 물음법의 '-게'는 3가지로 나뉨을 살펴보았다. 곧 서술법의 '-게'는 '반어법'과 '말할이 자신의 행위 이유 설명'의 용법으로 쓰이며, 물음법의 '-게'는 '말할이의 추정 확인 질문', '들을이에 대한 인지 여부 확인 질문', '반어법'의 용법으로 쓰인다. 각 용법의 '-게'는 쓰임에서만 다른 것이 아니라 의미에서도 차이가 나기 때문에 각 용법으로 쓰인 '-게'의 의미적 특성을 밝혀야 한다.

먼저 서술법 '-게'의 의미에 관하여 살펴보면, 반어법으로 쓰이는 '-게'는 '들을이의 지나친 말이나 행동을 반말로 중지시키거나 경계'하는 의미로 파악되며, 말할이 자신의 행위 이유 설명의 '-게'는 '말할이 자신의 행위 이유를 들을이에게 반말로 설명'하는 의미로 파악된다.

다음은 물음법 '-게'의 의미에 관하여 살펴보면, 추정 확인 질문의 '-게'는 '말할이가 예기적 상황을 통해 추정한 것을 들을이에게 확인코자 반말로 질문'하는 의미로 파악되며, 들을이에 대한 인지 여부 확인의 '-게'는 '말할이가 명제 내용을 몰라서 들을이에게 묻는 것이 아니라, 말할이가 명제 내용을 알면서 들을이가 이를 제대로 알고 있는가를 확인하기 위하여 반말로 물음(시험 질문)'의 의미가 파악되고, 반어법의 '-게'는 '말할이가 표현하고자 하는 내용을 들을이에게 표면상 반어적으로 반말로 물음'이란 의미가 파악된다.

이와 같이 반말의 '-게'는 쓰임에 따라 다양한 의미적 특성을 가지고 있는데, 이들의 의미는 하나의 기본적 의미로 묶일 수 있다. 물음법에서의 '추정 확인 질문'과 '인지 여부 확인 질문'은 '확인 질문'으로 묶을 수 있으며, 서술법에서의 '말할이 자신의 행위 이유를 들을이에게 설명'의 의미도 말할이의 행위 이유를 들을이에게 확인하는 것이기 때문에 물음법에서의 '확인 질문'과 함께 '확인'으로 묶을 수 있다. 그러므로 반말의 마침씨끝 '-게'의 기본적 의미는 '반말의 확인'이라 하겠다.

반말의 '-네'가 마침씨끝으로 쓰인 월을 통하여 의미적 특성을 살피면, (59)에서는 '명제 내용에 대한 말할이의 생각이나 느낌을 들을이에게 반말로 확인 서술'하는 의미적 특성을 찾아낼 수 있다.

(59) ㄱ. 그것 참 잘 생각했-**네**.
　　 ㄴ. 어머, 정말 비가 오-**네**.
　　 ㄷ. 어머, 별 사람 다 보겠-**네**.

(60)에서는 '-네'의 의미로 '말할이가 스스로의 생각이나 느낌을 확인

하여 반말로 서술'함을 찾아낼 수 있다.

    (60) ㄱ. 더러운 짓은 고루고루 찾아서 하-**네**.
        ㄴ. 참 우스운 일도 다 있-**네**.
        ㄷ. 나도 그런 데나 들어갔으면 좋겠-**네**.

  (59)는 말할이가 들을이에게 발화하는 보기이고, (60)은 말할이의 혼잣말의 보기이다. (59)와 (60)의 마침씨끝으로 쓰인 '-네'의 의미를 하나로 통합하면 '말할이가 들을이에게(혹은 말할이가 스스로에게) 자신의 생각이나 느낌을 반말로 확인 서술'이란 의미로 이해된다.

  물음월의 마침씨끝으로 쓰인 '-네'는 '명제 내용에 대한 말할이 자신의 생각에 대하여 들을이에게 반말로 동의를 구하는 물음'이란 의미적 특성을 가진다. 그렇기 때문에 질문에 대한 대답으로서도 말할이의 질문에 대한 동의의 표현으로 실현된다. 반말의 '-네'가 마침씨끝인 물음월에 대하여 가능한 대답을 추정해 보면 (61)과 같다.

    (61) ㄱ. 갑 : 그러면 봉급도 두 배쯤 오르겠-**네**?
          을 : **물론이지**.
        ㄴ. 갑 : 그렇다면 그분이 교장 선생님이-**네**?
          을 : **그럼**.
        ㄷ. 갑 : 그럼 내일 회사에 안 나가도 되겠-**네**?
          을 : **당연하지**.

  (61)의 질문-응답의 내용으로 보아 물음법의 마침씨끝 '-네'의 의미는 '명제 내용에 대한 말할이 자신의 생각에 대하여 들을이에게 반말로 동의를 구하는 물음'임이 분명하다.

  이처럼 반말의 '-네'는 서술법과 물음법에서 차이를 보이지만, 이들의 의미를 하나로 묶으면, 서술법의 '-네'도 명제 내용에 대한 말할이의 깨달음이 전제되고, 물음법의 '-네'도 그렇기 때문에 '-네'의 공통적 의

미 특성은 '반말의 깨달음'이 된다.[43)]

반말의 '-는가'는 예사낮춤의 '-는가'와 달리 '의혹'의 의미가 파악되므로 말미암아 반말 '-는가'의 기본적 의미 특성으로 '명제 내용에 대한 말할이 자신의 의혹을 반말로 물음'으로 규정할 수 있다.[44)]

> (62) ㄱ. 저 사람이 혹시 간첩이 아니-**ㄴ가**?
> ㄴ. 사람이 어디 법 가지고 사-**는가**?
> ㄷ. 내 말을 못 믿겠다는 뜻이-**ㄴ가**?

(62)에서 ㄱ은 '저 사람이 간첩일지 모른다'는 말할이의 '의혹'의 의미가 포함되어 있고, ㄴ은 '사람은 법으로 살 수 있다'는 데 대한 말할이의 강한 부정의 '의혹'의 의미가 파악되며, ㄷ은 '내 말은 못 믿겠다는 뜻일지 모르겠다'는 말할이의 '의혹'의 의미가 파악됨으로 보아 반말 '-는가'의 기본적 의미는 '말할이가 명제 내용에 대한 자신의 의혹을 반말로 물음'임을 알 수 있다.

반말의 '-는가'와 '-나'는 약간의 형태배합상의 제약에서 차이를 보일 뿐 통사적 특성과 의미·화용적 특성에서 별다른 차이가 나지 않는다. '-나'가 마침씨끝으로 쓰인 월을 통하여 의미 특성을 추출할 수 있다.

> (63) ㄱ. 내가 문을 잠그었-**나**?
> ㄴ. 그분이 지금쯤 도착했겠-**나**?
> ㄷ. 세상에 저런 악질도 다 있-**나**?

위 보기에서 ㄱ은 말할이 자신이 '문을 잠그었는지 잠그지 않았는지'

---

43) 서술법의 '-네'는 '말할이가 자신의 생각이나 느낌을 들을이에게 확인 서술함'에서 말할이 자신의 '깨달음'의 의미를 추출할 수 있고, 물음법의 '-네'는 '말할이 자신의 생각에 대하여 들을이에게 동의를 구함'에서 말할이의 '깨달음'의 의미를 추출할 수 있다.

44) 허웅(1995:663)에서는 '-는가'에 대하여 "말할이 자신의 안으로 향한, 자기 자신에 대한 물음(회의)의 뜻을 나타내는 경우가 많다."라고 하였다.

에 대한 의혹을 들을이를 의식하지 않고 스스로에게 묻는 의미로 이해
된다. ㄴ은 '그분이 지금쯤 도착했겠는지 안 했겠는지'에 대한 자신의
의혹을 스스로에게 묻는 의미로 파악된다. ㄷ은 '세상에 저런 악질은
없을 것이다'란 말할이의 강한 의혹을 물음의 형식으로 표현하는 의미
로 이해된다. 이로 보아 '-나'는 '명제 내용에 대한 말할이 자신의 의혹
을 반말로 물음'의 의미적 특성을 가진다.

　위에서 살핀 바와 같이 반말의 '-는가'와 '-나'는 의미상 그리 큰 차
이가 없다. 또한 형태·통어적 특성에서도 '-는가'는 '-더-'와 통합될 수
있으나 '-나'는 '-더-'와 통합될 수 없다는 점을 제외하고는 차이가 없
다. 그뿐 아니라 동일한 환경에서 '-는가'와 '-나'가 서로 대치되더라도
말본적으로나 의미적으로 그리 큰 차이가 없다. 그렇기 때문에 '-는가'
와 '-나는 동의적 관계에 놓이는 마침씨끝에 해당한다.

　반말 '-게'의 화용론적 특성을 살피면, '-게'가 마침씨끝으로 쓰인 월
이 사용되는 장면은 항상 말할이와 들을이가 이야기를 주고받는 상관
적 장면에서 쓰이지 들을이를 전제하지 않은, 말할이의 혼잣말인 단독
적인 장면에서는 쓰이지 않는다.

　서술법의 '-게' 가운데 반어적 용법으로 쓰이는 '-게'는 수행력에서
표면상의 의미와 반대적인 내용을 강하게 나타내며, 말할이 자신의 행
위 이유 설명의 '-게'가 마침씨끝인 월 앞에는 그 월의 이유를 나타내
는 딸림마디가 놓여야 하는 제약이 있다.

　반말의 '-게'가 마침씨끝으로 쓰인 물음월의 화용적 특성은 아래 보
기를 통해 살피기로 한다.

  (64) ㄱ. 도로 가지고 가-**게**?
    ㄴ. 왜 벌써 가-**게**?
    ㄷ. 일을 좀 해 보-**게**?

　(64)의 공통점은 대답으로 '예-아니요'를 필요로 하는 판정 물음월이

란 점이다. 이와 같은 물음월은 말할이가 들을이의 긍정적인 대답을 미리 예기하는 상황에서 사용되는데, (64)가 이런 용법으로 쓰이는 것은 바로 마침씨끝 '-게' 때문이다. 위 보기의 ㄱ이 쓰이게 된 장면을 설정해 보면, 들을이가 가방 속에서 물건을 꺼내 놓으려고 하다가 도로 가방에 넣으려고 하는 상황에서 ㄱ의 질문이 나올 수 있다. 곧 들을이가 도로 가지고 갈 것이라고 말할이에 의해 추정될 때, 이를 확인하기 위하여 반말의 '-게'를 물음법의 마침씨끝으로 사용하게 된다. ㄴ이 쓰이게 된 장면을 설정해 보면, 들을이가 짐을 챙기는 상황을 본 말할이가 들을이가 갈 것이라고 추정하고, 이를 확인하기 위한 질문을 할 때, 반말의 '-게'를 마침씨끝으로 사용하게 된다. ㄷ이 쓰이게 된 장면을 설정해 보면, 들을이가 작업복 차림으로 공장에 왔을 때, 이를 본 감독이 들을이가 작업장에 일하러 왔을 것이라고 추정하고, 이를 확인하기 위해 묻는 경우에 반말 '-게'가 쓰인다. 이와 같이 대답으로 '예-아니요'를 요구하는 물음월의 반말 마침씨끝 '-게'는 말할이가 예기적 상황을 통해 추정한 것을 들을이에게 확인할 때 쓰임을 알 수 있다.

    (65) ㄱ. 이분이 **누구**이-**게**?
         ㄴ. 그분이 **언제** 돌아오-**게**?
         ㄷ. 이게 **무엇**이-**게**?
         ㄹ. **왜** 그분이 여기 왔-**게**?
         ㅁ. **어디**서 그분을 만났-**게**?

    (65)의 공통점은 '누가', '언제', '무엇', '왜', '어디' 등 물음말이 포함된 설명 물음월이란 점이다. 이와 같은 물음월에서의 '-게'는 말할이가 묻고자 하는 내용을 몰라서 들을이에게 묻는 것이 아니라, 말할이가 그 내용을 알면서 들을이가 그 내용을 제대로 알고 있는가를 확인하기 위하여 질문을 할 때 쓰인다.

    (66) ㄱ. 당신을 데려가서 **뭘** 하-**게**?
         ㄴ. 내가 너한테 **뭘** 잘못했-**게**?
         ㄷ. 밤에 잠만 자다가 **어떻게** 되-**게**?

　(66)에는 (65)와 마찬가지로 물음을 나타내는 낱말이 포함되어 있지만 (65)와는 의미에서 차이가 있다. 곧 (66)은 (65)와 달리 반어적 의미로 해석된다. (66)의 ㄱ은 '당신을 데려가 보아야 아무 소용이 없다'는 속뜻을 반어법으로 표현한 것이며, ㄴ은 '내가 너한테 잘못한 것이 아무 것도 없다'는 속뜻을 반어법으로 표현한 것이다. 마찬가지로 ㄷ도 '밤에 잠만 자서는 아무 것도 안 된다'는 속뜻을 반어법으로 표현한 것이다.

　이처럼 반말의 '-게'가 물음법의 마침씨끝으로 쓰이면, 들을이에 대한 인지(認知) 여부 확인이나 반어적 의미를 나타내는 용법으로 쓰인다.

    (67) ㄱ. 그렇게 쉽게 통일이 되**면** 걱정이 없-**게**?
         ㄴ. 여기 있으**면** 우리만 손해를 보-**게**?
         ㄷ. 세상에 그렇게 자연스럽기만 했으**면** 문제가 없-**게**?

　(67)은 딸림마디가 조건을 나타내는데, 그렇게 되면 물음말이 없더라도 으뜸마디의 마침씨끝으로 쓰인 '-게'는 반어적 용법을 나타내게 된다.

　마침씨끝이 반말의 '-게'인 월과 호응관계를 이루는 월을 보면 대체로 들을이높임의 등분이 반말인 월이고, 예사낮춤이나 아주낮춤의 월과도 자연스러운 호응관계를 이루는 일이 있기도 하다. 이로 미루어 보아 '-게'의 들을이높임의 정도는 [안높임]임을 알 수 있다.

　반말 '-네'는 말할이와 들을이가 대화를 나누는 상관적 장면에서 쓰일 수 있을 뿐 아니라 들을이를 전제하지 않은, 말할이의 혼잣말인 단독적 장면에서도 쓰일 수 있어 장면 제약은 없다. 말할이 자신의 혼잣말로 이해될 경우는 서술법의 '-네'로, '스스로 혼자의 생각이나 느낌을 확인 서술'하게 되는데, 이 때의 '-네' 다음에 들을이높임의 '요'가 통합되면 말할이의 혼잣말이 아니라 들을이를 의식하여 들을이에게 자신의 생각을 서술하는 의미로 바뀌게 되어 상관적 장면에서만 쓰이게 된다.

예사낮춤의 '-네'는 물음법의 마침씨끝으로 쓰일 수 없기 때문에 반말의 '-네'가 물음법의 마침씨끝으로 쓰일 수 있음은 반말 '-네'의 특성이라고 할 수 있다. 일반적으로 물음월은 들을이의 의향을 묻는 데 비하여 물음법의 '-네'는 말할이 자신의 생각에 대하여 동의를 구하는 질문으로 이해된다. 물음법의 '-네'는 서술법의 '-네'와 구별이 안 되어 중의성을 띠는 경우가 많다. 그 구별 방법은 '-네' 뒤에 놓이는 절종결의 종류에 따라 식별 가능하여, '올림'의 절종결이 놓이면 물음법의 '-네'가 되고, '내림'의 절종결이 놓이면 서술법의 '-네'가 된다. 반말의 '-네'는 말할이가 들을이를 높이고자 하는 뜻이 없을 때, 곧 들을이를 안 높이는 상황에서 월의 마침씨끝으로 쓰인다.

반말의 '-는가'는 상관적 장면에서 사용될 뿐 아니라 단독적인 장면에서도 쓰이는 일이 있다.45) 반말의 '-는가'가 반어법 월의 마침씨끝으로 쓰이는 일이 있는데, 반어법은 표면상으로는 물음월의 형태를 취하지만 내면적으로는 강한 단정을 나타내는 서술월로 해석된다.46) 반말의 '-는가'도 말할이가 들을이를 높이고자 하는 뜻이 없을 때, 곧 들을이를 안 높이는 상황에서 월의 마침씨끝으로 쓰인다.

반말의 '-나'도 '-는가'와 마찬가지로 상관적 장면과 단독적 장면에서 모두 쓰일 수 있어 제약은 따지 않는다. 또한 '-나'도 반어법 월의 마침씨끝으로 쓰이는 일이 있다.

(68) ㄱ. 함부로 이렇게 나다니면 쓰-**나**?

---

45) 다음 보기는 말할이의 혼잣말로 이해된다. 이 경우의 마침씨끝 '-는가'는 '말할이 스스로의 의혹'의 의미로 이해된다.
　　ㄱ. 그런 게 내게도 있었더-**ㄴ가**?
　　ㄴ. 언제까지 그러고 있을 거-**ㄴ가**?
46) 다음 보기는 반어법의 월로 해석된다. 속뜻은 [　] 안에 넣었다.
　　ㄱ. 누가 민군보고 한 말이-**ㄴ가**?[민군보고 한 말이 아니다.]
　　ㄴ. 언제는 우리하고 의논한 적이 있-**는가**?[우리하고 의논한 적이 없다.]

ㄴ. 나라고 왜 그만한 배짱이 없겠-**나**?
ㄷ. 내가 고향을 떠나고 싶어서 떠났-**나**?

(68)은 형식상 물음월의 형태를 취했지만 의미상으로는 '강한 부정 서술'을 나타내는 것으로 이해되어 반어법 월의 범주에 포함된다. 이와 같이 '-나'는 반어법 월의 마침씨끝으로 쓰이기도 하지만, (69)와 같이 들을이에게 대답을 요구하지 않고 '말할이 스스로의 회의적 상념'을 표현하는 용법으로도 쓰인다.

(69) ㄱ. 남북통일이 빨리 좀 안 되-**나**?
ㄴ. 장사나 해 먹고 살아야 하-**나**?
ㄷ. 벌써 그렇게 되었-**나**?

반말의 '-나'도 말할이가 들을이를 높이고자 하는 뜻이 없을 때, 곧 들을이를 안 높이는 상황에서 월의 마침씨끝으로 쓰인다.

4.1.3 '-는군'

이른바 감탄법의 마침씨끝 형태에 속하는 것으로는 '-는구나', '-는군', '-는구먼', '-는구려', '-는군요', '-는구먼요'를 들 수 있다.[47] 이들은 들을이높이의 정도만 다를 뿐 기본적인 의미에서는 차이가 거의 없다.[48] 이들에 대한 높임의 정도는 연구 논저에 따라 조금씩 다른 양상을 보이고 있으나 '-는구나'는 아주낮춤에 해당하고, '-는구려'는 예사높임에 해당하는 것으로 볼 수 있다.[49] '-는군요'와 '-는구먼요'는 '-는

---

47) 연구 논저에 따라 이 밖에도 감탄법 마침씨끝으로 '-도다', '-다마다', '-고말고', '-네', '-거든', '-ㄴ걸', '-레' 등을 더 들기도 한다.

48) 이들 감탄법의 마침씨끝 의미를 노대규(1983:34)는 '사실, 현재, 지각, 정서적 표현 또는 감동'의 추상적 의미 단위로 분석하였고, 장경희(1985:93)는 '처음 앎'으로 보았다. 고영근(1985:28)은 '비로소 알았다'는 뜻으로 보았는데, 이에 대하여는 뒤에서 논의하기로 한다.

군'과 '-는구먼'에 들을이높임의 '요'가 통합되었으므로 비격식체의 '높임'의 등분에 해당하며, '-는군'과 '-는구먼'에는 '요'가 통합되어 높임의 정도가 [안높임]에서 [높임]으로 바뀌기 때문에 반말에 해당된다. 그러므로 여기서의 연구 대상으로는 '-는군'과 '-는구먼'이 해당한다.

그런데 '-는군'과 '-는구먼'은 의미와 쓰임에서 차이가 없다.50) 곧 '-는군'과 '-는구먼'은 기본적인 의미에서 차이 없이 어떤 문맥에서도 서로 대치될 수 있는 자유변이(free variation) 관계를 이룰 수 있다. 그러므로 이들은 각각 다른 마침씨끝으로 볼 것이 아니라 동일한 마침씨끝으로 보는 것이 타당하다.51) 여기서는 '-는군'을 기본형태로 설정하고, 이에 관한 형태·통어적 특성과 아울러 의미·화용적 특성에 관하여 논의하기로 한다.

`4.1.3.1` '-는군'의 형태·통어적 특성

먼저 반말의 마침씨끝 '-는군'의 형태적 특성으로 풀이말의 형태론적 구조 안에서 다른 요소와의 결합에서 어떤 제약 관계에 놓이는가에 대하여 논의하기로 한다.

'-는군'과 통합관계를 이룰 수 있는 안맺음씨끝을 보면, (70)에서와 같이 주체높임의 '-시-'가 통합될 수 있으며, 모든 때매김씨끝이 통합관계를 이룰 수 있어 제약은 없다.52)

---

49) 일례로 '-는구려'의 높임 정도에 대하여 최현배(1971)는 '예사낮춤'에 포함시킨 반면, 서정수(1984)에서는 '예사높임'에 포함시켰다. 고영근(1974)은 '하오체'에 포함시키는 등 연구자마다 조금식 다른 실정이다.

50) '-는군'과 '-는구먼'의 의미와 용법에 관하여는 노대규(1983:138) 참조.

51) 사전에서는 '-는군'을 '-는구먼'이 줄어든 것으로 처리한 것이 일반적이다.

52) 월의 주체가 둘째가리킴이라서 들을이와 주체가 동일한 월인데도 주체높임의 '-시-'와 '-는군'이 자연스러운 통합관계를 이루는 일이 있기도 하다. 이와 같은 월은 들을이를 의식한 것보다는 들을이를 의식하지 않는 독백 상황인 말할이의 혼잣말로 이해되는 것이 일반적이기 때문에 자연스러운 월로 받아들여진다.

(70) ㄱ. 그러고 보니 아저씨도 악당이-**시군**.

ㄴ. 미쳐도 단단히 미치-**었군**.

ㄷ. 그렇다면 며칠 안 가서 좋은 일이 나-**겠군**.

ㄹ. 하긴 어저께 한잔 먹어 보니까 기분이 좋-**더군**.

'-는군'과 통합관계를 이룰 수 있는 풀이씨로는 움직씨, 그림씨, 잡음씨 등 모든 풀이씨가 통합될 수 있어 풀이씨에 대한 제약은 없다.[53]

(71) ㄱ. 별것 다 가지고 신경을 쓰-**는군**./쓰었-**군**./쓰겠-**군**./쓰더-**군**.

ㄴ. 당신은 직업을 바꾸는 게 좋을 것 같-**군**./같았-**군**./같겠-**군**./같더-**군**.

ㄷ. 가. 이제 모든 것이 해결 난 셈이-**군**./이었-**군**./이겠-**군**./이더-**군**.

나. 이제 모든 것이 해결 난 셈이-**로군**./ * 이었-**로군**./ * 이겠-**로 군**./ * 이더-**로군**.

위 보기에서 ㄱ의 풀이말 자리에 놓인 풀이씨가 움직씨이며, ㄴ은 그림씨, ㄷ은 잡음씨인데 모두 '-는군'과 자연스럽게 통합되었다. 잡음씨인 경우에는 ㄷ의 (가)와 같이 /-군/으로 실현되며, (나)와 같이 /-로군/으로 실현될 수 있으나, /-로군/으로 실현되는 경우에는 잡음씨 뿌리에 직결되는 경우에 국한되는 제약이 따른다.

'-는군'의 통어적 특성 가운데 임자말의 가리킴과의 제약관계를 살피면, '-는군'과 공기 관계를 이룰 수 있는 임자말로는 첫째가리킴, 둘째가리킴, 셋째가리킴이 모두 가능하다. 그러나 둘째가리킴이나 셋째가리킴인 경우에는 제약 없이 자연스럽게 공기관계를 이룰 수 있지만 첫째가리킴일 때는 경우에 따라 공기관계를 이룰 수 없기도 하다. 임자말이 첫째가리킴인 (72)는 부적격한 월인데 반하여, (73)은 첫째가리킴이더라도 적격한 월이 되었다.[54]

---

53) (71)에서 알 수 있는 바와 같이 '-는군'은 놓이는 환경에 따라 변이형태 /-는군/, /-군/, /-로군/으로 실현된다. /-는군/을 '-는-'과 '-군'으로 나뉘지 않는 근거는 남기심 (1982:9) 참조.

(72) ㄱ. * **내가** 학교에 가-**는군**.

ㄴ. * **내가** 집에 있-**군**.

ㄷ. * **내가** 한국 대학교 학생이-**군**.

(73) ㄱ. **내가** 어제 잘못했-**군**.

ㄴ. **내가** 너무 흥분했-**군**.

ㄷ. **내가** 깜빡 잊었-**군**.

이와 같이 임자말이 첫째가리킴이라도 (72)는 부적격하고 (73)은 적격한 월이 되어 차이를 보이지만, (72)에서도 '미래 시'에 관한 때어찌말이 놓이게 되면 (74)와 같은 적격한 월이 되기도 한다.

(74) ㄱ. **내가 내년에** 학교에 가-**는군**.

ㄴ. **내가 내일** 집에 있겠-**군**.

ㄷ. **내가 내년 3월이라야** 한국 대학교 학생이-군.

그렇다면 (72)가 부적격한 월이 되고 (73)이 적격한 월이 되는 까닭은 (72)와 (73)의 명제 내용과 '-는군'의 의미 사이의 공기관계로 말미암은 것이라고 할 수 있다.55) '-는군'이 '새로이 깨달음'의 의미 특성을 가지는데, (72)의 명제 내용은 말할이의 '새로이 깨달음'의 대상이 될 수 없기 때문에 '-는군'과 공기관계를 이룰 수 없으며, (73)의 명제 내용은 말할이의 '새로이 깨달음'의 대상이 될 수 있기 때문에 '-는군'과 자연스럽게 공기될 수 있다. (74)에서도 (72)에 '미래 시'에 관한 때어찌말이 추가됨으로 말미암아 명제 내용에 대한 말할이의 '새로이 깨달음'의 대상으로 바뀌기 때문에 적격한 월이 되었다. 임자말이 둘째가리킴이나 셋째가리킴인 경우에는 말할이와 월의 주체가 서로 달라서 명제 내용

---

54) 이에 대하여 노대규(1983:99)는 재귀지각조건(reflexive perception condition)의 전제에 따라 설명하였다.

55) 이에 대하여 장경희(1985:97)는 '-구나'의 '처음 앎'의 의미와 호응될 수 있는 경우 '-구나'가 자연스럽게 쓰일 수 있다고 하였다.

이 어떠하든 간에 말할이의 '새로이 깨달음'의 대상이 될 수 있기 때문
에 '-는군'과 자연스러운 공기관계를 이룰 수 있게 된다.

　마침씨끝이 '-는군'인 월이 반복형으로 바뀌게 되면, (75)와 같이 '-는
군'은 서술법 마침씨끝의 중화형태인 '-는다'로 실현된다.

> (75) ㄱ. 갑 : 오늘 날씨가 참 덥-**군**.
> 　　　　을 : 뭐라고?
> 　　　　갑 : 오늘 날씨가 참 덥-**다**고.
> 　　　ㄴ. 갑 : 기가 막혀서 말이 안 나오-**는군**.
> 　　　　을 : 뭐라고?
> 　　　　갑 : 기가 막혀서 말이 안 나오-**ㄴ다**고.

　(75)의 '갑'과 '을'의 대화 가운데 '갑'의 발화를 '을'이 잘 알아듣지
못하여 '뭐라고?'라고 물었을 때, '갑'이 처음 발화를 다시 되풀이하여
발화하는 경우에 처음 발화의 마침씨끝 '-는군'은 중화형태 '-는다'로
중화되었음을 알 수 있다. 그런데 문제는 반복형을 반복 이전의 상태로
환원할 수 있느냐와 반복 전과 후의 의미가 차이 나지 않느냐 하는 점
이다[56] 비록 반복 이전 상태로 환원시킬 수 없고, 반복 전과 후의 의미
가 다소 차이 난다고 하더라도 (75)와 같은 표현 방식이 널리 사용되는
것으로 보아 '-는군'은 건너 따옴월에서 '-는다'로 중화된다고 하여도
무리는 없을 듯하다.[57]

　위에서 살핀 바와 같이 '-는군'과 공기될 수 있는 임자말로는 첫째,
둘째, 셋째가리킴이 모두 가능하지만, 첫째가리킴일 때는 명제 내용에

---

56) 노대규(1983:91-99)는 환원이 불가능하고 인용 전과 인용 후의 의미가 같을 수 없
　　기 때문에 '-는군'은 간접화법은 없고 직접화법만 있다고 하였다.
57) 어떤 월이든 건너 따옴월로 포함될 때, 포함되기 이전의 마침씨끝들이 몇 개의 중
　　화형태로 중화된다. 이 때 마침씨끝의 미세한 의미 차이나 들을이높이의 등분 차
　　이가 중화되기 마련이다. '-는군'도 건너 따옴월에 포함되면 의미와 들을이높임의
　　정도가 중화되어 '-는다'로 실현되는데, '-는다'는 서술법 마침씨끝의 중화형태이
　　기 때문에 '-는군'은 당연히 서술법의 마침씨끝에 포함된다.

따라 공기관계를 이루기도 하고 이루지 못하기도 하며, 건너 따옴월에 포함될 때 '-는다'로 중화되는 특성을 가진다.

4.1.3.2 '-는군'의 의미 · 화용적 특성

지금까지의 연구 논저에서 밝혀진 '-는군'의 의미를 살피고, 이를 바탕으로 하여 '-는군'의 의미적 특성을 설정하기로 한다.

'-는군'의 의미에 대하여 노대규(1983:34)는 "화자나 명제 내용(proposition context)에 대한 사실(fact)을 현재 시점(present time)에서 관찰(observation)이나 경험(experience)이나 추론(inference)을 통해 지각(perception)하고, 정서적으로 표현(emotionally expression)하는, 곧 감동하는 심리적 행위나 태도"라 하여 사실, 현재, 지각, 정서적 표현, 또는 감동의 추상적 의미 단위로 분석하였으며, 장경희(1985:93-99)는 '처음 앎'의 의미가 드러난다고 하고 '감탄'의 의미가 있기는 하나 감탄은 핵심 의미가 될 수 없고 핵심 의미는 '처음 앎'이라 하였으며, 남기심 · 고영근(1985:28)은 '비로소 알았다'는 뜻을 나타낸다고 하였다.

그러면 위에서 밝힌 의미를 바탕으로 하고, 실제 보기를 통하여 '-는군'의 의미를 살피기로 한다.

> (76) ㄱ. 비가 개니 이상하게 기분이 쑤욱 가라앉-**는군**.
> ㄴ. 오래 서 있었더니 시장기가 드-**는군**.
> ㄷ. 당신은 이제 보니 변태-**로군**.

위 보기에서 ㄱ은 '기분이 가라앉음'을 비가 개인 사실로 말미암아 새롭게 깨닫게 되었다는 의미로 해석되고, ㄴ은 '시장기가 듦'을 오래 서 있었던 사실을 통해 새롭게 깨닫게 되었다는 의미로 해석되며, ㄷ은 '들을이가 변태임'을 이제 확인함으로써 새롭게 깨달았다는 의미로 파악되기 때문에 '-는군'의 의미적 특성을 '새롭게 깨달음'이라 가정하고 다른 보기에도 적용해 보기로 한다.

(77) ㄱ. 토론회에 참석했을 정도면 대단히 똑똑한 편이-**군**.
    ㄴ. 내게 부탁할 일이라면 뭐 좋은 일은 아니겠-**군**.
    ㄷ. 그분이 거기 오면 어서 떠나야 하겠-**군**.

위 보기에서도 ㄱ은 '대단히 똑똑한 편임'을 '토론회에 참석했을 정도임'을 통하여 새로이 깨닫게 되었음을 의미하고, ㄴ은 '좋은 일이 아니겠음'을 '내게 부탁할 일임'을 통하여 새로이 깨닫게 되었음을 의미하며, ㄷ은 '어서 떠나야 하겠음'을 '그분이 거기에 옴'을 통하여 새롭게 깨닫게 되었음을 의미하기 때문에 (77)에서도 '-는군'이 '새로이 깨달음'의 의미적 특성을 가진다.

(78) ㄱ. 이제 조금씩 뭔가 윤곽이 잡혀 오-**는군**.
    ㄴ. 아닌 게 아니라 술은 용기를 돋구는 거-**로군**.
    ㄷ. 기억력 하나는 안 변했-**군**.

위 보기에서 ㄱ은 '윤곽이 잡혀 옴'을 새로이 깨달음을 의미하고, ㄴ은 '술이 용기를 돋구는 것임'을 실제 경험을 통하여 새로이 깨달음을 의미하며, ㄱ은 '기억력이 안 변했음'을 실제 경험을 통하여 새로이 깨닫게 됨을 의미한다. ㄷ의 보기를 보면 '-는군'의 의미가 '처음 앎'이 아니라 '새로이 깨달음'임을 분명히 나타내 준다. 곧 말할이는 들을이가 과거에는 기억력이 좋았던 것을 알고 있었는데, 발화 시점에서 그 사실을 새로이 깨닫게 됨을 의미한다. '-는군'의 의미가 '처음 앎'이 아니라 '새로이 깨달음'임은 '-더-'와 '-는군'이 통합관계를 이룬 다음 보기를 통하여 분명히 알 수 있다.

(79) ㄱ. 사람들이 싸우고 있**더-군**.
    ㄴ. 성구한테 편지가 왔**더-군**.
    ㄷ. 가끔 저놈들이 행복해 보이**더-군**.

위 보기에서 ㄱ은 '사람이 싸우고 있던 것'을 말할이가 처음으로 아는 것이 아니라 새로이 깨달음의 의미로 파악된다. 왜냐하면 '사람들이 싸우고 있었던 것'은 이미 말할이가 아는 내용이지 처음 아는 것이 아니며, 말할이가 이미 알고 있었던 것을 발화 시점에서 새로이 깨달아 발화한 것이 된다. ㄴ과 ㄷ도 말할이가 발화 시점에서 명제 내용을 처음 아는 것이 아니라 발화 전에 이미 알고 있던 것을 새로이 깨달아서 발화한 것이기 때문에 '-는군'은 '새로이 깨달음'의 의미적 특성을 가진다고 하겠다.[58]

'-는군'에 물음법의 억양이 놓이게 되면 물음월의 수행력을 보이는 마침씨끝으로 쓰이게 된다. 예컨대 '밖에 비가 오는 모양이군?, 철수가 벌써 학교에 갔군?' 등은 말할이가 새로이 깨달은 명제 내용에 대하여 확인하고자 들을이에게 묻는 경우에 사용된다. 그러므로 물음법의 '-는군'은 '말할이가 들을이에게 새로이 깨달은 명제 내용을 반말로 확인 물음'이란 의미적 특성을 가진다.

'-는군'의 화용적 특성을 살펴보면, 말할이와 들을이가 대화를 주고 받는 상관적 장면에서 쓰일 수 있을 뿐 아니라 들을이를 전제하지 않은 말할이의 혼잣말인 단독적인 장면에서도 쓰인다. 그리고 '-는군'은 말할이가 이미 알고 있었던 사실이나 새로운 사실에 대하여 새로이 깨닫게 되는 경우에 사용되며, 말할이와 월의 주체가 동일인 경우에는 말할이가 새로이 깨달을 수 있는 명제 내용인 경우에만 '-는군'이 마침씨끝으로 쓰일 수 있다. 또한 '-는군'은 말할이가 들을이를 높이고자 하는 뜻이 없을 때, 곧 들을이를 안 높이는 월의 마침씨끝으로 쓰인다.

---

58) 말할이 자신의 '새로이 깨달음'의 대상이 될 수 없는 다음 보기는 부적격한 월이 된다. 곧 다음 보기의 풀이말의 행위는 말할이의 의지에 의해 이루어지기 때문에 '새로이 깨달음'의 대상이 되지 못해 부적격한 월이 되었다.
　ㄱ. *내가 학교에 가-**는군**.
　ㄴ. *나는 운동을 하고 있-**군**.
이를 통해 '-는군'의 의미가 '새로이 깨달음'임이 더욱 분명해진다.

4.1.4 '-데'

마침씨끝 '-데' 뒤에는 들을이높임 토씨 '요'가 통합될 수 있어 들을이
높임의 정도가 반말에 해당함은 앞에서 살핀 바 있다. 반말의 마침씨끝
'-데'는 회상의 안맺음씨끝 '-더-'가 포함되어 있어서 '-더-'에 마침씨끝이
통합된 융합형태로 이루어진 것으로 볼 수 있으나,[59] 여기서는 '-데'가
더 이상 형태소 분석이 안 되는 특이한 마침씨끝으로 간주하여 마침씨
끝의 범주에 넣어 다루기로 한다.

4.1.4.1 '-데'의 형태 · 통어적 특성

마침씨끝 '-데' 다음에는 들을이높임 토씨 '요'가 통합될 수도 있고
통합되지 못하기도 한다. 곧 서술법의 '-데' 다음에는 '요'가 통합될 수
있으나 물음법의 '-데' 다음에는 통합될 수 없다.

> (80) ㄱ. 그분 요리 솜씨가 제법이-**데요**.
>   ㄴ. 그 애가 날 알아보-**데요**.
>   ㄷ. *그 애가 뭘 하-**데요**?
>   ㄹ. *누가 말을 걸-**데요**?

위 보기에서 ㄱ과 ㄴ은 의향법에서 서술법에 해당하기 때문에 '요'가 통
합되더라도 적격한 월이 되었다. 그리고 '요'의 통합 여부에 따라 들을이

---

59) '-데'는 형태 중복(morpheme overlap)과 같은 현상으로 볼 수 있다. 곧 '-데'가 '-더-'와
    반말의 마침씨끝 '-어'(혹은 그 변이형태)의 인접하는 두 형태가 부분적으로 혹은
    전체적으로 하나의 융합된 형태로 나타나는 동시적(simultaneous) 형태 중복으로
    처리할 수도 있겠다.
    '-더-'와 예사낮춤의 마침씨끝 '-이'가 융합된 형태로 볼 수도 있으나, '-데'와 '-이'는
    높임의 정도에서 차이가 날 뿐 아니라 의향법에서도 차이를 보인다. '-데'는 반말
    로 서술법과 물음법에 해당하지만 '-이'는 예사낮춤으로 서술법에만 해당하는 점
    에서 차이를 보이기 때문에 공시적인 면에서는 '-데'를 '-더-'와 '-이'의 융합 형태
    로 보기가 어렵다. 통시적으로 보면 '-더-'와 예사낮춤의 '-이'가 융합된 후 높임
    의 정도가 반말로 변하고 의향법에서도 물음법까지 확대된 것으로 설명할 수
    있지만, 여기서는 순전히 공시적인 태도를 취한다.

높임의 정도가 [높임]이냐 [안높임]이냐가 결정되기 때문에 서술법의 '-데'
는 반말의 마침씨끝에 포함됨이 증명된다. 그러나 ㄷ과 ㄹ은 물음법에
해당하는데, '-데' 다음에 '요'가 통합되어 부적격한 월이 되었다.

　반말의 마침씨끝을 식별해 내는 데 있어서 '요'의 통합 가능성 여부
기준으로만 구별하면, 서술법의 '-데'는 반말 마침씨끝에 해당하지만 물
음법의 '-데'는 반말의 마침씨끝으로 볼 수 없게 된다. 물음법의 '-데'는
들을이를 높이는 마침씨끝이 아니기 때문에 반말로 볼 수 없다면 예사
낮춤이나 아주낮춤의 마침씨끝으로 보아야 하는데, 그렇게 되면 서술법
의 '-데'와 물음법의 '-데'는 의향법에서만이 아니라 들을이높임의 정도
가 각각 다르게 된다. 그런데 서술법의 '-데'와 물음법의 '-데'가 마침씨
끝으로 쓰인 월의 들을이높임의 정도는 서로 다른 것으로 생각되지 않
는다. (81)에서 ㄱ과 ㄴ은 명제 내용은 꼭 같지만, 차이점은 ㄱ은 마침
씨끝이 서술법의 '-데'이고 ㄴ은 물음법의 '-데'인 점이다. 그러나 ㄱ과
ㄴ은 들을이높임의 정도에서 차이가 남을 전혀 인식할 수 없다.

　　　(81) ㄱ. 철수가 밥을 먹-**데**.(↘)
　　　　　　ㄴ. 철수가 밥을 먹-**데**?(↗)

　위 보기에서 ㄱ과 ㄴ은 동일한 들을이에게 발화할 수 있기 때문에
들을이높임의 정도를 동일한 것으로 보아야 한다. 그러므로 물음법의
'-데' 다음에 '요'가 통합되지 못하더라도 '서술법의 '-데'와 마찬가지로
반말의 마침씨끝에 포함시켜야 한다.

　서술법과 물음법의 마침씨끝으로 쓰이는 '-데'의 형태적 특성으로,
풀이말의 형태론적 구조 안에서 다른 요소와의 결합에서 어떤 제약 관
계에 놓이는가에 대하여 논의하기로 한다.

　서술법과 물음법의 '-데'와 통합관계를 이룰 수 있는 안맺음씨끝으로
는 (82)에서와 같이 주체높임의 '-시-'와 때매김씨끝 가운데 '-었-'과 '-겠-'
은 통합 가능하지만 '-더-'는 통합될 수 없는 제약이 따른다.

    (82) ㄱ. 선생님께서 그러-**시데**./그러-**시데**?

        ㄴ. 철수가 점심을 안 먹-**었데**./먹-**었데**?

        ㄷ. 철수가 내일까지는 그 일을 끝마치-**겠데**./끝마치-**겠데**?

        ㄹ. * 그분이 미국에 가-**더데**./ * 가-**더데**?

때매김씨끝 가운데 '-더-'가 통합될 수 없는 까닭은 '-더-'가 이미 '-데'에 포함되어 있어서 '-데'에 '-더-'가 통합되면 이중으로 통합되는 결과를 가져오기 때문이다. '-데'에 '-더-'가 포함되어 있음은 마침씨끝이 물음법의 '-데'인 월에서 물음에 대한 응답의 관계를 통하여 증명된다.

    (83) ㄱ. 갑→을 : 밖에 비가 오-**데**?

          을→갑 : 예, 밖에 비가 오-**더**군요.

        ㄴ. 갑→을 : 누가 얼굴이 예쁘-**데**?

          을→갑 : 순이가 얼굴이 예쁘-**더**군요.

물음과 응답 월에서 때매김의 관계를 살펴보면, 물음월의 때매김과 응답월의 때매김이 일치되어야 한다.[60] 이로 미루어 보면, (83)에서 응답월의 때매김 형태로 항상 '-더-'가 실현되는 것으로 보아 물음월의 때매김 형태에도 '-더-'가 포함되어 있는 것으로 보아야 한다. 그렇다면 때매김의 '-더-'는 마침씨끝 '-데'에 포함되어 있다고 밖에 달리 볼 수는 없다.

서술법이거나 물음법이거나 관계없이 (84)와 같이 '-데'는 움직씨(ㄱ),

---

60) 물음-응답에서 때매김이 일치되어야 함은 다음 보기를 통하여 확인할 수 있다.

    ㄱ. 갑 : 학교에 가니?

        을 : 응, 학교에 가./ * 갔어./ * 가겠어.

    ㄴ. 갑 : 학교에 갔니?

        을 : 응, 학교에 갔어./ * 가./ * 가겠어.

    ㄷ. 갑 : 학교에 가겠니?

        을 : 응 학교에 가겠어./ * 가./ * 갔어.

    ㄹ. 갑 : 철수가 학교에 가던가?

        을 : 철수가 학교에 가더군./ * 가./ * 갔어./ * 가겠어.

그림씨(ㄴ), 잡음씨(ㄷ)에 모두 통합될 수 있어서 풀이말 자리에 놓이는
풀이씨 종류에 대한 제약은 없다.

> (84) ㄱ. 철수가 학교에 **가-데**./**가-데**?
> ㄴ. 철수가 요즘 **바쁘-데**./**바쁘-데**?
> ㄷ. 철수가 우등생**이-데**./우등생**이-데**?

위에서 살핀 바와 같이 반말의 '-데'는 의향법에 따라 '요'의 통합 가
능성 여부가 다르며, 안맺음씨끝으로는 주체높임의 '-시-'가 통합 가능
하고, 때매김씨끝 가운데 '-더-'를 제외한 다른 때매김씨끝과 통합이 가
능하며, 풀이씨의 종류에 관계없이 모든 풀이씨에 통합 가능한 형태적
특성을 가진다.

서술법과 물음법의 '-데'는 일반적으로 첫째, 둘째, 셋째가리킴의 임
자말과 공기관계를 이룰 수 있어 임자말의 가리킴에 제약이 따르지 않
는다. 그런데 서술법의 '-데'에서는 주로 둘째나 셋째가리킴 임자말과
공기되며, 첫째가리킴인 경우에는 공기 가능한 경우도 있고 불가능한
경우도 있어 약간의 제약이 따른다. 이 제약은 '-데'에 포함되어 있는 '-더-'
의 의미상에 특성으로 말미암는 것이라 하겠다.[61]

> (85) ㄱ. **나는** 어젯밤에 춥-**데**.
> ㄴ. **너는** 어제 참 노래 잘 부르-**데**.
> ㄷ. **그분이** 아까 여기에 왔-**데**.

위 보기에서는 임자말이 둘째가리킴(ㄴ)이나 셋째가리킴(ㄷ)뿐만 아
니라 첫째가리킴인 ㄱ도 적격한 월이 되어 임자말의 가리킴에 제약이
없는 것 같지만, (86)에서는 모두 임자말이 첫째가리킴인데 부적격한

---

61) 김차균(1980:89-95)은 마침법에서 '-더-'의 의미를 '새로이 알게 된 것'이라 하여
서술법에서 말할이가, 물음법에서는 들을이가 명제 내용에 대하여 새로이 알게 된
것이 아니면 '-더-'가 쓰일 수 없다고 하였다.

월이 되어 제약이 따름을 알 수 있다.

    (86) ㄱ. ***내가** 학교에 가-**데**.
         ㄴ. ***내가** 집에 있-**데**.
         ㄷ. ***내가** 대학생이-**데**.

(86)이 부적격한 월이 되는 까닭은 때매김의 '-더-'가 '새로이 알게 된 것'이어야 하는 의미적 특성 때문이다. 곧 (86)의 보기들은 명제 내용이 말할이의 새로이 알게 된 것이 아니기 때문에 부적격한 월이 되었지만, (85)의 ㄱ은 임자말이 첫째가리킴이더라도 적격한 것은 말할이가 명제 내용에 대하여 새로이 알게 된 것이기 때문이다. 그러므로 (86)에 말할이가 새로이 알게 될 수 있는 내용이 덧붙으면 (87)과 같이 적격한 월이 됨을 알 수 있다.

    (87) ㄱ. **어젯밤 꿈에 내가** 학교에 가-**데**.
         ㄴ. **술이 깨어 보니**, **내가** 집에 있-**데**.
         ㄷ. **그 연극에서 내가** 대학생이-**데**.

(86)과 (87)의 차이를 보면, (86)에서는 명제 내용이 말할이 자신의 의지에 의해 이루어지기 때문에 명제 내용에 대하여 새로이 알게 되는 것이 아니지만, (87)에서는 명제 내용이 말할이 자신의 의지에 관계없이 이루어지기 때문에 명제 내용에 대하여 말할이가 새로이 알게 될 수 있는 것이라는 점이다.

물음법의 '-데'는 첫째가리킴과 셋째가리킴 임자말과는 제약 없이 공기관계를 이룰 수 있으나, 둘째가리킴 임자말과는 경우에 따라 공기관계를 이룰 수 있기도 하고 없기도 하여 제약이 따른다.

    (88) ㄱ. **내가** 어제 어디 가-**데**?
         ㄴ. **너는** 어제 밤에 춥-**데**?

ㄷ. **철수가** 어제 어디에 가-**데**?

위 보기에서는 '-데'가 첫째가리킴(ㄱ), 둘째가리킴(ㄴ), 셋째가리킴(ㄷ) 임자말과 공기관계를 이루고 있어 임자말 가리킴에 제약이 없어 보이지만, 임자말이 둘째가리킴인 (89)에서는 모두 부적격한 월이 되었다.

(89) ㄱ. * **네가** 어제 어디에 가-**데**?
　　 ㄴ. * **네가** 그 일을 하-**데**?
　　 ㄷ. * **네가** 대학교 학생이-**데**?

물음법에서는 '-더-'가 '들을이가 새로 알게 된 것'을 묻게 되므로 들을이 자신이 새로이 알게 된 것이 아니면 물음법의 '-데'가 마침씨끝으로 쓰일 수 없다. (88)에서 ㄴ은 명제 내용에 대하여 들을이 자신이 새로이 알게 된 것이기 때문에 적격한 월이 되었지만, (89)에서는 명제 내용에 대하여 들을이 자신이 새로이 알게 된 것일 수 없기 때문에 부적격한 월이 되었다.[62]

마침씨끝이 '-데'인 월이 반복형으로 바뀌게 되면, (90)과 같이 서술법의 '-데'는 '-더라'로 중화되고, 물음법의 '-데'는 '-더냐'로 중화된다.

(90) ㄱ. 갑→을 : 그 애가 날 알아보-**데**.
　　　 을→갑 : 뭐라고?
　　　 갑→을 : 그 애가 날 알아보**더라**고.
　　 ㄴ. 갑→을 : 누가 너에게 말을 걸-**데**?
　　　 을→갑 : 뭐라고?
　　　 갑→을 : 누가 너에게 말을 걸**더냐**고?

이와 같이 서술법과 물음법의 '-데'가 '-더라'와 '-더냐'로 중화됨을

---

62) (89)의 명제 내용은 들을이가 이미 알고 있는 것이기 때문에 '들을이가 새로이 알게 되는 것'을 나타내는 '-데'는 마침씨끝으로 쓰일 수 없다.

볼 때, '-데'에는 때매김의 '-더-'가 포함되어 있음을 재확인할 수 있다.

위에서 살핀 바와 같이 '-데'는 임자말과의 공기관계에서 서술법인 경우에는 둘째가리킴, 셋째가리킴 임자말과는 자연스러운 공기관계를 이루지만, 첫째가리킴일 때는 명제 내용에 따라 제약을 받고, 물음법인 경우에는 첫째가리킴과 셋째가리킴의 임자말과는 자연스러운 공기관계를 이루지만 둘째가리킴인 경우에는 명제 내용에 따라 제약을 받으며, 반복형으로 표현될 때, 서술법의 '-데'는 '-더라'로, 물음법의 '-데'는 '-더냐'로 중화되는 통어적 특성을 가진다.

4.1.4.2 '-데'의 의미·화용적 특성

앞에서 살핀 '-데'의 형태·통어적 특성을 바탕으로 의미적 특성을 밝히기로 한다.

마침씨끝 '-데'는 들을이높임의 정도에서 예사낮춤이나 아주낮춤에 해당하는 것이 아니라 반말에 해당함이 밝혀졌다. 또한 '지난 일을 회상'하는 의미는 '-데'에 포함되어 있는 회상의 '-더-' 때문임이 규명되었다. 그렇기 때문에 마침씨끝 '-데'의 의미는 서술법일 때 '지난 일을 회상하여 반말로 서술함'의 의미로 이해되고, 물음법일 때에는 '지난 일을 회상하는가를 반말로 물음'의 의미로 이해된다. 그런데 '-데'의 의미 가운데 '-더-'의 의미를 덜면, 서술법에서는 '단순한 반말 서술'이 되고, 물음법에서는 '단순한 반말 물음'이 되어 반말의 마침씨끝 '-어'와 같은 의미가 된다. 서술법의 '-데'와 물음법의 '-데'는 하나의 공통된 의미로 묶일 수 있는데, 그렇게 되면, '-데'는 '반말의 회상'이라는 기본적 의미 특성을 가지게 된다.

'-데'의 화용적 특성을 살피면, '-데'는 항상 말할이와 들을이가 대화를 나누는 상관적 장면에서 쓰이며, 들을이를 전제하지 않은, 말할이의 혼잣말인 단독적 장면에서는 쓰이지 않는 특성을 보인다. '-데'는 말할이가 표현하려는 명제 내용을 회상하여 반말로 서술하거나 물을 때 쓰는 마침씨끝으로, 말할이(서술법)나 들을이(물음법)가 명제 내용에 대하여 새로이 알게 될 수 있는 경우에는 '-데'가 쓰일 수 있으나, 새로이 알게 되는 것이 아닌 경우에는 쓰일 수 없는 제약이 따른다. 또한 '-데'는 말할이가 들을이를 높이고자 하는 의향이 없을 때, 곧 말할이가 들을이를 안 높이는 상황에서 쓰인다.

4.1.5 '-거든', '-는데'

동일한 음성 형식의 씨끝 가운데 이음씨끝으로도 쓰이고, 마침씨끝으로도 쓰이는 것들이 있다. 그 중에서 이음씨끝과 아울러 반말의 마침씨끝으로 쓰이는 것으로 '-거든'과 '-는데'를 들 수 있다. 이음씨끝으로 쓰일 때와 마침씨끝으로 쓰일 때의 '-거든'과 '-는데'는 말본적 특성에서 차이를 보일 뿐 아니라 의미적 특성에서도 차이를 보이기 때문에 각각 다른 형태소로 설정된다. 여기서는 반말의 마침씨끝으로 쓰이는 '-거든'과 '-는데'에 관하여 논의하기로 한다.

마침씨끝 '-는데'는 /-는데/, /-은데/, /-ㄴ데/의 변이형태로 실현된다. 움직씨의 뿌리 다음에는 /-는데/로, 그림씨의 뿌리가 닿소리로 끝나면 /-은데/로, 홀소리로 끝나면 /-ㄴ데/로, 잡음씨 뿌리 다음에는 /-ㄴ데/로, 때매김의 '-었-'과 '-겠-' 다음에는 /-는데/로, /-더-/ 다음에는 /-ㄴ데/로 실현된다. 주체높임의 '-시-' 다음에는 풀이씨 뿌리의 종류에 따라 움직씨이면 /-는데/로, 그림씨나 잡음씨이면 /-ㄴ데/로 실현된다.

마침씨끝 '-는데'는 원래 이음씨끝이었던 것이 '-는데' 뒤에 놓이던 월조각들이 자주 생략되어 쓰이다가 마침내 뒤에 월조각이 놓이지 않더라도 적격한 월이 되어 마침씨끝으로 전용된 것이다. 곧 이음씨끝으로의 기능을 상실하고 마침내 마침씨끝으로 쓰이게 되었다고 보는 것이 타당하다. 왜냐하면 현재는 마침씨끝으로 이해되는 '-는데' 뒤에 경우에 따라서는 생략된 월조각을 추정하여 보완할 수 있는 예들이 발견되기 때문이다. 그렇더라도 '-는데' 자체만으로도 충분히 마침씨끝으로서의 기능을 담당하기 때문에 '-는데'를 마침씨끝에 포함시킨다.

4.1.5.1 '-거든', '-는데'의 형태·통어적 특성

반말의 마침씨끝 '-거든'과 '-는데'의 형태적 특성으로, 풀이말의 형태론적 구조 안에서 다른 요소와 어떤 제약 관계에 놓이는가에 대하여 논의하기로 한다.

'-거든', '-는데'와 통합될 수 있는 안맺음씨끝을 보면, '-거든'은 (91)과 같이 주체높임의 '-시-', 때매김씨끝으로 '-었-', '-겠-'과는 통합될 수 있지만 '-더-'와는 통합될 수 없으며, 서술법의 '-는데'는 (92)와 같이 '-시-' 뿐만 아니라 모든 때매김씨끝과 통합관계를 이룰 수 있어 제약이 따르지 않는다.

    (91) ㄱ. 선생님께서 학교에 가-**시거**든.
        ㄴ. 철수가 학교에 가-**았거든**.
        ㄷ. 철수가 학교에 가-**겠거든**.
        ㄹ. * 철수가 학교에 가-**더거든**.

    (92) ㄱ. 선생님께서 학교에 가-**시는데**.
        ㄴ. 철수가 학교에 가-**았는데**.
        ㄷ. 철수가 학교에 가-**겠는데**.
        ㄹ. 철수가 학교에 가-**던데**.

그러나 '-는데'가 마침씨끝인 월이 의향법으로 물음법에 속하는 경우에는 때매김씨끝과의 통합에서 제약을 받는다. 곧 (93)과 같이 '-었-'은 통합 가능하지만 '-겠-'과 '-더-'는 통합이 불가능하다.

    (93) ㄱ. 선생님께서 어디에 가-**시는데**?
        ㄴ. 철수가 어디에 가-**았-는데**?
        ㄷ. 철수가 어디에 가-**겠는데**?
        ㄹ. 철수가 어디에 가-**던데**?

이와 같이 '-는데'는 서술법인 경우에는 때매김씨끝과의 통합에 제약이 없지만 물음법인 경우에는 통합관계에 제약을 받아 '-겠-'과 '-더-'는 통합될 수 없는 제약이 따른다.

'-거든'과 '-는데'는 움직씨, 그림씨, 잡음씨 등 모든 풀이씨 뿌리에 통합 가능하여 풀이씨에 대한 선택 제약은 없다.

'-거든'과 '-는데'의 통어적 특성을 살펴보면, 이들은 공기관계를 이룰 수 있는 임자말의 가리킴에서 제약이 발견되지 않는다. 곧 첫째, 둘째, 셋째가리킴 임자말에 모두 공기될 수 있어 가리킴의 제약이 따르지 않는다.

마침씨끝이 '-거든'과 '-는데'인 월이 반복형으로 바뀔 때, '-거든'은 (94)의 ㄱ과 같이 서술법 마침씨끝의 중화형태인 '-는다'로 실현되어 '-거든'이 의향법에서 서술법에 해당함이 재확인된다. '-는데'는 의향법에 따라 (94)의 ㄴ과 같이 서술법의 '-는데'는 '-는다'로 중화되고, 물음법의 '-는데'는 (94)의 ㄷ과 같이 '-느냐'로 중화되어 '-는데'가 의향법에서 서술법과 의향법의 '-는데'로 나뉨이 재확인된다.

> (94) ㄱ. 갑→을 : 입 큰 여자는 내주장을 하-**거든**.
>   을→갑 : 뭐라고?
>   갑→을 : 입 큰 여자는 내주장을 하-**ㄴ다**고.
>   ㄴ. 갑→을 : 술을 마시니까 세상이 빙글빙글 도-**는데**.
>   을→갑 : 뭐라고?
>   갑→을 : 술을 마시니까 세상이 빙글빙글 도-**ㄴ다**고.
>   ㄷ. 갑→을 : 철수가 무얼 먹-**는데**?
>   을→갑 : 뭐라고?
>   갑→을 : 철수가 무얼 먹-**느냐**고.

물음법의 '-는데'는 가부를 묻는 물음월에서는 쓰이지 않고 물음말이 포함되어 있는 설명 물음월의 마침씨끝으로만 쓰이는 제약이 따른다.

위에서 살핀 바와 같이 '-거든'과 '-는데'는 임자말의 가리킴에 제약이 따르지 않으며, 반복형으로 포함될 때, '-거든'은 '-는다'로 중화되고, 서술법의 '-는데'는 '-는다'로, 물음법의 '-는데'는 '-느냐'로 실현되는 통어적 특성을 가진다.

4.1.5.2 '-거든', '-는데'의 의미·화용적 특성

지금까지의 연구 논저에서 밝혀진 '-거든'과 '-는군'의 의미를 살피고, 이를 바탕으로 하여 이들의 의미적 특성을 설정하기로 한다.

'-거든'의 의미에 관하여 고영근(1976)은 "화자가 문장을 감탄적으로 강조하면서 끝맺을 때 쓰인다. 객관적으로 인정된 사실을 화자 자신 감탄함에 그칠 따름이고 상대방의 동의를 요청하지 않는다"라고 하였으며, 허웅(1995:609)은 "약간 뽐내는 듯한 뜻을 풍긴다"고 하였다. 이를 바탕으로 하고 실제 보기를 통하여 '-거든'의 의미적 특성을 살피기로 한다.

> (95) ㄱ. 내가 어제 극장에 갔었-**거든**.
> ㄴ. 내가 지난주에 바빴-**거든**.
> ㄷ. 저분이 우리 학교 선생님이시-**거든**.

위 보기의 마침씨끝 '-거든'에서는 '감탄'의 의미는 찾을 수 없고, 그 다음에 발화가 계속되며, 계속될 발화에 대한 '전제'의 의미를 찾을 수 있다. 그러므로 말할이가 (95)의 월만 발화했다면, 들을이는 계속될 발화에 대하여 궁금하게 생각하고 계속 발화할 것을 요청하게 되는데, 이때 예상되는 요청으로는 '그래서?' 혹은 '그래서 어쨌단 말이야?' 등을 예상할 수 있는 것으로 보아 '-거든'은 마침씨끝으로서 한 월의 끝이지만 의미상으로는 뒤에 발화가 계속되며, 뒤 발화에 대한 '전제'를 나타내는 역할을 담당한다고 할 수 있다. 그러면 (95)의 보기 다음에 계속될 수 있는 발화를 추정 보완하면 (96)의 밑줄친 부분과 같을 것이다.

> (96) ㄱ. 내가 어제 극장에 갔었-**거든**. **그런데 거기서 담임선생님을 만났어**.

ㄴ. 내가 지난주에 바빴-**거든**. **그래서 약속을 못 지켰어**.

ㄷ. 저분이 우리 학교 선생님이시-**거든**. **그러니까 잘 부탁드려 봐**.

물음-응답에서 응답월의 마침씨끝이 '-거든'인 경우에도 위와 같은 용법으로 사용됨을 다음 보기를 통하여 알 수 있다.

(97) ㄱ. 갑 : 왜 학교에 안 가?

을 : 오늘이 개교기념일이-**거든**.

ㄴ. 갑 : 왜 자전거를 끌고 가?

을 : 난 자전거를 못 타-**거든**.

ㄷ. 갑 : 왜 혼자 오지?

을 : 집사람이 아프-**거든**.

위 보기에서도 '-거든'은 그 뒤에 월이 계속되며, 그 뒤 월에 대한 '전제'의 의미가 파악된다. ㄱ에서는 '-거든' 뒤에 '그래서 학교에 안 가.'를 추정 보완할 수 있으며, ㄴ에서는 '그래서 끌고 가.'를, ㄷ에서는 '그래서 혼자 와.'를 추정 보완할 수 있다. 그러므로 마침씨끝 '-거든'은 '뒤에 발화가 계속되며, 그 발화에 대한 반말로 전제 서술'을 나타내는 의미적 특성을 가진다.

'-는데'의 의미에 관하여 고영근(1976)은 "화자 자신 감탄하면서 상대방의 의견을 듣고 싶어 하는 것"이라 하였다. 이 의미를 바탕으로 하고, 실제로 '-는데'가 마침씨끝으로 쓰인 보기를 통하여 의미적 특성을 살피기로 한다.

먼저 서술법의 '-는데'에 관하여 살피면, '-는데'는 (98)에서와 같이 항상 말할이의 '감탄'을 나타내는 것이 아님을 알 수 있다.

(98) ㄱ. 나는 어제 그분을 만났-**는데**.

ㄴ. 나는 요즘 몹시 바쁘-**ㄴ데**.

ㄷ. 나는 이 집 주인이-**ㄴ데**.

위 보기에서 임자말이 첫째가리킴인 경우에 마침씨끝 '-는데'는 말할이 스스로의 감탄을 나타내는 것이 아니라 '상대방의 의향을 듣고자 하는 서술'로 이해된다. 임자말이 둘째가리킴이나 셋째가리킴인 경우에 때에 따라서는 '감탄'의 의미로 이해되기도 하지만[63] 본질적인 의미로는 첫째가리킴에서와 같이 '상대방의 의향을 듣고자 하는 반말 서술'의 의미적 특성을 가진다고 하겠다.

물음법의 '-는데'는 (99)에서와 같이 선행 발화나 주어진 상황에 대한 말할이의 의혹을 묻는 의미가 파악된다.

> (99) ㄱ. 그게 뭐-**ㄴ데**?
>   ㄴ. 철수가 누구이-**ㄴ데**?
>   ㄷ. 철수가 어디 가-**는데**?

위 보기가 쓰인 상황을 설정해 보면, ㄱ에서는 어떤 사람이 물건을 가져왔을 때, 그것이 무엇인가에 대한 말할이의 의혹이 생길 때 쓰이는 물음월이라 할 수 있다. ㄴ에서는 철수에 대한 선행 발화를 말할이가 듣고 철수가 누구인지 몰라서 의혹이 생길 때 쓰이는 물음월이라 할 수 있으며, ㄷ에서는 철수가 외출하려는 상황을 말할이가 추정하여 철수가 어디 가는지에 대한 의혹을 물을 때 쓰는 물음월이라 할 수 있다. 이와 같이 물음법의 '-는데'는 '선행 발화나 주어진 상황에 대한 말할이의 의혹을 반말로 물음'의 의미적 특성을 가진다.

이처럼 '-는데'는 의향법에 따라 의미가 달리 쓰이지만 한편으로는 공통적인 의미를 가지고 있기 때문에 공통의 기본적 의미로 묶을 수 있

---

63) 임자말이 둘째가리킴인 ㄱ과 셋째가리킴인 ㄴ에서는 감탄의 의미적 특성이 나타남을 알 수 있다.
   ㄱ. 자네는 참 똑똑하-**ㄴ데**.
   ㄴ. 오늘은 날씨가 참 좋-**은데**.
   곧 ㄱ과 ㄴ에서는 '감탄'을 나타내는 '-군'으로 대치하더라도 의미상 별 차이가 없기 때문에 이 때의 '-는데'는 '감탄'의 의미적 특성을 가지는 셈이다.

다. 곧 마침씨끝 '-는데'는 '반말의 의혹'이란 기본 의미를 가진다.[64]

'-거든'과 '-는데'의 화용적 특성을 살펴보면, '-거든'은 말할이와 들을이가 서로 대화를 나누는 상관적 장면에서만 쓰이고, 들을이를 전제하지 않은, 말할이의 혼잣말인 단독적 장면에서는 쓰이지 않는다. 그러나 '-는데'는 상관적 장면만이 아니라 단독적 장면에서 혼잣말로도 쓰인다.

용법상의 특성을 살펴보면, '-거든'은 한 월을 통어적인 면에서는 끝을 맺게 하지만 화용적인 면에서는 뒤에 어떤 발화가 계속됨을 예기해 주며, 그 계속되는 발화의 내용에 대한 전제를 나타내는 장면에서 쓰인다. '-는데'는 서술법에서 단순히 말할이의 생각을 서술하는 데 그치는 것이 아니라 들을이에 대하여 들을이의 의향을 듣고자 할 때 쓰이며, 물음법에는 물음말이 있는 월의 마침씨끝으로 쓰여, 선행 발화나 주어진 상황에 대한 말할이의 의혹을 들을이에게 물을 때 쓰인다.

마침씨끝이 '-거든'과 '-는데'인 월은 주로 입말에서 쓰이며, 말할이가 들을이를 높이고자 하는 의향이 없을 때, 곧 들을이를 안 높이는 상황에서 쓰인다.

4.2 복합형

둘 이상이 형태소가 배합되어 이루어진 복합형으로 된 마침씨끝은 형태소 분석이 가능하여 단일형의 마침씨끝과 그 앞에 놓이는 안맺음씨끝이나 다른 마침씨끝으로 분석이 가능하지만, 이를 분석해 놓으면 각각 자립적으로 말본적 기능을 수행할 수 없게 되며, 복합형 그 자체가 한 몸처럼 결합하여 말본적 기능을 수행하기 때문에 마침씨끝에서 하나의 단위로 간주하게 된다. 또한 복합형을 형태소 분석을 하게 되면, 마침씨끝으로서의 독립된 기능을 잃을 뿐 아니라 마침씨끝의 주요 기

---

64) 서술법의 '-는데'는 '상대방의 의향을 듣고자 하는 반말 서술'의 의미적 특성을 가지기 때문에 상대방의 의향에 대한 '의혹'의 의미를 추출할 수 있다.

능인 들을이높임의 정도에서도 분석 전과 후가 달라지기 때문에 복합형을 단순형의 마침씨끝과 동일한 자격을 주어야 한다. 여기서는 이들 복합형의 마침씨끝에 관하여 논의하기로 한다.

4.2.1 '-다니', '-냐니', '-자니', '-으라니'

뜻과 쓰임에서 비슷한 부류의 복합형 마침씨끝으로 '-다니', '-냐니', '-자니', '-으라니'가 있어, 이들을 한 묶음으로 묶어 다루기로 한다. 이들 마침씨끝은 단일한 형태소로 된 마침씨끝인지, 아니면 둘 이상의 형태소들이 축약되어 이루어진 복합형인지 쉽게 식별하기가 어렵다. 보기를 들면, 고영근(1976)에서와 같이 더 이상 분석이 허용되지 않는 단일한 형태소의 마침씨끝으로 볼 수도 있고, '-다고 하니'가 축약되어 '-다니'가 된 다음 '-다고 하니'와는 달리 뜻과 쓰임에서 전이되어 쓰이다가 마침내 인연을 끊고 새로운 마침씨끝으로 자리잡은 것으로 볼 수도 있다.

여기서는 '-다니'를 '-다고 하니'가 축약된 형태로 보아 '-다니'의 '-다'가 서술법 마침씨끝의 중화형태인 '-는다'와 같은 것으로 보고자 한다. 마찬가지로 '-냐니', '-자니', '-으라니'도 건너 따옴월에서의 중화형태인 '-냐', '-자'. '-으라'에 '-고 하니'가 결합되었다가 축약된 복합형으로 보고, 이들 마침씨끝에 관하여 논의하기로 한다.

'-다니', '-냐니', '-자니', '-으라니'를 축약된 형태로 보고 축약되기 이전 형태로의 복원을 가상해 보면, '-다고 하니', '-냐고 하니', '-자고 하니', '-으라고 하니'로 추정되지만, 이렇게 추정하는 데는 몇 가지 문제점이 따르게 된다. 첫째로 축약된 형태와 축약되기 이전의 형태가 들을이높임의 정도에서도 달라, 축약형에는 '요'가 통합될 수 있으므로 반말에 해당하지만 축약 이전의 형태에는 '요'가 통합될 수 없는 아주 낮춤에 해당되어 차이를 보인다. 둘째로 의미에서도 차이를 보여 축약형에는 남의 말을 따옴의 의미가 없는 데 비해 축약 이전형에는 남의 말을 따옴의 의미가 있어 차이를 보인다. 셋째로 축약형과 축약 이전형

은 의미상의 차이 때문에 축약형은 축약 이전형으로 환원되지 않는다
는 점이다. 넷째로'-다니'인 경우에 앞에 움직씨가 놓일 때 움직씨 뿌리
다음에 '-다니'가 직접 연결되지만, 축약 이전형에서는 같은 환경에서
'-는다고 하니'로 실현되어 건너 따옴월에서의 중화형태가 각각 '-다'와
'-는다'로 달리 실현된다는 점이다.

다시 말해서 건너 따옴월에서의 서술법 마침씨끝의 중화형태인 '-는
다'는 움직씨 뿌리와 직접 통합할 때, 뿌리의 끝이 닿소리냐, 홀소리냐
에 따라 /-는다/와 /-ㄴ다/로 실현되는데, '-다니'는 풀이씨의 종류나 뿌
리의 끝이 닿소리냐, 홀소리냐에 관계없이 항상 /-다니/로만 실현되는
점에서 차이가 있기 때문에 공시적인 측면에서 '-다니'를 독립된 마침
씨끝으로 다룰 충분한 근거가 된다.65) 그러나 '-다니', '-냐니', '-자니',
'-으라니'의 '-다', '-냐', '-자', '-으라'가 각 의향법의 마침씨끝 중화형
태인 '-는다', '-냐', '-자', '-으라'와 긴밀한 관계가 있기 때문에 이들을
단일한 형태소의 마침씨끝으로 처리하지 않고 복합형으로 다루게 된다.

4.2.1.1 '-다니', '-냐니', '-자니', '-으라니'의 형태 · 통어적 특성

반말의 마침씨끝 '-다니', '-냐니', '-자니', '-으라니'의 형태적 특성으
로 풀이말의 형태론적 구조 안에서 다른 요소와 어떤 제약 관계에 놓이
는가에 대하여 논의하기로 한다. '-다니', '-냐니', '-자니', '-으라니'와
통합될 수 있는 안맺음씨끝에 대하여 살피려면, 제약 관계에서 '-다니',
'-냐니'와 '-자니', '-으라니'가 서로 다르기 때문에 둘로 나누는 것이
편리하다.

'-다니'와 '-냐니'는 주체높임의 '-시-'와 통합이 가능하며, 때매김씨
끝으로 '-었-', '-겠-', '-더-'가 통합될 수 있어 제약이 따르지 않는다. 이
처럼 '-다니'와 '-냐니'가 모든 때매김씨끝과 통합될 수 있는 것은 마침

---

65) '-는다니'로 실현되면 '-는다고 하니'의 직접적인 축약형으로 이해되어 높임의 정
  도도 아주낮춤에 해당하며, 또한 그 자체가 독립된 마침씨끝이 될 수도 없다.

씨끝이 '-다니'와 '-냐니'인 물음월이 나올 수 있게 한 앞선 발화의 의향법이 서술법과 물음법에 해당되기 때문이다. 곧 서술법과 물음법에서는 일반적으로 때매김씨끝에 제약이 따르지 않기 때문이다.

'-자니'와 '-으라니'는 주체높임의 '-시-'와 통합될 수 없는 제약이 따른다. '-자니' 앞에 주체를 높이기 위하여 '-시-'가 통합된다면, 월의 주체의 일부분이 들을이이기 때문에 들을이로서도 높이기 위하여 '-자니' 다음에는 '요'가 통합되어야 한다. '-으라니' 앞에 '-시-'가 통합될 수 없는 까닭은 월의 주체가 말할이와 동일인이어서 '-시-'가 높이는 대상이 말할이 자신에 해당되기 때문이다. 우리말은 말할이가 자신을 높이지 않는 일반 원칙에 따라 '-으라니'가 '-시-'와 통합되면 부적격한 월이 된다.

'-자니'와 '-으라니'는 어떤 때매김씨끝과도 통합될 수 없다. 왜냐하면 마침씨끝이 '-자니'와 '-으라니'인 물음월이 나올 수 있게 한 앞선 발화의 의향법이 꾀임법과 시킴법이기 때문이다. 곧 꾀임법과 시킴법에서는 때매김씨끝이 통합될 수 없는 특성 때문이다. 그러므로 '-자니'와 '-으라니'는 물음법에 해당하지만, '-자니'는 앞부분의 '-자' 때문에 꾀임법의 특성을, 뒷부분의 '-니' 때문에 물음법의 특성을 보이는 셈이며, '-라니'는 앞부분 '-으라'에 의해 시킴법의 특성을, 뒷부분 '-니'에 의해 물음법의 특성을 보이는 셈이다.

'-다니', '-냐니', '-자니', '-으라니'와 통합관계를 이룰 수 있는 풀이씨의 뿌리에 대한 제약도 '-다니', '-냐니'와 '-자니', '-으라니'가 서로 다르게 나타난다. '-다니'와 '-냐니'는 모든 풀이씨 뿌리에 통합될 수 있어 제약이 없다. 왜냐하면 '-다니'의 '-다'가 서술법과 관련을 맺고, '-냐니'의 '-냐'가 물음법과 관련을 맺기 때문이다. 곧 일반적으로 서술법의 마침씨끝들은 풀이씨에 제약이 따르지 않는 특성으로 말미암아 '-다니'와 '-냐니'도 풀이씨에 대한 제약이 따르지 않는다. 그러나 '-자니'와 '-으라니'는 앞부분의 '-자'와 '-으라'가 꾀임법과 시킴법에 관련되기 때문에 시킴법 마침씨끝의 일반적 특성에 따라 움직씨 뿌리와만 통합될 수 있는 제약이 따르게 된다.

'-다니', '-나니'와 '-자니', '-으라니'로 끝맺는 월 다음에는 항상 '올림'의 절종결이 놓인다. 마침씨끝이 '-나니'인 월에서 물음말이 있거나 없거나 관계없이 '올림'의 절종결이 놓여 일반 물음월에서와 차이를 보인다.

'-다니'로 끝나는 물음월 뒤에도 '올림'의 절종결이 놓이지만, 다음 보기에서는 '끌음(→)'의 절종결이 놓이는 일이 있다.

> (100) ㄱ. 그 중은 역시 음흉했구면. 분명 당신이 이 절을 다녔는데도
>   시치미를 떼-**다니**.(→)
>   ㄴ. 참으로 안타깝군. 그 아름다운 모습을 떠나보내야 하-**다니**.(→)
>   ㄷ. 그 사람이 가엽구면. 혼자 이 눈밭을 떠나-**다니**.(→)

위 보기의 월들은 물음월로 이해되지도 않으며, 또한 '-다니' 다음에는 '올림'의 절종결이 놓이지 않고 '끌음'의 절종결이 놓임으로 보아 이 음씨끝으로 보아야 한다. 곧 앞에 놓인 마디가 으뜸마디이고 뒤에 놓인 마디가 딸림마디로, 원래 딸림마디가 앞에 있던 것이 으뜸마디 뒤로 자리바꿈을 하여 (100)이 이루어진 것으로 이해되는데, 의미상 별다른 차이 없이 자리바꿈 이전으로 되돌리면 (101)과 같이 된다. 그러므로 이 경우의 '-다니'는 마침씨끝이 아니라 이음씨끝에 해당함이 분명하다.

> (101) ㄱ. 분명 당신이 이 절을 다녔는데도 시치미를 떼-**다니**, 그 중은
>   역시 음흉했구면.
>   ㄴ. 그 아름다운 모습을 떠나보내야 하-**다니**, 참으로 안타깝군.
>   ㄷ. 혼자 이 눈밭을 떠나-**다니**, 그 사람이 가엽구면.

다음 보기에서는 자리바꿈 월과는 달리 으뜸마디가 줄어든 것으로 해석되기 때문에 이 때의 '-다니'도 마침씨끝으로 볼 수 없다. 또한 이

경우의 '-다니' 뒤에도 '끌음'의 절종결이 놓이게 되어, 이 때의 '-다니' 도 마침씨끝이 아니라 이음씨끝에 해당함을 뒷받침해 준다. 그렇다면 (100)과 (102)의 '-다니'는 마침씨끝은 아니지만 마치 마침씨끝과 흡사한 유사 마침씨끝에 해당한다.

(102) ㄱ. 이런 철부지를 서울 유학을 보내-**다니**…(→)
ㄴ. 그 불쌍한 사람을 상대로 그런 짓을 하-**다니**…(→)
ㄷ. 그 사람이 그런 못된 짓만 골라서 하-**다니**…(→)

(102)에서 줄어든 으뜸마디를 추정하여 보완하면 (103)과 같이 될 것이다.

(103) ㄱ. 이런 철부지를 서울 유학을 보내-**다니, 그 부모가 한심하지**.
ㄴ. 그 불쌍한 사람을 상대로 그런 짓을 하-**다니, 하늘도 무심하지**.
ㄷ. 그 사람이 그런 못된 짓만 골라서 하-**다니, 천벌을 받아도 싸지**.

'-다니'만이 아니라 '-자니', '-으라니'도 이음씨끝으로 쓰이는 일이 있다.

(104) ㄱ. 지금 집에 들어가-**자니**, 마음이 내키지 않는군.
ㄴ. 시골에 내려가-**라니**, 여기서 머물 수도 없군.

(104)에서 으뜸마디가 줄어들면 (105)와 같이 된다. 이 때에는 '-자니', '-으라니'는 표면적으로 마침씨끝처럼 보이지만 내면적으로는 이음씨끝으로 이해되기 때문에 이들도 유사 마침씨끝에 해당한다.

(105) ㄱ. 지금 집에 들어가-**자니**…(→)
ㄴ. 시골에 내려가-**라니**…(→)

이처럼 마침씨끝 '-다니', '-자니', '-으라니'를 이음씨끝(유사 마침씨끝으로 쓰이는 경우)의 '-다니', '-자니', '-으라니'와 구별하는 데는 뒤에 놓이는 절종결의 종류가 중요한 역할을 하게 된다.

‘-다니’, ‘-냐니’, ‘-자니’, ‘-으라니’와 공기관계를 이룰 수 있는 임자말의 가리킴에 대한 제약을 살펴보면, ‘-다니’와 ‘-냐니’는 제약이 없으나, ‘-자니’는 첫째가리킴의 겹셈 낱말과만 공기될 수 있고, ‘-으라니’는 첫째가리킴 임자말과만 공기되는 제약을 보인다. 시킴법인 월에서는 임자말이 둘째가리킴으로 이해되지만, 마침씨끝이 ‘-으라니’인 월에서는 임자말이 첫째가리킴이어야 한다. 그 까닭은 ‘-으라니’가 쓰이는 장면을 설정해 보면 쉽게 설명될 수 있다.

> (106) ㄱ. 갑→을 : **네가** 학교에 가-**거라**.
> ㄴ. 을→을 : **내가** 학교에 가-**라니**?

(106)의 ㄱ은 임자말이 둘째가리킴으로 들을이인 ‘을’을 가리키는데, ㄴ에서는 ‘을’이 말할이가 되기 때문에 ㄱ을 되묻는 ㄴ에서는 말할이 자신이 월의 주체가 되므로 첫째가리킴의 임자말로 바뀌게 된다.

‘-다니’, ‘-냐니’, ‘-자니’, ‘-으라니’에는 건너 따옴월에서의 마침씨끝 중화형태가 포함되어 있기 때문에 마침씨끝이 이들인 월은 건너 따옴월로 포함되지 않는다. 이들 마침씨끝에 건너 따옴월에서의 마침씨끝 중화형태가 포함되어 있는 사실은 이들 마침씨끝이 사용되는 장면을 설정해 봄으로써 분명히 드러난다.

> (107) ㄱ. 갑→을 : 내가 학교에 가-**ㄴ다**.
> 을→갑 : 네가 학교에 가-**다니**?
> ㄴ. 갑→을 : 네가 학교에 가-**니**?
> 을→갑 : 내가 학교에 가-**냐니**?
> ㄷ. 갑→을 : 학교에 가-**자**.
> 을→갑 : 학교에 가-**자니**?
> ㄹ. 갑→을 : 학교에 가-**거라**.
> 을→갑 : 학교에 가-**라니**?

위 보기에서 ㄱ은 '갑'이 서술법으로 발화한 월을 되묻는 형식을 취하는 월의 마침씨끝으로 '-다니'가 쓰였음을 알 수 있다. '갑'이 발화한 월의 들을이높임의 등분과 관계없이 말할이인 '을'의 판단에 '갑'이 높임의 대상이 아니라고 판단되는 경우에 '-다니'가 쓰였다. ㄴ은 '갑'이 물음월로 발화한 월을 '을'이 되묻는 경우에 '-냐니'가 쓰였으며, ㄷ은 '갑'이 꾀임법으로 발화한 월을 '을'이 되묻는 경우에 '-자니'가 쓰였다. ㄹ은 '갑'이 시킴법으로 발화한 월을 '을'이 되물을 때 '-으라니'가 쓰였다. 이 때에도 '갑'의 발화에서 들을이높임의 정도는 '-냐니', '-자니', '-으라니'의 쓰임에 아무런 영향을 미치지 않는다.

위에서 살핀 바와 같이 '갑'이 발화한 것에 대한 되묻는 형식을 취하기 때문에 이들 마침씨끝은 의향법상 물음법에 해당하며, 또한 마침씨끝이 '-다니', '-냐니', '-자니', '-으라니'인 월은 건너 따옴월의 형식이라 할 수 있다.

4.2.1.2 '-다니', '-냐니', '-자니', '-으라니'의 의미·화용적 특성

지금까지의 연구 논저에서 밝혀진 '-다니', '-냐니', '-자니', '-으라니'의 의미를 살피고, 이를 바탕으로 하여 이들의 의미적 특성을 설정하기로 한다.

고영근(1976)은 '-다니'의 의미에 대하여 "상대방이 진술한 내용을 화자가 듣고 의심되거나 이상하게 느껴져서 되짚어 묻는 것"이라고 하였다. 이를 바탕으로 하고, 실제로 '-다니', '-냐니', '-자니', '-으라니'가 마침씨끝으로 쓰이는 장면을 통하여 의미적 특성을 살피기로 한다. 이들 마침씨끝은 항상 앞선 발화에 대하여 어떤 반응을 나타내는 상황에서 쓰임을 앞에서 살펴보았다. 그런데 앞선 발화에 대한 반응은 항상 부정적인 반응을 나타내기 때문에 이들 마침씨끝은 반어법에 해당하는 물음월의 마침씨끝임을 알 수 있었다. 그렇다면 마침씨끝 '-다니', '-냐니', '-자니', '-으라니'는 앞선 발화의 의향법 종류에 따라 서술법에 대해서는 '-다니'로, 물음법에 대하여는 '-냐니'로, 꾀임법에 대하여는 '-자니'로, 시킴법에 대하여는 '-으라니'로 실현될 뿐 공통적으로는 '앞선 발화에 대한 부정적 반응을 반말로 되짚어 물음'이란 의미적 특성을 가진다.

이들 마침씨끝의 화용적 특성을 살피면, 이들은 상관적 장면만이 아니라 말할이의 혼잣말인 단독적 장면에서도 쓰일 수 있다. 또한 반어법의 마침씨끝으로도 쓰일 수 있어, '-다니'는 앞선 발화의 의향법이 서술법이고, '-냐니'는 물음법이며, '-자니'는 꾀임법이고, '-으라니'는 시킴법이지만 내용적으로는 모두 강한 부정적 서술을 나타내게 된다. 예컨대 '가다니?', '가냐니?,' '가자니?', '가라니?'가 반어법으로 이해되는 경우에 모두가 동일한 의미로 '갈 수 없다'는 뜻으로 받아들여진다.

마침씨끝이 '-다니', '-냐니', '-자니', '-으라니'인 월은 말할이가 들을이를 높이고자 하는 의향이 없을 때, 곧 들을이를 안 높이는 상황에서 쓰인다.

4.2.2 '-는다니', '-자니', '-으라니'

말본적으로 같은 유형의 범주에 속하는 마침씨끝으로, 건너 따옴월에서의 마침씨끝 중화형태에 '-나'가 통합되어 이루어진 '-는다나', '-자나', '-으라나'에 대하여 논의하기로 한다.[66]

이들 마침씨끝 가운데 고영근(1976:29)은 '-는다나'를 '-는다고 하는구나'의 축약형으로 볼 수 있는지 확언하기 어려우나 유관한 것으로 간주된다고 주장하였다. 이 주장이 긍정적으로 받아들여진다면, '-자나'는 '-자고 하는구나'의 축약형으로 볼 수 있고, '-으라나'는 '-으라고 하는구나'의 축약형으로 볼 수 있다. '-는다나'가 '-는다고 하는구나'의 축약형이라

---

66) 건너 따옴월에서 물음법의 마침씨끝 중화형태인 '-느냐'에 '-나'가 통합된 '-느냐나'는 복합형의 마침씨끝으로 쓰이지 않는다. 왜냐하면 '-는다나', '-자나', '-으라나'의 의미적 특성으로 볼 때, 물음법인 경우에는 제3자에 대한 발화에 대하여 말할이의 '회의'를 들을이에게 나타낼 수 없기 때문이라 할 수 있다.

고 하면 이 둘은 높임의 정도에서도 같아야 하고 용법이나 의미적 특성에서도 같아야 한다. 그러나 '-구나'는 아주낮춤의 마침씨끝인데 비하여 '-는다나', '-자나', '-으라나'는 '요'의 통합 여부에 따라서 높임의 정도가 달라지므로 반말의 마침씨끝에 해당되어 높임의 정도가 다를 뿐 아니라 용법과 의미에서도 차이를 보이기 때문에 '-는다나'를 '-는다고 하는구나'의 축약형으로 볼 수는 없다. 그렇더라도 '-는다나'는 단순형의 마침씨끝이 아니고 둘 이상의 형태소가 결합되어 반말의 마침씨끝처럼 쓰이는 것으로 보는 것이 타당하다는 증거가 발견되기 때문에[67] 여기서는 이들을 반말의 마침씨끝으로 보고자 한다.

4.2.2.1 '-는다나', '-자나', '-으라나'의 형태·통어적 특성

반말의 마침씨끝 '-는다나', '-자나', '-으라나'의 형태적 특성으로 풀이말의 형태론적 구조 안에서 다른 요소와 어떤 제약 관계에 놓이는가에 대하여 논의하기로 한다.

'-는다나', '-자나', '-으라나'와 통합관계를 이룰 수 있는 안맺음씨끝에 대하여 살피면, '-는다나' 앞에는 주체높임의 '-시-'와 때매김씨끝이 제약 없이 통합될 수 있다. 이처럼 '-는다나' 앞에 때매김씨끝이 통합될 수 있는 까닭은 '-는다나'의 '-는다'가 서술법 마침씨끝의 중화형태이기 때문이다. 곧 서술법의 마침씨끝들은 일반적으로 때매김씨끝과의 통합에 제약이 따르지 않는 점이 반영된 것으로 볼 수 있다. '-자나' 앞에는 '-시-'가 통합될 수 없으며, 어떤 때매김씨끝도 통합될 수 없는 제약이 있다. '-시-'가 통합되지 않는 까닭은 '-자나'의 '-자'가 꾀임법의 마침씨끝 중화형태이기 때문에 마침씨끝이 '-자나'인 월을 발화한 사람과 제3자가 월의 주체로 해석되어, 우리말은 말할이 자신을 높이지 않는 원칙에 따라, 주체높임의 '-시-'가 통합되지 않는다. 곧 '-시-'가 통합되면 말

---

67) 이에 관하여는 '-는다나'의 형태·통어적 특성에서 다시 살피기로 한다.

할이가 자신을 높이는 결과가 되기 때문에 말할이가 자신을 높이지 않는 높임법의 일반 원칙에서 벗어나게 된다. '-자나' 앞에 때매김씨끝이 통합될 수 없는 까닭도 '-자나'의 '-자'가 꾀임법의 중화형태로 이해되기 때문이다. '-으라나' 앞에도 '-시-'는 물론 어떤 때매김씨끝도 통합될 수 없다. '-시-'가 통합될 수 없는 까닭은 '-시-'가 통합되면 말할이가 자신을 높이는 결과가 되기 때문이다. 또한 때매김씨끝이 통합될 수 없는 까닭은 '-으라나'의 '-으라'가 시킴법 마침씨끝의 중화형태이기 때문이다.

'-는다나', '-자나', '-으라나'와 통합관계를 이룰 수 있는 풀이씨에 대한 제약을 살피기로 한다. '-는다나'는 움직씨, 그림씨, 잡음씨 등 모든 풀이씨 뿌리와 통합될 수 있어 풀이씨에 대한 제약은 없다. '-자나'와 '-으라나'는 움직씨 뿌리와만 통합관계를 이룰 뿐이다. 그 까닭은 '-자나'의 '-자'와 '-으라나'의 '-으라'가 영향을 미쳐 꾀임법과 시킴법의 통합관계와 동일한 양상을 보이기 때문이다.

이들 마침씨끝으로 끝맺는 월 다음에는 '올림'의 절종결이 놓여서 마침씨끝으로만 보면 물음법에 해당되어야 하지만, 이들 마침씨끝이 쓰인 월은 의미상 들을이에게 질문하는 의미가 파악되지 않고, 자신이 남한테서 들은 말을 말할이에게 서술하는 의미가 파악되기 때문에 물음법으로는 볼 수 없고 서술법으로 보아야 한다. 일반적으로 서술법의 마침씨끝으로 끝나는 월 다음에는 '내림'의 절종결이 놓이는데, '-는다나', '-자나', '-으라나'만은 서술법에 해당하더라도 '올림'의 절종결이 놓여 특이한 경우에 해당한다.

'-는다나', '-자나', '-으라나'와 공기관계를 이룰 수 있는 임자말의 가리킴에 대한 제약을 살피기로 한다.

'-는다나'와 공기될 수 있는 임자말의 가리킴을 보면, '-는다나'는 건너 따옴월의 형식이기 때문에 인용하는 월의 임자말과 인용 받는 월의 임자말이 있을 수 있다. 그런데 '-는다나'는 제3자의 발화를 인용하기 때문에 인용하는 월[상위문]의 임자말은 셋째가리킴이어야 한다. 인용

되는 월[내포문]의 임자말에 대하여 살펴보면, (108)과 같이 첫째가리킴
(ㄱ), 둘째가리킴(ㄴ), 셋째가리킴(ㄷ)이 모두 가능하여 임자말의 가리킴
제약은 없다.[68]

    (108) ㄱ. (<u>철수가</u>) **내가** 어제 학교에 갔-**다나**.
          ㄴ. (<u>철수가</u>) **네가** 어제 학교에 갔-**다나**.
          ㄷ. (<u>철수가</u>) <u>그분이</u> 어제 학교에 갔-**다나**.

  '-자나'와 공기관계를 이룰 수 있는 임자말의 가리킴을 보면, 인용된
월에서는 말할이가 제3자[인용된 월의 앞선 발화를 한 사람]를 동시에 가
리키기 때문에 '자기[제3자]와 나'가 임자말로 쓰일 수 있으며, 인용하
는 월에서는 셋째가리킴[인용된 월의 앞선 발화를 한 사람] 임자말만이
공기관계를 이룰 수 있다.[69]

    (109) ㄱ. <u>철수가</u> (<u>자기와 내가</u>) 학교에 가-**자나**.
          ㄴ. * <u>철수가</u> **우리가** 학교에 가-**자나**.
          ㄷ. * <u>철수가</u> **내가** 학교에 가-**자나**.
          ㄹ. * <u>철수가</u> **네가** 학교에 가-**자나**.
          ㅁ. * <u>철수가</u> <u>그가</u> 학교에 가-**자나**.

  위 보기에서 ㄱ은 '철수가'가 마치 '학교에 가자'의 임자말인 것 같
지만 실제로는 '자기와 내가'가 '학교에 가자'의 임자말이다. 곧 학교에
가는 행위의 주체는 '철수'가 아니라 '자기[철수]와 나'이며, 철수는 인
용한 월[상위문]의 임자말로 된다.

    (110) [<u>철수가</u> [<u>자기와 내가</u> <u>학교에 가자</u>]-<u>고 하는구나</u>.]

---

68) ( ) 안의 임자말이 인용하는 월의 임자말로, 실제 발화에서는 주로 줄어든다.
69) ( ) 안의 '자기와 나'는 실제 발화에서는 주로 생략된다.

(110)은 건너 따옴월의 보기로, 인용된 월의 임자말은 '자기와 내가'이고, 인용한 월의 임자말은 '철수가'이다. 이와 동일한 짜임으로 (109)의 ㄱ은 설명된다. (109)의 ㄱ을 (110)과 같은 방식으로 나타내면 (111)와 같이 된다.

(111)   [철수가 [자기와 내가 학교에 가자]-나.]

그렇기 때문에 표면적으로 나타난 '철수가 학교에 가자나'의 월은 비록 적격하지만 인용된 월의 임자말이 생략된 월로 이해된다. 생략된 임자말을 보완하면 '철수가 자기와 내가 학교에 가자나.'가 된다.[70]

'-으라나'와 공기관계를 이룰 수 있는 임자말로, 인용하는 월의 임자말은 셋째가리킴이어야 하고, 인용되는 월의 임자말은 첫째가리킴이어야 한다. 둘째가리킴이나 셋째가리킴의 임자말은 (112)의 ㄴ과 ㄷ처럼 공기관계를 이룰 수 없는 제약이 따른다.

(112) ㄱ. 철수가 **내가** 학교에 가-**라나**.
　　　 ㄴ. * 철수가 **네가** 학교에 가-**라나**.
　　　 ㄷ. * 철수가 **그가** 학교에 가-**라나**.

'-으라나'는 시킴월로 된 앞선 발화를 듣고, 그 발화에 반응을 나타낼 때 쓰이는 마침씨끝이기 때문에 시킴월의 임자말은 둘째가리킴이지만 마침씨끝이 '-으라나'인 월에서는 시킴월의 들을이가 말할이로 바뀌게 되므로 인용되는 월의 임자말은 첫째가리킴이 되고, 인용하는 월의 임자말은 셋째가리킴으로 바뀌게 된다.

위에서 살핀 바와 같이 마침씨끝이 '-는다나', '-자나', '-으라나'인 월

---

70) '철수가 학교에 가자나'란 발화를 들은 토박이들은 인용된 월의 임자말이 생략되었음을 즉시 알고 생략된 임자말을 쉽게 보완할 수 있게 된다.

은 그 자체가 건너 따옴월의 형식이기 때문에 건너 따옴월로 포함되지 않는다. 마침씨끝이 '-는다나', '-자나', '-으라나'인 월이 건너 따옴월의 형식임을 (113)을 통하여 재확인할 수 있다.

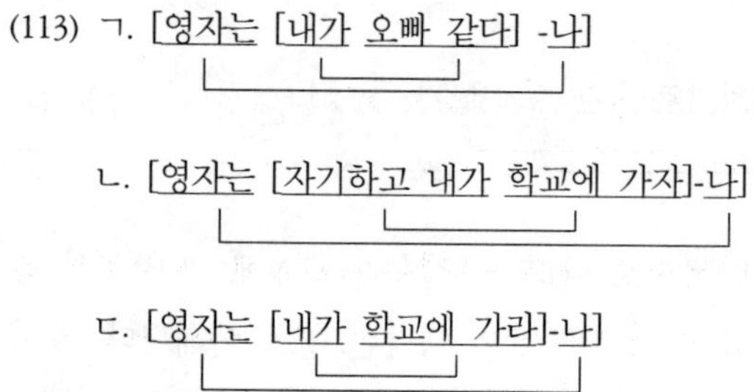

마침씨끝이 '-는다나', '-자나', '-으라나'인 월이 건너 따옴월 형식이라는 사실은 이들 마침씨끝이 사용되는 장면을 설정해 봄으로써 분명히 알 수 있다.

(114) ㄱ. 갑→을 : 영자가 얼굴이 예쁘다.
　　　　을→병 : (갑이 나에게) 영자가 얼굴이 예쁘-**다나**.
　　ㄴ. 갑→을 : 학교에 가자.
　　　　을→병 : (갑이 나에게) 자기와 내가 학교에 가-**자나**.
　　ㄷ. 갑→을 : 학교에 가십시오.
　　　　을→병 : (갑이 나에게) 내가 학교에 가-**라나**.

위 보기에서는 '갑'이 '을'에게 발화한 월을 '을'이 말할이가 되어 '병'에게 '갑'이 발화한 월을 간접 인용하여 발화할 때, 마침씨끝으로 -는다나', '-자나', '-으라나'가 쓰임을 알 수 있었다.[71]

이상에서 살핀 바와 같이 -는다나', '-자나', '-으라나'의 쓰임으로 보

---

[71] 이 때 단지 인용 발화하는 데에 그치는 것이 아니라 인용자의 의도가 끼어들게 마련이다.

아 이들 마침씨끝으로 끝맺는 월은 그 자체가 건너 따옴월의 형식이기 때문에 건너 따옴월로 포함될 수 없으며, 또한 이들은 각 의향법의 마침씨끝 중화형태인 '-는다', '-자', '-으라'에 '-나'가 통합되어 이루어진 복합형의 마침씨끝임이 분명하게 드러났다.

4.2.2.2 '-는다나', '-자나', '-으라나'의 의미·화용적 특성

지금까지의 연구 논저에서 밝혀진 '-는다나', '-자나', '-으라나'의 의미를 살피고, 이를 바탕으로 하여 이들의 의미적 특성을 설정하기로 한다.

마침씨끝 '-는다나'의 의미에 관하여 고영근(1976)은 "화자가 남에게 들은 말을 무관심한 태도로 별로 확신성 없이 말할 때 쓰이나 화자는 속으로 주체에 대한 그러한 행위에 대하여 원망하거나 한탄하는 의미"를 함축하고 있다고 하였으며, 허웅(1995:563)은 "자랑으로 일러 듣기는 뜻도 있으나, 남이 한 일 또는 한 말에 대해서 회의를 품고 부정적으로 받아들여 때로는 빈정거리는 뜻을 나타내기도 한다"고 하였다.

위의 의미를 바탕으로 하고, 실제로 '-는다나', '-자나', '-으라나'가 쓰이는 장면을 통하여 이들 마침씨끝의 의미적 특성을 살피기로 한다. (114)에서 보면 마침씨끝이 '-는다나', '-자나', '-으라나'인 월은 각각 '갑'의 발화에 대한 '을'의 반응을 나타내는 의미를 추출할 수 있는데, 이 보기에서는 말할이가 '을'이고 들을이가 '병'이며, '갑'은 제3자이다. 그렇기 때문에 마침씨끝이 '-는다나', '-자나', '-으라나'인 월은 말할이가 제3자의 발화를 듣고 그것에 대한 어떤 반응을 들을이에게 나타낸다고 하겠는데, 그 반응은 앞선 발화에 대한 회의적인 반응이라 할 수 있다.[72] 곧 (114)의 ㄱ에서 '갑'이 발화한 것에 대하여 '을'이 '병'에게 회의적인 태도를 나타냄을 엿볼 수 있다. '을'의 생각으로는 영자의 얼굴이 별로 예쁘지 않다거나 영자의 얼굴에 대하여 관심이 없다는 것으

---

72) 여기에서 '회의'의 범위에는 무관심한 태도, 한탄 등을 모두 포괄하는 것으로 본다.

로 '갑'의 발화 내용에 대한 '을'의 회의적 반응을 느낄 수 있다. ㄴ에서도 '을'의 생각에는 '갑'의 '학교에 가자는 제안'에 대한 회의적인 반응이나 무관심한 태도를 느낄 수 있고, ㄷ에서도 '을'의 생각에는 '갑'의 '학교에 가라는 명령'에 대한 회의적인 반응이나 무관심한 태도를 느낄 수 있다. 이렇게 보면 마침씨끝 '-는다나', '-자나', '-으라나'는 '제3자의 발화를 들은 말할이가 그 발화에 대하여 회의적임을 들을이에게 반말로 되풀이 서술함'이란 의미적 특성을 가진다.

이들 마침씨끝의 화용적 특성을 살펴보면, 말할이와 들을이가 대화를 나누는 상관적 장면에서만 쓰이고 말할이의 혼잣말인 단독적인 장면에서는 쓰이지 않는다. 또한 '-는다나', '-자나', '-으라나'가 쓰이는 장면을 설정해 보면, 말할이가 제3자의 발화를 듣고 그 발화에 대한 회의적인 반응을 들을이에게 나타내는 상황에서 쓰인다. 제3자의 발화가 의향법에서 서술법이냐, 꾀임법이냐, 시킴법이냐에 따라 '-는다나', '-자나', '-으라나'가 결정되는데, 이들 마침씨끝은 말할이가 들을이를 높이고자 하는 뜻이 없을 때, 곧 들을이를 안 높이는 상황에서 쓰인다.

4.2.3 '-는다고', '-느냐고', '-자고', '-으라고'

뜻과 쓰임이 서로 관련되어 유사한 마침씨끝으로 '-는다고', '-느냐고', '-자고', '-으라고'를 들 수 있다. 이들 마침씨끝은 단일한 형태소로 이루어진 마침씨끝이 아니라 각 의향법의 마침씨끝이 건너 따옴월에서 중화된 형태인 '-는다'. '-느냐', '-자'. '-으라'에 따옴자리 토씨 '고'가 통합되어 이루어진 복합형태들이다.[73] 여기서는 '-는다고', '-느냐고', '-자고', '-으라고'를 마침씨끝과 같은 기능을 수행하는 것으로 보고, 이들 마침씨끝에 관하여 논의하기로 한다.

---

73) 따옴자리 토씨 '고'는 어떤 마침씨끝에도 통합될 수 있는 것이 아니라 마침씨끝이 건너 따옴월에서 중화된 형태에만 통합된다.

`4.2.3.1` '**-는다고**', '**-느냐고**', '**-자고**', '**-으라고**'**의 형태 · 통어적 특성**

반말의 마침씨끝 '-는다고', '-느냐고', '-자고', '-으라고'의 형태적 특성으로 풀이말의 형태론적 구조 안에서 다른 요소와 어떤 제약 관계에 놓이는가에 대하여 논의하기로 한다.

이들 마침씨끝과 통합관계를 이룰 수 있는 안맺음씨끝에 대하여 살피면, '-는다고'와 '-느냐고'는 주체높임의 '-시-'와 때매김씨끝 '-었-', '-겠-', '-더-'가 제약 없이 통합관계를 이룰 수 있지만, '-자고'와 '-으라고'는 '-시-'와 통합관계를 이룰 수 없을 뿐 아니라 어떤 때매김씨끝과도 통합될 수 없는 제약이 있다. 비록 이들 마침씨끝이 서술법과 물음법에 해당하더라도 안맺음씨끝과의 통합에는 각 의향법의 중화형태인 '-는다', '-느냐', '-자', '-으라'가 영향을 미치기 때문이다. 곧 '-는다고'와 '-느냐고'는 서술법과 물음법의 '-는다'와 '-느냐'의 영향에 따라 때매김씨끝이 통합 가능하며, '-자고'와 '-으라고'는 꾀임법과 시킴법의 '-자'와 '-으라'의 영향에 따라 때매김씨끝이 통합될 수 없다. '-자고'와 '-으라고'가 '-시-'와 통합될 수 없는 까닭은 이들 월의 주체가 말할이이거나 말할이가 포함되기 때문에 '-시-'가 통합된다면 말할이가 자신을 높이는 셈이 되어 부적격해지기 때문이다.

이들 마침씨끝과 통합될 수 있는 풀이씨 뿌리에 관하여 살펴보면, '-는다고'와 '-느냐고'는 모든 풀이씨 뿌리와 통합될 수 있어 제약이 없지만, '-자고'와 '-으라고'는 움직씨 뿌리와만 통합되는 제약이 따른다. 이와 같은 까닭도 건너 따옴월의 중화형태의 영향 때문이다. 곧 꾀임법과 시킴법의 마침씨끝은 움직씨의 뿌리와만 통합되는 제약이 따르는데, 비록 '-자고'와 '-으라고'가 꾀임법이나 시킴법의 마침씨끝이 아니더라도 꾀임법과 시킴법의 중화형태인 '-자'와 '-으라'를 통하여 이 제약이 그대로 형태배합상의 특성으로 남게 되기 때문이다.

마침씨끝이 '-는다고', '-느냐고', '-자고', '-으라고'인 월 다음에는 월 끝에 놓이는 절종결이 놓임으로 보아 이들이 마침씨끝임이 확인되는데,

이들 마침씨끝 다음에는 '올림(↗)'의 절종결이 놓이는 경우와 '내림(↘)' 의 절종결이 놓이는 경우, '급히 올림(↑)'이 놓이는 경우 등 세 가지 유형의 절종결이 놓인다. 이들 마침씨끝 뒤에 어떤 종류의 절종결이 놓이느냐에 따라 쓰임과 뜻이 달라진다.[74]

이들 마침씨끝으로 끝나는 월 다음에 '올림'의 절종결이 놓이게 되면, (115)와 같이 의향법에서 물음월에 해당되어 이들이 물음법의 마침씨끝에 포함된다.

> (115) ㄱ. 철수가 학교에 가-**느다고**(↗)?
>   ㄴ. 철수가 학교에 가-**느냐고**(↗)?
>   ㄷ. 학교에 가-**자고**(↗)?
>   ㄹ. 학교에 가-**라고**(↗)?

'올림'의 절종결이 놓이는 '-는다고', '-느냐고', '-자고', '-으라고'에 대하여, 보통질문이 정보에 대한 요청임에 반하여 이 반복질문의 경우는 정보를 묻는 것이 아니라 앞선 발화 월의 반복을 요청하거나 확인해 줄 것을 요청하는 화행이라 하기도 한다(장석진(1985:149-150)).

실제로 이들 마침씨끝이 사용될 수 있는 장면을 설정해 보면, (116)에서와 같이 이들 마침씨끝이 앞선 발화 자체에 대한 '확인 물음'의 용법으로 쓰임을 알 수 있다.[75]

> (116) ㄱ. 갑→을 : 철수가 학교에 **갑니다./가오./가네./간다./가./가요.**
>   을→갑 : 철수가 학교에 **간다고**(↗)?

---

74) 장석진(1985:150)은 '급히 올림(↑)'의 절종결이 놓이는 월은 보통질문의 억양과 다르다는 점에서 Qurik 기타(1973)에서 영어의 메아리 감탄(echo exclamation)을 인정했듯이 국어에서 '반복 감탄'이라 부를 수 있다고 주장하였다.

75) 올림의 절종결이 놓이는 '-는다고', '-느냐고', '-자고', '-으라고'의 쓰임에서는 앞선 발화의 의향법에서만 제약이 있고 들을이높임의 정도에서는 제약이 없다. 곧 앞선 발화의 들을이높임의 등분이 아주낮춤이거나 예사낮춤, 예사높임, 아주높임, 반말, 반말에 '요' 통합형 등 어떤 등분이더라도 '-는다고', '-느냐고', '-자고', '-으라고'의 쓰임에는 문제가 되지 않는다.

ㄴ. 갑→을 : 철수가 학교에 **갑니까?/가오?/가는가?/가니?/가?/가요?**
　　 을→갑 : 철수가 학교에 **가느냐고**(↗)?
ㄷ. 갑→을 : 같이 학교에 **갑시다./가오./가세./가자./가./가요.**
　　 을→갑 : 같이 학교에 **가자고**(↗)?
ㄹ. 갑→을 : 학교에 **가십시오./가시오./가게./가거라./가./가요.**
　　 을→갑 : 학교에 **가라고**(↗)?

위 보기에서 '을'의 발화는 '갑'의 발화 자체에 대하여 확인하기 위한 질문으로 이해된다.이와 같이 '올림'의 절종결이 놓이는 '-는다고', '-느냐고', '-자고', '-으라고'는 어떤 구체적인 정보를 묻는 것이 아니라 단지 앞선 발화 자체에 대하여 확인하기 위한 물음의 용법으로 쓰임을 알 수 있다.

마침씨끝이 '-는다고', '-느냐고', '-자고', '-으라고'인 월에 '내림'의 절종결이 놓이면, (117)과 같이 의향법에서 서술월에 해당되고, 이들 마침씨끝은 서술법의 마침씨끝에 포함된다.

(117) ㄱ. 철수가 밥을 먹-**는다고**(↘).
　　　 ㄴ. 철수가 밥을 먹-**느냐고**(↘).
　　　 ㄷ. 밥을 먹-**자고**(↘).
　　　 ㄹ. 밥을 먹-**으라고**(↘).

위 보기의 마침씨끝들에 대하여 장석진(1985:150)에 따르면, "상대방 발화문을 반복하는 화행이며, 또 한 가지는 반복 질문함에 있어서 상대방 발화에 관심이나 흥미를 보이는 화행"이라고 하였다. 과연 이들 마침씨끝의 용법이 이와 같은가는 이들이 쓰일 수 있는 장면을 설정해 보면 드러나게 될 것이다. (118)은 이들 마침씨끝이 사용되는 장면을 설정한 것이다.[76]

---

76) '내림'의 절종결이 놓이는 '-는다고', '-느냐고', '-자고', '-으라고'의 쓰임에서는 최

    (118) ㄱ. 갑→을 : 철수가 밥을 먹-**는다**.

            을→갑 : 뭐라고? / 철수가 밥을 먹-**는다고**(↗)?

            갑→을 : 철수가 밥을 먹-**는다고**(↘).

        ㄴ. 갑→을 : 철수가 밥을 먹-**니**?

            을→갑 : 뭐라고? / 철수가 밥을 먹-**느냐고**(↗)?

            갑→을 : 철수가 밥을 먹-**느냐고**(↘).

        ㄷ. 갑→을 : 밥을 먹-**자**.

            을→갑 : 뭐라고? / 밥을 먹-**자고**(↗)?

            갑→을 : 밥을 먹-**자고**(↘).

        ㄹ. 갑→을 : 밥을 먹-**어라**.

            을→갑 : 뭐라고? / 밥을 먹-**으라고**(↗)?

            갑→을 : 밥을 먹-**으라고**(↘).

위 보기를 통하여 '내림'의 절종결이 놓이는 '-는다고', '-느냐고', '-자고', '-으라고'는 말할이(갑)가 자신의 앞선 발화에 대하여 들을이(을)의 반복 요청 질문에 대한 앞선 발화를 되풀이 서술할 때 쓰이는 마침씨끝이라고 할 수 있다.

'급히 올림'의 절종결이 놓이는 '-는다고', '-느냐고', '-자고', '-으라고'의 월은 '올림'이나 '내림'의 절종결이 놓이는 일반 물음월과 의미와 용법에서 차이가 남을 (119)를 통하여 알 수 있다.

    (119) ㄱ. 갑→을 : 철수가 학교에 **갔습니다**.

            을→갑 : 철수가 학교에 **갔다고**(↑)?

        ㄴ. 갑→을 : 철수가 학교에 **갔습니까**?

            을→갑 : 철수가 학교에 **갔느냐고**(↑)?

        ㄷ. 갑→을 : 학교에 **갑시다**.

초 발화의 의향법에만 제약이 있는 것이 아니라 들을이높임의 등분에도 제약이 따른다. 곧 최초 발화의 들을이높임의 등분이 예사낮춤이나 아주낮춤, 반말이어야 가능하지 그 밖의 등분은 불가능하다. 그 밖의 등분인 경우는 이들 마침씨끝 다음에 들을이높임의 '요'가 통합되어야 한다. 왜냐하면 마침씨끝이 이들인 월은 최초 발화의 되풀이에 해당하기 때문이다.

> 을→갑 :　학교에 **가자고**(↑)?
> ㄹ. 갑→을 : 학교에 **가십시오**.
> 　　을→갑 : ˙학교에 **가라고**(↑)?

일반적으로 물음월이 들을이에게 응답을 요구하는 데 반하여, 위 보기와 같이 '급히 올림'의 절종결이 놓이는 '-는다고', '-느냐고', '-자고', '-으라고'의 물음월은 들을이에게 응답을 요구하지 않으며, 앞선 발화에 대한 놀라움, 믿어지지 않음, 부정적 견해 등을 앞선 발화의 되풀이꼴로 나타내기 때문에 이들 마침씨끝이 바로 이와 같은 용법을 수행하는 것으로 보인다.[77]

마침씨끝이 '-는다고', '-느냐고', '-자고', '-으라고'인 월은 의향법상 앞에서 살핀 바와 같이 절종결로 '올림'이나 '급히 올림'이 놓이는 경우에는 물음법에 해당하고, '내림'이 놓이는 경우에는 서술법에 해당한다.

이들 마침씨끝과 공기관계를 이룰 수 있는 임자말의 가리킴 제약에 대하여 살펴보면, 물음법의 '-는다고'와 '-느냐고'는 첫째, 둘째, 셋째가리킴 임자말과 공기될 수 있어 가리킴 제약은 없다. 그러나 '-자고'는 첫째가리킴의 겹셈 낱말과만 공기될 수 있고, '-으라고'는 첫째가리킴 임자말과만 공기될 수 있는 제약이 따른다.[78] 그리고 서술법의 '-는다고'와 '-느냐고'는 임자말의 가리킴 제약이 없으나, '-자고'는 첫째가리킴 겹셈 낱말과만 공기 가능하고 '-으라고'는 둘째가리킴 임자말과만 공기될 수 있는 제약이 따른다. 그러므로 이들 마침씨끝은 비록 의향법상 서술법과 물음법에 해당하지만 실제 통어적인 제약은 건너 따옴월의 중화형태에 따른 의향법의 영향 아래에 놓임을 알 수 있다.

---

77) 장석진(1985:151)은 "고상승조 반복질문의 화행은 상대의 원발화에 대한 놀라움, 믿어지지 않음 등을 나타낸다"고 하였다.

78) 시킴월에서는 임자말이 둘째가리킴으로 이해되는데, 마침씨끝이 물음법의 '-으라고'인 월에서는 앞선 발화에서의 말할이와 들을이가 뒤바뀌기 때문에 둘째가리킴에서 첫째가리킴으로 바뀌게 된다.

마침씨끝이 '-는다고', '-느냐고', '-자고', '-으라고'인 월은 그 자체가 건너 따옴월의 형식이기 때문에 건너 따옴월로 포함되지 않는다. 먼저 서술법인 월이 어떤 짜임으로 이루어져 있는가를 살피기로 한다.

    (120) ㄱ. [[그 사람이 학교에 **간다고**](↘).
          ㄴ. [[그 사람이 학교에 **가느냐고**](↘).
          ㄷ. [[학교에 가**자고**](↘).
          ㄹ. [[학교에 가**라고**](↘).

위 보기에서 [   ] 안에 있는 월이 따옴자리토씨 '고'에 의해 인용된 형태를 취하는데, (120)의 의향법이 서술법에 해당하기 때문에 인용한 월의 풀이말을 '했어'로 추정해 볼 수 있으며, '했어'의 주체로 말할이인 첫째가리킴 임자말을 설정할 수 있다. (120)에 이를 보완하면 (121)과 같이 될 것이다.

    (121) ㄱ. [**내가 너에게** [그 사람이 학교에 간다]고 **했어**](↘).
          ㄴ. [**내가 너에게** [그 사람이 학교에 가느냐]고 **했어**](↘).
          ㄷ. [**내가 너에게** [학교에 가자]고 **했어**](↘).
          ㄹ. [**내가 너에게** [학교에 가라]고 **했어**](↘).

(120)의 내면구조로 (121)을 설정할 수 있는데, (121)의 인용한 월(상위문)에서 따옴자리토씨 '고'만 남고 나머지가 모두 삭제되는 규칙이 적용되면 (120)이 된다. 그렇지만 표면구조상 서술법의 '-는다고', '-느냐고', '-자고', '-으라고'는 그 자체만으로도 충분히 마침씨끝으로서의 구실을 할 수 있기 때문에 이들을 마침씨끝의 범주에 포함시켜 다루게 된다.

물음법의 경우에도 서술법의 경우와 비슷하지만 임자말의 가리킴에서 차이를 보이며, 풀이말의 뒤에 놓이는 절종결이 다르다.

    (122) ㄱ. [[그 사람이 학교에 **간다고**](↗)?
          ㄴ. [[그 사람이 학교에 **가느냐고**](↗)?

ㄷ. [[학교에 가<u>자</u>]고](↗)?
ㄹ. [[학교에 가<u>라</u>]고](↗)?

위 보기에서도 [ ] 안에 있는 월이 따옴자리토씨 '고'에 의해 인용된 형식을 취하는데, (122)는 의향법상 물음법에 해당하기 때문에 인용한 월의 풀이말로 '했어?'를 추정할 수 있으며, '했어?'의 주체로서는 들을이에 해당하는 둘째가리킴 임자말을 설정할 수 있다. 이를 보완하면 (123)과 같이 될 것이다.

(123) ㄱ. [네가 나에게 [그 사람이 학교에 간다]고 했어](↗)?
　　　 ㄴ. [네가 나에게 [그 사람이 학교에 가느냐]고 했어](↗)?
　　　 ㄷ. [네가 나에게 [학교에 가자]고 했어](↗)?
　　　 ㄹ. [네가 나에게 [학교에 가라]고 했어](↗)?

(123)은 (122)의 내면구조로 이해되는데, (123)의 인용한 월에서 '고'만 남기고 모두 삭제하면 (122)가 된다. 그렇지만 표면구조상 물음법의 '-는다고', '-느냐고', '-자고', '-으라고'도 그 자체만으로도 충분히 마침씨끝으로서의 구실을 할 수 있기 때문에 이들을 마침씨끝의 범주에 포함시켜 다루게 된다.

4.2.3.1 '-는다고', '-느냐고', '-자고', '-으라고'의 의미·화용적 특성

마침씨끝 '-는다고', '-느냐고', '-자고', '-으라고'의 의미는 뒤에 놓이는 절종결의 종류에 따라 달라진다. '올림'의 절종결이 놓이면 '앞선 발화에 대한 반말로 확인하는 물음'의 의미적 특성이 파악되고, '급히 올림'의 절종결이 놓이게 되면 '앞선 발화에 대하여 반말로 놀라움, 믿어지지 않음, 부정적 견해를 반어법의 형식으로 물음'의 의미적 특성이 파악되며, '내림'의 절종결이 놓이면 '말할이가 자신의 앞선 발화에 대하여 들을이의 반복 요청을 받고 반말로 앞선 발화를 되풀이 서술함'이란 의미적 특성으로 파악된다.[79] 이들 마침씨끝의 공통적인 의미 특성으로는 '앞선 발화에 대한 반복'이라고 할 수 있다.

이들 마침씨끝의 화용적 특성을 살펴보면, 말할이와 들을이 사이에 대화를 나누는 상관적 장면에서 사용되며, 들을이를 전제하지 않은, 말할이의 혼잣말인 단독적 장면에서도 쓰일 수 있어 제약은 따르지 않는다. 또한 이들은 말할이와 들을이 사이의 앞선 발화에 대한 되풀이 질문과 응답을 하는 상황에서 쓰인다. 의향법상 물음법일 때는 앞선 발화에 대한 들을이의 되풀이 질문이 되고, 서술법일 때에는 말할이의 앞선 발화에 대한 들을이의 되풀이 요청에 대하여 말할이의 앞선 발화에 대한 되풀이 응답이 된다.

마침씨끝이 '-는다고', '-느냐고', '-자고', '-으라고'로 끝맺는 월에 '급히 올림'의 절종결이 놓이면 응답을 요구하는 일반 물음월과 달리 응답을 요구하지 않는 물음월이 되는데, 수행력에 있어서는 놀라움, 믿어지지 않음, 부정적 견해 등을 나타내는 반어법의 월로 이해된다.

이들 마침씨끝은 말할이가 들을이를 높이고자 하는 뜻이 없을 때, 곧 들을이를 안 높이는 상황에서 쓰인다.

4.2.4 '-는다니까', '-느냐니까', '-자니까', '-으라니까'

각 의향법의 마침씨끝 중화형태인 '-는다', '-느냐', '-자', '-으라' 다음에 '-니까'가 통합되어[80] 마침씨끝으로 쓰이는 '-는다니까', '-느냐니까', '-자니까', '-으라니까'에 대하여 논의하기로 한다. 이들은 본래는 통어적 구조를 이루었던 것이 축약되어 마침씨끝으로 전이된 것으로

---

79) 허웅(1995:566)에서는 "일러 듣김을 다짐하는 뜻을 풍긴다"고 하였다.

80) 허웅(1995:561)에서는 '-니까'에 대하여 "본디 이유나 조건을 나타내는 이음법 씨끝인데, 앞마디만 말을 하고 난 뒤 뒷마디를 줄이거나, 뒷마디에 담긴 뜻이 이미 앞에 나와 있을 경우에 쓰인다"고 하고, '-는다', '-느냐', '-자', '-으라'에 덧붙어 마침씨끝이 되면, '-니까'는 "그 일러 듣김의 뜻을 다짐-강조하기도 하고 또 확인하는 뜻을 더 강조"하는 것으로 보았다.

이해된다. 곧 '-는다니까'는 통어적 구성인 '-는다고 하니까 그래'가 축약된 것으로 이해되며, '-느냐니까'는 '-느냐고 하니까 그래', '-자니까'는 '-자고 하니까 그래'가, '-으라니까'는 '-으라고 하니까 그래'가 축약된 형태로 이해된다. 그렇지만 '-는다니까', '-느냐니까', '-자니까', '-으라니까'는 이와 같은 용법에서 전이되어 하나의 독립된 마침씨끝로 쓰이는 일이 있으며, 의미상으로도 단순히 각 의향법의 마침씨끝 중화형태에 이음씨끝 '-니까'의 의미 통합이 아니라 이음씨끝 '-니까'와는 전혀 다른 의미적 특성(이에 관한 자세한 논의는 뒤에서 함)을 가지기 때문에 이들을 마침씨끝에 포함시키게 된다.

4.2.4.1 '-는다니까', '-느냐니까', '-자니까', '-으라니까'의 형태·통어적 특성

이들 마침씨끝은 앞에서 살핀 복합형의 마침씨끝 가운데 각 의향법의 마침씨끝 중화형태에 '-니', '-나', '고'가 통합되어 이루어진 것들과 형태적인 특성이 동일하므로 보기는 들지 않고 간단히 그 특징만을 밝히기로 한다.

첫째로, 이들 마침씨끝과 통합관계를 이룰 수 있는 안맺음씨끝을 보면, '-는다니까'와 '-느냐니까'는 주체높임의 '-시-'와 때매김씨끝 가운데 '-었-', '-겠-', '-더-'가 통합 가능하여 제약이 없으며, '-자니까'와 '-으라니까'는 주체높임의 '-시-'와 아울러 어떤 때매김씨끝도 통합될 수 없는 제약이 있다.[81]

둘째로, 이들 마침씨끝은 풀이씨와의 통합관계에 제약이 다른데, '-는다니까'와 '-느냐니까'는 모든 풀이씨 뿌리에 통합될 수 있어 제약이 없으며, '-자니까'와 '-으라니까'는 움직씨 뿌리에만 통합되는 제약이 따른다.

---

81) '-자니까'와 '-으라니까'가 주체높임의 '-시-'에 통합되려면 들을이높임 토씨 '요'가 통합되어야 한다. 왜냐하면 이들 마침씨끝으로 끝나는 월의 주체가 들을이이거나 들을이가 포함되기 때문이다.

이들 마침씨끝은 통어적 특성에서도 각 의향법의 마침씨끝 중화형태에 '-나', '-니', '고'가 통합되어 이루어진 마침씨끝에서와 유사하므로 그 특징만을 간단히 밝히기로 한다.

첫째로 이들 마침씨끝과 공기관계를 이루는 임자말의 가리킴 제약에 대하여 살피면, '-는다니까'와 '-느냐니까'는 첫째, 둘째, 셋째가리킴 임자말과 공기될 수 있어 제약이 없으며, '-자니까'는 첫째가리킴 임자말과만 공기 가능하고 '-으라니까'는 둘째가리킴 임자말과만 공기되는 제약을 가진다.

둘째로, 마침씨끝이 '-는다니까', '-느냐니까', '-자니까', '-으라니까'인 월은 건너 따옴월에 포함될 수 없다. 왜냐하면 이들 월은 그 자체가 건너 따옴월의 형식이기 때문이다.

4.2.4.2 **'-는다니까', '-느냐니까', '-자니까', '-으라니까'의 의미 · 화용적 특성**

이들 마침씨끝의 의미적 특성은 실제로 '-는다니까', '-느냐니까', '-자니까', '-으라니까'가 마침씨끝으로 쓰인 보기를 통하여 살피기로 한다.

(124) ㄱ. 그 책이 가장 재미있-**다니까**.
　　　 ㄴ. 어떻게 사는 것이 깨끗이 사는 거-**냐니까**.
　　　 ㄷ. 같이 함께 가-**자니까**.
　　　 ㄹ. 누구 때문에 이렇게 됐는지 말해 보-**라니까**.

위 보기는 말할이가 자신의 앞선 발화에 대하여 들을이의 반응이 없거나 미심쩍어 하는 반응에 대하여 앞선 발화를 강조하거나 재확인시킬 때 쓰인다.[82] (124)가 쓰일 수 있는 장면을 설정해 보면 (125)와 같다.

---

82) 마침씨끝이 '-는다니까' '-느냐니까', '-자니까', '-으라니까'인 월의 앞선 발화의 들을이높임 등분은 아주낮춤, 예사낮춤, 반말인 월이어야만 한다. 만일 예사높임, 아주높임, 반말에 '요' 통합형이면 '-는다니까' '-느냐니까', '-자니까', '-으라니까'에 '요'가 통합되어야 한다.

(125) ㄱ. 갑→을 : 그 책이 가장 재미있어.

　　　을→갑 : (반응 없음) / 글쎄, 재미있을까?

　　　갑→을 : 그 책이 가장 재미있-**다니까**.

　　ㄴ. 갑→을 : 어떻게 사는 것이 깨끗이 사는 거야?

　　　을→갑 : (반응 없음) / (적당한 대답이 없어서 머뭇거림)

　　　갑→을 : 어떻게 사는 것이 깨끗이 사는 거-**냐니까**.

　　ㄷ. 갑→을 : 같이 함께 가.

　　　을→갑 : (반응 없음) / (적당한 대답이 없어서 머뭇거림)

　　　갑→을 : 같이 함께 가-**자니까**.

　　ㄹ. 갑→을 : 누구 때문에 이렇게 됐는지 말해 봐.

　　　을→갑 : (반응 없음) / (적당한 대답이 없어서 머뭇거림)

　　　갑→을 : 누구 때문에 이렇게 됐는지 말해 보-**라니까**.

위 보기를 통하여 마침씨끝이 '-는다니까' '-느냐니까', '-자니까', '-으라니까'인 월은 말할이가 자신의 앞선 발화에 대하여 되풀이하여 서술할 때 쓰임을 알 수 있다. 곧 들을이가 앞선 발화에 대하여 어떤 반응을 나타내지 않거나, 적당한 대답이 없어서 머뭇거리거나, 미심쩍어 하는 반응을 나타낼 때, 이들 마침씨끝이 쓰이게 된다. 그렇다면 이들 마침씨끝의 공통적 의미 특성은 '말할이가 자신의 앞선 발화에 대하여 들을이가 반응을 나타내지 않거나, 머뭇거리거나, 미심쩍어 하는 반응에 대한 앞선 발화를 반말로 강조하거나 재확인함'이라 할 수 있다. 이 때 앞선 발화의 의향법 종류에 따라 '-는다니까' '-느냐니까', '-자니까', '-으라니까' 가운데 어느 하나의 선택이 결정된다. 곧 앞선 월이 서술월이면 '-는다니까'가, 물음월이면 '-느냐니까'가, 꾀임월이면 '-자니까'가, 시킴법이면 '-으라니까'가 자동적으로 결정된다.

이들 마침씨끝의 화용적 특성을 살피면, 이들은 말할이와 들을이가 대화를 나누는 상관적 장면에서 주로 쓰이며, 들을이를 전제하지 않은 말할이의 혼잣말인 단독적 장면에서도 쓰이기도 한다. 이들 마침씨끝은 말할이가 자신의 앞선 발화에 대하여 들을이에게 강조하거나 재확인시키고자 하는 상황에서 쓰인다. 그리고 이들 마침씨끝은 말할이가 들을이를 높이고자 하는 뜻이 없을 때, 곧 들을이를 안 높이는 상황에서 쓰인다.

4.2.5 '-는다면서', '-자면서', '-으라면서'[83)

'-는다면서'는 서술법 마침씨끝의 중화형태인 '-는다'에 '-면서'가 통합된 형태로 이해되어 단일한 형태소로 된 마침씨끝이 아니라 두 개 이상의 형태소가 통합된 마침씨끝이라고 할 수 있다. 그런데 '-는다면서'가 어떤 통어적 구조의 축약형인지, 아니면 서술법 마침씨끝의 중화형태 '-는다'에 '-면서'가 직접 통합되어 이루어진 형태적 구조인지 쉽게 판별이 안 되지만, 여기서는 '-는다면서'를 어떤 통어적 구조가 축약되어 쓰이다가 현재는 축약되기 이전 상태로 회복될 수 없는 복합형의 마침씨끝으로 보고자 한다. 왜냐하면 '-는다'에 통합된 '-면서'는 이음씨끝으로 쓰이는 것과 동일한 것으로 볼 수 없다는 점 때문이다. 곧 형태 배합상 이음씨끝 '-면서'는 풀이씨 뿌리나 안맺음씨끝에 통합될 수 있지, 마침씨끝 다음에는 직결될 수 없기 때문이다. 그러므로 '-는다면서'에서는 '-는다'와 '-면서' 사이에 다른 성분이 생략된 것으로 보는 것이 타당하다. 예컨대 '-는다면서'와 같은 짜임새로 이루어진 '-는다는데', '-는다니까', '-는다면' 등은 '-는다'와 '-니까', '-는다'와 '-는데', '-는다'와 '-면' 사이에 '-고 하-'가 생략된 것으로 볼 수 있다. 곧 원형인 '-는다고 하는데', '-는다고 하니까', '-는다고 하면'이 축약되어 '-는다는데', '-는다니까', '-는다면'으로 된 것과 같은 현상이라고 하겠다.[84) 그렇더라도

---

83) '-는다면서', '-자면서', '-으라면서'는 뜻과 쓰임에 차이 없이 '-는다며', '-자며', '-으라며'로 줄어들어 쓰이기도 한다.

84) '-고 하-'가 생략된 '-는다면서', '-자면서', '-으라면서'로, 쉽게 원형으로 회복 가능한 것은 다음 보기와 같이 이음씨끝 '-면서'로 이해된다.
　　ㄱ. 철수가 학교에 **간다면서[=간다고 하면서]** 집을 나갔다.
　　ㄴ. 철수가 같이 학교에 **가자면서[=가자고 하면서]** 집을 나갔다.
　　ㄷ. 집에 **가라면서[=라고 하면서]** 마구 때렸다.

마침씨끝인 '-는다면서'는 '-는다고 하면서'로 회복 불가능하고 독자적
인 마침씨끝으로 기능을 한다.

서술법 이외의 중화형태인 '-느냐', '-자', '-으라'에 '-면서'가 통합된
형태로의 마침씨끝을 이룰 수 있는 것으로는 '-자면서', '-으라면서'가
있다. 그러나 '-느냐면서'는 마침씨끝으로는 불가능하다.[85]

4.2.5.1 '-는다면서', '-자면서', '-으라면서'의 형태·통어적 특성

반말의 마침씨끝 '-는다면서', '-자면서', '-으라면서'의 형태·통어적
특성도 서술법, 꾀임법, 시킴법 마침씨끝의 중화형태에 '-나', '-니',
'고', '-니까' 등이 통합된 복합형 마침씨끝들과 유사하기 때문에 이들
의 형태·통어적 특성도 간단히 밝히기로 한다.

첫째로, '-는다면서'와 통합될 수 있는 안맺음씨끝으로는 주체높임의
'-시-'와 때매김씨끝 '-었-', '-겠-', '-더-' 등이 통합 가능하여 특별한 제
약은 없다. '-자면서'와 '-으라면서'는 '-시-'와 통합될 수 없고, 어떠한
때매김씨끝도 통합되지 않는 제약이 따른다.

둘째로, '-는다면서'와 통합될 수 있는 풀이씨로는 모든 풀이씨가 통
합 가능하여 풀이씨에 대한 제약은 없다. '-자면서'와 '-으라면서'는 움
직씨 뿌리와만 통합되는 제약이 있다.

셋째로, 마침씨끝이 '-는다면서', '-자면서', '-으라면서'인 월 뒤에는
'올림'의 절종결이 놓여 의향법에서 이들은 모두 물음법 마침씨끝에 해
당한다.

넷째로, '-는다면서'와 공기될 수 있는 임자말의 가리킴 제약을 보면,
첫째, 둘째, 셋째가리킴 임자말이 모두 공기될 수 있어 임자말 가리킴

---

85) '-고 하-'가 생략된 '-느냐면서'로, 원형 회복이 가능한 다음 보기에서는 '-면서'가
   이음씨끝에 해당한다. '-느냐면서'가 마침씨끝으로 기능을 하는 경우는 없다.
   ㄱ. 시간이 **있느냐면서[=있느냐고 하면서]** 이야기 좀 하자고 하더라.
   ㄴ. 주인 아주머니가 **따뜻하냐면서[=따뜻하냐고 하면서]** 방바닥을 살핀다.

제약은 없다. '-자면서'는 (126)에서와 같이 '둘째가리킴＋첫째가리킴'과 '둘째가리킴＋셋째가리킴'의 임자말과 공기관계를 이룬다.

> (126) ㄱ. 갑→을 : 학교에 갑시다.
>   을→갑 : **너와 내가** 학교에 가-**자면서**?
>   ㄴ. 갑→을 : 학교에 갑시다.
>   병→을 : **갑과 네가** 학교에 가-**자면서**?
>   ㄷ. 갑→을 : 학교에 갑시다.
>   병→갑 : **너와 을이** 학교에 가-**자면서**?

위 보기에서와 같이 ㄱ은 '-자면서'가 '둘째가리킴＋첫째가리킴'의 임자말과 공기된 보기이고, ㄴ과 ㄷ은 '둘째가리킴＋셋째가리킴'의 임자말과 공기된 보기에 해당한다.

'-으라면서'는 (127)과 같이 첫째(ㄱ), 둘째(ㄴ), 셋째가리킴(ㄷ) 임자말과 공기관계를 이룬다.

> (127) ㄱ. 갑→을 : 학교에 가십시오.
>   을→갑 : **내가** 학교에 가-**라면서**?
>   ㄴ. 갑→을 : 학교에 가십시오.
>   병→을 : **네가** 학교에 가-**라면서**?
>   ㄷ. 갑→을 : 학교에 가십시오.
>   병→갑 : **을이** 학교에 가-**라면서**?

다섯째로, 마침씨끝이 '-는다면서', '-자면서', '-으라면서'인 월은 그 자체가 건너 따옴월의 형식이기 때문에 건너 따옴월로 포함되지 않는다.

4.2.5.2 '-는다면서', '-자면서', '-으라면서'의 의미·화용적 특성

반말의 마침씨끝 '-는다면서', '-자면서', '-으라면서'의 의미에 관하여 실제 이들이 마침씨끝으로 쓰일 수 있는 장면을 설정하고, 이를 바탕으로 하여 의미적 특성을 밝히기로 한다.

먼저 '-는다면서'가 마침씨끝으로 쓰인 (128)의 보기를 통하여 의미적 특성을 살피기로 한다.

(128) ㄱ. 갑→을 : 병이 학교에 갔었**습니다**.
　　　　을→병 : (갑이 그러는데) 네가 어제 학교에 갔었-**다면서**?
　　　ㄴ. 갑→을 : 정이 그런 이야기를 했**습니다**.
　　　　을→병 : (갑이 그러는데) 정이 그런 이야기를 했-**다면서**?
　　　ㄷ. 갑→정 : 내가 그런 이야기를 했**습니다**.
　　　　정→을 : 갑이 그런 이야기를 했대.
　　　　을→병 : (정이 그러는데) 갑이 그런 이야기를 했-**다면서**?
　　　ㄹ. 병→갑 : 을이 그런 이야기를 했**어**.
　　　　갑→을 : (병이 그러는데) 네가 그런 이야기를 했다던데.
　　　　을→병 : (갑이 그러는데) 내가 그런 이야기를 했-**다면서**?

위 보기에서는 '-는다면서'가 마침씨끝으로 쓰일 수 있는 여러 장면을 설정하였는데, '-는다면서' 월은 모두 말할이가 '을'이고 들을이가 '병'이며, '갑'과 '정'은 제3자가 된다. 여기서 '-는다면서'는 말할이가 제3자에게서 직접 들은 서술월의 발화(ㄱ과 ㄴ)이거나 간접적으로 들은 서술월의 발화(ㄷ과 ㄹ)에 대하여 확인하고자 물을 때 쓰이는 마침씨끝임을 알 수 있다. 그러므로 마침씨끝 '-는다면서'는 '말할이가 제3자로부터 직접, 혹은 간접적으로 들은 서술월의 발화에 대하여 들을이에게 반말로 확인하기 위한 되풀이 물음'이란 의미적 특성을 가진다.

'-자면서'가 마침씨끝으로 쓰이는 장면은 (126)에서 이미 밝혀졌다. '-자면서'는 말할이가 직접적으로 듣거나 간접적으로 들은 꾀임월의 발화에 대하여 들을이에게 확인하고자 물을 때 쓰는 마침씨끝임을 알 수 있다. 그러므로 마침씨끝 '-자면서'는 '말할이가 직접, 혹은 간접적으로 들은 꾀임월의 발화에 대하여 들을이에게 반말로 확인하기 위한 되풀이 물음'이란 의미적 특성을 가진다.

'-으라면서'가 마침씨끝으로 쓰이는 장면은 (127)에서 이미 밝혀졌다.

'-으라면서'는 말할이가 직접적으로 듣거나 간접적으로 들은 시킴월의 발화에 대하여 들을이에게 확인하고자 물을 때 쓰는 마침씨끝임을 알 수 있다. 그러므로 마침씨끝 '-으라면서'는 '말할이가 직접, 혹은 간접적으로 들은 시킴월의 발화에 대하여 들을이에게 반말로 확인하기 위한 되풀이 물음'이란 의미적 특성을 가진다.

마침씨끝 '-는다면서', '-자면서', '-으라면서'의 공통적인 의미 특성은 '말할이가 직접, 혹은 간접적으로 들은 발화를 들을이에게 반말로 되풀이 확인 물음'으로 정리된다.

마침씨끝 '-는다면서', '-자면서', '-으라면서'의 화용적 특성을 살피면, 이들은 상관적 장면에서만 쓰이고 단독적 장면에서는 쓰이지 않는 제약이 따른다. '-는다면서'로 되풀이하기 전의 앞선 발화는 항상 서술월이어야 하며, '-자면서'는 항상 꾀임월, '-으라면서'는 항상 시킴월이어야 하는 제약이 따른다. 그리고 이들 마침씨끝은 말할이가 직접, 혹은 간접적으로 들은 앞선 발화를 확인하고자 되풀이 질문하는 상황에서 쓰인다. 또한 이들은 말할이가 들을이를 높이고자 하는 의향이 없을 때, 곧 들을이를 안 높이는 상황에서 주로 입말로 쓰인다.

4.2.6 '-는대'[86), '-는다지'[87)

언어형식 '-는대'는 '-는다고 해'의 축약형이고 '-는다지'는 '-는다고 하지'의 축약형인데, '-는대'와 '-는다지'가 의미상 차이 없이 늘 '-는다고 해'와 '-는다고 하지'로 회복될 수 있는 것은 아니다. 만일 회복이 가능하다면 '-는대'와 '-는다지'는 그 자체가 마침씨끝으로서의 기능을 하는 것으로 볼 수 없고, 뒷부분의 '-어'와 '-지'만을 반말 마침씨끝으로

---

86) 반말의 물음법 마침씨끝 '-는대'는 통합되는 풀이씨의 종류에 따라 /-는대/, /-ㄴ대/, /-대/, /-래/로 실현된다.

87) 반말의 물음법 마침씨끝 '-는다지'는 통합되는 풀이씨의 종류에 따라 /-는다지/, /-ㄴ다지/, /-다지/, /-라지/로 실현된다.

처리하고, 앞부분의 '-는다'는 서술법 마침씨끝의 중화형태인 '-는다'로 다룰 수 있게 되어 별 문제가 없게 된다. 그러나 (129)를 보면, '-는대' 가 '-는다고 해'로, '-는다지'가 '-는다고 하지'로 회복될 수 없음을 쉽게 알 수 있다.

> (129) ㄱ. 나는 언제 점심을 마음놓고 먹**는대**?
> ⇒ * 나는 언제 점심을 마음놓고 먹**는다고 해**?
> ㄴ. 나는 오늘 왜 이리 바쁘**다지**?
> ⇒ * 나는 오늘 왜 이리 바쁘**다고 하지**?

그런데 '-는대'와 '-는다지'가 모두 이와 같이 '-는다고 해'와 '-는다고 하지'로 회복될 수 없는 것은 아니다. 곧 (130)에서는 의미상 차이 없이 자연스럽게 회복될 수 있다.

> (130) ㄱ. 영이가 학교에 **간대**?
> ⇒ 영이가 학교에 **간다고** 해?
> ㄴ. 순이는 이것이 책이**라지**?
> ⇒ 순이는 이것이 책이**라고 하지**?

위에서 살핀 바와 같이 '-는대'와 '-는다지'는 (130)과 같이 건너 따옴월 형식 '-는다고 해'와 '-는다고 하지'의 줄어든 꼴과 (129)와 같이 '-는다고 해'와 '-는다고 하지'의 줄어든 꼴로 볼 수 없는, 곧 '-는대'와 '-는다지' 자체를 마침씨끝으로 다루어야만 하는 것으로 나눌 수 있으며, 여기서는 (129)의 '-는대'와 '-는다지'만 연구의 대상이 된다.

마침씨끝 '-는대'와 '-는다지'에서 서술법 마침씨끝의 중화형태 '-는다' 자리에 '-느냐', '-자', '-으라'가 놓여 전체가 마침씨끝이 될 수는 없다. 만일 이들이 놓이게 되면 건너 따옴월의 형식이 축약된 것으로 해석되어 그 전체를 마침씨끝으로 볼 수 없게 된다. 또한 반말의 '-어' 와 '-지'는 서술, 물음, 꾀임, 시킴법의 마침씨끝으로 쓰일 수 있지만, '-는다' 뒤에 놓여 반말의 마침씨끝이 될 수 있는 것은 물음법의 '-어'와 '-지' 뿐이다. 곧 서술법 마침씨끝의 중화형태인 '-는다'에 물음법의 '-어'와 '-지'가 녹아 붙어 반말의 물음법 마침씨끝 '-는대'와 '-는다지'가 이루어져 말본적 최소 단위로 기능을 한다.

4.2.6.1 '-는대', '-는다지'의 형태·통어적 특성

물음법을 실현하는 복합형 아주낮춤의 마침씨끝 '-는대'와 '-는다지'의 형태적 특성으로 풀이말의 형태론적 구조 안에서 다른 요소와 어떤 제약 관계에 놓이는가에 대하여 논의하기로 한다.

첫째, '-는대', '-는다지'와 통합관계를 이룰 수 있는 안맺음씨끝 가운데 주체높임의 '-시-'는 통합될 수 있다. '-는대'와 '-는다지'가 마침씨끝인 월에서 주체가 셋째가리킴이고 높임의 대상이면 '-시-'의 통합이 자연스럽지만 그 밖에는 통합될 수 없다.

둘째, '-는대'와 '-는다지'는 때매김씨끝과의 통합에서도 제약을 보여, (131)과 같이 어떤 때매김씨끝과도 통합되지 않는 제약이 따른다.

(131) ㄱ. 나는 도대체 언제 저녁을 먹- ⎡ * -었-
　　　　　　　　　　　　　　　　　　　* -겠-
　　　　　　　　　　　　　　　　　　　* -었었- ⎤ -<u>는대</u>?
　　　　　　　　　　　　　　　　　　　* -더-
　　　　　　　　　　　　　　　　　　　* -려-

ㄴ. 나는 오늘 왜 이리 바쁘- ⎡ * -었-
　　　　　　　　　　　　　　　* -겠-
　　　　　　　　　　　　　　　* -었었- ⎤ -<u>는다지</u>?
　　　　　　　　　　　　　　　* -더-
　　　　　　　　　　　　　　　* -려-

위와 같이 '-는대'와 '-는다지'는 어떤 때매김씨끝과도 통합관계를 이룰 수 없는 제약이 따르지만 (132)와 같이 '-는대'와 '-는다지'가 때매김씨끝과 통합될 수 있는 경우도 있다. 그렇게 되면 '-는대'는 '-는다고 해', '-는다지'는 '-는다고 하지'의 축약형에 해당되어 이 글에서 다루는 마침씨끝 '-는대', '-는다지'와는 관계가 없게 된다.

> (132) ㄱ. 철수가 언제 집에 **갔대/갔다지?←갔다고 해/하지?**
> ㄴ. 철수가 언제 집에 **가겠대/갔다지?←가겠다고 해/하지?**
> ㄷ. 철수가 언제 집에 **갔었대/갔었다지?←갔었다고 해/하지?**

곧 (132)의 '-는대'와 '-는다지'는 그 자체가 마침씨끝이 아니라 '-어'와 '-지'만이 마침씨끝에 해당하게 되어 (131)의 마침씨끝인 '-는대', '-는다지'와 차이를 보인다.

셋째, '-는대'와 '-는다지'는 (133)과 같이 풀이말의 풀이씨 뿌리의 종류에 관계없이 통합될 수 있어 제약이 따르지 않는다.

> (133) ㄱ. 나는 어떻게 서울에 **가-ㄴ대/가-ㄴ다지?**
> ㄴ. 나는 왜 이렇게 **춥-대/다지?**
> ㄷ. 나는 도대체 무엇**이-래/라지?**

넷째, '-는대'와 '-는다지' 뒤에는 (134)와 같이 들을이높임의 '요'가 통합될 수 있지만, 느낌토씨 '그려'는 통합될 수 없다. '요'가 통합될 수 있는 점이 바로 '-는대'와 '-는다지'의 들을이높임 정도가 반말에 해당함을 보여준다.

> (134) ㄱ. 난 이 많은 음식을 어떻게 다 **먹는대요/먹는다지요?**
> ㄴ. * 난 이 많은 음식을 어떻게 다 **먹는대그려/먹는다지그려?**

반말의 복합형 마침씨끝 '-는대', '-는다지'와 통어론적으로 공기관계를 이루는 요소들과의 제약에 관하여 논의하기로 한다.

첫째, '-는대'와 '-는다지'로 끝맺는 월 뒤에는 (135)와 같이 '올림'의 절종결이 놓여 '-는대'와 '-는다지'가 물음법의 마침씨끝에 해당함이 증명된다. 물음월 뒤에는 물음말이 없느냐 있느냐에 따라 '올림'이나 '내림'의 절종결이 놓이지만 '-는대'와 '-는다지' 뒤에는 물음말이 있더라도 항상 '올림'의 절종결이 놓이는 특성을 보인다.

(135) ㄱ. 나는 **언제** 꽃이 피는 걸 **본대/본다지**(↗)?
　　　ㄴ. 쟤는 왜 또 저**런대/저런다지**(↗)?

　둘째, '-는대', '-는다지'와 공기관계를 이룰 수 있는 임자말의 가리킴 제약에 관하여 살피면, (136)과 같이 첫째(ㄱ), 둘째(ㄴ), 셋째가리킴(ㄷ) 임자말과 공기될 수 있어 임자말 가리킴 제약이 없음을 알 수 있다.

(136) ㄱ. **내가** 어떻게 그 사람을 **만난대/만난다지**?
　　　ㄴ. **네가** 어떻게 그 일을 **한대/한다지**?
　　　ㄷ. **저분이** 어떻게 그 일을 **한대/다지**?

　셋째, 마침씨끝이 '-는대'와 '-는다지'인 월이 반복형으로 바뀔 때, '-는대'와 '-는다지' 모두 (137)에서와 같이 '-느냐'로 중화된다.

(137) ㄱ. 갑→을 : 난 오늘 저녁에 무엇을 먹**는대**?
　　　　을→갑 : 뭐라고요?
　　　　갑→을 : 난 오늘 저녁에 무엇을 먹**느냐**고.
　　　ㄴ. 갑→을 : 저 아이는 왜 저렇게 까분**다지**?
　　　　을→갑 : 뭐라고요?
　　　　갑→을 : 저 아이는 왜 저렇게 까부**느냐**고.

　위에서 살핀 바와 같이 물음법의 마침씨끝 '-는대'와 '-는다지'는 형태·통어적 특성에서 별다른 차이가 없다.

4.2.6.2 '-는대', '-는다지'의 의미·화용적 특성

'-는대'와 '-는다지'가 마침씨끝으로 쓰인 월이 사용되는 장면을 보면, 말할이가 들을이를 강하게 의식하는 상관적 장면에서 쓰일 뿐 아니라 말할이의 혼잣말인 단독적 장면에서도 쓰여 제약이 따르지 않는다. 이들 마침씨끝은 주로 입말에서 쓰이고 글말에서는 잘 쓰이지 않는 제약을 보인다.

'-는대'와 '-는다지'의 쓰임을 통하여 그 뜻을 파악할 수 있는데, '-는대'는 '말할이가 들을이에게 명제 내용에 대하여 사실화한 것을 (놀라움이나 못마땅함의 태도를 가지고) 반말로 물음'이란 의미적 특성을 가지며, '-는다지'는 '말할이가 들을이에게 명제 내용에 대하여 사실화한 것을 친밀감이나 부드러움을 보이며 (놀라움이나 못마땅함의 태도를 가지고) 반말로 물음'이란 의미적 특성을 가진다. 곧 "-는대'와 '-는다지'는 형태·통어적 특성에서도 별 차이가 없으며, 의미·화용적 특성에서도 같으나, '-는다지'가 "-는대'보다 친근하거나 부드러움을 주는 점에서 차이를 보인다.

4.2.7 '-을게'[88], '-을까', '-을래'

마침씨끝 '-을게', '-을까', '-을래'는 '-을-'을 공통으로 가지고 있기 때문에 한 묶음으로 묶었으며, 또한 공통의 '-을-'을 형태소 분석을 해낼 수 있다. '-을-'을 형태소로 분석하면, '-을-'은 때매김씨끝인 '미확인'의 '-겠-'이나 '의도'의 '-리-'의 변이형태로 볼 수 있다. 왜냐하면 첫째로, 마침씨끝이 '-을게', '-을까', '-을래'인 월이 건너 따옴월로 포함

---

88) 안주호(1996:149)에서는 통사적 변화의 측면에서 '-을게'가 "현대국어 시기에 와서 보문소와 의존명사, 그리고 용언의 어간이나 조사 등의 결합에 의해 종결어미로 굳어진" 형태로 보고, "종결어미의 문법화 과정을 아래와 같이 거친 것으로 보았다.
[[ ]ㄹ#것]이] > [[ ]ㄹ#것이(거)] > [[ ]ㄹ게]
비록 '-을게'가 위와 같은 문법화 과정을 거쳐 현대 우리말에서 마침씨끝으로 자리잡았다고 하더라도 이 글에서는 현대 우리말에 대한 공시적인 연구에 해당하기 때문에 이에 대한 논의는 하지 않기로 한다.

될 때, '-을게'는 '-겠다'로 중화되고, '-을까'는 '-겠느냐'로, '-을래'는 의향법에 따라 '-겠다'나 '-겠느냐'로 중화되는데, 이 때 이들의 대응관계에 따라 '-을-'과 '-겠-'을 대응시킬 수 있다는 점이다. 둘째로, '-을게', '-을까', '-을래'는 때매김씨끝과의 통합관계에서 '-겠-'과는 통합될 수 없다는 점이다. 곧 '-을게', '-을까', '-을래'에는 '-겠-'이 포함되어 있기 때문에 '-겠-'이 통합된다면 이중으로 '-겠-'이 쓰이는 결과가 된다. 셋째로, '-을게', '-을까', '-을래'는 의미상으로 볼 때에도 '-겠-'과 동일한 의미인 '의도'나 '추정'의 의미가 포함되어 있음을 알 수 있는데, 이와 같은 의미는 바로 '-을게', '-을까', '-을래'의 '-을-' 때문이라 할 수 있다.

이와 같은 까닭으로 '-을-'을 분석해 내어 때매김씨끝에 포함시키고, '-게', '-까', '-래'만을 마침씨끝으로 간주할 수도 있지만, 이 글에서는 '-을게', '-을까', '-을래'를 복합형으로 짜여진 마침씨끝으로 처리하기로 한다. 왜냐하면 첫째로, '-을-'을 안맺음씨끝으로 분석해 내고 '-게', '-까', '-래'만을 마침씨끝으로 보는 경우 '-게', '-까', '-래'가 '-을게', '-을까', '-을래'와 동일한 들을이높임의 마침씨끝이 되지 않는다는 점이다. 둘째로, '-을-' 다음에 마침씨끝이 놓이는 것이 우리말의 형태배합상 일반적이 아니라는 점이다. 셋째로, '-을게', '-을까', '-을래'가 '-을'과 '-게', '-을-'과 '-까', '-을-'과 '-래'로 확대되어 그 사이에 다른 형태소가 끼여들 수 있는 것이 아니라 항상 한 몸처럼 작용한다는 점이다.

위에서 살핀 바와 같이 '-을게', '-을까', '-을래'는 비록 복합형이지만 단일형의 마침씨끝과 같이 한 몸으로 마침씨끝의 역할을 하기 때문에 복합형의 마침씨끝에 포함된다.

4.2.7.1 '-을게', '-을까', '-을래'의 형태 · 통어적 특성

반말의 마침씨끝 '-을게', '-을까', '-을래'의 형태적 특성으로 풀이말의 형태론적 구조 안에서 다른 요소와 어떤 제약 관계에 놓이는가에 대하여 논의하기로 한다.

이들 마침씨끝이 통합될 수 있는 안맺음씨끝에 대하여 살피면, '-을게'와 '-을래'는 주체높임의 '-시-'도 통합 불가능하고 어떤 때매김씨끝도 통합될 수 없는 제약이 따른다. '-을까'는 '-시'와 통합 가능할 뿐더러 때매김씨끝 가운데 '-었-'과 통합될 수 있지만 '-겠-'과 '-더'는 통합될 수 없는 제약이 있다.

마침씨끝이 '-을게'인 월은 임자말이 첫째가리킴으로 말할이와 동일인이기 때문에 말할이가 자신을 높이지 않는 원칙에 따라 '-시-'가 통합될 수 없으며, '-을게'가 의미상 '약속'을 나타내되, 현재 이후 다가올 시간에 이루어질 약속을 의미하기 때문에 때매김씨끝이 통합될 수 없다.

서술법의 '-을래'는 서술법 임자말이 첫째가리킴이어야 하기 때문에 '-시-'가 통합될 수 없음은 자명하다. 물음법의 '-을래'는 임자말이 둘째가리킴인 월의 마침씨끝으로 쓰이는데, 월의 주체가 높임의 대상으로 주체를 높여야 할 경우 '-시-'가 통합될 수 있지만, 그렇게 되면 월의 주체와 들을이이가 동일인이기 때문에 '-을래' 다음에는 들을이높임의 '요'가 통합되어야 한다. 그러므로 반말의 '-을래'만으로는 '-시-'와 통합관계를 이루지 못한다. '-을래'에는 '의도'의 의미가 포함되어 있되, 현재 이후 다가올 시간에 대한 것이기 때문에 어떠한 때매김씨끝과도 통합될 수 없는 제약을 가진다.

'-을까'는 임자말이 셋째가리킴인 월에도 쓰일 수 있기 때문에 월의 주체가 높임의 대상이면 당연히 '-시-'가 통합된다. '-을까'에는 '의도의 질문'과 '추정의 질문'의 의미적 특성이 포함되어 있는데, '추정의 질문'인 경우에만 '-었-'과 통합관계를 이룰 수 있을 뿐이고, '의도의 질문'인 경우에는 '-었-'과 통합될 수 없는 제약이 따른다. 왜냐하면 '의도'란 미래 시간의 경우에만 가능하기 때문이다. '-을까'가 '-겠-'과 통합될 수 없는 까닭은 '-겠-'이 일반적으로 '의도'와 '추정'의 의미를 가지고 있다고 하는데, '-을까'에도 '의도'와 '추정'의 의미가 포함되어 있어 '-겠-'이 통합되면 의미상 겹침이 생기기 때문이라고 할 수 있다.

    (138) ㄱ. * 내가 저기서 기다리-**었을게**.

         ㄴ. * 내가 이 돌을 깨뜨리-**었을래**.

         ㄷ. * 네가 이 돌을 깨뜨리-**었을래**?

         ㄹ. * 내가 도와주-**었을까**?

         ㅁ. 어머 그렇게까지 마음씨 고운 사람들이 있-**었을까**?

위 보기에서와 같이 마침씨끝이 '-을게'와 '-을래'인 월은 '-었-'과 통합되면 부적격한 월이 되었다. 그러나 '-을까'인 월은 '의도'의 의미일 때는 ㄹ과 같이 '-었-'이 통합되면 부적격한 월이 되지만 '추정'의 의미일 때는 ㅁ에서와 같이 '-었-'과 통합되더라도 적격한 월이 되었다.

이들 마침씨끝이 통합관계를 이룰 수 있는 풀이씨의 뿌리에 대하여 살피기로 한다. '-을게'와 '-을래'는 움직씨 뿌리와 통합될 수 있으며, 그림씨나 잡음씨 뿌리에는 통합되지 못하는 제약이 있다. '-을게'와 '-을래'에 통합될 수 있는 풀이씨가 움직씨이더라도 행동자(agent)의 능동적 행동(action)을 나타내는 행동성 움직씨만이 가능하고 비행동성 움직씨는 통합될 수 없는 제약이 따른다.[89]

    (139) ㄱ. 내가 떠나기 전에 한번 더 **올게**./**올래**./네가 … **올래**?

         ㄴ. * 내가 내일 몹시 **앓을게**./ * **앓을래**./ * 네가 … **앓을래**?

         ㄷ. * 내가 오늘밤 **지칠게**./ * **지칠래**./ * 네가 … **지칠래**?

         ㄹ. * 내가 내일 **바쁠게**./ * **바쁠래**./ * 네가 … **바쁠래**?

         ㅁ. * 내가 이 다음에 선생**일게**./ * 선생**일래**./ * 네가 … 선생**일래**?

위 보기에서 풀이말을 보면 ㄱ은 행동성 움직씨이며, ㄴ과 ㄷ은 비행동성 움직씨이다. 그리고 ㄹ은 그림씨이며, ㅁ은 잡음씨이다. 그러므로 행동성 움직씨인 ㄱ만이 적격한 월이고 그 밖의 월은 부적격한 월이 되었다.

---

89) Chafe(1970)는 동사를 행동자(agent)의 능동을 나타내는 행동성(action)동사, 상태 변화를 나타내는 과정성(process)동사, 상태를 나타내는 상태성(state) 동사로 나누었다.
    서정수(1977)는 말할이가 능동적 행위자가 아니고 일종의 수동자인 비행동성 동사의 보기로 '지치다', '앓다' 등을 들고 있다.

‘-을까’와 통합관계를 이룰 수 있는 풀이씨의 뿌리로는 움직씨, 그림씨, 잡음씨 등 모든 풀이씨가 통합될 수 있어 풀이씨에 대한 제약은 없다. 이는 ‘-을까’가 ‘추정’의 의미적 특성을 포함하고 있는 경우에 한하며, ‘의도’의 의미를 포함하는 경우에는 행동성 움직씨와만 통합관계를 이루게 된다.

이들 마침씨끝과 공기관계를 이룰 수 있는 임자말의 가리킴에 대하여 살피면, ‘-을게’는 항상 첫째가리킴의 임자말과만 공기되는 제약이 따른다. 그렇기 때문에 임자말이 표면상 드러나지 않은 월에서도 마침씨끝이 ‘-을게’인 월은 항상 임자말이 첫째가리킴으로 이해된다.

‘-을까’는 첫째가리킴만이 아니라 둘째가리킴, 셋째가리킴의 임자말과도 공기될 수 있어 임자말의 가리킴 제약은 없다.

‘-을래’는 서술법으로 쓰이는 월에서는 첫째가리킴 임자말과만 공기될 수 있으며, 물음법으로 쓰이는 월에서는 둘째가리킴 임자말과만 공기되는 제약이 따른다.90)

이들 마침씨끝과 공기관계를 이룰 수 있는 어찌말에 대하여 살피면, ‘-을게’와 ‘-을래’는 미래지향적 현재나 미래를 나타내는 때어찌말과는 공기될 수 있지만, 과거지향적 현재나 과거를 나타내는 때어찌말과는 공기될 수 없는 제약이 따른다.91)

> (140) ㄱ. **내가 지금(내일, 모레 다음 주에, …) 뒤쫓아갈게**.
>
> ㄴ. * **내가 방금(어제, 그제께, 지난 주에, …) 뒤쫓아갈게**.
>
> ㄷ. **지금(이따가, 내일, 내년에 …) 날 따라가지 않을래?**

---

90) 마침씨끝이 ‘-을래’인 월에서 임자말이 첫째가리킴 겹셈의 낱말일 때는 절종결을 고려하지 않으면 서술월과 물음월의 구별이 어려워진다. 다음 보기는 서술월로도, 물음월로도 해석될 수 있는데, 절종결의 종류에 의하여 의향법이 결정된다.
　　ㄱ. 우리가 교장 사택으로 **갈래**{., ?}
　　ㄴ. 우리 놀러 가지 **않을래**{., ?}

91) 서정수(1977)는 ‘지금’과 ‘방금’을 구별하여, ‘지금’은 ‘미래지향적 현재’라 하고, ‘방금’은 ‘과거지향적 현재’라 하였다.

ㄹ. * **방금(어제, 지난 주에, 작년에 …)** 날 따라가지 않을래?

위 보기에서 ㄱ과 ㄷ만이 적격한 월이 된 까닭은 '-을게'와 '-을래'의 의미적 특성 때문이다. 곧 '-을게'는 의미 특성상 현재 이후 다가올 미래 시간에 이루어질 약속을 나타내기 때문이고, '-을래'는 '의도'의 의미가 포함되어 있어 발화 시점이 현재일 때 말할이와 들을이의 의도는 그보다 이후의 것(미래)이어야만 가능하기 때문이다.

'-을까'와 공기관계를 이룰 수 있는 어찌말에 관하여 살피면, '추정'의 의미인 '-을까'는 (141)과 같이 '혹시', '글쎄' 등 개연성이 적은 회의적인 반응을 나타내는 어찌말과는 공기될 수 있는 데 비하여 '아마', '아마도' 등 확실한 단정은 아니나 개연성이 큰 어찌말과는 자연스러운 공기관계를 이루지 못하는데, 이는 바로 '-을까'의 '추정의 질문'이란 의미적 특성 때문이다.

(141) ㄱ. **글쎄(혹시 …)** 저 녀석 누나가 부자**일까**?
　　　 ㄴ. * **아마(아마도 …)** 서울에 비가 **올까**?

그러나 '-을까'가 '의도'의 의미적 특성을 가질 때에는 '글쎄', '혹시' 등과 아울러 '아마', '아마도' 등도 다음 보기와 같이 '-을까'와 공기관계를 이루지 못하는 제약이 따른다. 이와 같은 까닭도 '-을까'의 '의도의 질문'이라는 의미적 특성으로 말미암는다.

(142) ㄱ. * **글쎄(혹시 …)** 내가 심부름 좀 **할까**?
　　　 ㄴ. * **아마(아마도 …)** 내가 심부름 좀 **할까**?

때어찌말과의 공기관계를 보면, '추정 질문'의 의미적 특성을 가지는 경우에는 (143)과 같이 미래나 미래지향성 현재의 어찌말(ㄱ)만이 아니라 과거지향성 현재나 과거의 어찌말(ㄴ)과도 공기될 수 있어 제약이 없다.

(143) ㄱ. **지금(이따가, 내일, 내년에 …) 비가 올까?**
      ㄴ. **방금(어제, 지난 주에, 작년에 …) 비가 왔을까?**

위 보기와 같이 '-을까'가 때매김의 '-었-'과 통합되었을 때에는 '추정'의 의미적 특성을 가지며, 그렇게 되면 과거지향성 현재나 과거의 때어찌말과도 자연스러운 공기관계를 이룰 수 있다. 이와 같은 까닭은 풀이말의 행위나 상태가 이미 이루어졌거나 언급된 것에 대한 추정이기 때문이다.

'-을까'가 '의도 질문'의 의미적 특성을 가지면 (144)와 같이 미래나 미래지향성 현재의 어찌말(ㄱ)과만 공기될 수 있을 뿐 과거지향성 현재나 과거의 어찌말(ㄴ)과 공기될 수 없는 제약이 따른다.

(144) ㄱ. **지금(이따가, 내일, 내년에 …) 같이 가면 안 될까?**
      ㄴ. * **방금(어제, 지난 주에, 작년에 …) 같이 가면 안 될까?**

위 보기와 같이 '-을까'가 미래나 미래지향성 현재의 때어찌말과만 공기될 수 있는 것은 '-을까'에 '의도의 물음'의 의미 특성이 포함되어 있기 때문이다. 곧 발화 시점에서 말할이나 들을이의 '의도의 물음'은 현재나 현재보다 이후(미래)의 것이어야만 가능하기 때문이다.

마침씨끝 '-을게', '-을까', '-을래'로 끝맺는 월이 건너 따옴월로 포함되면, (145)와 같이 '-을게'는 '-겠다'로(ㄱ) 중화되며, '-을래'는 의향법에 따라 서술법의 '-을래'는 '-겠다'로(ㄴ), 물음법의 '-을래'는 '겠느냐'로(ㄷ) 중화된다. '-을까'는 '-겠느냐'로(ㄹ) 중화되는 것이 일반적이다.

(145) ㄱ. 갑→을 : 저기서 기다**릴게**.
        을→병 : (갑이 나에게) 저기서 기다리**겠다**고 한다.
      ㄴ. 갑→을 : 난 엄마 닮지는 **않을래**.
        을→병 : (갑이 나에게) 자기는 엄마 닮지는 **않겠다**고 한다.
      ㄷ. 갑→을 : 날 따라 가지 **않을래?**

      을→병 : (갑이 나에게) 자기를 따라가지 않**겠느냐**고 한다.
  ㄹ. 갑→을 : 그이가 정말 살아 있**을까**?
      을→병 : (갑이 나에게) 그이가 정말 살아 있**겠느냐**고 한다.

위 보기에서와 같이 '-을게', '-을까', '-을래'는 건너 따옴월에서 '-겠다'나 '-겠느냐'로 중화되기 때문에 '-을-'과 '-겠-'을 관련시켜 '-을-'을 때매김의 형태소로 분석해 낼 수 있다. 곧 '-을게'를 예로 들면, '-을-'과 '-겠다'에서의 '-겠-'을 관련시켜, '의도'의 '-겠-'이 '-을-'에 해당하는 것으로 처리하면, '-을게'는 '의도'의 '-을-'과 마침씨끝 '-게'로 형태소 분석된다. 그리고 '-을게'와 같은 형태구조로 이루어진 '-을래'의 의미가 '-겠네'의 뜻을 나타내는 종결어미란 설명(이희승(1982)편저, 국어대사전)이 보여, '-을게'를 '-을-'과 '-게'로 형태소 분석할 근거를 뒷받침해 준다. 그러나 앞에서 밝힌 바와 같이 비록 '-을게'가 '-을-'과 '-게'로 분석되더라도, 이들이 통합되어 한 몸으로 굳어져 말본적 기능을 수행하기 때문에 복합형의 마침씨끝에 해당된다.

'-을까'가 임자말이 첫째가리킴이고, 풀이말이 행동성 움직씨이며, 때매김씨끝이 통합되지 않은, 곧 '-을까'가 '의도의 물음'의 의미특성을 가지는, 월에서는 건너 따옴월에 포함될 때, (146)과 같이'-겠느냐'로 중화되지 않는다.

  (146) ㄱ. 갑→을 :오늘은 내가 자네를 좀 가르쳐 **줄까**?
      을→병 : * (갑이 나에게) 오늘은 자기가 나를 좀 가르쳐주**겠느냐**고 한다.
    ㄴ. 갑→을 : 내가 솔직히 말해 **줄까**?
      을→병 : *(갑이 나에게) 자기가 솔직히 말해 주**겠느냐**고 한다.
    ㄷ. 갑→을 : 내가 김선생을 만**날까**?
      을→병 : *(갑이 나에게) 자기가 김선생을 만나**겠느냐**고 한다.

위 보기에서 마침씨끝 '-을까'는 '의도의 질문'의 의미를 가지는데,

마침씨끝이 '-을까'인 월이 건너 따옴월로 포함되면, 포함된 월의 임자말이 둘째가리킴이 아니라 셋째가리킴으로 바뀌기 때문에 '-겠느냐'로 중화되면 부적격한 월이 된다. 곧 '-을까'가 '의도'를 나타내기 때문에 건너 따옴월에서 '-을까'가 '-겠느냐'로 중화되더라도 '-겠느냐'의 '-겠-'이 의도의 의미를 가져야 한다. '-겠-'이 '의도'의 의미 특성을 가지려면 물음법에서는 임자말이 둘째가리킴이어야 하지만 (146)에서는 건너 따옴월로 포함된 월의 임자말이 둘째가리킴이 아니라 셋째가리킴이기 때문에 부적격한 월이 되었다.

　(146)과 같은 환경에서 쓰인 '-을까'가 반복질문형으로 표현되면 (147)과 같이 '-겠느냐'로 중화되지 않고 '-느냐'로 중화된다.

> (147) ㄱ. 갑 : 내가 솔직히 말해 **줄까**?
> 　　　　 을 : 뭐라고?
> 　　　　 갑 : 내가 솔직히 말해 주**느냐**고?
> 　　　 ㄴ. 갑 : 내가 김선생을 만**날까**?
> 　　　　 을 : 뭐라고?
> 　　　　 갑 : 내가 김선생을 만나**느냐**고?

　(146)이나 (147)과 동일한 환경에서 쓰인 '-을까'가 되묻는 물음월로 표현되면 (148)과 같이 '-겠느냐'나 '-느냐'로 중화되지 않고, '-겠다'로 중화되는 특성을 보인다.

> (148) ㄱ. 갑→을 : 내가 도와**줄까**?
> 　　　　 을→갑 : 네가 도와주**겠다**고?
> 　　　 ㄴ. 갑→을 : 내가 내일 학교에 가 **볼까**?
> 　　　　 을→갑 : 네가 내일 학교에 가 보**겠다**고?

　이와 같이 '-을까'가 '-겠다'로 중화되는 까닭은 '-을까'가 단순히 '질문'의 의미만을 나타내는 것이 아니기 때문이라 할 수 있다. 곧 '내가 도와줄까?'는 이미 말할이가 '도와주겠다'는 것을 전제하고 자신의 의향을 상대방에게 묻는 의미적 특성을 가지기 때문이다.

마침씨끝 '-을게'로 끝맺는 월은 이행분석(performative analysis)을 하는 경우에 (149)과 같이 이행동사를 '약속하다'로 보는 것이 타당하다.[92]

(149) ㄱ. 무엇이든 하라는 대로 **할게**.
⇒내가 너에게 [무엇이든지 하라는 대로 하**겠다**]고 **약속하다**.
ㄴ. 내가 빨아서 짜 **줄게**.
⇒내가 너에게 [내가 빨아서 짜 주**겠다**]고 **약속하다**.
ㄷ. 내가 밥을 먹**을게**.
⇒내가 너에게 [내가 밥을 먹겠다]고 **약속하다**.

위 보기에서와 같이 '-을게'에는 '약속'의 의미가 내재해 있어 의향법에서 약속법을 따로 설정하여 '-을게'를 약속법의 마침씨끝으로 다루기도 하지만, 이 글에서는 앞에서 살핀 바와 같이 의미적 특성보다는 말본적 특성을 우선적으로 고려하여 일차적으로 서술법의 범주에 포함시킨 다음, 이차적으로 의미적 특성을 고려한 분류로 약속법의 범주에 포함시켰다.

4.2.7.2 '-을게'[93], '-을까', '-을래'의 의미·화용적 특성

반말의 마침씨끝 '-을게', '-을까', '-을래'의 의미에 관하여, 지금까지 이루어진 연구 결과를 살피고, 이를 바탕으로 하여 실제 '-을게', '-을까', '-을래'가 마침씨끝으로 쓰일 수 있는 장면을 설정하여 의미적 특성을 밝히기로 한다.

---

92) '-을게'가 마침씨끝인 월의 이행분석에 관하여는 이정민(1975:305) 참조.
93) '-을게'의 형성 과정에 대하여 안명철(1990)과 손호민(1990)은 '-을 것이야'에서 '-ㄹ 꺼야'가, 그리고 여기에서 다시 '-ㄹ게'가 형성된다고 보았으나, 안주호(1996: 154-156)에서는 "[-ㄹ 것이-0]의 구조에서 온 것으로 종결어미가 영형태로 되어 있다"고 하였다. 이와 같은 통시적 형성에 관한 것은 이 글에서 논의하지 않는다.

‘-을게’의 의미에 관한 지금까지의 연구 내용을 검토해 보면, 이기용 (1978)은 “의도를 뜻하는 종결어미”라 하였다. 그러면 실제로 ‘-을게’가 마침씨끝으로 쓰인 월의 형태·통어적 특성을 바탕으로 하여 ‘-을게’의 의미 특성을 추출하기로 한다. ‘-을게’는 임자말이 첫째가리킴인 경우에 만 공기관계를 이루기 때문에 ‘말할이가 자신에 관한 것을 들을이에게 하는 말’의 마침씨끝으로 쓰임을 알 수 있으며, 풀이말이 행동성 움직 씨인 경우에만 통합될 수 있기 때문에 ‘말할이의 능동적 행동’을 나타 냄을 알 수 있다. 또한 마침씨끝이 ‘-을게’인 월을 이행분석하면 이행문 의 풀이말이 ‘약속하다’로 됨이 가장 적당하므로 ‘약속’의 의미를 추출 할 수 있고, 발화 시점에서 풀이말의 행동이 현재까지 이루어지지 않은, 앞으로 일어날 동작이라는 점에서 ‘미래(앞으로)’의 의미를 추출할 수 있 다. 이상의 내용을 정리하면, ‘-을게’는 ‘말할이가 자신의 미래(앞으로)의 행동을 할 것을 들을이에게 반말로 약속함’이란 의미적 특성을 가진다.

지금까지의 연구 논저에서 밝혀 놓은 ‘-을까’의 의미에 관하여 살피면, 이정민(1975)은 “제어 가능한 행위(controllable act)의 동사와 관련되어 의 지에 관해 묻는 ‘의지’ 의문어미”라고 하였으며, 김하수(1979)는 “‘-을까’ 의 의미는 보편적으로 추정이며, 단지 주어가 1인칭이고, 동사의 의미 자질이 [+action]이면 ‘의도’의 뜻을 지닌다”고 하였고, 이기용(1978)은 ‘추정’이라고 하였으며, 남기심·고영근(1985)은 “강한 진술을 내포하는 감탄의문문”이라고 하였다. 위 논저에서 밝힌 ‘-을까’의 의미적 특성을 정리하면, ‘강한 진술’을 ‘의도’에 포함시킬 수 있다면 ‘-을까’의 의미는 ‘추정’, ‘의도’, ‘추정과 의도’의 세 가지로 축약될 것이다.

그러면 위에서 밝힌 의미와 앞에서 살펴본 ‘-을까’의 형태·통어적 특성을 바탕으로 하여 ‘-을까’의 의미적 특성을 밝히기로 한다. ‘-을까’ 의 형태·통어적 특성으로 미루어 볼 때, ‘-을까’의 의미가 ‘의도’만으 로는 해석될 수는 없다. ‘-을까’가 의도의 의미만으로 해석된다면 풀이 말에도 제약이 따르고 임자말의 가리킴이나 때매김씨끝과의 통합에도 제약이 따르게 되는데, '-을까'는 이들 제약에 국한되어 쓰이는 것은 아니다. 그렇다고 해서 '-을까'에 의도의 의미가 전혀 배제되는 것은 아니다. '의도'의 의미로 해석될 수 있는 성립 조건을 갖추게 되면 '-을까'가 의도의 의미를 가지게 된다. 곧 미래 시간에 관한 경우이고 임자말이 첫째가리킴이고 풀이말이 행동성을 띨 때에는 '-겠-'에서와 같이 의도의 의미가 파악된다.

(150) ㄱ. **내가 의따가** 재미있는 이야기나 하나 **할까**?
　　　 ㄴ. **내가 조금 후에** 한번 더 말해 **볼까**?
　　　 ㄷ. **내가 의따가** 연애가 뭔지 가르쳐 **줄까**?

위 보기에서는 말할이와 주체가 동일인이기 때문에 여기에서의 '-을까'는 말할이가 자신의 의도를 들을이에게 묻는 의미로 이해된다.[94] 이 점이 다른 물음월의 의도를 나타내는 경우와 차이를 보이는 점이다. 일반적으로 물음월에서는 임자말이 둘째가리킴일 때만 들을이의 의도를 묻는 의미가 파악되는 데 비해 '-을까'는 임자말이 첫째가리킴인데도 의도의 의미를 나타내었다. 그런데 '의도'를 나타내는 조건 가운데 어느 하나라도 만족시키지 못하면 '의도'의 의미로 이해되지 않고 '추정'의 의미로 이해된다.

(151) ㄱ. 나는 종종 그 곳을 찾았는데 왜 한번도 못 만**났을까**?
　　　 ㄴ. 철수가 내일 이 곳에 또 **올까**?
　　　 ㄷ. 내가 정말로 우등생**일까**?

위 보기의 마침씨끝 '-을까'는 '추정'의 의미로 해석되는데, 그 까닭은 ㄱ은 '의도'의 조건 가운데 '미래 시간'의 조건에 충족되지 않았으며, ㄴ은 임자말이 첫째가리킴 조건에, ㄷ은 풀이말이 행동성을 띤 움

---

94) (150)은 들을이를 전제하지 않은 말할이의 혼잣말로도 이해된다.

직씨이어야 하는 조건에 충족되지 않았기 때문에 '-을까'가 '의도'의 의
미로 해석되지 않고 '추정'의 의미로 해석된다.

(150)의 마침씨끝 '-을까'는 '의도'의 의미로 해석되고, (151)의 '-을까'
는 '추정'의 의미로 해석되기 때문에 응답월의 양상이 각각 다른 형태
로 나타난다. (150)의 응답월은 (152)와 같이 시킴꼴의 월로 나옴을 알
수 있다.

> (152) ㄱ. 응, 재미있는 이야기 좀 해 **줘**.
> ㄴ. 응, 한번만 더 말해 **봐**.
> ㄷ. 응, 가르쳐 **줘**.

그런데 '-을까'가 '추정'의 의미로 해석되는 (151)의 응답월로는 질문
과 마찬가지로 '추정'의 의미를 나타내는 (153)과 같은 월로 나타남을
볼 수 있다.[95]

> (153) ㄱ. 아마, 다음 번엔 만날 수 있<u>을 **거야**</u>.[96]
> ㄴ. 그럼, 철수가 내일 또 이 곳에 <u>올 **거야**</u>.
> ㄷ. 그럼, 네가 정말로 우등생<u>일 **거야**</u>.

이처럼 물음월에서 '-을까'가 '추정의 물음'으로 해석되느냐, '의도의
물음'으로 해석되느냐에 따라 응답의 양상이 다르게 나타난다.

위에서 살핀 바와 같이 '-을까'는 '말할이가 들을이에게 명제 내용에
대한 추정을 나타내는 반말 물음'의 의미적 특성을 가지는 마침씨끝인
데, 임자말이 첫째가리킴이고 풀이말이 행동성 움직씨이며 올적에 관한
것일 때, '명제 내용에 대한 말할이의 의도를 반말로 물음'이란 의미적

---

95) 이기용(1978:53)은 '추정'의 응답월이 가능한 물음월도 '추정'의 의미를 나타내야
함을 설명하였다.

96) '-을 것'을 일반적으로 임자말이나 풀이말의 종류에 관계없이 '추정'의 의미로 해
석한 논저로는 서정수(1978)를 들 수 있다.

특성을 가지는 마침씨끝이다.

'-을래'의 의미적 특성은 '-을래'가 마침씨끝로 쓰인 월에서의 형태·통어적 특성을 바탕으로 설정하기로 한다. '-을래'의 형태배합상의 특성과 통어적 특성으로 보아 '-을래'가 서술월로 쓰일 때 '의도'의 의미로 해석되는 환경에서 쓰임을 알 수 있다. 더군다나 마침씨끝이 서술법의 '-을래'인 월이 건너 따옴월로 포함되면 중화형태 '-겠다'로 바뀌는 사실을 확인하였으므로, '-을래'에 '의도'의 의미가 포함되어 있음이 증명되었다. 서술법의 '-을래'는 첫째가리킴 임자말과 공기되기 때문에 임자말이 첫째가리킴이면 말할이와 월의 주체가 동일인이 되어 '-을래'는 '말할이가 들을이에게 명제 내용에 대한 자신의 의도를 반말로 서술함'이란 의미적 특성을 가진다.

임자말이 첫째가리킴 겹셈 낱말이거나 둘째가리킴인 월의 마침씨끝으로 쓰인 '-을래'는 물음법에 해당함을 앞에서 살핀 바 있다. 이에 해당하는 월에서도 '-을래'는 '의도'의 의미로 파악된다. 이 경우의 '의도'는 말할이의 의도가 아니라 '들을이의 의도를 물음'의 의미로 이해된다. 그러므로 물음법의 '-을래'의 의미는 '들을이의 의도를 반말로 물음'이 된다.

'-을게', '-을까', '-을래'의 화용적 특성을 보면, 먼저 '-을게'는 말할이가 자신의 미래의 행위가 들을이에게 이익이 된다고 전제할 때에만 쓰인다고 하기도 한다.97) 실제로 (154)에서는 말할이의 미래 행위가 들을이에게 이익이 되는 행위임에 틀림이 없다.

> (154) ㄱ. 무엇이든 하라는 대로 **할게**.
> ㄴ. 얼른 갔다와. 내가 대포 한잔 **쏠게**.
> ㄷ. 너희들의 일을 대신해 **줄게**.
> ㄹ. 내 말만 들어 줘. 그러면 해치지 **않을게**.

---

97) 이와 같은 주장에 관하여는 이정민(1975:305) 참조.

위 보기에서 ㄱ은 말할이가 들을이의 욕구를 들어주어 들을이를 이롭게 하는 보기이고, ㄴ은 말할이가 들을이를 대접하여 들을이를 이롭게 하는 보기이다. ㄷ은 말할이가 들을이의 일을 대신하여 들을이를 편리하게 해 주는 보기이며, ㄹ은 말할이가 들을이를 해칠 수 있지만 전제 조건만 만족시켜 주면 해치지 않겠다고 약속하여 들을이를 이롭게 해 주는 보기에 해당한다. 이로 미루어 보아 말할이가 자기의 미래의 행위가 들을이에게 이익이 된다고 생각할 때, '-을게'가 쓰인다는 설명이 타당한 셈이다.

    (155) ㄱ. ?내가 너를 때<u>릴게</u>.
         ㄴ. ?큰 소리로 떠<u>들게</u>.

위 보기에서 말할이의 행위가 들을이에게 이롭지 않을 때는 ㄱ과 ㄴ이 부자연스러운 월이 되지만, 들을이를 이롭게 해 주는 행위라면 적격한 월이 된다.

    (156) ㄱ. <u>너를 착한 사람으로 만들려면 때려야 돼</u>. 내가 너를 때<u>릴게</u>.
         ㄴ. 내가 큰 소리로 떠들<u>게</u>. <u>그 사이 조용히 도망가</u>.

위 보기에서와 같이 말할이의 행위로 말미암아 들을이를 이롭게 하는 행위, 곧 들을이를 착한 사람 만들거나, 들을이로 하여금 무사히 도망갈 수 있게 되는 행위이기 때문에 적격한 월이 되어 위 주장의 타당성이 입증되었다.

그런데 '-을게'는 '약속'의 의미와 더불어 알림[告知]의 의미로 해석되는 일이 있다. 이 경우에 약속의 의미는 약화되거나 거의 상실되고, '알림'의 의미로 이해되는 보기들이 있다.

    (157) ㄱ. 나 목간 좀 하고 <u>올게</u>.
         ㄴ. 이 앞 전당포 좀 다녀<u>올게</u>.

     ㄷ. 나 거리에 좀 다녀**올게**.
     ㄹ. 나 그만 **갈게**.

위 보기에서는 말할이의 미래 행위에 대하여 들을이에게 '알림'의 의미로 이해되지만 '약속'의 의미가 전혀 없는 것은 아니다. 그러므로 이들 보기에서 쓰인 '-을게'의 의미도 약속의 의미로 해석된다. 그런데 '알림'의 의미로 주로 파악될 때에는 말할이의 앞으로의 행위가 들을이에게 이익이 되는지의 여부를 판별할 수 없다. 그러면 마침씨끝 '-을게'는 주로 '약속'의 의미로 파악될 때에는 말할이의 앞으로의 행위가 들을이에게 이익이 되는 경우로 쓰이고, '약속'의 의미보다는 '알림'의 의미로 주로 이해되는 경우에는 말할이의 앞으로의 행위가 들을이에게 이익이 되는지의 여부를 판별할 수 없게 되는 화용상의 특성을 가진다고 할 수 있다. 그리고 '-을게'는 상관적 장면에서만 쓰이고 단독적 장면에서는 쓰이지 않으며, 말할이가 들을이를 안 높이는 경우에 사용되는 특성을 가진다.

일반적으로 '-을까'는 말할이가 추정한 것을 들을이가 묻는 경우에 쓰이는 물음법의 마침씨끝이지만 특별한 제약 아래 이와 다른 용법으로 쓰이기도 한다.[98]

마침씨끝이 '-을까'이고, 임자말이 첫째가리킴이거나 셋째가리킴으로 이해되는 월에서는 형식상으로 물음월의 형태를 취하지만 내용상으로는 말할이가 들을이를 전제하지 않은 말할이의 혼잣말로 쓰이는 일이 있다.[99] 이 경우의 '-을까'에는 '회의(懷疑)'의 의미가 파악된다.

---

98) 허웅(1995:670)에서는 '-을까'에 대하여 "말할이가 마음속에 의심을 품어 보거나 망설이거나 또는 확실하지 않은 일을 나타내면서, 때로는 들을이에 대하여 그 의견을 묻기도 하는 데 쓰이는 씨끝이다"라 하였다.

99) 이와 같은 월에서는 들을이를 전제하지 않는다고 할 수도 있고, 말할이가 들을이 자체라고 할 수도 있다.

(158) ㄱ. **내가** 왜 그 생각을 못 **했을까**?

　　　ㄴ. 목이 마른데 (**내가**) 주스나 한잔 마**실까**?

　　　ㄷ. 강쪽으로 (**내가**) 조금만 더 가 **볼까**?

　위 보기에서는 임자말이 첫째가리킴으로 이해되며, 말할이가 들을이를 전제하지 않은 말할이 자신의 혼잣말에 해당하여, '-을까'에는 '회의'의 의미를 가지지지만, 한편으로는 말할이가 들을이에게 자신의 '의도'(ㄴ과 ㄷ)나 '추정'(ㄱ)을 묻는 의미로 이해되기도 한다.

(159) ㄱ. **그 녀석이** 또 무슨 일을 저지른 것이 아**닐까**?

　　　ㄴ. 그런데 이 여자가 이렇게 안 들어오는 **까닭이** 무엇**일까**?

　　　ㄷ. 오 년 후의 **생활은** 어떻게 **변할까**?

　위 보기는 임자말이 셋째가리킴인데, (158)과 마찬가지로 들을이를 의식하지 않은 말할이의 혼잣말로 이해되기도 하여 '회의'의 의미적 특성을 나타내기도 하고, 말할이가 들을이를 전제로 하여 들을이에게 '추정 질문'의 의미적 특성을 나타내기도 한다. 그런데 말할이의 혼잣말로 이해되기도 하는 (158)과 (159)의 마침씨끝 '-을까' 다음에는 들을이높임의 '요'가 통합되면, 말할이의 혼잣말로 이해되지 않고 들을이에게 발화하는 상관적 장면으로만 이해된다. 왜냐하면 들을이를 높인다는 것은 바로 들을이를 전제한다는 뜻이 내포되기 때문에 상관적 장면에서만 쓰이게 된다.

　임자말이 둘째가리킴인 경우에 부정어 '못하다'와 통합되는 '-을까'는 강한 긍정의 시킴을 나타내어 반어적 용법으로 쓰인다. 곧 표면적으로는 부정의 물음월이지만 수행력에 있어서는 '긍정의 시킴'의 의미로 해석된다.

(160) ㄱ. **너희들** 어서 썩 들어가지 **못할까**?

　　　ㄴ. (**네가**) 어서 그 놈을 내 눈앞에 불러오지 **못할까**?

　　　　ㄷ. (**네가**) 냉큼 쫓아가서 모셔 오지 **못할까**?

　표면적으로 부정의 물음월인 (160)을 내면적인 의미에 따라 다시 쓰면, '강한 긍정의 시킴'을 나타내는 (161)이 된다.

　　(161) ㄱ. 너희들 어서 빨리 들어가.
　　　　　ㄴ. 어서 그 놈을 내 눈앞에 불러 와.
　　　　　ㄷ. 냉큼 쫓아가서 모셔 와.

　이와 같이 형식상으로는 부정의 물음월이지만 수행력에 있어서는 강한 긍정의 시킴월로 이해되는 것은 바로 마침씨끝 '-을까'의 화용상의 특성 때문이다.
　그러나 (162)와 같이 임자말이 둘째가리킴이더라도 부정어 '않다'와 통합되는 '-을까'도 반어적 용법으로 쓰이지만 (160)의 용법과 달리 '긍정의 추정 서술'의 의미로 해석된다.

　　(162) ㄱ. 그러면 **자네가** 나 보기에 좀 미안하지 **않을까**?
　　　　　ㄴ. 내일은 **네가** 바쁘지 **않을까**?
　　　　　ㄷ. **네가** 내년에 학교에 가지 **않을까**?

　이처럼 임자말이 둘째가리킴이고, '-을까'가 부정 물음월의 마침씨끝으로 쓰일 때 부정어가 '않다'이냐 ''못하다'이냐에 따라 용법이 달라짐을 알 수 있다.
　'-을까'는 (163)과 같이 '느낌'을 나타내는 월의 마침씨끝으로 쓰이기도 한다.

　　(163) ㄱ. 인수가 온다면 **얼마나** 좋**을까**?
　　　　　ㄴ. 지사들이 **어쩌면 그렇게** 독선적**일까**?
　　　　　ㄷ. 아유 예쁘기도 하지. **어쩌면 저렇게** 잘 생겼**을까**?

위 보기에서 마침씨끝 '-을까'는 느낌을 나타내는 낱말들(얼마나, 어쩌면 그렇게, 어쩌면 저렇게)과 공기관계를 이루어 마치 '-을까'에 '느낌'을 나타내는 의미가 포함되어 있는 것처럼 보인다. 그러나 '-을까'에 '느낌'의 의미가 본유적으로 포함되어 있는 것이 아니라 '-을까'가 '느낌'을 나타내는 낱말과 공기관계를 이루기 때문에 마치 '-을까'에 '느낌'의 의미가 포함되어 있는 것처럼 보일 따름이다.

'-을까'는 (164)에서와 같이 허락을 구하거나 제의를 할 때에도 쓰이는 일이 있다.[100]

(164) ㄱ. 내가 도와**줄까**?
　　　ㄴ. 차 마**실까**?
　　　ㄷ. 나하고 이야기 좀 **할까**?

위 보기는 단순히 들을이에 대한 말할이의 물음만을 나타내는 것이 아니라 물음법의 형식을 통하여 허락을 구하거나 제의를 하는 수행력을 가진다. 특히 임자말이 첫째가리킴 겹셈의 낱말이면, (165)와 같이 제안의 용법으로만 이해된다.

(165) ㄱ. **우리가** 내일 신랑이 오면 달아 먹**을까**?
　　　ㄴ. **우리도** 저기 가 **볼까**?
　　　ㄷ. 나하고 같이 (**우리가**) 이야기 좀 해 **볼까**?

위 보기에서는 임자말이 첫째가리킴의 겹셈 낱말이기 때문에 단순한 물음만이 아니라 들을이에 대한 말할이의 제안의 의미로 해석됨을 알 수 있다.

또한 '-을까'는 상관적 장변과 단독적 장면에서 모두 쓰일 수 있음을 앞에서 밝힌 바 있다. 그러므로 '-을까'는 사용되는 장면에 제약이 따르

---

100) '-을까'의 이와 같은 용법에 관하여는 이정민(1975:305) 참조.

지 않는다. 상관적 장면에서 쓰이는 경우에 말할이가 들을이를 안 높이는 상황에서 사용된다. 말할이의 혼잣말로 쓰이는 단독적 장면에서의 쓰임도 들을이를 의식하지 않기 때문에 당연히 안 높이는 상황에서 사용된다.

'-을래'는 항상 상관적 장면에서만 쓰이고 단독적 장면인 혼잣말로는 쓰이지 않는 제약을 가진다. 말할이와 들을이 사이의 관계에서 말할이가 들을이를 높이고자 할 때 마침씨끝 '-을래'에 들을이높임의 '요'를 통합하면, 들을이를 어느 정도 높이게는 되지만 들을이에게 정중하고 겸손한 느낌을 주지는 못한다.[101] 그리고 '-을래'는 말할이가 들을이를 높이고자 하는 뜻이 없는 상황에서, 곧 말할이가 들을이를 안 높이는 월의 마침씨끝으로 쓰인다.

물음법의 '-을래'는 반어법으로도 쓰이어, 간접언어행위로 겉으로 드러난 표현과는 반대적인 의미를 나타내기도 한다. 예컨대 '학교에 안 갈래?'는 표면상 부정의 물음월이지만 수행력에서는 '학교에 가라'로 긍정의 시킴월의 의미적 특성을 가진다. 또한 '이리 좀 올래?'에서 와 같이 '-을래'가 요청'의 수행력을 보이기도 하고, '너 까불래?'에서와 같이 '까불면 가만히 두지 않겠다.'라는 '위협'의 수행력을 보이기도 한다 (양인석(1976:135) 참조).

4.2.8 '-는걸', '-을걸'[102)]

복합형의 마침씨끝 '-는걸'과 '-을걸'은 비슷한 형태적 구성으로 이루어져 있다. 곧 '-는걸'은 매김꼴의 맺음씨끝 '-는'에 매인이름씨 '것'과

---

101) 예컨대 '사이다 한 병 사다가 주실래요?'보다는 '사이다 한 병 사다가 주시겠어요?'가 더 정중하고 겸손한 느낌을 준다.

102) 안주호(1996:149)에서는 통사적 변화의 측면에서 '-은걸'과 '-을걸'도 "현대국어 시기에 와서 보문소와 의존명사, 그리고용언의 어간이나 조사 등의 결합에 의해 종결어미로 굳어진" 형태로 보고, "종결어미의 문법화 과정"을 아래와 같이 거친 것으로 보았다.

부림자리토씨 '을'의 통어적 구성인 '-는 것을'이 축약되어 형태구조화하여 마침씨끝으로 전용되었으며, '-을걸'은 매김꼴의 맺음씨끝 '-을'에 매인이름씨 '것'과 부림자리토씨 '을'의 통어적 구성인 '-을 것을'이 축약되어 형태구조화하여 마침씨끝으로 전용되었다. 이와 같이 이 둘이 동일한 짜임새를 이루고 있어서 하나의 부류로 묶어 다루게 되었다.103)

이들 마침씨끝은 때매김에서 차이를 보일 뿐 아니라 형태배합상의 특성과 의미상의 특성에서도 차이를 보이기 때문에 이들 마침씨끝이 비록 하나의 부류로 묶였을지라도 각기 다른 마침씨끝에 해당한다.104)

복합형의 마침씨끝 '-는걸'과 '-을걸'은 각각 '-는 것을'과 '-을 것을'이 축약되어 마침씨끝으로 전용되었지만, '-는걸'과 '-을걸' 자체만으로 보면, 이들이 쉽게 축약되기 이전의 원형으로 회복될 수 있는 것이 있고, 회복이 불가능한 경우가 있다. 마침씨끝에 해당하는 '-는걸'과 '-을걸'은 '-는 것을'과 '-을 것을'로 회복될 수 없는 것들이다. 곧 이들은 이미 마침씨끝화하여 원형과는 관계를 끊은 것들이다. '-는걸'과 '-을걸' 가운데 원형으로 쉽게 회복될 수 있는 것들은 표면적인 형태에서는 마침씨끝으로 쓰인 것 같지만 실제로는 뒤에 다른 월조각이 생략된 것으로 추정할 수 있는 점으로 미루어 일반적인 마침씨끝과는 차이를 보이기 때문에, 이들은 마침씨끝은 아니지만 마침씨끝처럼 보이는 유사 마침씨끝에 해당한다. 그러므로 여기서는 정상적으로 마침씨끝의 기능을 수행하는, 축약 전 원형으로 회복이 불가능한 '-는걸'과 '-을걸'만을 마

'-는걸'의 문법화 과정 : [[ ]ㄴ#것]을] > [[ ]ㄴ#것을] > [[ ]ㄴ걸]
'-을걸'의 문법화 과정 : [[ ]ㄹ#것]을] > [[ ]ㄹ#것을] > [[ ]ㄹ걸]

103) '-는걸'은 움직씨의 뿌리에 통합되면 /-는걸/로 실현되고, 그림씨의 뿌리에 통합되면, 닿소리 다음에서는 /-은걸/로, 홀소리 다음에서는 /-ㄴ걸/로 실현되며, 잡음씨 뿌리에 통합되면 /-ㄴ걸/로 실현된다. 때매김씨끝 가운데 '-더-' 다음에는 /-ㄴ걸/로, 그 밖의 때매김씨끝 다음에는 /-는걸/로 실현된다.
'-을걸'은 닿소리 다음에는 /-을걸/로, 홀소리 다음에는 /-ㄹ걸/로 실현된다.

104) '-는걸'과 '-을걸'의 형태배합과 의미 특성의 차이는 4.2.8.1과 4.2.8.2에서 논의하기로 한다.

침씨끝으로 보고 이에 관한 특성을 살피기로 한다.

4.2.8.1 '-는걸', '-을걸'의 형태·통어적 특성

반말의 마침씨끝 '-는걸', '-을걸'의 형태적 특성으로 풀이말의 형태론적 구조 안에서 다른 요소와 어떤 제약 관계에 놓이는가에 대하여 논의하기로 한다.

마침씨끝 '-는걸'과 '-을걸' 다음에는 (166)과 같이 '요'가 통합될 수 있는데, '요'가 통합되면 들을이높임의 정도가 [안높임]에서 [높임]으로 달라지기 때문에 이들 마침씨끝은 반말에 포함된다.

> (166) ㄱ. 비가 너무 쏟아지**는걸**(-**요**).
> ㄴ. 난 땀을 흘렸더니 더 시원**한걸**(-**요**).
> ㄷ. 그는 지금 집에서 공부**할걸**(-**요**).
> ㄹ. 그는 집에서 **놀걸**(-**요**).

위 보기에서 ㄱ과 ㄴ의 마침씨끝 '-는걸'은 '-는 것을'로 회복되면 부적격한 월이 되며, 적격하더라도 의미가 달라지게 된다. ㄷ과 ㄹ의 '-을걸'도 '-을 것을'로 회복되면 부적격하거나 적격하더라도 의미가 달라지기 때문에 원형으로의 회복이 불가능함을 (167)을 통하여 알 수 있다.

> (167) ㄱ. *비가 너무 쏟아지**는 것을**.
> ㄴ. *난 땀을 흘렸더니 더 시원**한 것을**.
> ㄷ. *그는 지금 집에서 공부**할 것을**.
> ㄹ. *그는 집에서 **놀 것을**.

한편 마침씨끝 '-을걸' 가운데 '-을 것을'로 환원되더라도 의미상 차이 없이 적격한 월이 되는 일이 있기도 하다.

> (168) ㄱ. 그럴 줄 알았으면 나도 가 **볼걸**.
> ⇒그럴 줄 알았으면 나도 가 **볼 것을**.

ㄴ. 나도 해 **볼걸**.
  ⇒나도 해 **볼 것을**.
ㄷ. 나도 시험을 치**를걸**.
  ⇒나도 시험을 치를 **것을**.

(168)의 마침씨끝 다음에 들을이높임의 '요'가 통합되면 부자연스러운 월이 되거나, 자연스러운 월이 되더라도 (167)의 ㄷ, ㄹ과는 용법상에서 차이를 나타내게 된다.

(169) ㄱ. ?그럴 줄 알았으면 나도 가 **볼걸요**.
   ㄴ. ?나도 해 **볼걸요**.
   ㄷ. ?나도 시험을 치**를걸요**.

(168)에서와 같이 '-을 것을'로 회복이 가능한 '-을걸'은 '이미 한 일에 대하여 달리 하였다면 좋았으리라고 탄식하는 뜻'을 나타내게 되는데, 탄식한다는 것은 들을이를 전제하지 않은, 말할이 스스로의 탄식이기 때문에 말할이의 혼잣말로 이해되어 '요'가 통합되지 않는다. '요'가 들을이를 전제로 하여 들을이에 대한 높임을 나타내기 때문에 '탄식'의 '-을걸' 다음에는 '요'가 통합될 수 있더라도, 용법상 '요' 통합 전과 달라진다. 또한 '탄식'의 '-을걸' 다음에는 다른 월조각이 생략되었음을 쉽게 알 수 있는데, (168)의 생략된 월조각을 보완하면 (170)과 같이 될 것이다.

(170) ㄱ. 그럴 줄 알았으면 나도 가 **볼걸 그랬어**.
   ㄴ. 나도 해 **볼걸 그랬어**.
   ㄷ. 나도 시험을 치**를걸 그랬어**.

이처럼 '탄식'의 의미적 특성을 가지는 '-을걸'은 용법상 일반적인 마침씨끝과 다르기 때문에, '탄식'의 의미를 가지는 '-을걸'은 이 글의 연구 대상에서 제외되고, '-을 것을'로 회복 불가능하고 뒤에 다른 월조각이 생략된 것으로 볼 수 없는 '-을걸'에 국한하여 다루기로 한다.

'-는걸'과 '-을걸'이 통합관계를 이룰 수 있는 안맺음씨끝에 대한 제약을 살피면, '-는걸'은 주체높임의 '-시-'뿐만 아니라 때매김씨끝으로 '-었-', '-겠-', '-더-'가 모두 통합될 수 있어 제약이 따르지 않지만, '-을걸'은 '-시-'와 때매김씨끝 가운데 '-었-'과는 통합이 가능하나 '-겠-'과 '-더-'와는 통합될 수 없는 제약이 따른다. '-겠-'이 '-을걸'에 통합될 수 없는 까닭은 '-겠-'이 변이형태 /-을-/로 이미 '-을걸'에 실현되어 있기 때문이라고 설명할 수 있다. 그렇다면 문제점으로 제기되는 것은 '-는걸' 앞에 '-겠-'이 통합되면 왜 '-을걸'로 실현되지 않고 '-겠는걸'로 실현되느냐 하는 점이다. 이는 바로 '-는걸'의 '-는-'이 때매김의 '-는'과 관련이 없음을 뒷받침해 준다. 또한 '-을걸'을 '-는걸'에 포함시켜 '-는걸'에 '-겠-'이 통합되어 실현된 형태로 다루지 않고, '-을걸'을 독립적인 마침씨끝으로 다루게 되는 원인이 되기도 한다.

'-는걸'과 '-을걸'은 통합관계를 이룰 수 있는 풀이씨에 제약이 따르지 않는다. 곧 움직씨, 그림씨, 잡음씨 등 모든 풀이씨 뿌리에 통합될 수 있어 제약은 없다.

'-는걸'과 '-을걸'이 공기관계를 이룰 수 있는 임자말의 가리킴에 대한 제약을 살피면, '-는걸'은 첫째, 둘째, 셋째가리킴 임자말과 공기될 수 있어 제약이 따르지 않는다. '-을걸'도 모든 가리킴의 임자말과 공기될 수 있다. 그러나 임자말이 첫째가리킴일 때 '의도'로 해석되는 환경, 곧 풀이말이 행동성 움직씨이며 올적에 관한 것일 때에는 '-을걸'이 말할이의 '탄식'의 의미적 특성을 나타내게 되어 마침씨끝으로 다루는 '-을걸'과는 차이를 보인다.

(171) ㄱ. **내가** 내일은 몹시 **바쁠걸**./ * 바쁠 **것을**.
　　　 ㄴ. **너는** 그 물건을 안 사고는 못 **배길걸**./ * 못 배길 **것을**.
　　　 ㄷ. **그는** 지금 집에서 **공부할걸**./ * 공부할 **것을**.
　　　 ㄹ. **나는** 집에서 공부**할걸**./공부할 **것을**.

위 보기에서 ㄹ만이 임자말이 첫째가리킴이고 풀이말이 행동성 움직씨이기 때문에 ㄹ의 마침씨끝 '-을걸'은 '-을 것을'로 뜻과 쓰임의 차이 없이 회복이 가능하고, 또한 뒤에 어떤 월조각이 생략되었음을 쉽게 알 수 있어, 그렇지 않은 (171)의 ㄱ, ㄴ, ㄷ에서의 '-을걸'과 차이가 남을 알 수 있다.105)

마침씨끝이 '-는걸'과 '-을걸'인 월이 되풀이꼴로 바뀌게 되면, '-는걸'은 서술법 마침씨끝의 중화형태인 '-는다'로 실현되어 의향법상 서술법에 해당하며, '-을걸'은 '-을 것이라(-을거라)'로 실현된다.106) 이는 '-을걸'이 '-을 것을'이 축약되어 이루어진 형태임을 증명해 주는 증거라고 할 수 있다. 또한 서술법 마침씨끝의 중화형태인 /-라/(잡음씨뒤에서 실현되는 변이형태)로 실현된 것으로 보아 의향법상 서술법에 해당하는 마침씨끝인이 증명된다.

(172) ㄱ. 갑→을 : 난 이제 가 봐야겠**는걸**.

　　　　을→갑 : 뭐라고?

　　　　갑→을 : 난 이제 가 봐야겠**다**고.

　　　ㄴ. 갑→을 : 이 나이에 이제 남은 건 눈치밖에 **없는걸**.

　　　　을→갑 : 뭐라고?

　　　　갑→을 : 이 나이에 남은 건 눈치밖에 **없다**고.

　　　ㄷ. 갑→을 : 빨리 말하는 게 피차 **좋을걸**.

---

105) (171)의 ㄹ 뒤에 생략된 월조각으로 추정될 수 있는 것으로는 '그랬어'를 들 수 있다. 어찌말과의 공기관계에서도 (171)의 ㄱ,ㄴ,ㄷ과 ㄹ은 차이를 보인다. 곧 ㄱ,ㄴ, ㄷ은 추정을 나타내는 '아마'와 공기될 수 있지만, ㄹ은 '아마'와 공기되지 못한다.

106) '-을걸'이 되풀이꼴로 나타나는 경우에 '을거라(을 것이라)' 밖에도 아래 보기와 같이 '-겠다'로도 실현될 수 있다. 이를 통해서도 '-을걸'의 '-을-'이 '-겠-'과 연관되어 있음이 드러난다.

　ㄱ. 갑→을 : 빨리 말하는 게 피차 **좋을걸**.

　　　을→갑 : 뭐라고?

　　　갑→을 : 빨리 말하는 게 피차 **좋겠다**고.

　ㄴ. 갑→을 : 그가 지금 집에서 **공부할걸**.

　　　을→갑 : 뭐라고?

　　　갑→을 : 그가 지금 집에서 **공부하겠다**고.

> 을→갑 : 뭐라고?
> 갑→을 : 빨리 말하는 게 피차 좋**을거라**(좋을 **것이라**)고.
> ㄹ. 갑→을 : 고민하는 것만으로는 구원을 받지 못**할걸**.
> 을→갑 : 뭐라고?
> 갑→을 : 고민하는 것만으로는 구원을 받지 못**할거라**(못할
> **것이라**)고.

위 보기에서와 같이 '-는걸'과 '-을걸'은 되풀이꼴로 포함될 때, '-는걸'은 '-는다'로 중화되어 서술법의 마침씨끝에 해당하며, '-을걸'은 '-을 것이라(-을거라)'로 중화되어 역시 서술법의 마침씨끝에 해당함을 살폈다.

4.2.8.2 '-는걸', '-을걸'의 의미·화용적 특성

지금까지의 연구 논저에서 밝혀진 '-는걸'과 '-을걸'의 의미를 살피고, 이를 바탕으로 하여 실제 이들 마침씨끝의 쓰임을 통해 의미적 특성을 설정하기로 한다.

'-는걸'의 의미에 관하여 고영근(1976)은 "화자 자신의 처지나 행동을 감탄적으로 진술"한다고 하였다. 위에서 밝힌 '-는걸'의 의미인 '감탄'을 바탕으로 하고, 실제로 '-는걸'이 마침씨끝으로 쓰인 (173)의 보기를 통하여 '-는걸'의 의미적 특성을 살피기로 한다.

> (173) ㄱ. 오늘은 날씨가 참 좋**은걸**.
> ㄴ. 저분이 저기 가**는걸**.
> ㄷ. 저 애가 우리 학교 학생**인걸**.

위 보기는 말할이가 자신의 생각이나 느낌을 들을이에게 확인 서술할 때 쓰이기 때문에 마침씨끝 '-는걸'은 '말할이가 명제 내용에 대한 자신의 생각이나 느낌을 반말로 확인 서술'하는 의미적 특성을 가진다.

'-을걸'의 의미에 관하여는 '-을걸'이 마침씨끝으로 쓰인 (174)를 통하여 의미적 특성을 살피기로 한다.

(174) ㄱ. 아마, 그는 지금 집에서 공부**할걸**.

　　　 ㄴ. 아마, 내가 너보다 더 **클걸**.

　　　 ㄷ. 아마, 이것이 금이 아**닐걸**.

위 보기에서 '-을걸'과 공기관계를 이루는 어찌말로는 '추정'을 나타
내는 '아마'가 쓰인 것으로 보아, '-을걸'은 말할이가 추정한 것을 서술
하는 마침씨끝이라고 할 수 있다. 그렇다면 마침씨끝 '-을걸'은 '말할이
가 들을이에게 명제 내용에 대한 자신의 추정을 반말로 서술함'이라는
의미적 특성을 가진다.

마침씨끝 '-는걸'은 상관적인 장면에서 쓰일 뿐 아니라 말할이의 혼
잣말인 단독적 장면에서도 쓰여 제약이 따르지 않는다. '-는걸'이 쓰이
는 상황을 보면, 말할이가 들을이에게 자신의 생각이나 느낌을 확인 서
술하는 경우에 쓰이기 때문에 들을이를 전제로 한 상관적 장면에서 쓰
이게 되며, 또한 혼잣말로 쓰이어 현재의 사실이 이미 알고 있는 바와
다름을 나타내는 단독적 장면에서도 쓰인다. 또한 마침씨끝이 '-는걸'인
월은 말할이가 들을이를 높이고자 하는 의향이 없을 때, 곧 들을이를
안 높이는 상황에서 입말에서 주로 쓰인다.

'-을걸'은 상관적인 장면에서만이 아니라 들을이를 전제하지 않은 말
할이의 혼잣말인 단독적 장면에서도 쓰여 장면 제약은 따르지 않는다.
'-을걸'은 말할이가 들을이에게 명제 내용에 대하여 자신이 추정한 것
을 서술하는 상황에서 주로 쓰인다. 또한 지난적에 한 일에 대하여 뉘
우침을 나타내는 상황에서도 쓰이는 일이 있다.[107) 마침씨끝이 '-을걸'
인 월은 말할이가 들을이를 안 높이는 상황에서 쓰인다.

---

107) 허웅(1995:66)은 "말할이가 지난 일에 대해서 뉘우치는 뜻을 나타내는 경우에는
　　 말끝을 낮추게 되고, 앞으로 있을 일에 대한 추리를 하는 경우에는 말끝을 올린
　　 다"고 하였다. 곧 말끝을 올리느냐 내리느냐에 따라 '-을걸'의 의미가 '추정'이냐
　　 '뉘우침'이냐가 결정된다고 하였다.

4.3 그 밖

4.3.1 '-고'

반말의 마침씨끝으로 쓰이는 '-고'는 본디 이음씨끝이었던 것이 그 뒷부분이 생략되어 쓰이다가 마침내 마침씨끝으로 기능이 전이된 것으로 볼 수 있다. 앞에서 살핀 반말의 마침씨끝 가운데 이와 같이 본래는 마침씨끝이 아니었던 것이 뒷부분이 줄어들어 마침씨끝으로 전용된 것이 상당수 있는데, '-고'도 이들과 같은 형성 과정을 거친 것으로 볼 수 있다.

반말의 '-고'는 주로 문맥이나 상황이 전제된 경우에 사용되는 특성을 보이며, 통합될 수 있는 월에 제약이 심한 점에서 위에서 살핀 반말의 마침씨끝과 차이를 보여 그 밖의 영역에서 별도로 다루기로 한다.

반말의 마침씨끝 '-고'는 의향법에서 서술법, 물음법, 시킴법의 마침씨끝으로 쓰일 수 있기 때문에 의향법마다의 '-고'에 대하여 간략하게 논의하기로 한다.

4.3.1.1 서술법의 '-고'

서술법의 '-고'가 마침씨끝으로 쓰인 월은 단독으로는 잘 쓰이지 않고 상황이나 문맥이 전제된 경우에 한하여 쓰이는 제약을 보이기 때문에 화맥 제약 마침씨끝에 해당한다.

문맥에 제한을 받는 '-고'는 (175)와 같이 특정의 앞선마디를 전제한 경우에 한하여 마침씨끝으로 쓰이는 제약을 보인다.

> (175) ㄱ. **네가 거기에 가지 않으면** 내가 가고.
> ㄴ. **네가 그 일을 하면야** 나는 좋고.
> ㄷ. **네가 회장이면** 나는 사장이고.

위 보기에서는 앞선마디가 전제되어야만 적격한 월이 되며, 아무런 전제 없이 앞선마디가 없다면 (176)과 같이 온전한 월이 될 수 없다.

> (176) ㄱ. * 내가 가<u>고</u>.
> ㄴ. * 나는 좋<u>고</u>.
> ㄷ. * 나는 사장이<u>고</u>.

　(175)의 마침씨끝 '-고'가 서술법에 해당함은 뒤에 '내림'의 절종결이 놓이며, (175)가 되풀이꼴로 표현될 때, '-고'는 (177)과 같이 서술법 마침씨끝의 중화형태 '-는다'로 실현되는 점을 통해 확인할 수 있다.

> (177) ㄱ. 갑→을 : 네가 거기에 가지 않으면 내가 가<u>고</u>.
> 　　　을→갑 : 뭐라고?
> 　　　갑→을 : 네가 거기에 가지 않으면 내가 **간다**고 했어.
> ㄴ. 갑→을 : 네가 그 일을 하면야 나는 좋<u>고</u>.
> 　　　을→갑 : 뭐라고?
> 　　　갑→을 : 네가 그 일을 하면야 나는 좋**다**고 했어.
> ㄷ. 갑→을 : 네가 회장이면 나는 사장이<u>고</u>.
> 　　　을→갑 : 뭐라고?
> 　　　갑→을 : 내가 회장이면 나는 사장이**라**고 했어.

　앞선 상황을 전제하는 경우에 한하여 (178)과 같이 '-고'가 마침씨끝으로 쓰이기도 한다. 이 경우에도 상황을 전제하지 않으면 부적절한 월이 된다.

> (178) ㄱ. 전제 상황 : 연극에서 음악이 들려옴.
> 　　　발화 : 음악 좋<u>고</u>.
> ㄴ. 전제 상황 : 돌잔치에서 아이 자랑하는 장면
> 　　　발화 : 얼굴도 잘생겼<u>고</u>.

　이와 같이 서술법의 '-고'는 특수한 화맥의 제약 아래에서만 마침씨끝으로 쓰일 수 있으며, '말할이가 들을이에게 전제된 상황 아래 명제 내용을 반말로 서술하거나 감탄함'이란 의미적 특성을 가진다.

4.3.1.2 물음법의 '-고'

물음법의 '-고'가 마침씨끝으로 쓰인 월도 단독으로는 잘 쓰이지 않고 상황이나 문맥이 전제된 경우에 한하여 쓰이는 제약을 보이기 때문에 화맥 제약 마침씨끝에 해당한다.

물음법의 '-고'가 마침씨끝으로 쓰인 월의 전제 상황으로 (179)와 같이 들을이에 대한 관심 표명이나 인사 따위인 경우를 들 수 있다.

<blockquote>

(179) ㄱ. 어머니는 안녕하시고?

ㄴ. 어제는 집에 잘 들어갔고?

</blockquote>

위 보기에서 '-고'가 물음법의 마침씨끝에 해당함은 뒤에 '올림'의 절 종결이 놓이고, (179)가 되풀이꼴로 표현될 때, '-고'는 (180)과 같이 물음법 마침씨끝의 중화형태 '-느냐'로 실현되는 점을 통해 확인할 수 있다.

<blockquote>

(180) ㄱ. 갑→을 : 어머니는 안녕하시고?

을→갑 : 뭐라고?

갑→을 : 어머니는 안녕하시냐고 했어.

ㄴ. 갑→을 : 어제는 집에 잘 들어갔고?

을→갑 : 뭐라고?

갑→을 : 어제는 집에 잘 들어갔느냐고 했어.

</blockquote>

위와 같은 쓰임에서 '-고'는 '말할이가 들을이에게 관심을 가지고 명제 내용에 대하여 반말로 물음'이란 의미적 특성을 가진다.

물음법의 '-고'가 마침씨끝으로 쓰인 월은 (181)과 같이 반어적 용법으로 쓰이기도 한다.

<blockquote>

(181) ㄱ. 내가 그런 말에 속을 줄 알고?

ㄴ. 나는 매일 집에만 있고?

</blockquote>

위 보기는 반어법으로 해석되어, ㄱ은 내면적으로 '나는 그런 말에 안 속는다'는 강한 서술의 뜻을 물음월 형식으로 나타내었으며, ㄴ은 '나는 매일 집에만 있지 않겠다'는 뜻을 물음월의 형식으로 나타내었다.

물음법의 '-고'가 마침씨끝으로 쓰인 월이 때로는 (182)와 같이 전제된 상황 아래 들을이에게 항의하거나(ㄱ) 빈정거리는(ㄴ) 경우에도 쓰인다.

> (182) ㄱ. 네가 다 먹어 버리면 나는 무얼 먹**고**?
>   ㄴ. 나를 좋아하면 뭐하**고**?

4.3.1.3 시킴법의 '-고'

시킴법의 '-고'가 마침씨끝으로 쓰인 월도 단독으로는 잘 쓰이지 않고 상황이나 문맥이 전제된 경우에 한하여 쓰이는 제약을 보이기 때문에 화맥 제약 마침씨끝에 해당한다.

시킴법의 '-고'는 (183)과 같이 전제 상황 아래 말할이가 들을이에게 부드럽게 시키는 경우에 쓰인다.

> (183) ㄱ. 전제 상황 : 산에서 즐김.
>   발화 : 휴지는 잘 싸 가지고 가**고**.
>   ㄴ. 전제 상황 : 아이가 학교에 감
>   발화 : 선생님 말씀 잘 듣**고**.

위 보기에서의 '-고'가 시킴법 마침씨끝에 해당함은 뒤에 '끊음'의 절 종결이 놓이고, (183)이 되풀이꼴로 표현될 때, '-고'는 (184)와 같이 시킴법 마침씨끝의 중화형태 '-으라'로 실현되는 점을 통해 확인할 수 있다.

> (184) ㄱ. 갑→을 : 휴지는 잘 싸 가지고 가**고**.
>   을→갑 : 뭐라고?
>   갑→을 : 휴지는 잘 싸 가지고 가**라**고 했어.
>   ㄴ. 갑→을 : 선생님 말씀 잘 듣**고**.

을→갑 : 뭐라고?

갑→을 : 선생님 말씀 잘 들<u>으라</u>고 했어.

부정문의 양상에서도 시킴법의 '-고'는 여느 시킴법 마침씨끝에서와 같이 부정어 '말-'로 실현된다.

(185) ㄱ. 학교에 가서 까불지 **말고**.

ㄴ. * 학교에 가서 까불지 **않고**.

시킴법의 '-고'는 특수한 화맥의 제약 아래에서만 마침씨끝으로 쓰일 수 있으며, '말할이가 들을이에게 전제된 상황 아래 명제 내용을 반말로 부드럽게 시킴'이란 의미적 특성을 가진다.

4.3.2 '-고말고'

'-고말고'는 복합형의 서술법 마침씨끝에 해당한다. '-고말고'는 '-고'에 '말고'가 통합되어 이루어졌지만 '말고'가 삭제되면 부적격한 월이 되며108), '말고'도 '말-'이 다른 씨끝과 통합될 수 있는 것이 아니라 항상 '-고'하고만 통합되어야 하기 때문에 '-고말고' 전체가 하나의 말본적 요소로서 마침씨끝으로 기능을 하고 있다. '-고말고' 뒤에는 들을이 높임의 '요'가 통합될 수 있어 반말의 마침씨끝에 포함된다.

서술법의 '-고말고'가 마침씨끝으로 쓰인 월도 단독으로는 쓰이지 않고 상황이나 문맥이 전제된 경우에 한하여 쓰이는 제약을 보이기 때문에 화맥 제약 마침씨끝에 해당한다. '-고말고'는 (186)과 같이 전제 상황으로 주로 상대방의 질문이 상정되며, 그 질문에 대한 강한 긍정을 나

---

108) '-고말고'가 쓰인 월에서 '말고'가 삭제되어도 적격한 월이 된다면 '-고'가 마침씨끝에 해당할 것이다. 그러나 다음 보기 ㄴ에서와 같이 '말고'가 삭제되면 부적격해진다.

ㄱ. 암, 철수가 오<u>고말고</u>.

ㄴ. * 암, 철수가 오<u>고</u>.

타낼 때 쓰인다.

> (186) ㄱ. 전제 상황 : 오늘 철수가 우리 집에 오니?
>   발화 : 그럼, 철수가 <u>오**고말고**</u>.
>   ㄴ. 전제 상황 : 오늘 기분이 좋으니?
>   발화 : 그럼, 기분이 좋**고말고**.
>   ㄷ. 전제 상황 : 저분이 그 유명한 회장님이시니?
>   발화 : 그럼, 유명한 회장님이시**고말고**.

상대방의 질문에 부정으로 대답하는 경우에는 '-고말고'가 쓰이지 않지만, 상대방의 부정 질문에 강하게 긍정하는 경우에는 '-고말고'가 쓰이게 된다.

'-고말고'가 서술법 마침씨끝에 해당함은 뒤에 '내림'의 절종결이 놓이며, (186)이 되풀이꼴로 표현될 때, '-고말고'는 (187)과 같이 서술법 마침씨끝의 중화형태 '-는다'로 실현되는 점을 통해 확인할 수 있다.

> (187) ㄱ. 갑→을 : 철수가 <u>오**고말고**</u>.
>   을→갑 : 뭐라고?
>   갑→을 : 철수가 **온다**고.
>   ㄴ. 갑→을 : 기분이 좋<u>**고말고**</u>.
>   을→갑 : 뭐라고?
>   갑→을 : 기분이 좋**다**고.
>   ㄷ. 갑→을 : 유명한 회장이시<u>**고말고**</u>.
>   을→갑 : 뭐라고?
>   갑→을 : 유명한 회장이시**라**고.

위 보기에서 서술법의 '-고말고'는 움직씨(ㄱ), 그림씨(ㄴ), 잡음씨(ㄴ) 뿌리에 통합될 수 있으며, 월의 주체가 높임의 대상인 경우에 '-시-' 통합이 가능하다. 때매김씨끝 가운데 '-었-', '-었었-'과는 통합 가능하다.
서술법의 '-고말고'는 특수한 화맥의 제약 아래에서만 마침씨끝으로 쓰일 수 있으며, '말할이가 들을이에게 전제된 상황 아래 명제 내용을 반말로 강하게 긍정 서술함'이란 의미적 특성을 가진다.[109]

4.3.3 '-다마다'

'-다마다'는 복합형의 서술법 마침씨끝에 해당한다. '-다마다'는 '-다'에 '마다'가 통합되어 이루어졌지만, '-다'만을 떼어내어 마침씨끝으로 볼 수 없는데, 그 까닭은 '-다마다'가 움직씨 뿌리에 통합되는 경우에도 그대로 실현된다는 점이다. 곧 움직씨 뿌리 다음에는 서술법에서 '-는다'나 '-ㄴ다'로 실현되는 것이 원칙이지만, '-다마다'는 움직씨 뿌리 다음에도 '-다'로 실현되어 서술법의 '-는다'와는 차이가 난다는 점이다. 그러므로 '-다마다' 전체가 하나의 말본적 요소로서 서술법의 마침씨끝으로 기능을 하고 있는 것으로 보는 것이 합리적이다. '-다마다' 뒤에는 들을이높임의 '요'가 통합될 수 있어 반말의 마침씨끝에 포함된다.

서술법의 '-다마다'가 마침씨끝으로 쓰인 월도 위에서 살핀 '-고말고'와 마찬가지로 단독으로는 쓰이지 않고 상황이나 문맥이 전제된 경우에 한하여 쓰이는 제약을 보이기 때문에 화맥 제약 마침씨끝에 해당한다. '-다마다'는 (188)과 같이 전제 상황으로 주로 상대방의 질문이 상정되며, 그 질문에 대한 강한 긍정을 나타낼 때 쓰인다.

> (188) ㄱ. 전제 상황 : 오늘 철수가 우리 집에 오니?
> 　　　　발화 : 그럼, 철수가 오**다마다**.
> 　　　ㄴ. 전제 상황 : 오늘 기분이 좋으니?
> 　　　　발화 : 그럼, 기분이 좋**다마다**.
> 　　　ㄷ. 전제 상황 : 저분이 그 유명한 회장님이시니?
> 　　　　발화 : 그럼, 유명한 회장님이시**다마다**.

---

109) 허웅(1995:568)에서는 '-고말고'의 의미 특성을 "풀이된 사실이 틀림없음을 강조하는 뜻"을 가지고 있는 것으로 보았다.

상대방의 질문에 부정으로 대답하는 경우에는 '-다마다'가 쓰이지 않지만, 상대방의 부정 질문에 강하게 긍정하는 경우에는 '-다마다'가 쓰이게 된다.

'-다마다'가 서술법 마침씨끝에 해당함은 뒤에 '내림'의 절종결이 놓이며, (188)이 되풀이꼴로 표현될 때, '-다마다'는 (189)와 같이 서술법 마침씨끝의 중화형태 '-는다'로 실현되는 점을 통해 확인할 수 있다.

> (189) ㄱ. 갑→을 : 철수가 오**다마다**.
>   을→갑 : 뭐라고?
>   갑→을 : 철수가 **온다**고.
>   ㄴ. 갑→을 : 기분이 좋**다마다**.
>   을→갑 : 뭐라고?
>   갑→을 : 기분이 좋**다**고.
>   ㄷ. 갑→을 : 유명한 회장이시**다마다**.
>   을→갑 : 뭐라고?
>   갑→을 : 유명한 회장이시**라**고.

위 보기에서 서술법의 '-다마다'는 움직씨(ㄱ), 그림씨(ㄴ), 잡음씨(ㄴ) 뿌리에 통합될 수 있으며, 월의 주체가 높임의 대상인 경우에 '-시-' 통합이 가능하다. 때매김씨끝 가운데 '-었-', '-었었-'과는 통합 가능하다.

서술법의 '-다마다'는 앞에서 살핀 '-고말고'와 용법과 의미에서 그리 큰 차이가 나지 않는다. 곧 ''-다마다'도 특수한 화맥의 제약 아래에서만 마침씨끝으로 쓰일 수 있으며, '말할이가 들을이에게 전제된 상황 아래 명제 내용을 반말로 강하게 긍정 서술함'이란 의미적 특성을 가진다.[110]

---

110) 허웅(1995:568)에서는 '-다마다'의 의미도 "풀이된 사실이 틀림없음을 강조하는 뜻"을 가진 것으로 보아, '-고말고'와 동일한 의미로 간주하였다.

4.3.4 '-는지'111)

언어형식 '-는지'는 본래 마침씨끝으로 쓰이던 것이 아니었으나, 뒤에 놓이던 마디나 월조각이 줄어들어 쓰이다가 마침내 마침씨끝으로 쓰임 바뀜이 일어난 것이다. 그렇더라도 (190)과 같이 '-는지' 뒤에 줄어든 마디나 월조각을 쉽게 회복할 수 있는 경우의 '-는지'는 마침씨끝에 해당되지 않는다.

> (190)　저분이 얼마나 친절하**신지**!
> ⇒저분이 얼마나 친절하**신지** (**칭송이 자자해**)!
> ⇒저분이 얼마나 친절하**신지** (**모르겠어**)!

곧 위 보기에서의 '-는지'는 월 끝에 놓여 마침씨끝의 형식을 취하고 있으나 실질적으로는 뒤에 마디나 월조각이 생략되어 있음을 금방 파악할 수 있기 때문에 마침씨끝에 해당하지 않는다.

그러나 물음월에 해당하는 (191)에서의 '-는지' 뒤에는 적당한 마디나 월조각을 회복시키기가 어렵기 때문에 '-는지'의 뒷부분이 생략된 것이 아니라 그 자체가 마침씨끝에 해당한다고 보는 것이 합리적이다.

> (191)　ㄱ. 아버님, 어머님께서도 안녕하**신지**?
> ㄴ. 혹시 철수가 아픈 건 아**닌지**?
> ㄷ. 뭐 필요한 것이 없**는지**?

위 보기에서는 '-는지' 뒤에 어떤 월조각이나 마디가 줄어든 느낌을 주기도 하지만 실제로 보완할 적당한 것이 없다. 곧 (190)과 같이 '모르겠어', '궁금해' 따위를 상정하더라도 기워 넣으면 부적격한 월이 되거나, 적격하더라도 물음법을 유지하지 못해 용법과 의미가 달라지게 되

---

111) 반말의 물음법 마침씨끝 '-는지'는 풀이씨의 종류, 안맺음씨끝 통합 여부, 앞선 음운 환경에 따라 /-는지/, /-은지/, /-ㄴ지/로 실현된다.

기 때문에, (191)의 '-는지'를 마침씨끝으로 간주하게 된다.

반말의 '-는지'보다는 '-는지'에 들을이높임의 '요'가 통합된 (192)가 훨씬 더 마침씨끝임이 분명하게 드러나게 되며, 마침씨끝으로 쓰일 수 있는 생산성에서도 '-는지'보다 '-는지요'가 더 크다. 곧 반말의 물음법 마침씨끝 '-는지'는 그리 잘 쓰이지 않기 때문에 반말의 마침씨끝 가운데 그 밖의 영역에서 다루었다. 그러나 '-는지요'는 훨씬 더 광범위하게 쓰이게 되는 특이성을 보인다.

> (192) ㄱ. 아버님, 어머님께서도 안녕하**신지요**?
>   ㄴ. 혹시 철수가 아픈 건 아**닌지요**?
>   ㄷ. 뭐 필요한 것이 없**는지요**?

'-는지'가 물음법 마침씨끝에 해당함은, 물음말이 있느냐 없느냐에 따라 뒤에 '내림'이나 '올림'의 절종결이 놓여 여느 물음월에서와 같으며, (191)이 되풀이꼴로 표현될 때, '-는지'는 (193)과 같이 물음법 마침씨끝의 중화형태 '-느냐'로 실현되는 점을 통해 확인할 수 있다.

> (193) ㄱ. 갑→을 : 아버님, 어머님께서도 안녕하**신지**?
>   을→갑 : 뭐라고?
>   갑→을 : 아머님, 어머님께서도 안녕하시**냐**고.
>   ㄴ. 갑→을 : 혹시 철수가 아픈 건 아**닌지**?
>   을→갑 : 뭐라고?
>   갑→을 : 혹시 철수가 아픈 건 아**느냐**고.
>   ㄷ. 갑→을 : 뭐 필요한 게 없**는지**?
>   을→갑 : 뭐라고?
>   갑→을 : 뭐 필요한 게 없**느냐**고.

물음법의 '-는지'는 움직씨, 그림씨, 잡음씨 뿌리에 통합될 수 있지만 모든 월의 마침씨끝으로는 잘 쓰이지 않는 제약이 따른다. 주로 입말에서 쓰이며, 상관적 장면에서도 쓰일 수 있고 말할이의 혼잣말인 단독적 장면에서도 쓰인다. '-는지'는 '말할이가 들을이에게(혹은 말할이 자신에게) 명제 내용에 대한 의혹을 반말로 물음'이란 의미적 특성을 가진다.

5. 마무리

들을이높임법의 한 등분인 반말은 '요'의 통합이 가능하여 '요' 통합에 따라 높임의 정도가 [안높임]에서 [높임]으로 달라지고, 반말을 나타내는 마침씨끝 뒤에는 월의 끝에 놓이는 절종결이 놓이며, 들을이높임의 정도는 [안높임]이고, 비격식적인 장면에서 주로 말할이와 들을이가 대화를 나누는 경우인 입말에서 주로 사용된다고 정의하였다.

반말의 정의를 우리말의 마침씨끝에 적용하면 반말의 마침씨끝들이 식별되어 나오는데, 이들을 형배적 특성과 의향법에 따라 다음과 같이 분류하였다.

> **서술법** : 단순형 : -어, -지, -게, -네, -는군, -데, -거든, -는데, -고
> 　　　　　복합형 : -다나, -자나, -으라나, -는다고, -느냐고, -자고, -으라고, -는다니까, -냐니까, -자니까, -으라니까, -을래, -을게, -는걸, -을걸, -고말고, -다마다
> **물음법** : 단순형 : -어, -지, -게, -네, -는가, -나, -데, -는데, -고
> 　　　　　복합형 : -다니, -냐니, -자니, -으라니, -는다고, -느냐고, -자고, -라고, -는다면서, -자면서, -으라면서, -는대, -는다지, -을까, -을래, -는지
> **꾀임법** : 단순형 : -어, -지
> 　　　　　복합형 : 없음
> **시킴법** : 단순형 : -어, -지, -고
> 　　　　　복합형 : 없음

이들 반말의 마침씨끝은 공통적 특성에 따라 몇 가지 유형으로 나누어 각 유형별로 공통적 특성과 개별적인 특성에 관하여 살폈다.

이를 통해 마침씨끝들은 단지 들을이높임의 정도와 의향법만을 표시해 주는 기능만을 담당하는 것이 아니라 마침씨끝마다 고유의 형태·통어적 특성과 의미·화용적 특성을 가지고 서로 대립되어 쓰이고 있음을 확인하였다.

제 5 장 예사낮춤의 마침씨끝

1. 들머리

들을이높임법은 쓰이는 장면의 차이에 따라 격식체와 비격식체로 나뉘고, 격식체는 다시 높낮이의 정도에 따라 아주높임, 예사높임, 예사낮춤, 아주낮춤으로 나뉨은 앞에서 논의한 바 있다. 여기에서 다루고자 하는 예사낮춤은 들을이를 아주낮춤보다는 높이되, 그렇다고 높임의 영역에는 해당하지 않고 약간 낮추는 정도에 해당한다.[1]

예사낮춤은 현대 우리말에서는 모든 세대에 두루 사용되는 등급은 아니고, 30대 이상에서나 간혹 쓰이는 등급으로 사용 빈도수가 아주 미미한 형편에 놓여 있다. 예사낮춤은 말할이에 있어서 제약을 가질 뿐 아니라 들을이에서도 제약이 따라, 들을이가 적어도 성인이 된 경우에 사용하고, 말할이와 들을이 사이의 관계에서도 서로 잘 아는 사이이며, 말할이가 들을이보다 나이가 많거나 비슷한 경우에 사용되는 제약이 따른다.

이와 같이 사용하는 세대에서도 극히 한정적이고, 사용되는 환경도 대단히 제한적이지만 아직도 현재 우리말에서 쓰이고 있는 등분이기 때문에 마땅히 높임법 체계 안에서 다루어야 한다.

---

[1] 최현배(1971:263)는 예사낮춤의 높임 정도에 대하여 "예사낮춤(普通卑稱, 하게)은 그 말을 듣는 사람을 조금 낮게 보고 하는 말이니(곧 '해라'보다는 얼마큼 듣는 사람을 높이는 셈에 되는 꼴의 이름이니)"라 하여 아주낮춤보다는 덜 낮추는 것으로 보았다.

들을이높임의 정도가 예사낮춤에 해당하는 마침씨끝을 다른 등분의 씨끝과 구분해 낼 수 있는 기준을 설정하여 예사낮춤의 마침씨끝들을 선정해 내기로 한다.

선정된 마침씨끝들에 대하여 각각의 형태·통어적 특성과 아울러 의미·화용적 특성을 밝히기로 한다.

2. 예사낮춤 마침씨끝의 설정 기준

들을이높임의 정도가 예사낮춤에 해당하는 마침씨끝을 선정하기 위해서는 예사낮춤만이 가지는 공통 특성을 바탕으로 기준을 마련하여야 한다. 예사낮춤의 마침씨끝이 다른 등분의 마침씨끝과 구별될 수 있는 것은 바로 다음과 같은 공통 특징이 있기 때문이다.[2]

첫째, 예사낮춤의 마침씨끝 뒤에는 (1)과 같이 들을이높임의 '요'가 통합될 수 없다. '요'가 통합될 수 있는 마침씨끝은 반말의 마침씨끝이기 때문에 '요'가 통합되지 않는 특성에 따라 비격식체의 마침씨끝들과 구별된다.

> (1) ㄱ. * 저분이 김선생**일세요**.
>   ㄴ. * 귀찮아서 말하기도 싫**으이요**.
>   ㄷ. * 우리 한번 취해 보**세요**.

둘째, 예사낮춤의 마침씨끝으로 끝맺는 월은 (2)와 같이 임자말이 둘째가리킴일 때 임자말로 높임말이나 아주낮춤말은 쓰일 수 없으며, 임자말 밖에 들을이와 관련된 낱말도 마찬가지로 주로 '자네, 이보게 ㅇㅇ, 이 사람 ㅇㅇ' 따위의 낱말만이 쓰일 수 있다.

---

2) 이 공통 특징이 예사낮춤의 일반적 제약에 해당한다.

(2) ㄱ. **자네가**{ * 선생께서, * 네가} 그 일을 하**게**.

　　ㄴ. **자네들**{ * 선생님들, * 너희들} 그렇게 말하면 못쓰**네**.

　　ㄷ. 이것만큼은 **자네에게**{ * 선생께, * 너희들에게} **줌세**.

　셋째, 월 사이의 호응관계를 통해 예사낮춤의 마침씨끝들을 추출할 수 있다. 곧 예사낮춤의 월은 (3)과 같이 월 사이의 호응관계에서 반말이나 예사낮춤의 월과만 호응관계를 이룰 뿐, 아주높임, 아주낮춤, 반말에 '요' 통합형의 월과는 자연스러운 호응관계를 이룰 수 없는 제약이 있다.

(3) ㄱ. 자네가 내일 학교에 가**게**. 나는 몸이 아파 못 **가**.

　　ㄴ. 술 좀 더 마시**세**. 술값은 내가 **냄세**.

　　ㄷ. #3)자네가 학교에 가**게**. 저는 몸이 아파서 못 **갑니다**.

　　ㄹ. #자네가 학교에 가**게**. 나는 몸이 아파서 못 가**오**.

　　ㅁ. #자네가 학교에 가**게**. 나는 몸이 아파서 못 **간다**.

　　ㅂ. #자네가 학교에 가**게**. 나는 몸이 아파서 못 **가요**.

　위 보기에서 ㄱ과 ㄴ은 예사낮춤의 월이 반말과 예사낮춤의 월과 자연스럽게 호응관계를 이룰 수 있음을 보여 주며, ㄷ에서 ㅂ은 그 밖의 등분의 월과는 자연스러운 호응관계를 이루지 못함을 보여준다.4)

　넷째, 예사낮춤의 마침씨끝을 사용하는 계층을 보면, 주로 30대 이상에서만 쓰일 뿐 그 이하의 세대에서는 거의 쓰이지 않기 때문에 사용하는 세대의 제약 관계에 따라 예사낮춤 마침씨끝을 식별해 낼 수 있다. 그러나 이와 동일한 제약에서 쓰이는 들을이높임의 등분으로 예사높임이 있다. 예사낮춤이 예사높임과 구분이 가능한 것은 들을이에 대한 높임의 정도에서 차이가 나는 점이다.

---

3) # 표시는 월 사이의 호응관계를 이룰 수 없음을 나타낸다.

4) (3)의 ㄱ에서처럼 예사낮춤의 월이 반말의 월과 호응관계를 이룰 수 있지만 반말의 마침씨끝과 예사낮춤의 마침씨끝이 각각 구별되는 것은 '요'의 통합 가능성 유무, 아주낮춤 월과의 호응관계 가능성 유무에 의해서이다.

다섯째, 말할이와 들을이 사이의 관계에서 보면, 예사낮춤은 말할이가 들을이보다 나이가 많거나 손위일 때 쓰이되, 들을이가 성인이어야 한다. 곧 적어도 말할이가 들을이와 비슷한 나이이거나 그 이상인 경우에만 사용될 뿐이고, 들을이가 말할이보다 나이가 많거나 손위일 때는 쓰이지 않는 제약이 있다. 또한 말할이와 들을이가 서로 잘 아는 관계에 놓이는 경우에 한하여 쓰일 수 있는 제약이 따른다.

여섯째, 말할이의 들을이에 대한 태도를 보면, 말할이가 들을이에게 격식을 갖추되, 조금 낮추어 대우하는 경우에 사용되는 제약이 따른다.

위에서 살핀 여섯 가지 조건을 만족시키는 마침씨끝은 예사낮춤의 마침씨끝으로 묶이게 된다. 이에 해당하는 마침씨끝을 의향법에 따라 분류하면 다음과 같다.

> **서술법** : 단순형 : '-ㄹ세', '-음세', '-으이' '-네', '-거니, '-느니'
>   복합형 : '-는다네'
> **물음법** : '-는가', '-나', '-네', '-을런가', '-을손가'
> **꾀임법** : '-세'
> **시킴법** : '-게'

3. 예사낮춤 마침씨끝의 말본적 특성과 의미 기능

위에서 설정한 예사낮춤의 마침씨끝을 단순형과 복합형으로 나누어 마침씨끝마다의 말본적 특성과 의미 기능을 살피기로 한다. 서술법의 '-거니'와 '-느니', 물음법의 '-을런가'와 '-을손가'는 쓰임에서 제약이 극히 심하거나 옛말투에 해당하는 것들이기 때문에 '그 밖'의 영역에서 별도로 다루기로 한다.

3.1 단순형

앞에서 설정한 예사낮춤의 마침씨끝들을 공통적 특성에 따라 몇 가지로 갈라 보면, 마침씨끝을 이루고 있는 형태적 특성에 따라 단순형과 복합형으로 나눌 수 있다. 먼저 단순형은 공통적 특성에 의해 다시 몇 가지로 나뉜다. 곧 서술법 마침씨끝 가운데 풀이말 뿌리의 품사 유형에서 상보적 분포관계에 놓이는 '-ㄹ세', '-음세', '-으이'를 한 부류로 묶고, 동일한 형태가 반말의 마침씨끝으로도 쓰이는 '-네', '-는가', '-나', '-게'를 또 한 부류로 묶을 수 있으며, 그 밖에 꾀임법의 '-세'로 나눌 수 있다.

3.1.1 '-ㄹ세', '-음세', '-으이'

예사낮춤의 마침씨끝 '-ㄹ세', '-음세', '-으이'는 의향법에서 서술법에 해당되어 공통적이지만 '-ㄹ세'는 풀이씨가 잡음씨인 '이다'와 '아니다'의 뿌리에만 통합되는 제약이 있으며, '-음세'는 움직씨 뿌리 다음에 통합되되, 닿소리 다음에서는 /-음세/로 실현되고, 홀소리 다음에서는 /-ㅁ세/로 실현되는 제약이 따른다. '-으이'는 그림씨 뿌리에만 통합되되, 닿소리 다음에는 /-으이/로 실현되고 홀소리 다음에는 /-이/로 실현되는 제약이 따르기 때문에 이들 마침씨끝들은 풀이씨 뿌리에 있어서 상보적 분포관계에 놓이는 셈이 된다.

이들 마침씨끝들이 어떤 형태·통어적 특성과 의미·화용적 특성을 가지고 있는가를 살피기로 한다.

3.1.1.1 '-ㄹ세', '-음세', '-으이'의 형태·통어적 특성

예사낮춤의 마침씨끝 '-ㄹ세', '-음세', '-으이'의 형태적 특성으로, 풀이말의 형태론적 구조 안에서 다른 요소와 어떤 제약 관계에 놓이는가에 대하여 논의하기로 한다.

'-ㄹ세'는 안맺음씨끝과의 통합관계에서 주체높임의 '-시-'와는 통합되지 않는 제약을 보인다. 비록 월의 주체가 높임의 대상이더라도 '-시-'가 통합되면 (4)와 같이 부자연스러운 월이 된다.

(4) ㄱ. * **저분께서** 한국대학교 교수님이**실세**.
  ㄴ. * **저분께서** 한국대학교 교수님이 아니**실세**.

위 보기에서 월의 주체가 높임의 대상으로 그를 높이기 위해 주체높임 토씨 '께서'가 쓰이었으나 '-시-'가 풀이말에 통합되어 부자연스러운 월이 되었다. (4)에서 '-시-'가 삭제되면 자연스러운 월이 된다. 주체높임의 필수적 요소가 '-시-'이지만 마침씨끝이 '-ㄹ세'인 월에서는 통합될 수 없는 제약이 따르는데, 이는 일반성이 결여된 특수한 제약에 해당한다.

'-음세'도 '-시-'와 통합관계를 이룰 수 없는 제약이 따른다. 왜냐하면 '-시-'가 통합되려면 월의 임자말이 둘째가리킴이거나 셋째가리킴으로 높임의 대상이어야 하는데, '-음세'는 첫째가리킴 임자말과만 공기관계를 이루는 제약 때문이다. 곧 임자말이 첫째가리킴일 때에는 정상적인 말에서 '-시-'가 통합될 수 없는 일반적인 제약이 적용된다.

'-으이'도 '-시-'와의 통합이 불가능하다. 비록 월의 주체가 높임의 대상이더라도 '-으이' 앞에 '-시-'가 놓이게 되면 (5)와 같이 부자연스러운 월이 된다.

(5) ㄱ. * 자네 할아버지께서 참으로 훌륭하**시이**.
  ㄴ. * 선생님 말씀이 옳**으시이**.

이와 같이 월의 주체가 높임의 대상일지라도 '-으이'와 '-ㄹ세'는 '-시-'와 통합될 수 없는 제약이 따른다. 이 제약은 모든 예사낮춤의 마침씨끝들의 공통된 특성이 아니라 '-으이'와 '-ㄹ세'만의 개별적인 특성에 해당된다. 이러한 제약이 따르는 것은 이들 마침씨끝이 다른 것들에 비해 '말할이의 권위'가 강하게 나타나기 때문인 것 같다.

때매김씨끝과의 통합관계를 보면, '-ㄹ세'는 (6)과 같이 완료의 '-었-', 미확인의 '-겠-', 회상의 '-더-', 단속의 '-었었-', 의도의 '-려-' 등 어떤 때매김씨끝과도 통합관계를 이룰 수 없는 형태배합상의 제약을 가진다.

(6) 별거 다 가지고 야단이 ─ ⌈ * -었-
　　　　　　　　　　　　　　 * -겠-
　　　　　　　　　　　　　　 * -더- ⌉ ─ **-ㄹ세**.
　　　　　　　　　　　　　　 * -었었-
　　　　　　　　　　　　　　⌊ * -려-

위 보기와 같이 '-ㄹ세'가 어떤 때매김씨끝과도 통합관계를 이룰 수 없는 까닭은 '-ㄹ세'에 때매김씨끝과는 통합될 수 없는 어떤 의미 자질이 포함되어 있기 때문이라고 할 수밖에 없다.[5] 곧 '-ㄹ세'는 '명제 내용에 대한 발화시점의 판단'을 내리는 의미적 특성에 말미암는다고 할 수 있다.

'-음세'도 '-ㄹ세'와 마찬가지로 어떤 때매김씨끝과도 통합관계를 이룰 수 없는 제약이 있음을 (7)을 통해 알 수 있다.

(7) 그렇다면 나는 하지 않 ─ ⌈ * -었-
　　　　　　　　　　　　　　 * -겠-
　　　　　　　　　　　　　　 * -더- ⌉ ─ **-음세**.
　　　　　　　　　　　　　　 * -었었-
　　　　　　　　　　　　　　⌊ * -으려-

'-음세'가 때매김씨끝과의 통합이 불가능한 것도 '-음세'의 의미상의 특성으로 말미암은 것으로 볼 수 있다. '-음세'의 의미는 '앞으로의 약

---

[5] '-ㄹ세'의 의미적 특성에 관하여는 뒤에서 자세히 논의하기로 한다.

속'이기 때문에 때매김씨끝들의 의미와 배타적이 되어 통합관계를 이룰 수 없다고 하겠다.

'-으이'도 '-ㄹ세', '-음세'와 한 가지로 어떤 때매김씨끝과도 통합관계를 이루지 못하는 제약이 있음을 (8)을 통해 알 수 있다.

$$
(8) \text{ 귀찮아서 말하기도 싫} \begin{cases} * \text{-었-} \\ * \text{-겠-} \\ * \text{-더-} \\ * \text{-었었-} \\ * \text{-으려-} \end{cases} \underline{\text{-으이}}.
$$

이와 같이 '-으이'가 어떤 때매김씨끝과 통합될 수 없는 까닭은 '-으이'의 의미상의 특성으로 말미암는다. 곧 '-으이'는 '말할이의 발화 시점의 생각이나 느낌을 서술'하는 의미적 특성 때문에 발화 시점 이외의 시점을 가리키는 때매김씨끝과는 통합관계를 이룰 수 없다고 하겠다.

앞에서 살핀 바와 같이 '-ㄹ세', '-음세', '-으이'는 어떤 안맺음씨끝과도 통합관계를 이루지 못하고 풀이씨의 뿌리에 직접 통합되는 제약을 보인다. 이들 마침씨끝은 풀이씨 뿌리에 직결되지만 풀이씨 뿌리에도 제약이 따른다.

'-ㄹ세'는 풀이씨 뿌리와의 통합관계에서 극심한 선택 제약을 보여, (9)와 같이 움직씨와 그림씨 뿌리에는 통합되지 않고, 잡음씨 뿌리인 '이-'와 '아니-'에만 통합될 수 있는 제약이 따른다.

> (9) ㄱ. * 김선생이 학교에 **갈세**.
> ㄴ. * 이 꽃이 예**쁠세**.
> ㄷ. 별거 가지고 다 야단**일세**.
> ㄹ. 이 사람 징 다루는 솜씨가 보통 아**닐세**.

국립국어연구원편(1999) 표준국어대사전에서는 '-ㄹ세'와 '-을세'의 쓰

임에 대하여 "추측이나 의도를 나타내는 종결어미"로 움직씨와 그림씨
뿌리에도 통합되는 것으로 보고 (10)의 보기를 들고 있다.[6]

> (10) ㄱ. 내 가게 문 닫으면 그 자가 춤출세.
> ㄴ. 그럼 이따가 기별할세.
> ㄷ. 우리가 이번 참을세.
> ㄹ. 이번 그림 참 좋을세그려.
> ㅁ. 참, 약속이 있을세.
> ㅂ. 그 생각 참 좋을세.

위 보기의 월은 현재의 우리말에서 쓰이는 일이 없기 때문에 (10)은
모두가 부자연스러운 월이 되며, 이런 용법의 '-ㄹ세/-을세'는 현대 우
리말의 마침씨끝에서 제외되어야 한다.

'-음세'도 통합될 수 있는 풀이씨 뿌리에 제약을 보여, (11)과 같이
그림씨나 잡음씨 뿌리에는 통합될 수 없고 움직씨 뿌리에만 통합될 수
있는 제약이 따른다.

> (11) ㄱ. 애쓴 값은 내가 생각함세.
> ㄴ. * 내가 요즘 바쁨세.
> ㄷ. * 내가 이 학교 선생임세.

'-음세'가 움직씨 뿌리에 통합되더라도 모든 움직씨 뿌리에 통합될
수 있는 것은 아니고 [행동성]의 의미 자질을 가지는 뿌리와만 통합관

---

6) 한글학회(1998)의 우리말큰사전에서도 '-ㄹ세'와 '-을세'에 대하여 "추측이나 가능
성을 나타내는 베풂꼴 마침끝"이라 하고, 움직씨나 그림씨 다음에 쓰인 것으로 다
음 보기를 들었다.
ㄱ. 그런 집이라면 어마어마할세.
ㄴ. 하마 다 갔을세.
ㄷ. 아저씨 오시면 넌 좋을세.
ㄹ. 그이가 사 준 것이라면 좋은 옷이었을세.
위 보기들은 현재 우리말에서는 쓰이지 않기 때문에 부자연스러운 월이 되며, 현대
우리말의 마침씨끝에 포함될 수는 없다.

계를 이룰 수 있는 제약이 있다.

    (12) ㄱ. * 내가 요즘 몸살을 **앓음세**.
        ㄴ. * 내가 오늘 경찰에 **잡힘세**.[7]

곧 위 보기에서 '앓-'과 '잡히-'는 움직씨이기는 하지만 말할이의 능동적 행위에 의해 이루어질 수 없는 [비행동성] 움직씨이기 때문에 '-음세'가 통합되면 (12)와 같이 부적격한 월이 된다.

'-으이'도 통합관계를 이룰 수 있는 풀이씨 뿌리에 제약이 따른다. 움직씨 뿌리인 경우에 [행동성]이나 [과정성]의 의미 자질을 가지는 움직씨 뿌리에는 통합이 불가능하지만 [상태성]인 경우에는 통합이 가능해진다. 그러므로 (13)에서는 풀이말이 모두 움직씨이지만 [행동성]과 [과정성]의 ㄱ과 ㄴ은 부적격한 월이 되고, [상태성]의 ㄷ은 적격한 월이 되었다.

    (13) ㄱ. * 철수는 밥을 **먹으이**.
        ㄴ. * 봄이 되면 꽃이 **피이**.
        ㄷ. 난 자네만 **믿으이**.

이처럼 '-으이'는 [상태성] 움직씨와 통합관계를 이루며, 또한 (14)와 같이 그림씨 뿌리에도 통합될 수 있지만 잡음씨 뿌리에는 통합될 수 없는 제약이 따른다.

    (14) ㄱ. 자네 팔자가 **부러우이**.
        ㄴ. * 철수가 이 학교 **학생이이**.
        ㄷ. * 철수가 이 학교 학생이 **아니이**.

앞에서 살핀 바와 같이 '-으이'는 그림씨나 [상태성]의 움직씨 뿌리에만 통합되는 제약을 가지지만, 부정월에서 긴꼴 부정인 경우에는 이 제

---

7) 말할이가 능동적으로, 자발적인 행동으로 잡히는 경우에는 '잡히다'가 [행동성] 움직씨가 되어 적격한 월이 될 수도 있다.

약이 해소되어 (15)와 같이 풀이말이 [행동성] 움직씨나 [과정성] 움직씨
인 월에서도 자연스럽게 ‘-으이’가 마침씨끝으로 쓰일 수 있게 된다.[8]

> (15) ㄱ. 철수가 밥을 **먹**지 않**으이**.
>   ㄴ. 봄인데도 꽃이 **피**지 않**으이**.
>   ㄷ. 저분이 키기 **크**지 **않**으이.[9]

 이들 마침씨끝 뒤에 놓일 수 있는 요소를 살피면, ‘-ㄹ세’ 뒤에는 느
낌토씨 ‘그려’의 통합이 가능하기도 하고 불가능하기도 하다.

> (16) ㄱ. 과연 절세 미인**일세그려**.
>   ㄴ. 그까짓 것은 걱정 없을 **걸세그려**.

 위 보기에서는 ‘그려’의 통합이 가능하여 적격한 월이 되었지만, (17)
에서는 ‘-ㄹ세’ 다음에 ‘그려’가 통합되어 부적격한 월이 되었다.

> (17) ㄱ. * 물은 흘러도 여울은 여울대로 있는 법**일세그려**.
>   ㄴ. * 진실로 시가 뭐라고 생각하느냐 말**일세그려**.

 이처럼 ‘-ㄹ세’ 다음에는 ‘그려’가 통합되어 적격한 월(16)이 되기도
하고, 부적격한 월(17)이 되기도 하는데, 이는 ‘-ㄹ세’의 의미적 특성으
로 말미암는다. 다시 말해서 ‘그려’가 자연스럽게 통합될 수 있는 월에
서의 ‘-ㄹ세’의 의미와 그렇지 않은 월에서의 ‘-ㄹ세’의 의미 차이 때문
이다. 곧 앞의 ‘-ㄹ세’는 ‘말할이 자신의 생각이나 느낌의 서술’이란 의
미적 특성을 나타내고, 뒤의 ‘-ㄹ세’는 ‘명제 내용을 알림’이라는 의미
적 특성을 가지기 때문이라 할 수 있다.[10]

---

8) 짧은 부정인 경우에는 본래의 제약이 그대로 적용되어 [행동성]이나 [과정성] 움직
   씨와는 통합되지 않는다.
9) (15)의 ㄷ에 주체높임의 ‘-시-’가 통합된다면, 으뜸풀이씨의 뿌리 다음에 통합되어
   ‘저분이 키가 크시지 않으이.’가 되지만 ‘-으이’ 앞에 바로 통합될 수는 없다. 만일
   통합되면 ‘저분이 키가 크지 않으시이.’라는 부적격한 월이 된다.

‘-음세’와 ‘-으이’ 뒤에는 ‘그려’가 통합될 수 없는 점에서 ‘-ㄹ세’와 차이를 보인다. ‘-음세’와 ‘-으이’에는 ‘느낌’의 의미 자질이 포함되어 있지 않기 때문에 ‘그려’가 통합되지 않는 것 같다.

마침씨끝 ‘-ㄹ세’, ‘-음세’, ‘-으이’와 통어론적으로 공기관계를 이루는 요소들과의 제약에 관하여 논의하기로 한다.

첫째로, 이들 마침씨끝으로 끝맺는 월 뒤에 놓이는 절종결을 보면, (18)과 같이 모두 ‘내림’의 절종결이 놓여 의향법에서 서술법 마침씨끝에 해당함을 알 수 있다.[11]

> (18) ㄱ. 늙은이 낯을 봐서라도 그러는 게 아**닐세**(↘).
> ㄴ. 자네 빚은 내가 곧 갚**음세**(↘).
> ㄷ. 환자를 위해서도 그 편이 옳**으이**(↘).

둘째, 이들 마침씨끝과 공기관계를 이루는 임자말의 가리킴 제약에 대하여 살피기로 한다.

‘-ㄹ세’는 (19)와 같이 첫째(ㄱ), 둘째(ㄴ), 셋째가리킴(ㄷ) 임자말과 공기될 수 있어 임자말 가리킴의 제약은 없다. 그러나 둘째가리킴인 경우에는 예사낮춤에 해당하는 낱말만이 임자말 자리에 놓일 수 있을 뿐 그 밖의 등분에 해당하는 낱말과는 공기될 수 없는 제약이 따른다. 이 제약은 모든 예사낮춤 마침씨끝에 공통으로 적용되는 일반적 제약에 해당한다.

---

10) ‘-ㄹ세’의 의미적 특성에 대하여는 뒤에서 다시 논의하기로 한다. 마침씨끝이 ‘-ㄹ세’인 동일한 월에서도 ‘그려’가 통합되기도 하고 안 되기도 하는데, 그렇게 되면 통합될 때의 ‘-ㄹ세’와 안 될 때의 ‘-ㄹ세’의 의미는 달라지게 된다.

11) 서술법과 꾀임법의 마침씨끝 다음에 ‘내림’의 절종결이 놓이는데, 꾀임법의 마침씨끝은 움직씨의 뿌리와만 통합될 수 있어, 잡음씨나 그림씨 뿌리에만 통합되는 ‘-ㄹ세’와 ‘-으이’는 당연히 서술법 마침씨끝에 해당한다. 그리고 [행동성] 움직씨 뿌리에만 통합되는 ‘-음세’는 꾀임법에 해당될 것 같지만, 건너 따옴월에 포함되면 서술법 마침씨끝의 중화형태로 중화되어 서술법의 마침씨끝에 포함된다.

(19) ㄱ. 금년으로 **내가** 마흔**일세**.

ㄴ. 회사 경력 10년 동안 **자네가** 처음**일세**.

ㄷ. **잉어 맛이** 천하 일품**일세**.

'-음세'는 임자말과 공기관계에서 제약을 보인다. (20)과 같이 첫째가리킴의 임자말과만 공기될 뿐이고 둘째가리킴과 셋째가리킴 임자말과는 공기될 수 없는 제약이 따른다. 첫째가리킴의 임자말과 공기되더라도 임자말 자리에 놓이는 낱말에 제약이 따라, '나'와만 공기될 수 있을 뿐이다.

(20) ㄱ. **내가** 힘을 좀 써 **봄세**.

ㄴ. * **자네가** 힘을 좀 써 **봄세**.

ㄷ. * **그분**이 힘을 좀 써 **봄세**.

반면에 '-으이'는 (21)과 같이 첫째, 둘째, 셋째가리킴 임자말과 공기될 수 있어 임자말 가리킴의 제약은 없다.

(21) ㄱ. **나는** 거짓말을 하지 않**으이**.

ㄴ. **자네는** 부지런하**이**.

ㄷ. **죽음은** 아름답지 못하**이**.

셋째, 마침씨끝이 '-ㄹ세', '-음세', '-으이'인 월이 건너 따옴월로 포함될 때, 이들 마침씨끝이 어떤 중화형태로 실현되는가를 살피기로 한다.

(22) ㄱ. 갑→을 : 잉어 맛이 천하 일품**일세**.

　　을→병 : (갑이 나에게) 잉어 맛이 천하 일품이**라**고 한다.

ㄴ. 갑→을 : 내가 변통해 **줌세**.

　　을→병 : (갑이 나에게) 자기가 변통해 주**겠다**고 한다.

ㄷ. 갑→을 : 나는 거짓말을 하지 않**으이**.

　　을→병 : (갑이 나에게) 자기는 거짓말을 하지 않**는다**고 한다.

풀이말이 잡음씨인 서술법의 월이 건너 따옴월로 포함될 때, 마침씨끝이 언제든지 '-라'로 중화된다. 위 보기의 ㄱ에서와 같이 '-을세'는 항상 '-라'로만 중화되는 것으로 보아 서술법에 해당하는 마침씨끝임이 증명된다. ㄴ에서의 '-음세'는 '-겠다'로 중화되었다. 이는 '-음세'의 의미 속에는 '-겠-'의 의미 자질이 포함되어 있음을 보여 주며, 또한 '-음세'가 서술법 마침씨끝의 중화형태로 실현되어 '-음세'가 서술법의 마침씨끝에 해당함을 나타낸다. ㄷ에서의 '-음세'도 서술법 마침씨끝의 중화형태인 '-는다'로 실현되어 의향법상 서술법의 마침씨끝에 해당한다.

넷째, 이들 마침씨끝과 공기관계를 이룰 수 있는 때어찌말에 대하여 살피기로 한다.

> (23) ㄱ. **지금(내년에, 10년 후에 …)** 내 나이가 오십**일세**.
> * **방금(작년에, 10년 전에 …)** 내 나이가 마흔이었**을세**.[12]
> ㄴ. **지금(곧, 이따가, 내일 …)** 내가 그 돈을 갚**음세**.
> * **방금(어제, 지난번에 …)** 내가 그 돈을 갚았**음세**.
> ㄷ. **지금(앞으로, 내일, 다음 주에 …)** 난 바쁘**이**.
> * **방금(지난번에, 어제, 지난주에 …)** 난 바빴**으이**.

위 보기에서와 같이 '-ㄹ세', '-음세', '-으이'는 공통적으로 현재를 포함한 다가올 올적의 때어찌말과만 공기관계를 이루고, 지난적의 때어찌말과는 공기관계를 이룰 수 없는 제약이 있다.

3.1.1.1 '-ㄹ세', '-음세', '-으이'의 의미 · 화용적 특성

지금까지의 연구 논저에서 밝혀진 '-ㄹ세', '-음세', '-으이'의 의미를 바탕으로 하고, 실제 이들 마침씨끝의 쓰임을 통해 의미적 특성을 규명

---

12) '-ㄹ세'는 때매김씨끝과 통합되지 않는 제약 때문에 때어찌말이 없더라도 당연히 부적격한 월이 된다. '-음세'와 '-으이'에서도 마찬가지이다. 그런데도 이와 같은 보기를 드는 까닭은 이들 마침씨끝이 미래지향적 현재나 미래를 가리키는 때어찌말과만 공기됨을 드러내기 위해서이다.

하기로 한다.

　먼저 '-ㄹ세'의 의미・화용적 특성부터 살피기로 한다. 마침씨끝이 '-ㄹ세'인 월은 대화상의 장면에서 말할이가 들을이를 강하게 의식하는 상관적 장면에서만 쓰일 뿐 아니라 말할이가 들을이를 거의 의식하지 않거나, 말할이 자신의 혼잣말로 쓰이는 단독적 장면에서도 사용되는 점이 다른 예사낮춤의 마침씨끝들과의 차이점이다.[13] 그러므로 '-ㄹ세'의 의미도 '-ㄹ세'가 쓰이는 장면적 특성에 따라 구별하여 살필 필요가 있다.

　상관적 장면에서 쓰인 '-ㄹ세'의 보기를 들면 (24)와 같다.

　　　(24) ㄱ. 이건 애기한테 주는 선물**일세**.
　　　　　 ㄴ. 그 여자에 대하여 이야기하러 온 것이 아**닐세**.

　위 보기는 말할이가 들을이에게 명제 내용을 단순히 서술하는 의미보다는 '알림'의 의미가 파악된다. (24)를 의미상 차이 없이 다시 쓰면 (25)와 같이 될 것이다.

　　　(25) ㄱ. **말할이가 들을이에게** 이건 애기한테 주는 선물임을 **예사낮춤으로 알린다.**
　　　　　 ㄴ. **말할이가 들을이에게** 그 여자에 대하여 이야기하러 온 것이 아님을 **예사낮춤으로 알린다.**

　말할이가 들을이를 별로 의식하지 않거나, 말할이의 혼잣말로 이해되는 '-ㄹ세'의 보기를 들면 (26)과 같다.

　　　(26) ㄱ. 별거 다 가지고 야단**일세**.
　　　　　 ㄴ. 과연 절세 미인**일세**.

---

13) '-ㄹ세'가 단독적 장면에서 쓰이게 되면 들을이높임의 정도도 예사낮춤이라기보다는 높낮이가 중화되어 '높낮이없음'에 해당하는 것이 더 적합할 것 같지만 들을이를 전혀 배제하지는 않기 때문에 예사낮춤의 범주에 넣게 된다.

위 보기 뒤에는 느낌토씨 '그려'가 통합될 수 있어 여기서의 '-ㄹ세'는 '말할이 자신의 생각이나 느낌을 서술'하는 의미를 가진다.

그러면 '-ㄹ세'는 사용되는 장면에 따라 '알림'이나 '생각이나 느낌의 서술'이란 의미적 특성을 가진다고 할 수 있는데, 기본적 의미로는 '알림'으로 보아야 할 것이다. 왜냐하면 '생각이나 느낌'이란 의미로 해석되는 보기들이 '알림'의 의미와 전혀 무관하지 않다는 점이다. 곧 (26)에서의 '-ㄹ세' 의미도 '알림'의 의미가 전혀 파악되지 않는 것은 아니다. 또한 예사낮춤의 마침씨끝들은 거의 모두 상관적 장면에서만 쓰이기 때문에 '-ㄹ세'의 의미도 상관적 장면에서의 의미를 기본적 의미로 삼는 것이 타당하리라고 본다. 그렇다면 '생각이나 느낌의 서술'이란 의미는 말할이의 들을이에 대한 의식이 약해지는 경우에 나타나는 '-ㄹ세'의 부차적 의미라고 할 수 있다.

'-음세'의 의미에 관하여 최현배(1971:268)는 "장차 하겠음"으로 보았다. 마침씨끝이 '-음세'인 월이 건너 따옴월에 포함되면 '-음세'는 '-겠다'로 중화되는 점으로 보아 '-음세'에는 '-겠-'의 의미가 포함되어 있음을 알 수 있다. 곧 '-음세'에는 때매김씨끝 '-겠-'의 의미적 특성이 내재해 있음으로 '명제 내용을 앞으로 하겠음'의 의미가 파악된다. 또한 말할이의 들을이에 대한 태도를 보면 명제 내용을 앞으로 하되, '기꺼이 하겠음'의 의미가 파악된다[14]. 아울러 '-음세'에는 '약속'의 의미가 파악되는데, '약속'은 '앞으로 하겠음'의 의미를 포함하는 것으로 볼 수 있다. 이를 정리하면, '-음세'는 '말할이가 들을이에게 명제 내용을 기꺼이 하겠음을 예사낮춤으로 약속함'이란 의미적 특성을 가진다.

    (27) 내가 잘 알아서 해 **줌세**.

---

14) '-음세'는 말할이가 들을이를 해롭게 하거나, 말할이가 마지못해 하거나 어쩔 수 없이 하는 경우에는 잘 쓰이지 않는 것 같다.

위 보기를 앞에서 밝힌 '-음세'의 의미로 다시 쓰면, '말할이가 들을이에게 앞으로 자기가 잘 알아서 해 줄 것을 예사낮춤으로 기꺼이 약속함'이 되어 (27)의 의미와 차이가 없다. 이로 보아 위에서 밝힌 '-음세'의 의미적 특성은 타당한 셈이다.

마침씨끝이 '-음세'인 월이 사용되는 장면을 보면, 말할이가 들을이를 강하게 의식하는 상관적 장면에서만 쓰이고, 들을이를 전제하지 않는 단독적 장면에서는 쓰이지 않는 제약이 따른다.

마침씨끝 '-으이'는 형태배합상의 특성에서 밝힌 바와 같이 어떤 때매김씨끝과도 통합관계를 이룰 수 없는 점으로 보아 '-으이' 자체에는 [현재성]의 의미 자질이 포함되어 있음을 알 수 있다. 그러므로 '-으이'는 현재 이외의 다른 시점을 가리키는 때매김씨끝들과는 통합관계를 이루지 못하는 것이다. 그리고 '-으이'에는 느낌토씨 '그려'가 통합될 수 없는 점으로 미루어 '느낌'의 의미 자질은 포함되어 있지 않으며, 마침씨끝이 '-으이'인 월은 의향법에서 서술법에 해당하기 때문에 '-으이'에는 말할이의 생각을 서술하는 의미적 특성이 포함되어 있다. 이를 정리하면, '-으이'는 '말할이가 들을이에게 명제 내용에 대한 현재의 자신의 생각을 예사낮춤으로 서술함'이라는 의미적 특성을 가진다고 할 수 있다.

(28) 귀찮아서 말하기도 싫<u>으이</u>.

위 보기에 대하여 앞에서 밝힌 '-으이'의 의미로 다시 쓰면, '말할이가 들을이에게 귀찮아서 말하기도 싫다는 현재의 생각을 예사낮춤으로 서술함'이 되어 (28)과 의미상 차이가 없게 된다. 이로 보아 앞에서 설정한 '-으이'의 의미적 특성은 타당한 셈이다.

마침씨끝 '-으이'도 사용되는 장면에서 '-음세'와 마찬가지로 말할이가 들을이를 강하게 의식하는 상관적 장면에서만 쓰이는 제약이 따른다.

3.1.2 '-네', '-는가', '-나', '-게'

이들 예사낮춤의 마침씨끝은 동일한 형태로 반말의 마침씨끝으로도 쓰이는 것들이다. 통시적으로 보면 예사낮춤으로 쓰이던 것들이 20세기에 들어와 반말의 쓰임이 확대됨에 따라 반말의 마침씨끝으로 쓰이기 시작한 것으로 보인다. 이와 같은 특성으로 말미암아 이들을 한 범주로 묶어 다루기로 한다.

이들 마침씨끝 가운데 시킴법의 '-게'와 뜻과 쓰임에서 별다른 차이 없이 쓰일 수 있는 것으로 '-게나'가 있다. '-게'와 '-게나'를 한 형태소의 변이형태들로 다루어야 할지, 아니면 각각 별개의 형태소로 보아야 할지, '-게나'를 마침씨끝 '-게'에 '나'가 통합된 복합형태로 보아야 할지 쉽게 결정이 안 된다. 곧 별개의 형태소로 보는 경우에 '-게'와 '-게나'는 형태상 전혀 관련은 없는지, 마침씨끝 '-게'에 '나'가 통합되었다면 '나'는 무엇으로 처리해야 하는지 의문이 따른다.

고영근(1974)에서는 '-게'와 '-게나'의 의향법을 달리 보아, '-게'를 명령법으로 보고 '-게나'를 허락법으로 보았다.

'-게나'를 복합형으로 보고, 마침씨끝 '-게'에 월 끝에 놓이는 특수토씨 '나'가 덧붙은 것으로 볼 수 있다. 이렇게 볼 수 있는 근거로는 특수토씨는 월의 마침씨끝 다음에 놓일 수 있다는 점을 들 수 있다. 또한 예사낮춤 '-세나'도 동형성을 이루고 있어 마침씨끝 '-세'에 특수토씨 '나'가 통합된 것으로 볼 수 있어 지원 받을 수 있다는 점이다. 그러나 '나'는 같은 시킴법의 마침씨끝 가운데 유독 예사낮춤의 '-게'와만 통합될 수 있다는 점, 곧 * 웃어 보십시오나(아주높임), * 웃어 보오나(예사높임), * 웃어 보아라나(아주낮춤), * 웃어 봐나(반말)가 불가능한 점으로 보아 '나'를 특수토씨로 처리하더라도 여전히 문제가 남는다.

결론부터 말하면, 이 글에서는 '-게나'를 '-게'의 변이형태로 보아 '-게나'와 '-게'를 동일한 형태소의 자유변이형태들로 처리하였던 방식을 따르지 않고15), 마침씨끝 '-게'에 특수토씨 '나'가 통합된 복합형으로

다루고자 한다. 왜냐하면 '-게'가 쓰일 수 있는 형태·통어적 환경에서
'-게나'도 항상 쓰일 수 있어 '-게나' 속의 '-게'가 예사낮춤의 마침씨끝
인 '-게'와 쓰이는 환경이 동일하다는 점이다. 또한 다음 보기에서처럼
마침씨끝이 '-게'인 월과 '-게나'인 월은 의미상 별다른 차이가 드러나
지 않는 다는 점이다.

> (29) ㄱ. 가. 사건의 경위만 간단히 이야기하**게**.
> 　　　　나. 사건의 경위만 간단히 이야기하**게나**.
> 　　ㄴ. 가. 벌써부터 너무 좋아하지 말**게**.
> 　　　　나. 벌써부터 너무 좋아하지 말**게나**.

　위 보기에서 (가)와 (나)는 들을이높임의 정도에서도 같고, 의향법에
서도 시킴법으로 동일하며, 의미상으로도 그리 큰 차이는 없다. 그러나
(나)가 (가)보다 부드러움과 친근감을 준다는 점에서 차이를 보인다. 곧
(나)는 (가)의 의미에 부드러움과 친근감의 의미가 덧보태어져 있으므
로, '나'가 마침씨끝 '-게'에 덧붙어 바로 부드러움과 친근감의 의미를
나타낸 것으로 보인다. 그러므로 '-게나'는 마침씨끝 '-게'에 '부드러움
과 친근감'의 의미적 특성을 가지는 특수토씨 '나'가 결합된 것으로 보
는 것이 합리적이다.

3.1.2.1 '-네', '-는가', '-나', '-게'의 형태·통어적 특성

　이들 마침씨끝의 형태적 특성으로, 풀이말의 형태론적 구조 안에서
다른 요소와 어떤 제약 관계에 놓이는가에 대하여 논의하기로 한다.

　첫째, 예사낮춤의 '-네', '-는가', '-나', '-게'는 안맺음씨끝 가운데 주
체높임의 '-시-'와 통합관계를 이룰 수 있다. 임자말이 셋째가리킴이고
주체가 높임의 대상이면 당연히 '-시-'가 통합됨은 일반적 특성이다. 임
자말이 첫째가리킴이면 어떤 경우에도 '-시-'가 통합될 수 없음도 우리

---

15) 한길(1991:169)에서는 이와 같은 주장을 펼친 바 있다.

말의 일반적 특성에 해당한다. 둘째가리킴인 경우에는 주체와 들을이가
동일인이기 때문에 들을이를 약간 낮추는 예사낮춤에서는 주체로도 높
이지 않아 '-시-'가 통합되지 않음이 일반적 원칙이지만, 이들 마침씨끝
에서는 (30)에서와 같이 '-시-'가 통합되어 쓰이는 일이 있다.

> (30) ㄱ. 오늘 (**자네가**) 좀 지나치**시네**.
> ㄴ. (**자네**) 요즘 어떻게 지내**시는가**?
> ㄷ. (**자네**) 무슨 술을 좋아하**시나**?
> ㄹ. 도움이 필요하면 (**자네가**) 언제나 찾아오**시게**.

위 보기는 임자말이 둘째가리킴으로 들을이에 해당하는데, 형식상
동일한 사람을 주체로는 높이고 들을이로서는 약간 낮추는 셈이 되어,
한 월에서 동일인을 높이기도 하고 낮추기도 하는 모순을 보여주는 것
같다. 실제로 현대 우리말에서는 (30)에서와 같이 '-시-'가 통합되는 것
보다는 통합되지 않는 것이 더 일반적이다.[16] 그러므로 월의 주체가 둘
째가리킴인 월에서 (30)과 같은 '-시-' 통합 월이 부자연스럽게 느껴지
기도 한다.[17] 그러나 아직도 (30)과 같이 '-시-'를 통합해서 쓰는 일이
적지 않기 때문에 임자말이 둘째가리킴인 경우에도 '-시-'의 통합은 가
능한 것으로 볼 수 있다.[18] 이렇게 '-시-'가 통합된 경우 '-시-'가 월의
주체를 높이는 기능을 수행하는 것이 아니라 들을이높임으로 기능이
전이되어 '-시-' 비통합형보다 들을이를 약간 더 높이게 된다.[19] 그렇더

---

16) 둘째가리킴 월은 임자말이 들을이이기 때문에 들을이를 약간 낮추는 경우, 들을이
와 동일인인 월의 주체를 높이지 않는 것이 논리적으로 볼 때 지극히 당연하다고
하겠다.

17) (30)의 보기들이 부자연스럽게 느껴지는 경우에 괄호 안의 월조각을 생략하면 자
연스러운 월이 된다.

18) 예사낮춤의 마침씨끝 가운데 임자말이 둘째가리킴인 경우 '-시-'가 통합될 수 있
는 것은 '-네', '-는가', '-나', '-게' 밖에는 없기 때문에 이는 이들 마침씨끝만의
특수한 특성이다.

19) 주체높임의 '-시-'가 들을이높임법으로 기능이 전용되어 쓰임에 관하여는 한길

라도 (30)은 들을이에 대한 [높임]의 등분에 해당되지는 않는다.

둘째, 때매김씨끝과의 통합관계는 마침씨끝별로 약간 다르게 나타나기 때문에 개별적으로 다루기로 한다.

'-네'는 (31)과 같이 '-었-', '-겠-', '-었었-', '-려-'와는 통합 가능하지만 회상의 '-더-'와는 통합관계를 이루지 못하는 제약이 따른다.

$$
(31)\ \text{내가 생각했던 대로 결론을 내리-}\ \left[\begin{array}{c} \text{-었-} \\ \text{-겠-} \\ \text{-었었-} \\ \text{-려-} \\ *\text{-더-} \end{array}\right]\ \text{-네.}
$$

'-는가'는 (32)와 같이 어떤 때매김씨끝과도 통합될 수 있어 제약이 따르지 않는다.

$$
(32)\ \text{그분이 약속을 잘 지키-}\ \left[\begin{array}{c} \text{-었-} \\ \text{-겠-} \\ \text{-었었-} \\ \text{-려-} \\ \text{-더-} \end{array}\right]\ \text{-는가?}
$$

'-나'는 (33)과 같이 때매김씨끝 가운데 '-더-'와는 통합될 수 없는 제약이 따른다.

$$
(33)\ \text{그만한 각오쯤이야 안 하-}\ \left[\begin{array}{c} \text{-었-} \\ \text{-겠-} \\ \text{-었었-} \\ \text{-려-} \\ *\text{-더-} \end{array}\right]\ \text{-나?}
$$

(2002:232-245) 참조.

‘-게’는, 모든 시킴법 마침씨끝이 어떤 때매김씨끝과도 통합되지 않는 일반적 제약에 따라, (34)와 같이 때매김씨끝과 통합관계를 이루지 않는다.

$$(34) \ \text{마음 내키는 대로 생각하-} \left[\begin{array}{l} *\text{-었-} \\ *\text{-겠-} \\ *\text{-었었-} \\ *\text{-려-} \\ *\text{-더-} \end{array} \right] \ \textbf{-게}$$

위에서 살핀 바와 같이 ‘-네’와 ‘-나’는 때매김씨끝 가운데 ‘-더-’와만 통합이 불가능하다. 이와 같은 까닭은 ‘-더-’의 쓰임상의 제약과 이들 마침씨끝의 의미적 특성 때문이라고 할 수 있다. ‘-네’ 이외의 서술법 마침씨끝 가운데에서도 ‘-더-’와의 통합이 가능한 것도 있으며, ‘-나’ 이외의 물음법 마침씨끝 가운데에서도 ‘-시-’와의 통합이 가능한 것들이 있다. 물음법의 보기를 들면,

$$(35) \ \text{그만한 각오쯤이야 안 하더-} \left[\begin{array}{l} \textbf{-는가?} \\ \textbf{-나?} \\ \textbf{-ㅂ니까?} \end{array} \right.$$

에서와 같이 ‘-는가’, ‘-나’, ‘-읍니까’ 등은 자연스럽게 ‘-더-’와 통합되는데, ‘-나’가 통합되면 부적격한 월이 되는 것은 ‘-나’ 이외의 월조각이나 말본적인 형태소로 말미암은 것이 아니라 바로 마침씨끝 ‘-나’ 때문에 부적격한 월이 되었다고 할 수 있다.[20]

셋째, 이들 마침씨끝과 통합될 수 있는 풀이씨 뿌리에 대하여 살피면, 마침씨끝마다 약간의 차이를 보인다. ‘-네’와 ‘-는가’는 (36)과 같이

---

[20] 아마도 ‘-네’와 ‘-나’의 의미상의 특성 때문에 ‘-더-’와는 통합관계를 이룰 수 없는 것이 아닌가 추측된다.

풀이씨의 종류에 관계없이 통합될 수 있어 풀이씨 뿌리에 대한 제약은 없다.[21]

> (36) ㄱ. 가. 난 지금 학교에 **가-네**.
>   나. 말이란 어해서 다르고 아해서 **다르-네**.
>   다. 그건 자네가 알 바 **아니-네**.
>   ㄴ. 가. 자넨 뭘 그렇게 꾸물거리고 **망설이-는가**?
>   나. 자네들은 내가 당선될 **듯싶-은가**?
>   다. 자넨 언제 고향에 내려갈 **참이-ㄴ가**?

위 보기에서 (가)는 풀이말이 움직씨이고 (나)는 그림씨이며 (다)는 잡음씨로, 모두 적격한 월이 되어 '-네'와 '-는가'는 풀이말의 풀이씨 종류에 제약이 없음을 알 수 있다.

그러나 '-나'와 '-게'는 통합관계를 이룰 수 있는 풀이말의 풀이씨 종류에 제약이 따른다. '-나'는 (37)과 같이 움직씨와 그림씨 뿌리에는 자연스럽게 통합될 수 있지만 잡음씨 뿌리에는 직접적으로 통합될 수는 없다.[22]

> (37) ㄱ. 자네는 술을 얼마나 **마시-나**?
>   ㄴ. 자네는 자네대로의 주관도 판단도 **없-나**?

---

21) 예사낮춤의 '-는가'는 풀이말이 움직씨이면 변이형태 /-는가/로 실현되고, 그림씨인 경우 뿌리의 끝이 닿소리이면 /-은가/로, 홀소리이면 /-ㄴ가/로, 잡음씨인 경우 /-ㄴ가/로, 때매김의 '-었-', '-겠-', '-려' 다음에는 /-는가/로, /-더-/ 다음에는 /-ㄴ가/로, 주체 높임의 '-시-' 다음에는, 풀이말이 움직씨이면 /-는가/로, 그림씨와 잡음씨이면 /-ㄴ가/로 실현된다. 곧 '-는가'는 통합되는 환경에 따라 변이형태 /-는가/, /-은가/, /-ㄴ가/로 실현된다.

22) 반말의 마침씨끝 '-나'인 경우에는 아래 보기와 같이 잡음씨 뿌리에 직접 통합될 수 있어 예사낮춤의 '-나'와 차이를 보인다.
   ㄱ. 저분이 우리 학교 선생님**이-나**?
   ㄴ. 영철이 아버지가 저분이 **아니-나**?
   위 보기에서 말할이의 혼잣말로 이해되는 경우 적격한 월이 된다. 그렇게 되면 '-나'는 예사낮춤이 아니라 반말의 마침씨끝이 된다. 왜냐하면 반말의 '-나'는 혼잣말로 쓰일 수 있는 데 비하여 예사낮춤의 '-나'는 혼잣말로 쓰일 수 없기 때문이다.

　　ㄷ. *자네가 이 대학교 학생**이**-**나**?
　　ㄹ. *자네 부친이 저분이 **아니**-**나**?

　위 보기에서와 같이 예사낮춤의 '-나'는 잡음씨 뿌리에 직접 통합될 수 없는 제약이 따른다. 그러나 잡음씨 뿌리 다음에 때매김씨끝이 놓이게 되면 (38)과 같이 '-나'의 통합이 가능해져 이 제약은 해소된다.

　(38) ㄱ. 자네가 이 학교 학생**이**-**었**-**나**?
　　　ㄴ. 어디 그런 사고가 비단 한 개인에 있어서뿐**이**-**겠**-**나**?
　　　ㄷ. 아주 그럴듯한 사고가 **아니**-**었겠**-**나**?

　위와 같이 예사낮춤의 '-나'는 잡음씨 뿌리에는 직접 통합될 수는 없지만, 때매김씨끝이 개재하면 간접적으로 통합관계를 이룰 수 있는 특성을 가진다.
　예사낮춤의 '-게'는 (39)와 같이 움직씨 뿌리와만 통합관계를 이룰 수 있다. 이 점은 시킴법 마침씨끝의 공통적 특성으로 일반적 제약에 해당한다.[23)]

　(39) ㄱ. 떠들지 말고 내 말 좀 **듣**-**게**.
　　　ㄴ. *자네가 마음이 **좋**-**게**.
　　　ㄷ. *자네가 한국사람**이**-**게**.

　예사낮춤의 '-네', '-는가', '-나', '-게' 뒤에 놓이는 요소를 보면, 들을이높임 토씨 '요'가 통합될 수 없으며, '-네'와 '-게'는 느낌토씨 '그려'도 통합될 수 있지만 '-는가'와 '-나'는 통합될 수 없다.
　반말의 '-네' 다음에 '그려'가 통합될 수 있는 것과 마찬가지로 예사낮춤의 '-네' 다음에도 (40)의 ㄱ, ㄴ과 같이 '그려'가 통합 가능하며, 예

---

23) 반말의 '-게'는 움직씨만이 아니라 그림씨, 잡음씨의 뿌리와도 자연스러운 통합관계를 이루어 예사낮춤의 '-게'와 차이를 보인다.

사낮춤의 '-게' 다음에도 (40)의 ㄷ, ㄹ과 같이 '그려'가 통합될 수 있다.

> (40) ㄱ. 종수, 오늘 자네 좀 지나치-**네**-**그려**.
> ㄴ. 빵은 가난한 자의 손에서 생산되는 것이-**네**-**그려**.
> ㄷ. 자네가 나 좀 도와 주-**게**-**그려**.
> ㄹ. 자, 어서 들어가-**게**-**그려**.

'-네'가 그려와 통합될 수 있음은 '-네'가 '느낌'을 나타내는 월의 마침씨끝으로도 쓰임을 보여주는 것이라고 할 수 있다. 시킴법의 '-게'에 '그려'가 통합되어 통합 전보다 '친근감'을 더해 주게 되었다.

예사낮춤의 마침씨끝 '-네', '-는가', '-나', '-게'와 통어론적으로 공기 관계를 이루는 요소들과의 제약에 관하여 논의하기로 한다.

첫째, 이들 마침씨끝으로 끝맺는 월 뒤에 놓이는 절종결을 보면, '-네' 뒤에는 (41)과 같이 '내림'의 절종결이 놓여 예사낮춤의 '-네'는 의향법에서 서술법의 마침씨끝에 해당한다.

> (41) ㄱ. 오늘 집에 있어야 하겠**네**(↘).
> ㄴ. 나는 그 동안 고향을 잊어버리고 있었**네**(↘).

그런데 위 보기에 '내림'의 절종결이 놓이지 않고 '올림'의 절종결이 놓이게 되면, '-네' 뒤에 들을이높임의 '요'가 통합 가능해지고, '내림'의 절종결이 놓이는 '-네'와는 의향법과 의미가 달라지게 된다. 그렇게 되면 예사낮춤의 '-네'가 아니라 반말의 '-네'가 되기 때문에 예사낮춤의 '-네' 다음에는 '내림'의 절종결만이 놓이게 된다.

예사낮춤의 '-는가'와 '-나' 뒤에는 (42)와 같이 '내림'이나 '올림'의 절종결이 놓인다. 여느 물음법의 마침씨끝과 마찬가지로 물음말이 없으면 '올림'의 절종결이 놓이고, 물음말이 있으면 '내림'의 절종결이 놓여, '-는가'와 '-나'가 물음법의 마침씨끝임이 분명해진다.[24]

> (42) ㄱ. 자네는 날 교육시킬 참**인가**(↗)?
>
> ㄴ. 자네는 **언제** 고향에 내려갈 참**인가**(↘)?
>
> ㄷ. 자네는 내 이야기를 듣고 있**나**(↗)?
>
> ㄹ. 자네는 요즘 **뭘** 하**나**(↘)?

예사낮춤의 '-게' 다음에는 (43)과 같이 '끊음'의 절종결이 놓인다. 여느 시킴법의 마침씨끝 뒤에도 '끊음'의 절종결이 놓이게 되어 '-게'가 시킴법의 마침씨끝임이 분명해진다.

> (43) ㄱ. 이 사건의 경위만 간단히 이야기하**게**(↓).
>
> ㄴ. 도움이 필요하면 찾아오**게**(↓).

시킴법의 '-게'에 특수토씨 '나'가 통합되면 (44)와 같이 '끊음'의 절종결이 놓이지 않고 '내림'의 절종결이 놓이게 된다. 이는 '나'가 '부드러움과 친근감'의 의미적 특성을 더해 주기 때문이라 할 수 있다. 그렇다고 해서 '-게나'가 서술법을 수행하는 것은 아니고 '-게'와 마찬가지로 시킴법을 수행하게 된다.

> (44) ㄱ. 이 사건의 경위만 간단히 이야기하**게나**(↘).
>
> ㄴ. 도움이 필요하면 찾아오**게나**(↘).

둘째, 이들 마침씨끝과 공기관계를 이룰 수 있는 임자말의 가리킴 제약에 관하여 살피면, '-네', '-는가', '-나'는 첫째, 둘째, 셋째가리킴 임자말과 공기될 수 있어 제약이 없다. 그러나 '-게'는 둘째가리킴 임자말과만 공기관계를 이루는 제약이 따른다.

---

24) 반말의 '-는가'와 '-나'로 끝맺는 월 뒤에는 항상 '올림'의 절종결만이 놓이는 데 비하여 예사낮춤의 '-는가'와 '-나' 뒤에는 '내림'이나 '올림'의 절종결이 놓여 차이를 보인다.

(45) ㄱ. 가. **내가** 그 일을 꼭 하겠**네**.

　　　　나. **자네가** 그 일을 해야 되**네**.

　　　　다. **선희가** 지금 자네를 기다리고 있**네**.

　　ㄴ. 가. **내가** 그 일을 해야 하**는가**?

　　　　나. **자네는** 무슨 말을 하**는가**?

　　　　다. **철수는** 지금 어디 있**는가**?

　　ㄷ. 가. **내가** 자네와 같이 시골에 가야 하**나**?

　　　　나. **자네는** 고향에 언제 가**나**?

　　　　다. **자네 아버님도** 그런 말씀을 하시**나**?

　　ㄹ. 가. * **내가** 학교에 가**게**.

　　　　나. **자네가** 학교에 가**게**.

　　　　다. * **자네 아버님이** 학교에 가**게**.

(45)에서 살핀 바와 같이 '-네', '-는가', '-나'는 임자말의 가리킴에 대한 제약은 없다. 그러나 임자말 자리에 놓이는 낱말에는 제약이 따르게 되어, 첫째가리킴일 때에는 '나'는 쓰일 수 있으나 '저'는 쓰일 수 없으며, 둘째가리킴일 때에는 '자네'가 주로 쓰이고 '너', '네놈' 등 아주낮춤이나 반말에서 임자말로 쓰이는 낱말과는 공기관계를 이루지 못하는데, 이런 제약은 여느 예사낮춤 마침씨끝에 일반적으로 적용되는 제약에 해당한다. 임자말이 셋째가리킴일 때에는 이들 마침씨끝이 말할이와 들을이에 대한 정보를 나타낼 뿐이고 제3자에 관한 정보와는 무관하기 때문에 셋째가리킴 임자말에는 제약이 없다. 임자말 이외의 월조각에도 들을이에 관한 대이름씨로는 '자네'가 놓이는 것이 자연스럽고 그 밖의 낱말은 놓이지 않는 제약이 따른다.

마침씨끝이 '-는가'와 '-나'인 월에서 임자말이 첫째가리킴과 둘째가리킴일 때에는 들을이높임의 정도가 예사낮춤인지 반말인지 구별이 안되어 모호성을 가지기도 한다. 이 때 들을이에 관련된 낱말이 예사낮춤이냐 반말이냐를 결정해 주는 역할을 한다.[25]

'-게'는 시킴법의 마침씨끝이므로 (45)의 ㄹ과 같이 첫째가리킴과 셋째가리킴 임자말과는 공기될 수 없고 둘째가리킴 임자말과만 공기관계를 이룰 수 있는데, 이는 모든 시킴법 마침씨끝의 일반적 제약에 해당한다.

셋째, 마침씨끝이 '-네', '-는가', '-나', '-게'인 월이 건너 따옴월로 포함되면, 이들 마침씨끝이 어떤 형태로 중화되는가에 대하여 살피기로 한다.

> (46) ㄱ. 갑→을 : 될 수 있는 한 손을 빨리 써야 되**네**.
>   을→병 : (갑이 나에게) 될 수 있는 한 손을 빨리 써야 **된다**고
>   한다.
>   ㄴ. 갑→을 : 이게 무슨 술**인가**?
>   을→병 : (갑이 나에게) 이게 무슨 술이**냐**고 한다.
>   ㄷ. 갑→을 : 자네 한 달에 얼마나 버**나**?
>   을→병 : (갑이 나에게) 한 달에 얼마나 버**냐**고 한다.
>   ㄹ. 갑→을 : 자네도 집에서 쉬도록 하**게**.
>   을→병 : (갑이 나에게) 나도 집에서 쉬도록 하**라**고 한다.

위 보기에서와 같이 '-네'는 서술법의 마침씨끝 중화형태인 '-는다'로 실현되었고, '-는가'와 '-나'는 물음법의 '-느냐'로, '-게'는 시킴법의 '-으라'로 실현되어, 이들이 각각 서술법, 물음법, 시킴법의 마침씨끝임이 증명된다.

넷째, 이들 마침씨끝과 공기관계를 이룰 수 있는 때어찌말에 대하여 살피면, '-네', '-는가', '-나'는 어떤 종류의 때어찌말과도 자연스러운 공기관계를 이룰 수 있어 제약이 없다. 그러나 '-게'는 (47)과 같이 현재를 포함한 올적의 의미 자질을 가지는 때어찌말과만 공기관계를 이룰 수 있을 뿐 지난적의 의미 자질을 가지는 때어찌말과는 공기될 수 없는 제약이 따른다.

---

25) 물론 의미 차이에 의해 구별이 가능하기도 하다. 예컨대 '-나'가 말할이의 '강한 회의'를 나타내면 반말의 마침씨끝이 되며, '단순한 물음'을 나타내면 예사낮춤의 마침씨끝이 된다.

(47) ㄱ. 지금(앞으로, 내일, 내년에 …) 그 일을 하**게**.
　　 ㄴ. *방금(전에, 어제, 작년에 …) 그 일을 하**게**.

　예사낮춤의 '-게'가 지난적의 때어찌말과 공기될 수 없는 까닭은 '-게'가 '시킴'의 의미적 특성 가지기 때문에 논리적으로 지난 시의 행위를 시킬 수는 없기 때문이라고 할 수 있다.

3.1.2.2 '-네', '-는가', '-나', '-게'의 의미·화용적 특성

　예사낮춤의 마침씨끝 '-네', '-는가', '-나', '-게'는 각각 독특한 의미·화용적 특성을 가지고 있기 때문에 이들의 의미·화용적 특성에 대하여 마침씨끝별로 살피기로 한다.

　예사낮춤 '-네'의 의미적 특성을 살피기 위해서는 반말의 '-네'와 비교를 통한 방법이 효과적이다. 반말의 '-네'와 예사낮춤의 '-네'는 '요' 통합 가능성 여부, 의향법과 사용되는 장면의 차이로 식별되며, 반말의 '-네'는 서술법과 물음법으로 쓰일 수 있는데, 서술법의 '-네'는 상관적 장면에서 쓰일 때, '말할이의 생각이나 느낌을 들을이에게 반말로 확인 서술함'이라는 의미적 특성을 가지고, 단독적 장면에서 쓰일 때, '말할이 스스로의 생각이나 느낌을 반말로 서술함'이란 의미적 특성을 가지고 있음을 밝힌 바 있다. 그런데 예사낮춤의 '-네'는 서술법으로만 쓰이며, 사용되는 장면도 말할이가 들을이를 강하게 의식하는 상관적 장면에서만 쓰이고, 의미에서도 반말의 '-네'와는 차이를 보인다.

　마침씨끝이 '-네'인 월은 경우에 따라서는 반말에 해당하는지 예사낮춤에 해당하는지 쉽게 가름하기가 어려운 경우가 있다. 그러나 예사낮춤의 '-네'로만 이해되는 (48)에서는 '말할이가 들을이에게 명제 내용을 알림'이란 의미적 특성이 파악된다.

(48) ㄱ. 그건 자네가 알 바 아니**네**.
　　 ㄴ. 자네 줄 고기 이 집에 없**네**.

(48)의 의미를 차이 없이 다시 쓰면 (49)와 같다.

> (49) ㄱ. **말할이가 들을이에게** 그건 자네가 알 바 아님을 **예사낮춤으로**
> **알린다.**
> ㄴ. **말할이가 들을이에게** 줄 고기가 이 집에 없음을 **예사낮춤으로**
> **알린다.**

이와 같이 (48)이 의미상 차이 없이 (49)로 되쓰여짐으로 보아 예사낮춤의 '-네'는 '말할이가 명제 내용을 예사낮춤으로 알림'이란 의미적 특성을 가짐을 확인할 수 있다.

예사낮춤의 '-는가'는 상관적 장면에서만 쓰이고 단독적 장면에서는 쓰이지 않는다. '-는가'가 들을이를 의식하지 않는 단독적 장면에서 쓰이면 반말의 '-는가'가 된다. 그러므로 예사낮춤의 '-는가'는 말할이가 들을이를 의식하는 정도가 강한 경우에 사용된다고 할 수 있다.

예사낮춤의 '-는가'는 (50)과 같이 대부분의 물음법 마침씨끝과 마찬가지로 반어적 용법으로도 쓰인다.

> (50) ㄱ. 자네는 인간을 위해 무엇을 주었**는가**?
> ㄴ. 내가 이 지경이면 자넨들 가만히 있겠**는가**?

위 보기는 단순한 물음을 나타낼 수도 있으나, 내면적으로는 표면적인 의미와는 상반된 반어적 의미로 이해되기도 하는데, (50)의 반어적 의미를 되쓰기하면 (51)과 같다.

> (51) ㄱ. 자네는 인간을 위해 아무 것도 주지 않았다.
> ㄴ. 내가 이 지경이면 자네도 가만히 있을 수 없다.

곧 표면상 긍정의 물음월인 (50)은 내면적으로는 강한 부정의 서술월로 이해되어, 예사낮춤의 '-는가'가 반어법을 수행하는 기능을 담당하는 셈이다.

반말 '-는가'의 기본적 의미는 '말할이 자신의 의혹을 반말로 물음'인데 비하여 예사낮춤의 '-는가'에는 '의혹'의 의미가 파악되지 않고, (52)와 같이 '단순한 물음'의 의미로만 이해된다.

(52) ㄱ. 자네 아직 할 말이 남았**는가**?
　　 ㄴ. 자네 서울은 왜 올라가**는가**?

위 보기는 말할이가 자신의 의혹을 묻는 것이 아니라 명제 내용에 대하여 단순히 묻는 것으로 이해되기 때문에 예사낮춤의 '-는가'는 '말할이가 들을이에게 명제 내용을 예사낮춤으로 물음'이란 의미적 특성을 가진다고 할 수 있다. 그렇기 때문에 (52)를 의미상 차이 없이 (53)으로 다시 쓸 수 있다.

(53) ㄱ. **말할이가 들을이에게** 아직 할 말이 남아 있느냐고 **예사낮춤으로 묻는다.**
　　 ㄴ. **말할이가 들을이에게** 서울은 왜 올라가느냐고 **예사낮춤으로 묻는다.**

이와 같이 (52)가 (53)으로 의미상 차이 없이 되쓰임으로 보아 앞에서 밝힌 '-는가'의 의미적 특성은 타당한 셈이다.

예사낮춤의 '-나'는 말할이가 들을이를 강하게 의식하는 상관적 장면에서만 쓰여, 반말의 '-나'가 단독적 장면에도 쓰일 수 있음과 차이를 보인다.

예사낮춤의 '-나'도 '-는가'와 마찬가지로 (54)와 같이 반어적 용법을 나타내는 경우도 있다.

(54) ㄱ. 나라고 왜 그만한 배짱이 없겠**나**?
　　 ㄴ. 무슨 돈이 있어서 수리하겠**나**?

위 보기에서 표면상으로 ㄱ은 부정의 물음월이지만 내면적으로는 긍정의 서술월로 해석되며, ㄴ은 표면상 긍정의 물음월이지만 내면적으로는 부정의 서술월로 이해되어 반어적 용법으로 쓰였음을 알 수 있다. (54)의 반어적 의미를 다시 쓰면 (55)와 같다.

    (55) ㄱ. 나도 그만한 배짱이 있다.
        ㄴ. 돈이 없어서 수리하지 못하겠다.

이처럼 (540)은 형식상 물음월의 형태를 취하고 있지만 의미상으로는 강한 부정 서술을 나타내는 것으로 해석되어 예사낮춤의 '-나'가 반어법을 수행하는 기능을 담당하고 있음을 알 수 있다.

반말 '-나'의 의미적 특성은 '말할이 자신의 의혹을 반말로 물음'이었음에 비해 예사낮춤의 '-나'에는 '의혹'의 의미가 파악되지 않는다. 이와 같은 까닭은 반말의 '-나'가 단독적 장면에서 쓰일 수 있기 때문에 '의혹'의 의미를 가지는 데 반하여 예사낮춤의 '-나'는 단독적 장면에서는 쓰일 수 없기 때문에 '의혹'의 의미를 가지지 않는다고 할 수 있다.

    (56) ㄱ. 내가 문을 잠갔**나**?
        ㄴ. 자네가 문을 잠갔**나**?

위 보기의 ㄱ이 말할이의 혼잣말로 쓰여 단독적 장면으로 이해되면, 마침씨끝 '-나'는 반말에 해당되어 '의혹'의 의미를 가지게 된다. 그러나 ㄴ은 말할이의 혼잣말로는 결코 쓰이지 않고 말할이가 들을이를 강하게 의식하는 상관적 장면으로 이해되어 마침씨끝 '-나'는 예사낮춤에 해당되며, 이 때 ㄴ에서는 '의혹'의 의미가 파악되지 않는다. 이로 보아 예사낮춤의 '-나'는 '말할이가 들을이에게 명제 내용을 예사낮춤으로 물음'이란 의미적 특성을 가진다.[26] 이를 (56)의 ㄴ에 적용하여 의미상

---

26) 예사낮춤의 '-는가'와 '-나'는 의미적 특성에서 차이가 잘 드러나지 않는다. <새한글

차이 없이 다시 쓰면, '말할이가 들을이에게 문을 잠갔는가를 예사낮춤으로 물음'이 된다.

예사낮춤의 '-게'는 말할이가 들을이를 강하게 의식하는 상관적 장면에서 주로 쓰이며, 말할이의 혼잣말인 단독적인 장면에서도 쓰이는 일이 있다. 상관적 장면에서의 '-게'는 말할이가 들을이에게 명제 내용을 하라고 시킬 때 쓰이며, 단독적 장면인 혼잣말로 쓰일 때에는 '시킴'의 의미가 약화되거나 없어진다. 곧 들을이를 전제하지 않은 말할이의 혼잣말인 "내 정신 좀 보게."는 말할이가 자신에게 시키는 의미가 아주 약하거나 거의 없음을 알 수 있다. 그렇더라도 이 월이 시킴법에 해당함은 되풀이꼴에서 "내 정신 좀 보라고"로 실현되어, '-게'가 시킴법의 중화형태 '-으라'로 실현되기 때문이다.

말할이의 들을이에 대한 태도를 보면, '-게'는 예사낮춤으로 명령을 할 때 쓰이는데, 좀 부드럽고 친근감을 나타낼 때에는 '-게'에 특수토씨 '나'를 덧붙이면 된다.

반말의 '-게'는 서술법과 물음법으로만 쓰이고 시킴법으로 쓰이는 일이 없으며, 의미적 특성도 '말할이의 추정 확인, 들을이에 대한 인지여부 확인, 반어적 의미'을 가지는 데 비하여 예사낮춤의 '-게'는 시킴법으로만 쓰이고 '말할이가 들을이에게 명제 내용을 예사낮춤으로 시킴'이란 의미적 특성을 가진다.

> (57) ㄱ. 이 일은 자네가 맡**게**.
> ㄴ. 무슨 일이든 자신만만하게 하**게**.

위 보기에서의 마침씨끝 '-게'는 예사낮춤에 해당하는데, (57)의 보기를 위에서 밝힌 '-게'의 의미적 특성에 따라 의미상 차이 없이 되쓰기하면 (58)과 같다.

사전>(한글학회 지음)에서 '-나'는 '-는가'의 준말로 다루었는데, 이는 '-나'와 '-는가'가 의미상 차이 없음을 보여 주는 증거라고 할 수 있다.

    (58) ㄱ. **말할이가 들을이에게** 이 일을 맡을 것을 <u>**예사낮춤으로 시킨다**</u>.

         ㄴ. **말할이가 들을이에게** 무슨 일이든 자신만만하게 할 것을 <u>**예사**</u>
            <u>**낮춤으로 시킨다**</u>.

곧 (57)과 (58)은 의미상 차이가 없기 때문에 앞에서 설정한 '-게'의 의미적 특성은 타당한 셈이다.

3.1.3 '-세'

들을이높임의 정도가 예사낮춤이면서 꾀임법의 마침씨끝으로 쓰이는 형태로는 '-세'가 있다. '-세'와 동일한 환경에서 거의 같은 의미로 쓰이는 복합형으로 '-세나'가 있어 '-세'와 '-세나'를 동일한 형태소의 변이형태로 다룬 일이 있지만[27], 이 글에서는 '-세나'를 마침씨끝 '-세'에 특수토씨 '나'가 통합된 것으로 보고자 한다.

왜냐하면 '-세'가 쓰일 수 있는 형태·통어적 환경에서 '-세나'도 항상 쓰일 수 있어 '-세나' 속의 '-세'가 예사낮춤의 마침씨끝인 '-세'와 쓰이는 환경이 동일하다는 점이다. 또한 '-세'와 '-세나'는 다음 보기에서처럼 '-세'인 월과 '-세나'인 월은 의미상의 차이가 드러난다는 점이다.

    (59) ㄱ. 가. 자네 끝나고 나서 나 좀 보**세**.
           나. 자네 끝나고 나서 나 좀 보**세나**.
        ㄴ. 가. 그 집 파전이 맛있던데 그리로 가**세**.
           나. 그 집 파전이 맛있던데 그리로 가**세나**.

위 보기에서 (가)와 (나)는 들을이높임의 정도에서도 같고, 의향법에서도 꾀임법으로 동일하며, 의미상으로도 그리 큰 차이는 없다. 그러나 (나)가 (가)보다 부드러움과 친근감을 준다는 점에서 차이를 보인다. 곧

---

27) 한길(1991:181)에서 '-세'와 '-세나'를 의미상 차이가 없고 자유대치가 가능한 것으로 보아 동일한 형태소의 변이형태로 다룬 바 있다.

(나)는 (가)의 의미에 부드러움과 친근감의 의미가 덧보태어져 있으므로, '나'가 마침씨끝 '-세'에 덧붙어 바로 부드러움과 친근감의 의미를 나타낸 것으로 보인다. 그러므로 '-세나'는 마침씨끝 '-세'에 '부드러움과 친근감'의 의미적 특성을 가지는 특수토씨 '나'가 결합된 것으로 보는 것이 합리적이다.

3.1.3.1 '-세'의 형태 · 통어적 특성

마침씨끝 '-세'의 형태적 특성으로, 풀이말의 형태론적 구조 안에서 다른 요소와 어떤 제약 관계에 놓이는가에 대하여 논의하기로 한다.

첫째, '-세'와 통합관계를 이룰 수 있는 안맺음씨끝 가운데 주체높임의 '-시-'는 (60)과 같이 통합될 수 없는 제약이 따른다.

> (60) ㄱ. * 우리가 한 번 취해 보**시세**.
> ㄴ. * 영감과 우리가 축하해 주**시세**.

위 보기에서와 같이 '-세'가 '-시-'와 통합될 수 없는 까닭은 너무나 자명하다. 곧 월의 주체가 말할이와 들을이인데, 들을이를 예사낮춤으로 대하면서 주체로는 높일 수 없으며, 또한 말할이가 자신을 높일 수 없는 우리말의 일반적 특성으로 말미암아 통합이 불가능하다.

둘째, 때매김씨끝과의 통합관계를 보면, '-세'는 어떤 때매김씨끝과도 통합이 불가능하여 풀이씨 뿌리에 직접 통합된다.

(61) 우리가 그분을 만나- ⎡ * -었-
 * -겠-
 * -었었- ⎤ **-세**.
 ⎣ * -더-
 * -려- ⎦

위와 같이 '-세'가 어떤 때매김씨끝과도 통합관계를 이룰 수 없는 것은 '-세'가 꾀임법의 마침씨끝에 해당하기 때문이다. 곧 꾀임법의 마침씨끝은 어떤 때매김씨끝과도 통합관계를 이룰 수 없는 일반적 제약으로 말미암는다.

셋째, 풀이씨의 뿌리와의 통합관계를 보면, (62)와 같이 [행동성] 움직씨의 뿌리(ㄱ)에만 통합 가능하고, 그 밖의 풀이씨 뿌리(ㄴ과 ㄷ)에는 통합될 수 없는 제약이 따른다.

> (62) ㄱ. 자, 덕담은 그만하고 점심이나 **드세**.
>   ㄴ. * 우리가 **피곤하세**.
>   ㄷ. * 우리가 이 학교 학생**이세**.

이처럼 '-세'는 [행동성] 움직씨 뿌리에만 직접 통합되는 형태배합상의 제약을 보이는데, 이 점도 '-세'의 개별적 특성이 아니라 꾀임법 마침씨끝의 일반적 특성에 해당한다.

'-세' 뒤에 놓일 수 있는 요소를 보면, (63)과 같이 들을이높임의 '요'는 통합이 불가능하지만 느낌토씨 '그려'는 통합될 수 있다.

> (63) ㄱ. * 한 잔 먹**세요**.
>   ㄴ. 한 잔 먹**세그려**.

'-세'의 높임의 등분이 반말이 아니라 예사낮춤이기 때문에 '요'가 통합될 수 없음은 당연하다. '-세'에 '그려'가 통합되면 통합 전보다 좀더 친근한 느낌을 더해 준다.

예사낮춤의 마침씨끝 '-세'와 통어론적으로 공기관계를 이루는 요소들과의 제약에 관하여 논의하기로 한다.

첫째, 마침씨끝이 예사낮춤인 월 끝에는 (64)와 같이 '내림'의 절종결이 놓이게 되어 여느 꾀임법 씨끝에서와 차이를 보이지 않는다.

(64) ㄱ. 우리 가슴 한을 시원하게 풀어 보**세**(↘).

　　ㄴ. 함께 떠날 의사가 있으면 같이 가**세**(↘).

둘째, 임자말과의 공기관계를 보면, '-세'는 주로 첫째가리킴의 임자말과 공기되는 제약이 따른다. 첫째가리킴 임자말 가운데에서 홑셈과 겹셈의 낱말이 모두 가능하지만 어휘상의 제약이 따르게 되어 예사낮춤의 정도를 나타내는 낱말만이 공기관계를 이룰 수 있는 제약이 있다. 또한 말할이와 들을이를 동시에 가리키는 낱말 가운데에서도 예사낮춤의 정도에 해당하는 낱말과만 공기될 수 있다.

(65) ㄱ. 그 일은 **내가**(* **제가**) 하**세**.

　　ㄴ. **우리가**(* **저희가**) 점심이나 같이 드**세**.

　　ㄷ. **자네와 내가**(* **너와 우리가**, * **당신과 제가** …) 말석에 앉**세**.

위 보기에서 ㄱ은 임자말이 홑셈의 첫째가리킴으로 '나'는 쓰일 수 있지만 '저'는 쓰일 수 없음을 보이고 ㄴ은 임자말이 겹셈의 첫째가리킴으로 '우리'는 쓰일 수 있으나 '저희'는 쓰일 수 없음을 보이는데, 이와 같은 까닭은 바로 높임법 정도에서 일치하느냐 불일치하느냐의 차이 때문이다. ㄷ은 임자말이 말할이와 들을이를 동시에 가리키는 보기로 '자네와 나'만의 임자말이 공기될 수 있음을 보여준다.

셋째, 마침씨끝이 '-세'인 월이 건너 따옴월로 포함될 때, (66)과 같이 '-세'는 꾀임법의 마침씨끝 중화형태인 '-자'로 실현된다.

(66) ㄱ. 갑→을 : 그 일은 내가 하**세**.

　　　을→병 : (갑이 나에게) 그 일은 자기가 하**자**고 한다.

　　ㄴ. 갑→을 : 술이나 먹고 잠이나 자**세**.

　　　을→병 : (갑이 나에게) 술이나 먹고 잠이나 자**자**고 한다.

위 보기와 같이 임자말이 첫째가리킴의 홑셈(ㄱ)이건 겹셈(ㄴ)이건 관계없이 '-자'로 중화됨을 알 수 있다.

넷째, '-세'와 공기관계를 이룰 수 있는 때어찌말을 보면, (67)과 같이 현재를 포함한 올적의 때어찌말과만 공기될 뿐 지난적의 때어찌말과는 공기될 수 없는 제약이 있다.

> (67) ㄱ. 지금(이따가, 내일, 내년에 …)점심이나 같이 드**세**.
> ㄴ. * 방금(좀 전에, 어제, 아까 …) 점심이나 같이 드**세**.

이와 같은 까닭은 '-세'만의 개별적 특성은 아니고 꾀임법 마침씨끝의 일반적 특성이기도 하다. 곧 꾀임법은 명제 내용에 대하여 행동에 옮길 것을 제안하기 때문에 지난 때의 의미 자질을 가지는 때어찌말과는 공기관계를 이룰 수 없는 것이다.

3.1.3.2 '-세'의 의미·화용적 특성

예사낮춤의 '-세'는 말할이가 들을이를 강하게 의식하는 상관적 장면에서만 쓰이고, 들을이를 의식하지 않는 말할이의 혼잣말인 단독적 장면에서는 쓰이지 않는 꾀임법의 마침씨끝이다. 또한 '-세'는 말할이가 들을이에게 예사낮춤으로 행동에 옮길 것을 제안할 때 쓰인다.

마침씨끝이 '-세'인 월에서 (68) ㄱ과 같이 임자말이 말할이와 들을이를 동시에 가리키는 대이름씨이거나 그 밖의 낱말들인 경우에는 말할이와 들을이 함께 행동에 옮길 것을 제안하게 되고, ㄴ과 같이 첫째가리킴의 홑셈인 경우에는 말할이 자신이 행동을 하도록 해 주기를 제안하는 데 쓰이게 된다.[28] ㄷ과 같이 임자말 자리에 둘째가리킴이 상정되는 경우에는 들을이에게 행동에 옮길 것을 요구하는 데 쓰인다.[29]

---

28) 최현배(1971:868)에서도 "꾀임월은 남을 꾀어서 저와 함께 같이 움직임을 하기를 청하는 것이 본뜻이지만 어떤 경우에는 제[自己]의 움직임을 하도록 해 주기를 맞은편에게 청하는 데도 쓰이나니, 이 때는 첫째 가리킴 대이름씨가 임자가 되느니라"라고 하였다.

29) 양인석(1976:122)에 따르면, ㄴ과 같이 말할이만 행동에 참여하는 경우에는 들을 이가 그 언어행위를 수행함에 있어서 직접, 간접으로 협조해야 하며, ㄷ과 같이

(68) ㄱ. **우리(자네와 나)**는 여기서 기다리**세**.
　　 ㄴ. 그 일은 **내가** 하**세**.
　　 ㄷ. 이보게 철수, **(자네가)** 나 좀 보**세**.

위 보기에서 ㄱ은 '말할이가 들을이에게 여기서 기다리기를 함께 함을 예사낮춤으로 제안'하는 의미(말할이와 들을이 함께 행동함)로, ㄴ은 '말할이가 들을이에게 그 일을 자기가 하도록 해 주기를 예사낮춤으로 제안'하는 의미(말할이만 행동함)로, ㄷ은 '말할이가 들을이에게 자기를 좀 보아 달라고 제안'하는 의미(들을이만 행동함)로 파악되는데, 이들의 공통적인 의미를 추출하면, '-세'는 '말할이가 들을이에게 명제 내용을 하기를 예사낮춤으로 제안함'이란 의미적 특성을 가진다.

3.2 복합형

3.2.1 '-는다네'

언어형식 '-는다네'는 마침씨끝과 동일한 기능을 하는 것과 건너 따옴꼴인 '-는다고 하네'의 줄어든 꼴로 인식되는 것으로도 볼 수 있어 중의성을 가진다고 할 수 있다.[30]

이 글에서는 '-는다네'를 마침씨끝과 건너 따옴꼴의 줄어든 꼴을 구별하는 기준을 세우고, 이 기준의 적용을 통해 이 둘을 식별해 내어, 마침씨끝으로 기능을 하는 것을 '-는다네'1로, '-는다고 하네'의 줄어든 꼴을 '-는다네'2로 나누되, '-는다네'1을 연구 대상으로 삼고자 한다.

'-는다네'2는 들을이높임의 정도에서만 보면 반말의 등분에 해당하지만 그 자체가 마침씨끝은 아니고, 원형으로 회복된 '-는다고 하네'에서

들을이만 행동에 참여하는 경우에는 말할이가 협조해야 한다는 전제조건이 있을 때에만 쓰이게 된다.

30) '-는다네'는 풀이씨 뿌리의 종류, 풀이씨 끝의 음운 종류(닿소리냐 홀소리냐), 안맺음씨끝의 종류에 따라 변이형태 /-는다네/, -ㄴ다네/, /-다네/, /-라네/로 실현된다.

의 '-네'만이 마침씨끝에 해당한다. 그러나 '-는다네'1은 '-는다고 하네'로 회복 불가능하여 그 자체가 마침씨끝에 해당하며, 높임의 정도도 예사낮춤에 해당함을 규명하기로 한다.

3.2.1.1 예사낮춤 마침씨끝 '-는다네'의 설정

마침씨끝으로 기능을 하는 '-는다네'1은 형태배합상 '-는다'와 '-네'의 배합으로 볼 수 있다. 이 때 '-는다'는 서술법 마침씨끝이 건너 따옴월에서 중화된 형태로 이해되며, '-네'는 들을이높임의 정도가 반말인 경우와 예사낮춤인 경우가 있으나 여기서의 '-네'는 예사낮춤의 마침씨끝으로 이해된다.

그러나 '-는다네'1에서는 '-는다'와 '-네' 사이에 '-고 하-'가 줄어든 것으로 볼 수는 없다. 왜냐하면 '-는다네'1이 마침씨끝으로 쓰인 월이 모두 '-는다고 하네'로 의미와 쓰임에서 차이가 없이 원형으로 회복될 수 있다면, '-는다네'1 자체를 마침씨끝으로 처리하지 않고 '-네'만을 마침씨끝으로 다루어도 충분할 것이다. 그러나 '-는다네'1은 '-는다고 하네'로 회복이 불가능할 뿐 아니라 회복이 가능한 경우라도 회복 전과 들을이높임의 정도와 의미에서 차이를 보이기 때문에 '-는다네'1은 그 자체가 마침씨끝에 해당한다. 그러므로 어원적으로 '-는다네'1이 '-는다고 하네'에서 파생되었다고 할 수 있을지 모르나, 현재의 공시적 측면에서는 '-는다네'1을 독립적인 마침씨끝으로 다룰 만한 충분한 근거가 된다. 또한 마침씨끝 '-네'와 '-는다네'1는 형태배합상에서도 차이가 남은 이를 더욱 뒷받침해 주는 증거가 된다.[31]

(69)에서 밑줄 친 '-는다네'는 '-는다고 하네'로 회복될 수 없기 때문

---

31) 때매김씨끝 '-겠-'과의 통합관계를 예로 보면, 아래 보기와 같이 '-네'와는 통합 가능하지만 '-는다네'1와는 통합이 불가능하다.
ㄱ. 나는 내일 서울에 가**겠네**.
ㄴ. * 나는 내일 서울에 가**겠다네**.

에 예사낮춤의 마침씨끝에 해당된다.32)

>   (69) ㄱ. 내가 자네한테 반가운 소식을 가지고 왔**다네**.
>   ⇒ * 내가 자네한테 반가운 소식을 가지고 왔**다고 하네**.
>   ㄴ. 나도 그런 기분이 아니**라네**.
>   ⇒ * 나도 그런 기분이 아니**라고 하네**.

 (70)에서의 '-는다네'는 중의성을 띠어 '-는다네'1만이 아니라 '-는다네'2로 해석되기도 한다. '-는다네'1로 이해되면 '-는다고 하네'로의 회복이 불가능하고, '-는다네'2로 이해되면 회복이 가능함을 (70)을 통해 알 수 있다.

>   (70) ㄱ. 밑천이 없으면 오래 버티질 못**한다네**.
>   ⇒ * 밑천이 없으면 오래 버티질 못**한다고 하네**.
>   ⇒ 밑천이 없으면 오래 버티질 못**한다고 하네**.
>   ㄴ. 천당은 누구나 가는 곳이 아니**라네**.
>   ⇒ * 천당은 누구나 가는 곳이 아니**라고 하네**.
>   ⇒ 천당은 누구나 가는 곳이 아니**라고 하네**.

 위 보기에서 ㄱ과 ㄴ은 들을이높임의 정도가 예사낮춤만이 아니라 반말로도 이해된다. '-는다네' 다음의 '요' 통합 가능성 여부에 따라 들을이높임의 정도가 달라지며 의미 또한 달라진다. '요'가 통합될 수 있는 '-는다네'는 남의 말을 인용하여 서술하는 의미가 파악되며, '요' 통합이 불가능한 '-는다네'는 남의 말을 인용하여 서술하는 것이 아니라 말할이가 자신이 표현하고자 하는 내용을 서술하는 의미로 파악된다.

---

32) '-는다네'의 들을이높임의 정도가 예사낮춤에 해당됨은 '-는다네'1이 마침씨끝으로 쓰인 월이 월 사이의 호응관계에서 예사낮춤의 월과 자연스러운 호응관계를 이루고, 들을이에 관한 이름씨와 대이름씨 등이 '자네', '이 사람 철수' 등 예사낮춤의 월에서 쓰이는 낱말들과 공기관계를 이룸으로 미루어 알 수 있다.

(71) ㄱ. 밑천이 없으면 오래 버티질 못한**다네요**.
　　 ㄴ. 천당은 누구나 가는 곳이 아니**라네요**.

　위 보기의 '-는다네' 다음에는 '요'가 자연스럽게 통합되었기 때문에 여기에서의 '-는다네'는 반말의 마침씨끝에 해당하지만[33] (71)의 '-는다네'는 '-는다고 하네'로 회복된 것에 '요'가 통합된 경우와 의미상 차이가 없으므로 이 '-는다네' 전체를 마침씨끝에 포함시키지 않고, 반말의 마침씨끝 '-네'의 범주에 포함시켜 다루게 된다. (71)은 의미상 차이 없이 줄어들기 이전의 형태로 언제든지 회복 가능한데, 원형으로 회복시키면 (72)가 된다.

(72) ㄱ. 밑천이 없으면 오래 버티질 못한**다고 하네요**.
　　 ㄴ. 천당은 누구나 가는 곳이 아니**라고 하네요**.

　그런데 의미상 차이 없이 '-는다고 하네'로 회복 불가능한 '-는다네'는 '요'의 통합이 불가능하여 '요'가 통합되면 (73)과 같이 부적격한 월이 된다.

(73) ㄱ. * 내가 자네한테 반가운 소식을 가지고 왔**다네요**./ * 왔**다고 하**
　　　　 네.
　　 ㄴ. * 나도 그런 기분이 아니**라네요**./ * 아니**라고 하네**.

　위와 같이 예사낮춤의 '-는다네'는 '-는다고 하네'로 회복이 불가능하고, 반말의 '-는다네'는 회복이 가능하여 차이를 보이며, '요' 통합 가능성 여부에서도 차이가 날 뿐 아니라 의미상에서도 차이가 나기 때문에 예사낮춤의 '-는다네'는 반말의 '-는다네'와는 별개의 독립된 마침씨끝에 해당한다.

---

33) 들을이높임의 '요'가 통합되어 들을이높임의 정도가 달라지는 것은 반말의 마침씨끝뿐이다.

예사낮춤의 '-는다네'는 건너 따옴월로 포함될 때 마침씨끝의 중화형 태인 '-느냐', '-자', '-으라'와 계열관계를 이룰 수 없다. 그래서 예사낮춤의 '-느냐네', '-자네', '-으라네'는 성립되지 못한다. 그러나 반말의 '-는다네'는 이들과 계열관계를 이루어 (74)와 같이 반말의 '-느냐네', '-자네', '-으라네'는 가능하다.

(74) ㄱ. 왜 말을 안 듣<u>느냐네</u>.
　　　ㄴ. 초면에 주민등록증부터 보<u>자네</u>.
　　　ㄷ. 별난 걸 다 <u>쓰라네</u>.

위 보기에서 '-느냐네', '-자네', '-으라네'가 쓰였지만 (74)의 들을이 높임 정도는 반말에 해당되어 예사낮춤의 '-는다네'와는 관련이 없는 것들로 이해된다. 왜냐하면 (75)와 같이 '-느냐네'는 '-느냐고 하네'로, '-자네'는 '-자고 하네'로, '-으라네'는 '-으라고 하네'로 원상 회복이 가능할 뿐 아니라 '요'가 통합되더라도 적격해지기 때문이다.

(75) ㄱ. 왜 말을 안 듣<u>느냐고 하네</u>./안 듣<u>느냐네요</u>.
　　　ㄴ. 초면에 주민등록증부터 보<u>자고 하네</u>./보<u>자네요</u>.
　　　ㄷ. 별난 걸 다 <u>쓰라고 하네</u>./<u>쓰라네요</u>.

(74)는 원래 (75)가 줄어들어 이루어졌기 때문에 (74)가 의미상 차이 없이 (75)로의 원상 회복이 가능해진다.

이렇게 보면 형식상 건너 따옴월의 마침법 중화형태인 '-는다', '-느냐', '-자', '-으라' 다음에 '-네'가 통합된 것 가운데 '-는다고 하네', '-느냐고 하네', '-자고 하네', '-으라고 하네'로 의미상 차이 없이 원상 회복이 가능하고, '요'의 통합이 가능한 경우에는 들을이높임의 정도가 반말에 해당한다. 단지 '-는다네'만이 '-는다고 하네'로 의미상 차이 없이 회복될 수 없고 '요'가 통합될 수 없는 경우가 있는데, 이 경우의 '-는다네'가 '-는다네'1에 해당하며, 들을이높임의 정도도 예사낮춤으로, 그

자체가 마침씨끝으로써의 기능을 담당하는 복합형의 마침씨끝이 됨을 알 수 있다.[34]

3.2.1.2 '-는다네'의 형태·통어적 특성

복합형으로 유일한 예사낮춤 마침씨끝인 '-는다네'의 형태적 특성으로 풀이말의 형태론적 구조 안에서 다른 요소와 어떤 제약 관계에 놓이는가에 대하여 논의하기로 한다.

첫째, '-는다네'와 통합관계를 이룰 수 있는 안맺음씨끝 가운데 주체 높임의 '-시-'가 통합될 수 있지만, (76)과 같이 월의 주체가 높임의 대상으로 셋째가리킴이어야 하는 제약이 따른다.

> (76) ㄱ. **자네 아버님은** 지금 서울에 가**신다네**.
> ㄴ. **자네 아버님은** 멋쟁이이**시라네**.

단순형의 예사낮춤 마침씨끝 '-네', '-는가', '-나', '-게'는 월의 임자말이 둘째가리킴인 경우에 높임의 대상이 놓이게 되면 '-시-'의 통합이 가능하였지만, '-는다네'는 둘째가리킴 월에서 '-시-'와의 통합이 불가능하다.

둘째, '-는다네'는 (77)과 같이 때매김씨끝 가운데 '-었-', '-었었-'과는 통합이 가능하지만 '-겠-', '-려-', '-더-'와는 통합관계를 이룰 수 없는 제약이 있다.

> (77) ㄱ. 그렇잖아도 한 번 만나고 싶**었다네**.
> ㄴ. 내가 어제 그분을 만**났었다네**.
> ㄷ. * 자네가 나오면 할 일이 많**겠다네**.
> ㄹ. * 내가 내일 학교에 가**런다네**.
> ㅁ. * 여자들에겐 이해할 수 없는 감상벽이 있**더라네**.

---

34) 앞으로는 '-는다네'1에 관하여 살피기 때문에 '-는다네'1을 '-는다네'로만 표시하기로 한다.

위 보기에서 ㄷ과 ㅁ은 들을이높임의 등분이 반말이라면 적격한 월이 되며, ‘-는다고 하네’로의 원상 회복이 가능해지지만, 예사낮춤에 해당하는 것으로 보기 때문에 부적격한 월로 다루었다.

(77)에서 ㄷ과 ㄹ이 부적격한 월이 되는 까닭은 ‘-는다네’의 의미상의 특성 때문이라고 할 수 있다. 곧 ‘-는다네’는 ‘말할이가 기정사실화한 명제 내용을 알림’이란 의미적 특성을 가지는데(‘-는다네’의 의미에 관하여는 뒤에서 논함), ‘-겠-’이나 ‘-려-’는 ‘미정’의 의미 자질을 가지므로 의미상의 부조화에 따라 ‘-겠-’과 ‘-려-’는 ‘-는다네’와 통합관계를 이룰 수 없다. ㅁ이 부적격한 까닭도 ‘-는다네’의 의미상의 특성과 ‘-더-’의 쓰임상의 제약 때문이다. 곧 ‘-더-’는 명제 내용에 대한 ‘새로이 깨달음’이 의미적 특성이므로 ‘기정사실화’의 의미적 특성을 가지는 ‘-는다네’와는 조화를 이룰 수 없기 때문이다.

셋째, ‘-는다네’는 (78)과 같이 풀이씨 뿌리의 종류에 관계없이 자유로이 통합관계를 이룰 수 있어 제약이 따르지 않는다.

> (78) ㄱ. 술집에 가면 날 사장이라고 **부른다네**.
> ㄴ. 제 아무런 설득이라도 소용이 **없다네**.
> ㄷ. 변하지 않는 게 나의 미덕이자 결점이**라네**.

위 보기에서 ‘-는다네’의 실현을 보면, ㄱ은 풀이말이 움직씨로 /-ㄴ다네/로 실현되었으며, ㄷ은 그림씨로 /-다네/로, ㄷ은 잡음씨로 /-라네/로 실현되었는데, 모두 적격한 월이 되어 풀이씨 뿌리와의 통합관계에서 제약이 없음을 알 수 있다.

넷째, ‘-는다네’와 통합될 수 있는 뒤에 놓이는 요소를 보면, (79)와 같이 /-는다네/가 예사낮춤의 마침씨끝이기 때문에 ‘요’가 통합될 수 없으며, 느낌토씨 ‘그려’도 통합되지 않는다.

> (79) ㄱ. * 소문난 잔치에 가지도 말라고 **했다네요**./ * **했다네그려**.

　　ㄴ. *문중에 내려오는 말씀이 있**다네**요./ *있다**네그려**.

　　ㄷ. *여보게 진우, 이 세계는 의지의 전장이**라네**요./ *전장이**라네**
　　　　그려.

　　앞에서 논의한 바와 같이 '요'나 '그려'가 통합되어 적격한 월이 되
면, 예사낮춤의 '-는다네'가 되지 않고 반말의 '-는다네'가 되어 '-는다
고 하네'의 줄어든 꼴로 이해된다.

　　예사낮춤의 마침씨끝 '-는다네'와 통어론적으로 공기관계를 이루는
요소들과의 제약에 관하여 논의하기로 한다.

　　첫째, 마침씨끝이 '-는다네'인 월의 끝에는 (80)과 같이 '내림'의 절종
결이 놓인다.

　　(80) ㄱ. 요샌 사정이 많이 달라**졌다네**(↘).

　　　　　ㄴ. 그 때보다 지금은 살기가 좋**다네**(↘).

　　이처럼 '-는다네' 다음에는 '내림'의 절종결이 놓이고, '-는다네' 앞에
는 때매김씨끝이 통합될 수 있으므로 '-는다네'는 의향법에서 서술법에
해당하는 복합형 마침씨끝에 해당함이 드러난다.

　　둘째, '-는다네'와 공기관계를 이루는 임자말의 가리킴 제약을 보면,
(81)과 같이 첫째가리킴만이 아니라 둘째, 셋째가리킴 임자말과도 공기
될 수 있어 가리킴의 제약은 보이지 않는다.[35] 단지 첫째와 둘째 가리
킴 임자말인 경우에는 모든 예사낮춤 마침씨끝에 공통적으로 적용되는
어휘상의 제약이 따를 뿐이다.

　　(81) ㄱ. **나는**(*저는) 속으로 이렇게 다짐했**다네**.

　　　　　ㄴ. **자네가**(*네가) 나보다 훌륭하**다네**.

　　　　　ㄷ. 이 부근에서는 **조기가** 잡히지 않**는다네**.

---

35) 임자말이 둘째가리킴과 셋째가리킴일 때에는 중의성을 띠어 '-는다네'1만이 아니
　　라 '-는다네'2로도 해석된다.

셋째, '-는다네'가 마침씨끝으로 쓰인 월이 건너 따옴월로 포함되면, '-는다네'는 (82)와 같이 서술법의 마침씨끝 중화형태인 '-는다'로 실현된다.

(82) ㄱ. 갑→을 : 제 아무런 설득이라도 소용이 없**다네**.
　　　 을→갑 : 뭐라고?
　　　 갑→을 : 제 아무런 설득이라도 소용이 없다고.
　　 ㄴ. 갑→을 : 사랑에 빠지면 혼을 빼앗**긴다네**.
　　　 을→갑 : 뭐라고?
　　　 갑→을 : 사랑에 빠지면 혼을 빼앗**긴다**고.

위 보기에서와 같이 표면상 '-는다네'의 월은 건너 따옴월의 형태를 취하지만 실제로는 건너 따옴월로 이해되지 않는다. 곧 (82)에서처럼 갑이 서술한 발화를 을이 알아듣지 못하여 되물었을 때, 갑이 원발화를 다시 인용하여 발화하는 경우에 '-는다네'는 '-는다'의 형식을 취하기 때문에 갑의 원발화인 '-는다네' 월은 건너 따옴월로 볼 수 없다.

넷째, '-는다네'가 공기관계를 이루는 어찌말에 대한 제약을 살피면, 때어찌말과의 공기관계에는 제약이 없음을 알 수 있다.

(83) ㄱ. 철수는 **지금(이따가, 내일, 다음주에, …)** 학교에 간**다네**.
　　 ㄴ. 철수는 **방금(좀 전에, 어제, 지난주에 …)** 학교에 갔**다네**.

위 보기에서 ㄱ의 때어찌말은 현재를 포함한 올적에 관한 것이고, ㄴ은 지난적에 관한 것인데 모두 '-는다네'와 자연스러운 공기관계를 이루어 제약이 발견되지 않는다.

그러나 '-는다네'는 (84)와 같이 불확실성을 나타내는, 곧 '미정'의 의미 자질을 가지는 어찌말과는 공기관계를 이룰 수 없는 제약이 있다.

(84) ㄱ. * **아마** 내년에 나는 미국에 **간다네**.
　　 ㄴ. * **어쩌면** 저분이 김선생이**라네**.

이와 같은 제약이 따르는 까닭은 '-는다네'의 의미와 '아마', '어쩌면' 따위의 의미가 부조화를 이루기 때문이다. '-는다네'는 '확실성이 있는 기정사실을 알림'의 의미적 특성을 가지는 데 비하여 이들 어찌말은 '불확실성'의 의미적 특성을 가지기 때문에 의미상 상충되어 공기관계를 이룰 수 없는 것이다.

3.2.1.3 '-는다네'의 의미·화용적 특성

'-는다네'가 마침씨끝으로 쓰인 월이 사용되는 장면을 보면 단독적 장면에서는 쓰이지 않고, 항상 말할이가 들을이를 강하게 의식하는 상관적 장면에서만 쓰이는 제약이 따른다.

'-는다네'의 쓰임을 통하여 그 뜻을 파악할 수 있는데, 먼저 '-는다네'는 (85)와 같이 기정사실화된 뜻을 가지는 월의 마침씨끝으로만 쓰일 뿐이고 (86)과 같이 미정의 뜻을 나타내는 월의 마침씨끝으로 쓰일 수 없다.

(85) ㄱ. 내일은 비가 온다네.
     ㄴ. 나는 어제 극장에 갔었다네.
     ㄷ. 저분이 김선생이라네.

(86) ㄱ. * **아마** 내일은 비가 **온다네**.
     ㄴ. * 내일은 비가 오**겠다네**.
     ㄷ. * 저분이 **아마** 김선생이**라네**.

(85)는 모두 적격한 월로, ㄱ은 적어도 말할이가 '내일은 비가 온다는 확신성'을 갖고 말할 때, 곧 비가 내일 오는 것을 기정사실화한 경우로 이해된다. 또한 ㄴ과 ㄷ도 각각 말할이가 '자기가 어제 극장에 갔었음'과 '저분이 김선생임'을 확신하여 기정사실화했음을 알 수 있다. 그러나 (86)은 모두 부적격한 월로, ㄱ은 (85)의 ㄱ에 비교하여 확신성이 적은 어찌말 '아마'가 첨가되어 있을 뿐인데도 (85)의 ㄱ은 적격한 반면, (86)의 ㄱ은 부적격한 월이 되었다. 이 점이 '-는다네'의 쓰임을 잘 반영

해 준다고 할 수 있다. 곧 '-는다네'는 확신성이 적은 '미정'의 사실을 나타내는 월의 마침씨끝으로는 쓰일 수 없다는 점이다. 이를 더욱 분명히 뒷받침 해 주는 보기는 (85)의 ㄱ과 (86)의 ㄴ이다. 이들은 월을 구성하는 요소가 모두 동일하지만 다만 '미정'의 '-겠-'이 있느냐 없느냐의 차이인데, 이 차이가 바로 '-는다네'의 쓰임을 설명해 주는 근거가 된다. 미정의 '-겠-'이 통합되지 않은 (85)의 ㄱ은 적격한 월인데 비하여 '-겠-'이 통합된 (86)의 ㄴ은 부적격한 월이 되었다. 이는 바로 '-는다네'가 미정의 사실을 나타내는 월의 마침씨끝으로는 쓰일 수 없고, 기정의 사실을 나타내는 월의 마침씨끝으로 쓰임을 보여주는 좋은 보기라고 하겠다.

또한 '-네'와의 비교를 통하여 '-는다네'는 말할이가 기정의 사실을 객관화하여 말할 때 사용됨이 분명히 드러나게 된다.

(87) ㄱ. 가. 제 아무런 설득도 소용이 없**다네**.
　　　　나. 제 아무런 설득도 소용이 없**네**.
　　ㄴ. 가. 그러는 법이 아니**라네**.
　　　　나. 그러는 법이 아니**네**.
　　ㄷ. 가. 나는 내일 서울로 **간다네**.
　　　　나. 나는 내일 서울로 가**네**.

위 보기에서 (가)와 (나)를 비교해 보면 둘 다 들을이높임에서 예사낮춤으로 같지만, 의미상에서 차이를 보인다. (나)는 말할이 자신의 주관적인 생각을 나타내지만 (가)는 말할이가 자신의 생각을 객관화하여 나타냄을 알 수 있다. 이는 '-는다네'가 건너 따옴월의 형식을 취하기 때문에 말할이의 주관적 판단을 간접적인 표현 방식을 취함으로써 객관화시키는 것이 아닌가 한다.

그리고 '-는다네'에는 명제 내용에 대하여 말할이가 들을이에게 예사낮춤으로 '알림'의 의미가 파악된다. 이에 따라 (87) (가)의 의미를 되쓰기하면 (88)과 같이 될 것이다.

(88) ㄱ. **말할이가 들을이에게** 제 아무런 설득이라고 소용이 없음을 **예사낮춤으로 알린다.**

ㄴ. **말할이가 들을이에게** 그러는 법이 아님을 **예사낮춤으로 알린다.**

ㄷ. **말할이가 들을이에게** 자기가 내일 서울에 감을 **예사낮춤으로 알린다.**

위에서 밝힌 '-는다네'의 의미적 특성을 정리하면, '-는다네'는 '말할이가 들을이에게 객관적으로 기정사실화한 명제 내용을 예사낮춤으로 알림'의 의미적 특성을 가진다.

3.3 그 밖

예사낮춤의 마침씨끝 가운데, 예스러운 형태로 주로 글말에서 쓰이며 사용빈도수가 적은 '-거니', '-느니', '-을런가', '-을손가'는 지금의 우리말에서 쓰이는 일이 간혹 있지만 사용빈도수가 이보다 많은 앞에서 다룬 예사낮춤 마침씨끝과 구별하여 그 밖의 영역에 넣어 별로도 간략히 다루기로 한다.

3.3.1 '-거니'

마침씨끝 '-거니'는 본디 이음씨끝으로 쓰이던 것이 마침씨끝으로 전용되면서 이음씨끝과 의미와 용법에서 관계를 끊고 마침씨끝으로 기능이 전이된 마침씨끝에 해당한다.

'-거니'는 지금의 우리말에서는 잘 쓰이지 않을 뿐더러 특수한 풀이씨와 어울려 쓰이는 제약을 보이기 때문에 모자람 마침씨끝에 해당한다. 글말에서 주로 사용되며, 입말에서는 말할이의 혼잣말에서 간혹 쓰이는 일이 있을 뿐이다.

'-거니'가 마침씨끝으로 쓰인 월의 보기는 (89)와 같다.

(89) ㄱ. 나도 어렸을 때에는 그 곳에 들어가 보았**거니**.
 ㄴ. 자네 말이 전적으로 옳**거니**.
 ㄷ. 자네는 정녕 훌륭한 사람이**거니**.

위 보기에서 '-거니'는 움직씨(ㄱ), 그림씨(ㄴ), 잡음씨(ㄷ)와 통합될 수 있어 풀이씨의 종류에 관계없이 통합될 수 있을 것 같지만 실제 쓰임에서 보면 모든 풀이씨에 자연스럽게 통합될 수 있는 것은 아니다.

(89)의 끝에는 '내림'의 절종결이 놓이고, "뭐라고?"란 질문에 되풀이 꼴로 나타내면 (90)과 같이 '-거니'는 '-는다'로 중화되기 때문에 '-거니'는 서술법의 마침씨끝에 해당된다.

(90) ㄱ. 나도 어렸을 때에는 그곳에 들어가 보았**다**고.
 ㄴ. 자네 말이 전적으로 옳**다**고.
 ㄷ. 자네는 정녕 훌륭한 사람이**라**고.

말할이가 속으로 생각한 말인 '-거니'로 끝나는 월을 따옴월 꼴로 나타낼 때에는 글말만이 아니라 입말에서도 자연스럽게 쓰일 수 있으며, (91)과 같이 풀이씨의 뿌리에 대한 특별한 제약도 따르지 않는다.

(91) ㄱ. 나는 **너도 서울에 가거니** 하고 생각했다.
 ㄴ. 나는 **너도 어제 바빴거니** 하고 생각했어.
 ㄷ. 저는 **저 사람도 학생이거니** 하고 생각했습니다.

위 보기와 같이 따옴월 안에 포함되는 월의 마침씨끝 '-거니'는 풀이씨의 뿌리에 통합 제약이 따르지 않는다. 주체높임의 '-시-'도 통합 가능하며 때매김씨끝과의 통합도 '-었-', '-었었-', '-겠-'과는 통합될 수 있다.

'-거니'의 의미는 '-거니'가 마침씨끝으로 쓰인 월의 용법을 통하여 밝힐 수 있는데, '-거니'는 '말할이가 들을이에게(혹은 말할이 스스로에게) 미루어 짐작한 명제 내용을 확인 서술'이란 의미적 특성을 가진다.

3.3.2 '-느니'[36)

예사낮춤의 마침씨끝 '-느니'는 본디 아주낮춤의 마침씨끝 '-느니라'에서 끝 음절이 삭제된 꼴로 보이지만, '-느니' 자체가 '-느니라'와 높임의 정도에서 대립되는 마침씨끝으로 전용되었다. '-느니'는 예사낮춤임에 비하여 '-느니라'는 아주낮춤에 해당되어 높임의 정도에서 차이를 보인다. 또한 '-느니'는 예스런 말투임에 비하여 '-느니라'는 나이 많은 성인의 말투로 차이를 보이지만, 말본적 특성과 의미 기능에서는 별 차이가 발견되지 않는다.

'-느니'는 지금의 우리말에서는 잘 쓰이지 않는 예스런 말투일 뿐 아니라 특수한 풀이씨와 어울려 쓰이는 제약을 보이기 때문에 모자람 마침씨끝에 해당한다. 글말에서 주로 사용되며, 입말에서는 나이 많은 말할이가 젊은이 이하의 세대인 들을이에게 당연한 사실이나 진리를 알릴 때 간혹 쓰이는 일이 있을 뿐이다.

'-느니'가 마침씨끝으로 쓰인 월의 보기는 (92)와 같다.

> (92) ㄱ. 열심히 노력하는 사람만이 **성공하**-**느니**.
> ㄴ. 아침 운동이 건강에 **좋**-**으니**.
> ㄷ. 부모님을 공경하는 것이 사람의 도리**이**-**니**.

위 보기에서 '-느니'는 움직씨(ㄱ), 그림씨(ㄴ), 잡음씨(ㄷ)와 통합될 수 있어 풀이씨의 종류에 관계없이 통합될 수 있을 것 같지만 실제 쓰임에서 보면 모든 풀이씨에 자연스럽게 통합될 수 있는 것은 아니다.

(92)의 끝에는 '내림'의 절종결이 놓이고, "뭐라고요?"란 질문에 되풀이꼴로 나타내면 (93)과 같이 '-느니'는 '-는다'로 중화되기 때문에 '-느니'는 서술법의 마침씨끝에 해당된다.

---

36) '-느니'는 통합되는 풀이씨 뿌리의 종류나 안맺음씨끝의 종류에 따라 변이형태 /-느니/, /-으니/, /-니/로 실현된다.

(93) ㄱ. 열심히 노력하는 사람만이 성공**한다**고.
　　 ㄴ. 아침 운동이 건강에 좋**다**고.
　　 ㄷ. 부모님을 공경하는 것이 사람의 도리이**라**고.

마침씨끝 '-느니'는 풀이씨의 뿌리에 통합 제약이 따르지 않으나 통합될 수 있는 어휘에 제약이 심한 모자람 마침씨끝에 해당한다. 주체높임의 '-시-'도 통합 가능하며, 때매김씨끝과의 통합도 '-었-', '-었었-', '-겠-'과는 통합될 수 있다.

'-느니'의 의미는 '-느니'가 마침씨끝으로 쓰인 월의 용법을 통하여 밝히 수 있는데, '-느니'는 '나이 많은 성인인 말할이가 젊거나 어린 들을이에게 예스러운 말투로 당연한 사실이나 진리인 명제 내용을 예사낮춤으로 알림'이란 의미적 특성을 가진다.

3.3.3 '-을런가'[37)

예사낮춤의 물음법 마침씨끝 '-을런가'는 지금의 말에서는 그리 잘 쓰이는 편은 아니고 예스러운 표현에서 주로 쓰이는 제약을 보인다.[38) 또한 '-을런가'는 입말에서보다 글말에서 주로 쓰이며, "말할이가 들을이에게 명제 내용에 대하여 들을이가 겪은 바의 가능성이나 추측을 예사낮춤으로 물음"의 의미적 특성을 가진다.

'-을런가'가 마침씨끝으로 쓰인 월이 상관적 장면에서 쓰이지 않고 말할이의 혼잣말인 단독적 장면에서 쓰이게 되면 들을이에 대한 높임의 정도는 예사낮춤에서 높낮이 없음의 등분 정도로 바뀌게 되어, '-을런가'는 "말할이가 스스로에게 명제 내용에 대하여 겪은 가능성이나 추측을 높낮이 없이 물음"이란 의미적 특성을 가지게 된다.

---

37) '-을런가'는 앞의 음운 환경에 따라 닿소리 뒤에서는 /-을런가/로, 홀소리 뒤에서는 /-ㄹ런가/로 실현된다.
38) '-을런가'보다 더욱 더 점잖고, 정중하고, 예스럽게 나타내는 경우에 '-을런고'가 쓰이게 된다.

3.3.4 '-을손가'[39]

예사낮춤의 물음법 마침씨끝 '-을소냐'도 지금 말에서는 거의 쓰이지 않고 예스러운 표현에서 주로 쓰이는 제약을 보인다. '-을손가'는 반어적 용법으로 쓰이어 표면적인 의미와는 반대의 강한 서술의 수행력을 나타낸다. 곧 "이보다 더 아름다울손가?"는 표면상 물음월이지만 수행력에서는 "이보다 더 아름다울 수 없다"는 강한 서술법을 수행하게 된다.

4. 마무리

제5부에서 논의한 내용을 간단히 정리하면 다음과 같다.

예사낮춤 마침씨끝 설정 기준(일반 제약 충족)에 따라 단순형으로 서술법의 '-ㄹ세', '-음세', '-으이', '-네'를, 물음법에 '-는가', '-나'를, 꾀임법에 '-세'를, 시킴법에 '-게'를 설정하였고, 복합형으로 서술법에 '-는다네'를 설정하였다. 그 밖에 예스러운 말투에서 간혹 쓰이기도 하는 예사낮춤 마침씨끝으로 '-거니', '-느니', '-을런가', '-을손가'를 설정하였다. 이들은 형태·통어적 특성과 의미·화용적 특성에서 공통적 특성을 가지기도 하고 각각 개별적 특성을 가지기도 하였다. 공통적 특성을 일반적 제약이라 하고 개별적 특성을 특수 제약이라고 할 수 있는데, 이를 정리하면 아래와 같다.

◆ 일반 제약

모든 예사낮춤 마침씨끝에 공통적으로 적용되는 특성은 다음과 같다.

첫째, 들을이높임의 '요'가 통합될 수 없다.

---

39) '-을손가'는 앞의 음운 환경에 따라 닿소리 뒤에서는 /-을손가/로, 홀소리 뒤에서는 /-ㄹ손가/로 실현된다.

둘째, 임자말이 둘째가리킴일 때 임자말로 높임 낱말이나 아주낮춤 낱말이 놓일 수 없다.

셋째, 마침씨끝이 예사낮춤인 월은 월 사이의 호응관계에서 반말이나 예사낮춤의 월과만 호응한다.

넷째, 예사낮춤의 마침씨끝은 주로 30대 이상에서만 사용된다.

다섯째, 말할이와 들을이 사이의 관계는 두로 말할이가 들을이보다 손위이거나 나이가 많고 서로 잘 아는 사이인 경우이다.

여섯째, 말할이의 들을이에 대한 태도를 보면, 격식을 갖추되 들을이를 약간 낮출 때 사용된다.

◆ 특수 제약

예사낮춤의 마침씨끝에 따라 달라질 수 있는 개별적인 특성으로 다음 사항에 관하여 논의하였다.

예사낮춤에 해당하는 마침씨끝마다 형태론적 측면에서 안맺음씨끝과의 통합관계, 풀이씨 뿌리와의 통합관계 등 형태배합상의 특성이 어떻게 나타나며, 왜 그런 제약이 따르는가를 구체적으로 드러내었다. 또한 통어적인 측면에서 월조각과의 공기관계에서도 마침씨끝마다 어떠한 특성을 보이는가, 왜 그런 제약이 따르는가를 살폈다. 의미적인 면에서는 각각의 마침씨끝이 어떠한 의미적 특성을 나타내며, 화용적인 측면에서는 각각 어떤 쓰임 상의 특성을 보이는가에 관하여 규명하였다.

제6장 예사높임의 마침씨끝

1. 들머리

들을이높임법은 쓰이는 장면의 차이에 따라 격식체와 비격식체로 나뉘고, 격식체는 다시 높낮이의 정도에 따라 아주높임, 예사높임, 예사낮춤, 아주낮춤으로 나뉨은 앞에서 논의한 바 있다. 여기에서 다루고자 하는 예사높임은 들을이를 높이되, 그렇다고 아주높임의 영역에는 해당하지 않고 약간 높이는 정도에 해당한다.[1]

예사높임은 앞에서 살핀 예사낮춤과 마찬가지로 현대 우리말에서는 모든 세대에 두루 사용되는 등급은 아니고, 30대 이상에서나 간혹 쓰이는 등급으로 사용 빈도수가 아주 미미한 형편에 놓여 있다. 예사높임은 말할이에 있어서 제약을 가질 뿐 아니라 들을이에서도 제약이 따라 들을이가 적어도 성인이 된 경우에 사용하고, 말할이와 들을이 사이의 관계에서도 서로 잘 아는 사이이며, 말할이가 들을이와 나이가 비슷하거나 들을이보다 적은 경우, 지위가 높은 경우에 사용되는 제약이 따른다. 말할이가 들을이보다 나이가 약간 많거나 지위가 높은 경우에는 서정수(1984:56)에서 "이런 경우의 하오체는 관료적이고 권위적인 느낌을 자

---

1) 최현배(1971:263)는 예사높임의 높임 정도에 대하여 "예사높임(普通尊稱, 하오)은 그 말을 듣는 이를 높여서 하는 말이로되, 높임으로서는 그리 대단한 것은 되지 못하고, 길가는 사람끼리 서로 말함과 같은 경우에 흔히 쓰이는 꼴"이라고 하였다.

아내는 일이 있다. 곧 윗사람의 권위를 가지고 아랫사람에게 분부하는 말투로 여겨지는 것이다"라고 지적한 바와 같이 의례적이고 딱딱한 느낌을 자아낸다.[2] 나이 차가 많은 윗사람이 젊은이에게 쓰는 경우가 일반적인 쓰임으로, 현재 나이 많은 세대에서나 자연스럽게 쓰이고 있는 실정이다.

이와 같이 사용하는 세대에서도 극히 한정적이고, 사용되는 환경도 대단히 제한적이지만 아직도 현재 우리말에서 쓰이고 있는 등분이기 때문에 마땅히 높임법 체계 안에서 다루어야 한다.

들을이높임의 정도가 예사높임에 해당하는 마침씨끝을 다른 등분의 씨끝과 구분해 낼 수 있는 기준을 설정하여 예사높임의 마침씨끝들을 선정해 내기로 한다.

선정된 마침씨끝들에 대하여 각각의 형태·통어적 특성과 아울러 의미·화용적 특성을 밝히기로 한다.

2. 예사높임 마침씨끝의 설정 기준

들을이높임의 정도가 예사높임에 해당하는 마침씨끝을 선정하기 위해서는 예사높임만이 가지는 공통 특성을 바탕으로 기준을 마련하여야 한다. 예사높임의 마침씨끝이 다른 등분의 마침씨끝과 구별될 수 것은

---

2) 이와 같은 특성으로 말미암아 예사낮춤이 격식체에 포함되었다. 서상준(1996:72)에 서는 "'하오'는 … 말을 낮춰 '해라'형을 사용할 수는 없지만, 그렇다고 합쇼체를 사용하여 상대를 갖추어 대우하지 않는 경우에 쓰인다. 예를 들면 공사 현장 감독과 같은 화자가 공장 인부와 같은 청자에게 사용하는 말씨이다. 따라서 '하오'형을 비격식체로 보는 것이 더 합리적이라고 생각된다"라고 하여 비격식체로 보고자 하였다. 그렇지만 이런 쓰임에서도 '하오체'는 권위적인 쓰임에 해당하기 때문에 격식체로 보는 것이 합리적이다.

바로 다음과 같은 공통 특징이 있기 때문이다.

첫째, 예사높임의 마침씨끝들은 월의 주체가 들을이일 때, 주체높임의 '-시-'가 통합되기도 하고 안 되기도 하는데, (1)과 같이 '-시-'의 통합 여부에 관계없이 적격한 월이 된다.

  (1) ㄱ. 가. 당신이 그 일을 하**오**.
     나. 당신이 그 일 좀 하**시오**.
    ㄴ. 가. 당신이 그 일 좀 하**구려**.
     나. 당신이 그 일 좀 하**시구려**.

위 보기에서와 같이 '-시-'의 통합은 수의적이 되어 월의 적격성 여부에 영향을 미치지 않는다.3) 월의 주체가 들을이인 환경에서 '-시-'가 통합될 수 있는 마침씨끝으로는 예사낮춤 외에 아주높임의 마침씨끝이 있다. 아주높임 월에서는 월의 주체가 들을이일 때 '-시-'가 통합되어야만 적격한 월이 되기 때문에 아주높임 월에서는 '-시-'의 통합이 필수적이다. 그러므로 예사높임과 아주높임 월을 식별할 때 월의 주체가 들을이인 경우 '-시-'의 통합이 필수적이냐 수의적이냐가 식별의 기준이 된다.

둘째, 예사높임의 월에서는 임자말이 첫째가리킴일 때 임자말로 '나'가 주로 쓰이며, '저'는 거의 쓰이지 않는다. 둘째가리킴일 때는 임자말로 주로 '당신'이 쓰이며, 이 때 주격토씨로 '께서'가 쓰이지 않음이 일반적 특성이다.4) 임자말이 둘째가리킴일 때 아주낮춤에 해당하는 '너', 예사낮춤에 해당하는 '자네' 등이 놓일 수 없는데, 이를 통하여 격식체의 아주높임, 예사낮춤, 아주낮춤의 마침씨끝과 예사낮춤의 마침씨끝이 식별될 수 있다.

---

3) '-시-'가 통합되면 들을이를 주체로도 높이게 되며, 통합되지 않으면 들을이로서만 높이고 주체로서는 안 높이게 되지만, 결과적으로는 들을이높임의 정도에 영향을 미쳐 '-시-' 통합형이 비통합형보다 들을이를 더 높이게 된다.

4) '당신'에 '께서'가 통합되는 경우에는 들을이높임의 등분이 아주높임이 되며, '당신'도 둘째가리킴보다는 셋째가리킴으로 이해되는 경우가 더 많다.

셋째, 예사높임 마침씨끝 다음에는 들을이높임의 '요'가 통합될 수 없다. 이 점이 비격식체의 마침씨끝들과 구별 가능케 해 주는 요인이 된다.

넷째, 월 사이의 호응관계에서 보면, 예사높임의 월은 (2)와 같이 반말의 '요' 통합형태(비격식체의 높임)인 월과 아주높임, 예사높임 월과만 자연스러운 호응관계를 이룰 수 있을 뿐이고 그 밖의 월과는 호응관계를 이루지 못한다.

> (2) ㄱ. 시끄럽게 하지 말**아요**. 며칠 더 안정해야 할 게**오**.
> ㄴ. 시끄럽게 하지 마**오**. 며칠 더 안정해야 할 게**오**.
> ㄷ. 시끄럽게 하지 마**십시오**. 며칠 더 안정해야 할 게**오**.
> ㄹ. #시끄럽게 하지 말**게**. 며칠 더 안정해야 할 게**오**.
> ㅁ. #시끄럽게 하지 말**아라**. 며칠 더 안정해야 할 게**오**.
> ㅂ. #시끄럽게 하지 **마**. 며칠 더 안정해야 할 게**오**

위 보기에서 ㄱ은 예사높임 월이 반말의 '요' 통합형태인 월과, ㄴ은 예사높임인 월과, ㄷ은 아주높임의 월과 자연스러운 호응관계를 이루고 있는 보기이며, ㄹ은 예사낮춤 월과, ㅁ은 아주낮춤 월과, ㅂ은 반말의 월과 호응관계를 이루지 못함을 보여주는 보기이다.

다섯째, 예사높임의 마침씨끝을 사용하는 계층을 보면, 말할이와 들을이 모두 주로 30대 이상의 장년층, 노년층에서만 쓰일 뿐이고 그 이하의 세대에서는 거의 사용되지 않는다.

여섯째, 말할이와 들을이의 관계에서 보면, 예사높임의 마침씨끝은 말할이가 들을이보다 나이가 적거나 손아래인 경우에 주로 사용되며, 또한 나이가 비슷하거나 말할이가 들을이보다 나이가 많을 때도 쓰이는 일이 있다. 이 때 이들의 사회적 관계를 보면, 서로 잘 모르는 사이일 때나 그리 친한 사이가 아닐 때 주로 사용된다.

일곱째, 말할이의 들을이에 대한 태도를 보면, 말할이가 들을이에게 격식을 갖추되 들을이를 조금 높일 경우에 예사높임의 마침씨끝이 사용된다.

위에서 살핀 일곱 가지 조건을 만족시키는 마침씨끝은 예사높임의 마침씨끝으로 묶이게 되는데, 이에 해당하는 마침씨끝을 의향법에 따라 분류하면 다음과 같다.

> **서술법** : 단순형 - '-오', '-는구려'
> 복합형 - '-는다오', '-읍디다', '-으리다'
> **물음법** : 단순형 - '-오'
> 복합형 - '-읍디까', '-으리까'
> **꾀임법** : 복합형 - '-읍시다'
> **시킴법** : 단순형 - '-오', '-구려'

3. 예사높임 마침씨끝의 말본적 특성과 의미 기능

위에서 설정한 예사높임의 마침씨끝을 형태적 특성에 따라 단순형과 복합형으로 나눌 수 있는데, 단순형으로는 꾀임법을 제외한 모든 의향법의 마침씨끝으로 두루 쓰이는 '-오'와 서술법과 시킴법의 마침씨끝으로 쓰이는 '-구려'가 있으며, 복합형으로는 건너 따옴월에서 서술법 마침씨끝의 중화형태인 '-는다'에 예사높임의 '-오'가 통합되어 이루어진 '-는다오', 겸양의 '-읍-', 회상의 '-더-'와 마침씨끝의 '-다'나 '-까'가 통합되어 축약된 '-읍디다'와 '-읍디까', 겸양의 '-읍-'과 희구의 '-시-'[5]와 마침씨끝 '-다'가 통합되어 꾀임법을 나타내는 '-읍시다', 의도나 추정을 나타내는 '-으리-'에 마침씨끝 '-다'나 '-까'가 통합되어 이루어진 '-으리다'와 '-으리까'가 있다.[6]

---

5) '-읍시다'에서의 '-시-'를 '희구'로 본 연구로는 김석득(1966:120)을 들 수 있다.

6) '-는다오', '-읍디다', '-읍디까', '-읍시다', '-으리다', '-으리까'를 형태소 분석하여 '-오', '-다', '-까'만을 마침씨끝으로 다루지 않는 까닭은 뒤에서 논의하기로 한다.

3.1 단순형

3.1.1 '-오'

예사높임의 대표적 마침씨끝이라 할 수 있는 '-오'는 의향법에서 꾀임법을 제외한 서술법, 물음법, 시킴법인 월의 마침씨끝으로 두루 쓰일 뿐만 아니라 각 의향법마다의 '-오'는 형태·통어적 특성에서 차이를 보이며, 의미·화용적 특성에서도 차이를 나타내기 때문에 각 의향법에서 쓰이는 '-오'의 특성을 분명하게 밝힐 필요가 있다.

'-오'는 환경에 따라 변이형태 /-오/와 /-소/로 실현된다. 홀소리 다음에서는 /-오/로, 닿소리 다음에서는 /-소/로 실현되는데, /-오/를 기본형태로 삼았다. 받침 다음에서도 /-으오/가 실현되어 '자네만 믿으오'가 쓰이는 일이 있다. 곧 시킴법의 '-오'는 변이형태로 /-으오/로도 실현된다.

3.1.1.1 '-오'의 형태·통어적 특성

서술법, 물음법, 시킴법의 예사높임 마침씨끝 '-오'의 형태적 특성으로 풀이말의 형태론적 구조 안에서 다른 요소와 어떤 제약 관계에 놓이는가에 대하여 논의하기로 한다.

서술법과 물음법의 '-오'는 형태배합상의 특성이 비슷하기 때문에 이를 묶어 먼저 다룬 다음에 시킴법의 '-오'에 관하여 살피기로 한다.

안맺음씨끝 가운데 주체높임 '-시-'와의 통합관계를 보면, (3)과 같이 월의 주체가 들을이인 경우에 '-시-'가 통합되거나(나) 안 되거나(가) 관계없이 모두 적격한 월이 되었다.

(3) ㄱ. 가. 당신이 참으로 훌륭하<u>오</u>.
　　　 나. 당신은 참으로 훌륭하<u>시오</u>.
　　 ㄴ. 가. 이제 어디로 가<u>오</u>?
　　　 나. 이제 어디로 가<u>시오</u>?

위 보기에서 (가)는 동일인을 월의 주체로서는 높이지 않고 들을이로 서는 약간 높였으며, (나)는 월의 주체로서도 높이고 들을이로서도 약간 높여 결과적으로 (가)보다 들을이를 조금 더 높인 셈이다. 임자말이 셋째가리킴인 경우에는 월의 주체가 높임의 대상이어서 말할이가 높일 의향이 있는 경우에는 '-시-'가 통합된다. 그러므로 임자말이 셋째가리킴인 경우에 '-오'는 '-시'의 통합에 전혀 관여하지 않는다.

때매김씨끝과의 통합관계를 보면, 서술법과 물음법의 '-오'는 (4)와 같이 '-었-', '-겠-', '-었었-', '-려-'와는 통합이 가능하지만[7] '-더-'와는 통합되지 않는 제약이 따른다.

(4) ㄱ. 나는 바람을 쓰이고 오- ⎡ -었-
　　　　　　　　　　　　　　　 -겠-
　　　　　　　　　　　　　　　 -았었- ⎤ -오.
　　　　　　　　　　　　　　　 -려-
　　　　　　　　　　　　　　 * -더-

　　 ㄴ. 어디로 가- ⎡ -었-
　　　　　　　　　　 -겠-
　　　　　　　　　　 -었었- ⎤ -오?
　　　　　　　　　　 -려-
　　　　　　　　 * -더-

위 보기에서와 같이 '-더-'는 서술법과 물음법의 마침씨끝 '-오'와는 어떤 환경에서도 직접적인 통합관계를 이룰 수 없고, 그 밖의 때매김씨끝은 통합상에 제약이 따르지 않음을 알 수 있다. '-오'가 '-더-'와 통합되지 않는 대신에 서술법에서는 '-읍디다'가 쓰이고, 물음법에서는 '-읍디까'가 쓰이게 된다.

---

7) 물음법에서 '-려-'가 '-리-'로 실현되어 /-리오/가 되면, 반어적 용법으로만 쓰이게 된다. 곧 '어디로 가리오?'는 '아무 데도 갈 수 없다.'의 의미로 쓰이게 된다.

서술법과 물음법의 '-오'가 풀이씨 뿌리와의 통합관계에서 보이는 제약을 보면, 모든 풀이씨 뿌리와 통합할 수 있어 제약은 없다.

    (5) ㄱ. 당신 얼굴은 오늘 처음 **보-오**.
        ㄴ. 한국엔 아직도 참새들이 저렇게 **많-소**.
        ㄷ. 당신들이 모르는 일이라면 우리도 모르는 일**이-오**.

    (6) ㄱ. 이제 어디로 **가-오**?
        ㄴ. 이제 와서 내가 **거추장스럽-소**?
        ㄷ. 나만 죽을 죄를 졌단 말**이-오**?

(5)와 (6)에서 ㄱ은 풀이말이 움직씨이고, ㄴ은 그림씨, ㄷ은 잡음씨인데 모두 적격한 월이 되어, 서술법과 물음법의 '-오'는 풀이씨 뿌리에 대한 선택제약이 없음을 알 수 있다.

'-오' 뒤에 놓이는 요소를 보면, 물음법의 '-오' 다음에는 통합 가능한 것이 없지만 서술법의 '-오' 다음에는 (7)과 같이 느낌토씨 '그려'가 통합될 수 있어 차이를 보인다.

    (7) ㄱ. 형님은 요즘 통 만날 수가 **없오그려**.
        ㄴ. 한국에는 아직도 참새들이 저렇게 **많소그려**.

서술법의 '-오' 다음에는 모두 다 '그려'가 통합될 수 있는 것은 아니다. '-오'는 '알림, 약속, 느낌'의 의미적 특성을 가지는데, '-오'가 '알림이나 약속'의 의미 자질을 나타낼 때에는 '그려'가 통합될 수 없고, '느낌'의 의미 자질을 가지게 되는 경우에 한하여 '그려'가 통합될 수 있다. 그러므로 '-오'가 '느낌'의 의미 자질을 가지 않는 (8)은 비록 서술월이더라도 '그려'가 통합되면 부적격한 월이 된다.

    (8) ㄱ. * 우린 사람의 생명을 아낄 줄 알아야 **하오그려**.
        ㄴ. * 내가 부인의 종이 **되려오그려**.

시킴법 '-오'의 형태배합상의 특성을 보면, 주체높임의 '-시-'와 통합
관계를 이룰 수 있는데, '-시-'의 통합은 수의적으로, 통합 여부에 관계
없이 모두 적격한 월이 되었다. 그러나 '-시-'가 통합된 월이 그렇지 않
은 월보다 들을이를 조금 더 높임을 나타내어, (9)의 ㄴ이 ㄱ보다 들을
이를 더 높인 월이 된다.

    (9) ㄱ. 빈대떡에 소주 한 잔 주**오**.
       ㄴ. 빈대떡에 소주 한 잔 주**시오**.

시킴법 '-오'와 때매김씨끝과의 통합관계 제약을 보면, (10)과 같이
어떤 때매김씨끝과도 통합될 수 없는데, 이는 시킴법 마침씨끝의 일반
적 특성이기도 하다.

$$(10)\ \text{아는 대로 대답을 해 보-}\ \begin{bmatrix} *\ \text{-었-} \\ *\ \text{-겠-} \\ *\ \text{-었었-} \\ *\ \text{-려-} \\ *\ \text{-더-} \end{bmatrix}\ \text{-오.}$$

시킴법의 '-오'는 풀이씨 뿌리와의 통합관계에서도 여느 시킴법 마침
씨끝과 마찬가지로 움직씨 뿌리에만 통합될 수 있는데, (11)과 같이 그
가운데에서도 [행동성] 움직씨와만 통합될 수 있는 제약이 따른다.

    (11) ㄱ. 부디 몸 성히 **가-오**.
       ㄴ. 아는 대로 대답을 해 **보-오**.

위 보기에서는 풀이말이 '가-'와 '보-'로 [행동성] 움직씨이기 때문에
적격한 월이 되었다.

시킴법의 '-오' 다음에는 (12)와 같이 '그려'가 통합될 수 없으며, 어

떤 다른 요소도 통합될 수 없는 제약이 따른다.

　　(12) ㄱ. *부디 몸 성히 가<u>오그려</u>.
　　　　ㄴ. *아는 대로 대답을 해 <u>보오그려</u>.

　예사높임의 마침씨끝 '-오'와 통어론적으로 공기관계를 이루는 요소들과의 제약에 관하여 논의하기로 한다.

　첫째, 서술법의 '-오'로 끝맺는 월 뒤에는 '내림'의 절종결이 놓이며, 물음법의 '-오' 뒤에는 물음말이 있고 없음에 따라 '올림'이나 '내림'의 절종결이 놓이고, 시킴법의 '-오' 다음에는 '끊음'의 절종결이 놓여, '-오'가 각각 서술법 물음법, 시킴법의 마침씨끝임이 증명된다.

　　(13) ㄱ. 겨우 위험한 고비를 넘긴 것 같<u>소</u>(↘).
　　　　ㄴ. 나 대신 운전해 주시겠<u>소</u>(↗)?
　　　　ㄷ. 식사 준비는 어떻게 되었<u>소</u>(↘)?
　　　　ㄹ. 당신은 당신 할 말이나 하시<u>오</u>(↓).

　위 보기에서 ㄱ은 서술법이고, ㄴ과 ㄷ은 물음법, ㄹ은 시킴법인데, 절종결의 놓임에 있어 여느 마침씨끝과 마찬가지임을 알 수 있다.

　둘째, '-오'와 공기관계를 이룰 수 있는 임자말의 가리킴 제약에 대하여 살피면, 서술법(14)과 물음법(15)의 '-오'는 모든 가리킴의 임자말과 공기될 수 있어 임자말의 가리킴 제약이 없다.

　　(14) ㄱ. **나는** 이대로 떠나고 말겠소.
　　　　ㄴ. **당신은** 인간의 반역자이오.
　　　　ㄷ. **당신 얼굴은** 오늘 처음 보오.

　　(15) ㄱ. **나는** 상관이 없다지 않소?
　　　　ㄴ. **당신은** 왜 그리 깡말랐소?
　　　　ㄷ. **저분은** 누구이오?

시킴법의 '-오'는 (16)과 같이 둘째가리킴 임자말과만 공기관계를 이루는 제약이 따른다. 이 제약은 시킴법 마침씨끝의 일반적 특징이기도 하다.

(16) ㄱ. * **나는** 냉큼 발길을 돌리시오.

　　ㄴ. **당신은** 냉큼 발길을 돌리시오.

　　ㄷ. * **그는** 냉큼 발길을 돌리시오.

셋째, 마침씨끝이 '-오'인 월이 건너 따옴월로 포함될 때, '-오'가 어떤 형태로 중화되는가를 (17)을 통하여 살피기로 한다.

(17) ㄱ. 갑→을 : 난 그 곳에 간 일이 없**소**.

　　　　을→병 : (갑이 나에게) 자기는 그 곳에 간 일이 없**다**고 한다.

　　ㄴ. 갑→을 : 그런 푸대접을 받아야 되겠**소**?

　　　　을→병 : (갑이 나에게) 그런 푸대접을 받아야 되겠**느냐**고 한다.

　　ㄷ. 갑→을 : 아는 대로 대답해 보**오**.

　　　　을→병 : (갑이 나에게) 아는 대로 대답해 보**라**고 한다.

위 보기에서 ㄱ은 '-오'가 서술법 마침씨끝이기 때문에 중화형태 '-는다'로 실현되었고, ㄴ은 '-오'가 물음법 마침씨끝이기 때문에 '-느냐'로, ㄷ은 '-오'가 시킴법 마침씨끝이기 때문에 '-으라'로 중화되었음을 알 수 있다.

넷째, '-오'와 공기관계를 이룰 수 있는 때어찌말에 대하여 (18)을 통해 살피기로 한다.

(18) ㄱ. **지금(내년에, 10년 후에 …) 나는 외국에 가오.**

　　　　방금(어제, 지난 번에 …) 그는 미국에 갔소.

　　ㄴ. **지금(내년에, 10년 후에 …) 그분이 외국에 가오?**

　　　　방금(어제, 지난 번에 …) 그분이 외국에 갔소?

　　ㄷ. **지금(내년에, 10년 후에 …) 외국에 가오.**

　　　　* **방금(어제, 지난 번에 …) 외국에 가오.**

위 보기에서와 같이 서술법과 물음법은 때어찌말의 종류에 관계없이 공기관계를 이룰 수 있지만, 시킴법의 '-오'는 현재를 포함한 올적의 때어찌말과만 공기관계를 이루는 제약이 따른다. 이 제약은 모든 시킴법 마침씨끝의 일반적 특성이기도 하다.

3.1.1.2 '-오'의 의미·화용적 특성

일반적으로 마침씨끝이 예사높임인 월은 말할이가 들을이를 강하게 의식하는 상관적 장면에서만 쓰이고, 말할이가 들을이를 의식하지 않는 단독적 장면에서는 쓰이지 않는 제약이 따르는데. '-오'도 이에 해당한다.

'-오'가 물음법에 해당하는 경우에 여느 물음법 마침씨끝과 마찬가지로 뒤집음말[反語]로 쓰이는 일이 있다.

(19) ㄱ. 이게 붓이란 말이**오**?
　　　ㄴ. 당신도 사람이**오**?

위 보기는 표면적으로는 물음월이지만 내면적으로는 대답을 요구하는 것이 아니고 그 물음과 반대되는 사실을 인정하라는 뜻(최현배, 1971:866)이 되는데, (19)의 내면적 의미를 의미상 차이 없이 되쓰기하면 (20)과 같다.8)

(20) ㄱ. 이게 붓이 아니오.
　　　ㄴ. 당신은 사람이 아니오.

또한 마침씨끝이 물음법의 '-오'인 월은 임자말이 둘째가리킴인 월에서 표면상 물음월의 형태를 취할 뿐이고 내면적으로는 시킴이나 말림의 뜻을 나타내기도 하며, 꾀임의 뜻을 나타내기도 하는데(최현배, 1971: 866), (21)이 이에 해당한다.

---

8) (19)가 단순히 물음월로 해석될 수 있는데, 이를 판별할 수 있는 기준은 앞뒤 문맥이나 (19)가 사용되는 장면에서만 가능하다.

(21) ㄱ. 당신은 밥 안 먹<u>소</u>?
　　 ㄴ. 당신 같이 안 가겠<u>소</u>?

　위 보기는 단순히 말할이가 들을이에게 명제 내용을 묻는 물음월로 해석되기도 하지만, 경우에 따라서는 ㄱ은 시킴, ㄴ은 꾀임의 의미로 이해되기도 하는데, 이를 의미상 차이 없이 다시 쓰면 (22)와 같이 된다.

(22) ㄱ. 당신도 밥 드시오.
　　 ㄴ. 당신도 같이 갑시다.

　이와 같이 물음법의 '-오'는 단순한 물음만이 아니라 반어적 용법으로 서술이나 시킴, 꾀임의 수행력을 나타내기도 한다.
　서술법의 '-오'는 (23)과 같이 말할이가 들을이에게 명제 내용을 알리는 경우에 사용된다.

(23) ㄱ. 난 간 일이 없<u>소</u>.
　　 ㄴ. 그것은 내 알 바가 아니<u>오</u>.

　위 보기에서는 말할이가 들을이에게 명제 내용을 '알림'이란 의미적 특성이 파악되는데, (23)을 의미상 차이 없이 되쓰기하면 (24)와 같다.

(24) ㄱ. **말할이가 들을이에게 자기가 간 일이 없음을 예사높임으로 알린다.**
　　 ㄴ. **말할이가 들을이에게 그것은 자기가 알 바 아님을 예사높임으로 알린다.**

　다음 보기에서는 '알림'의 의미적 특성만이 아니라 말할이의 명제 내용에 대한 느낌을 서술하는 의미적 특성이 파악되기도 한다.

(25) ㄱ. 오늘은 날씨가 참 좋<u>소</u>.
　　 ㄴ. 저 꽃은 참 아름답<u>소</u>.

위 보기를 의미상 차이 없이 되쓰기하면 (26)과 같다.

   (26) ㄱ. 오늘은 날씨가 참 좋다는 **말할이의 느낌을 예사높임으로 서술 한다.**
      ㄴ. 저 꽃이 아름답다는 **말할이의 느낌을 예사높임으로 서술한다.**

이처럼 (23)과 (25)의 마침씨끝 '-오'는 공통적인 의미 특성도 있고 차이점도 있는데, 이 차이는 느낌토씨 '그려'의 통합 가능성 여부에서도 드러남을 알 수 있다. 곧 '알림'의 (23) 다음에는 '그려'의 통합이 불가능하지만, '느낌 서술'인 (25) 다음에는 가능한 점에서도 차이를 드러낸다고 할 수 있다.

그러므로 서술법의 '-오'는 '말할이가 들을이에게 명제 내용을 예사높임으로 알림'이나 '명제 내용에 대한 말할이의 느낌을 예사높임으로 서술'이란 의미적 특성을 가진다고 할 수 있다.

물음법의 '-오'는 단순한 물음, 반어적 물음, 내면적으로 꾀임이나 시킴의 의미로 쓰이지만 '-오'의 기본적 의미는 단순한 물음을 나타내는 경우로 보아야 하는데, 그 까닭은 그 밖의 용법에서도 단순한 물음의 의미가 파악될 뿐 아니라 꾀임이나 시킴의 의미는 물음법 마침씨끝이 가지는 일반적 특성이기 때문이다.

그러므로 '-오'는 '말할이가 들을이에게 명제 내용을 예사높임으로 물음'이란 의미적 특성을 가진다고 할 수 있다.

   (27) ㄱ. 여옥이도 함께 <u>오오</u>?
      ㄴ. 서울은 언제 가<u>오</u>?

위 보기는 명제 내용에 대한 단순한 물음을 나타내는데, 이를 의미상 차이 없이 되쓰기하면 (28)과 같다.

   (28) ㄱ. **말할이가 들을이에게** 여옥이도 함께 오느냐고 **예사높임으로**

묻는다.
ㄴ. **말할이가 들을이에게** 서울은 언제 가느냐고 **예사높임으로 묻
는다.**

이와 같이 (27)은 의미상 차이 없이 (28)로 다시 쓸 수 있기 때문에
앞에서 설정한 '-오'의 의미적 특성은 타당하다고 하겠다.
시킴법의 '-오'는 '말할이가 들을이에게 명제 내용을 할 것을 예사높
임으로 시킴'이란 의미적 특성을 가진다.

(29) ㄱ. 아는 대로 대답해 보오.
ㄴ. 망신당하기 전에 앉으시오.

위 보기의 의미를 앞에서 설정한 시킴법 '-오'의 의미적 특성으로 되
쓰기하면 (30)과 같다.

(30) ㄱ. **말할이가 들을이에게** 아는 대로 대답해 보라고 **예사높임으로
시킨다.**
ㄴ. **말할이가 들을이에게** 망신당하기 전에 앉으라고 **예사높임으로
시킨다.**

이와 같이 (29)가 의미상 차이 없이 (30)으로 되쓰기할 수 있기 때문
에 앞에서 설정한 시킴법 '-오'의 의미적 특성은 타당하다고 하겠다.
마침씨끝 '-오'는 서술법, 물음법, 시킴법으로 쓰일 수 있지만 꾀임법
으로는 잘 쓰이지 않는 용법상의 특성을 보이는 점이 특이하다.
마침씨끝'-오'가 각각 서술법, 물음법, 시킴법의 '-오'로 구별 가능한
것은 '-오' 뒤에 놓이는 절종결의 종류, 월 짜임의 차이, 문맥상의 차이
에 의해서이다.

3.1.2 '-는구려'

언어형식 /-구려/는 서술법의 마침씨끝으로 쓰이는 '-는구려'와 시킴법의 마침씨끝으로 쓰이는 '-구려'로 가를 수 있는데, 이들은 각기 의미상의 차이만이 아니라 형태·통어적인 면에서도 차이를 보이며, 변이형태의 종류에서도 다르다. 곧 서술법의 '-는구려'는 변이형태로 움직씨의 뿌리 다음에서는 /-는구려/로, 그림씨나 잡음씨 뿌리, 때매김씨끝 다음에서는 /-구려/로 실현되지만 시킴법의 '-구려'는 움직씨의 뿌리와만 통합관계를 이룰 수 있을 뿐 아니라 '-구려'로만 실현되기 때문에 서술법의 '-는구려'와 시킴법의 '-구려'는 별개의 마침씨끝으로 다루어야 한다. 움직씨 뿌리 다음에 서술법은 '-는구려'로 실현되고 시킴법은 '-구려'로 실현됨에 따라 서술법에서는 기본형을 -는구려'로 정하고, 시킴법에서는 '-구려'로 정하였다. 여기에서는 서술법의 '-는구려'에 관하여 논의하기로 한다.

3.1.2.1 '-는구려'의 형태·통어적 특성

예사높임의 '-는구려'는 형태배합상의 특성과 통어적 특성은 앞(제4장 4.1.3)에서 밝힌 반말의 '-는군'의 그것과 대체로 일치하기 때문에 여기서는 '-는군'과의 차이점만을 드러내고자 한다.

'-는구려'와 '-는군'은 안맺음씨끝과의 통합에서 별 차이가 없으나, 임자말이 둘째가리킴인 월에서 주체높임 '-시-'와의 통합에 차이를 보인다. 곧 (31)과 같이 '-는군'은 '-시-'와 통합될 수 없지만 '-는구려'는 통합되더라도 적격한 월이 되어 차이를 보인다.

(31) ㄱ. * 너는 공부를 잘 하**시는군**.
　　　ㄴ. 당신은 공부를 잘 하**시는구려**.

'-는군' 뒤에는 들을이높임의 '요'와 느낌토씨 '그려'가 통합될 수 있

지만, '-는구려' 다음에는 이들이 통합될 수 없음을 (32)를 통해 확인할
수 있다.

> (32) ㄱ. 오늘 날씨가 좋<u>군요</u>./좋<u>군그려</u>.
> ㄴ. * 오늘 날씨가 좋<u>구려요</u>./ * 좋<u>구려그려</u>.

'-는구려'와 '-는군'은 그 밖의 형태배합상의 특성에서 차이를 보이지
않는다.

'-는구려'와 '-는군'은 통어적 특성에서도 별 차이를 보이지 않고, 단
지 임자말과의 공기관계에서 어휘적인 제약에 차이를 보일 뿐이다. 곧
둘째가리킴 임자말에서 '-는군'에는 '자네'나 '너'만이 임자말로 쓰일
수 있지만, '-는구려'에는 이들이 임자말로 쓰일 수 없고 '당신'이 주로
임자말로 쓰이는 어휘상의 제약이 따른다. 그 밖의 통어적 특성에서는
특별한 차이가 나타나지 않는다.

3.1.2.2 '-는구려'의 의미 · 화용적 특성

'-는구려'와 '-는군'은 의미상에서도 별다른 차이가 없다. 단지 '-는
군'은 들을이를 안 높이는 데 비하여 '-는구려'는 들을이를 약간 높인다
는 의미적 특성에서만 차이를 보일 뿐이다.

'-는군'과 마찬가지로 '-는구려'에도 물음법의 억양이 놓이게 되면 물
음월의 수행력을 보이는 마침씨끝으로 쓰이게 된다. 예컨대 '밖에 비가
오는 모양이구려?, 철수가 벌써 학교에 갔구려?' 등은 말할이가 새로이
깨달은 명제 내용에 대하여 확인하고자 들을이에게 묻는 경우에 사용
된다. 그러므로 물음법의 '-는구려'는 '말할이가 들을이에게 새로이 깨
달은 명제내용을 예사높임으로 확인 물음'이란 의미적 특성을 가진다.

'-는군'은 상관적인 장면과 아울러 들을이의 혼잣말로 쓰이어 단독적
장면에서도 쓰일 수 있는데, '-는구려'는 혼잣말로는 쓰이는 일이 없고,
항상 말할이가 들을이를 강하게 의식하는 상관적 장면에서만 쓰인다는

점에서 차이를 보인다. 또한 이들은 말할이에 대한 들을이의 태도에서도 차이를 보여, '-는군'은 말할이가 들을이에게 격식을 갖추지 않고 안 높이는 경우에 쓰이는 데 반해, '-는구려'는 어느 정도 격식을 갖추어 약간 높여 대할 때 사용된다는 점에서 차이를 보인다.

3.1.3 '-구려'

시킴법의 '-구려'는 서술법의 '-는구려'와 꼴에서도 비슷하고, 들을이 높임의 정도에서도 둘 다 예사높임에 해당하여 동일하지만, 의향법과 의미적 특성에서 차이를 보이는 점으로 보아 별개의 형태소에 해당된다. 서술법의 '-는구려'는 높임의 정도에서 차이를 보이는 같은 계열의 '-는구나', '-는군' 따위가 존재하는 데 비하여, 시킴법의 '-구려'는 계열 관계를 이루는 것들이 존재하지 않는다.

3.1.3.1 '-구려'의 형태·통어적 특성

시킴법의 예사높임 마침씨끝 '-구려'의 형태적 특성으로 풀이말의 형태론적 구조 안에서 다른 요소와 어떤 제약 관계에 놓이는가에 대하여 논의하기로 한다.

'-구려'와 통합관계를 이룰 수 있는 안맺음씨끝 가운데 주체높임의 '-시-'는 통합 가능하다. 곧 '-시-'가 통합되어도 적격한 월이 될 뿐이 아니라 통합되지 않더라도 적격한 월이 된다. 그렇다면 '-시'-의 통합 여부는 (33)과 같이 '-구려' 쓰임의 적격성에 영향을 미치는 것은 아니고, 다만 월의 주체를 높이느냐 안 높이느냐에만 영향을 미친다고 할 수 있다.

> (33) ㄱ. **당신이** 점심 준비 좀 하**구려**.
> ㄴ. **당신이** 점심 준비 좀 하**시구려**.

위 보기에서 ㄱ과 ㄴ은 모두 적격한 월이다. 이들의 다른 점은 ㄱ은 월의 주체를 안 높인 데 비하여 ㄴ은 높였다는 점에서만 차이를 보일 뿐이다. 결과적으로는 주체높임의 '-시-'가 들을이높임에 영향을 미쳐 '-시-'가 통합된 ㄴ이 그렇지 않은 ㄱ보다 들을이높임의 정도가 더 높다.

때매김씨끝과의 통합관계에 대한 제약을 보면, '-구려'는 (34)와 같이 어떤 때매김씨끝과도 통합될 수 없는 제약을 보인다. 이와 같은 제약은 '-구려'만의 특수 제약이 아니라 시킴법 마침씨끝의 공통적 제약에 해당된다.

(34) 글쎄, 당신은 좀 가만히 있-

$$
\left[\begin{array}{l}
* \text{-었-} \\
* \text{-겠-} \\
* \text{-었었-} \\
* \text{-더-} \\
* \text{-려-}
\end{array}\right] \text{-구려}.
$$

'-구려'는 여느 시킴법 마침씨끝과 마찬가지로 풀이씨 뿌리와의 통합관계에서 선택 제약을 보여 움직씨 뿌리에만 통합될 수 있는데, 그 가운데서도 [행동성] 움직씨 뿌리와만 통합되는 제약이 따른다. 이와 같은 제약도 모든 시킴법 마침씨끝에 적용되는 공통 제약에 해당한다.

(35) ㄱ. 자, 이리 **들어오-구려**.
     ㄴ. * 당신이 **바쁘-구려**.
     ㄷ. * 당신이 학생**이-구려**.

위 보기에서 ㄴ과 ㄷ은 서술법이라면 적격한 월이 되지만 시킴법이기 때문에 부적격한 월이 된다. 곧 ㄴ과 ㄷ이 적격하다면 서술법으로만 해석될 뿐이고 시킴법으로는 해석되지 않기 때문에 시킴법의 '-구려'는 그림씨와 잡음씨 뿌리에는 통합될 수 없는 제약이 있음이 드러난다.

'-구려'의 뒤에 놓이는 요소는 없다. (36)과 같이 들을이높임의 '요'와 느낌토씨 '그려'가 통합될 수 없는 제약이 따른다.

(36) ㄱ. * 여보, 새벽 기도 좀 집에서 올리**구려요**.
　　 ㄴ. * 여보, 새벽 기도 좀 집에서 올리**구려그려**.

위에서 살핀 바와 같이 시킴법의 '-구려'는 서술법의 '-는구려'와 달리 형태배합상 제약이 극심하여 '-시-'를 제외한 어떤 안맺음씨끝과도 통합관계를 이룰 수 없고 뒤에 어떤 요소도 놓이지 않으며, [행동성] 움직씨 뿌리에 직접 통합되는 제약을 보인다.

예사높임의 마침씨끝 '-구려'와 통어론적으로 공기관계를 이루는 요소들과의 제약에 관하여 논의하기로 한다.

첫째, '-구려'로 끝맺는 월 뒤에 놓이는 절종결을 보면 (37)과 같이 '끊음'의 절종결이 놓여 '-구려'가 시킴법의 마침씨끝에 포함됨을 알 수 있다.

(37) ㄱ. 예서 하룻밤 푹 묵었다 가시**구려**(↓).
　　 ㄴ. 문 좀 열어 보**구려**(↓).

둘째, '-구려'와 공기관계를 이루는 임자말의 가리킴 제약에 대하여 살피면, 시킴법 마침씨끝의 공통 특징에 해당하는 제약인 둘째가리킴 임자말과만 공기될 수 있으며, 그 가운데에서도 예사높임 마침씨끝의 공통된 특징인 어휘적 제약이 따라 (38)과 같이 '너', '자네' 등은 쓰일 수 없고, 주로 '당신'이 쓰이게 된다.

(38) ㄱ. * **네가** 한 잔만 따라 주**구려**.
　　 ㄴ. * **자네가** 한 잔만 따라 주**구려**.
　　 ㄷ. **당신이** 한 잔만 따라 주**구려**.

셋째, 마침씨끝이 '-구려'인 월이 건너 따옴월로 포함될 때, 시킴법 마침씨끝의 중화형태인 '-으라'로 실현되어 '-구려'가 시킴법에 해당됨이 증명된다.

    (39) ㄱ. 갑→을 : 문부터 닫**구려**.

         을→병 : (갑이 나에게) 문부터 닫<u>으라</u>고 한다.

      ㄴ. 갑→을 : 어서 옷이나 입**구려**.

         을→병 : (갑이 나에게) 어서 옷이나 입<u>으라</u>고 한다.

넷째, '-구려'와 공기관계를 이룰 수 있는 때어찌말에 대하여 살피면, (40)과 같이 지난적의 때어찌말과는 공기관계를 이룰 수 없고, 현재를 포함한 다가올 올적의 때어찌말과만 공기관계를 이룰 수 있는 제약이 따른다. 이 제약은 모든 시킴법 마침씨끝의 일반적 특성이기도 하다.

    (40) ㄱ. **지금(내년에, 10년 후에 …)** 생각해 보구려.

      ㄴ. * **방금(어제, 지난번에 …)** 생각해 보구려.

3.1.3.2 '-구려'의 의미·화용적 특성

시킴법의 '-구려'는 항상 말할이가 들을이를 강하게 의식하는 상관적 장면에서만 쓰이고, 들을이를 의식하지 않는 단독적 장면에서는 쓰이지 않는 제약이 따른다. 또한 '-구려'는 말할이가 들을이에게 이익이 된다고 생각하는 명제 내용을 시킬 때 쓰인다. 그리고 말할이가 들을이를 조금 높이고자 하는 경우에 사용된다.

그러므로 '-구려'의 의미적 특성은 '말할이가 들을이에게 이익이 된다고 생각하는 명제 내용을 예사높임으로 시킴'이라 할 수 있다.

    (41) ㄱ. 옷이나 입구려.

      ㄴ. 잘 생각해 보구려.

위 보기를 앞에서 밝힌 '-구려'의 의미적 특성에 따라 의미적 차이 없이 되쓰기하면 (42)와 같다.

    (42) ㄱ. **말할이가 들을이에게 옷이나 입으라고 예사높임으로 시킨다.**

ㄴ. **말할이가 들을이에게** 잘 생각해 보라고 **예사높임으로 시킨다.**

(41)과 (42)를 비교해 보면, (41)에는 (42)에 비해 명제 내용을 수행하는 것이 들을이에게 이익이 된다는 화용상의 전제가 더 포함되어 있을 뿐, 그 밖에는 모두 동일하다. 그러므로 (41)과 (42)의 의미적 특성은 같다고 하여도 무방하기 때문에 앞에서 설정한 '-구려'의 의미는 타당하다고 할 수 있다.

3.2 복합형

3.2.1 '-는다오'[9)]

언어형식 '-는다오'는 본디 '-는다고 하오'의 축약형이다. '-는다오'가 늘 의미상 차이 없이 '-는다고 하오'로 회복 가능하면, '-는다오' 자체를 마침씨끝으로 보지 않고 예사높임의 마침씨끝 '-오'에 넣어 다루게 된다. 그러나 '-는다오' 자체가 '-는다고 하오'로 회복이 불가능하여 건너 따옴월의 형식으로 이해되지 않고 마치 단일한 마침씨끝처럼 쓰이는 경우에는 '-는다오' 자체를 하나의 마침씨끝으로 설정하게 된다.

(43) ㄱ. 나는 어제 극장에 갔었**다오**.
　　 ㄴ. * 나는 어제 극장에 갔었**다고 하오**.

곧 위 보기의 ㄱ은 ㄴ으로 회복될 수 없다는 점이 바로 '-는다오'를 하나의 마침씨끝으로 다루는 근거가 된다.

마침씨끝으로서의 기능을 하는 '-는다오'는 '-느냐오', '-자오', '-으라오'와 계열관계를 이루지 못한다. 이들은 모두 형식상으로 건너 따옴월에서의 마침씨끝 중화형태인 '-는다', '-느냐', '-자', '-으라'에 예사높임

---

9) 변이형태로 풀이씨의 종류나 뿌리 끝이 홀소리냐 닿소리냐에 따라 /-는다오/, /-ㄴ다오/, /-다오/, /-라오/로 실현된다.

의 '-오'가 통합된 형식인데도 '-는다오'를 제외한 그 밖의 형태는 마침
씨끝으로 쓰이지 않음을 (44)를 통해 살필 수 있다.

(44) ㄱ. 철수가 학교에 갔**다오**.
　　 ㄴ. * 철수가 학교에 갔**냐오**.
　　 ㄷ. * 학교에 가**자오**.
　　 ㄹ. * 학교에 가**라오**.

이와 같이 '-느냐오', '-자오', '-으라오'는 마침씨끝으로 쓰이지 않을
뿐더러 (45)와 같이 '-느냐고 하오', '-자고 하오', '-으라고 하오'의 줄어
든 꼴 역할도 하지 못한다.

(45) ㄱ. 순이는 나한테 철수가 학교에 갔**냐고 하오**.
　　　⇒ * 순이가 나한테 철수가 학교에 갔**냐오**.
　　 ㄴ. 순이가 나한테 학교에 가**자고 하오**.
　　　⇒ * 순이가 나한테 학교에 가**자오**.
　　 ㄷ. 순이가 나한테 학교에 가**라고 하오**.
　　　⇒ * 순이가 나한테 학교에 가**라오**.

'-는다오'도 '-는다고 하오'의 줄어든 꼴로는 잘 쓰이지 않는다. 왜냐
하면 (46)과 같이 건너 따옴월의 형식인 '-는다고 하오'가 '-는다오'로
줄어들면 부적격한 월이 되기 때문이다.

(46) ㄱ. 순이가 나한테 철수가 학교에 갔**다고 하오**.
　　　⇒ * 순이가 나한테 철수가 학교에 갔**다오**.
　　 ㄴ. 순이가 나한테 저분이 김선생이**라고 하오**.
　　　⇒ * 순이가 나한테 저분이 김선생이**라오**.

그러므로 '-는다오'도 '-는다고 하오'의 줄어든 꼴의 역할은 하지 못
하고,[10] 오직 다른 마침씨끝과 마찬가지로 하나의 굳어진 마침씨끝으로
만 기능할 뿐이다.[11]

예사높임의 '-오'는 서술법, 물음법, 시킴법으로 쓰이지만, 서술법 마침씨끝 '-는다'와 통합되어 새로운 마침씨끝인 '-는다오'를 생성할 수 있는 것은 서술법의 '-오' 뿐이다. 그러므로 '-는다오'는 서술법의 마침씨끝에 해당한다.

3.2.1.1 '-는다오'의 형태 · 통어적 특성

서술법의 예사높임 마침씨끝 '-는다오'의 형태적 특성으로, 풀이말의 형태론적 구조 안에서 다른 요소와 어떤 제약 관계에 놓이는가에 대하여 논의하기로 한다.

'-는다오'는 통합관계를 이룰 수 있는 안맺음씨끝 가운데 주체높임 '-시-'와는 통합될 수 있다. (47)에서와 같이 마침씨끝이 '-는다오'인 월에서 월의 주체가 첫째가리킴인 경우에는 '-시-'의 통합이 불가능하고, 둘째가리킴인 경우에는 통합되지 않는 것이 되는 것보다 훨씬 더 자연스러우나 통합이 가능하며, 셋째가리킴인 경우에는 월의 주체가 높임의 대상이면 자연스럽게 통합될 수 있다.

 (47) ㄱ. * **나는** 자주 이런 생각을 하**신다오**.

   ㄴ. **당신이** 나보다 훌륭하**시다오**.

   ㄷ. **김선생님께서** 오늘 고아원을 찾아가**신다오**.

둘째, '-는다오'는 (48)과 같이 때매김씨끝 가운데 '-었-'과 '-었었-'는

---

10) 또 다른 증거로 '-는다오'가 '-는다고 하오'로 회복될 수 없음을 들 수 있다.
 ㄱ. 가. 내가 학교에 갔었**다오**.
  나. ⇒ * 내가 학교에 갔었**다고 하오**.
 ㄴ. 가. 이분이 김선생이**라오**.
  나. ⇒ * 이분이 김선생이**라고 하오**.
 ㄴ에서는 (나) 자체가 부적격한 월이 아니라 (가)가 (나)로 회복된다면 의미가 달라지기 때문에 이들은 다른 월이 된다.
11) (46)의 '-다고 하오', '-라고 하오'가 줄어들면, 각각 '-다하오', '-라하오'는 될 수 있지만 '-다오', '-라오'는 될 수 없다.

통합이 가능하지만, '-겠-', '-더-', '-려-'는 통합될 수 없는 제약이 따른다.

(48) 우리도 당신들처럼 제발로 기어들어오- ⎡ -었-
 * -겠-
 -었었-
 * -더-
 * -려- ⎤ - **-는다오**.

　위 보기에서와 같이 '-는다오'가 '-겠-', '-려-', '-더-'와 통합될 수 없는 까닭은 '-는다오'의 의미상의 특성 때문이라고 할 수 있다. 곧 '-는다오'는 '말할이가 기정 사실화한 명제를 알림'이란 의미적 특성을 가지는데('-는다오'의 의미에 대하여는 뒤에서 논의함), '-겠-'과 '-려-'는 '미정'의 의미 자질을 가지므로 '-는다오'의 의미와 부조화를 일으켜 통합관계를 이룰 수 없으며, '-더-'가 통합될 수 없는 까닭도 '-는다오'의 의미상의 특성과 '-더-'의 쓰임상의 제약 때문인 것 같다. 곧 '-더-'는 명제 내용에 대한 '새로이 깨달음'이 의미적 특성이므로 '기정사실화'의 의미적 특성을 가지는 '-는다오'와는 조화를 이룰 수 없기 때문이다.
　셋째, '-는다오'는 풀이씨 뿌리와의 통합관계에서 모든 종류의 풀이씨 뿌리에 통합될 수 있어 제약은 없다.

　　(49) ㄱ. 나는 자주 이 음식을 **먹-는다오**.
　　　　ㄴ. 당신들의 관습이 다른 곳에서는 **다르-다오**.
　　　　ㄷ. 나는 지금 기도드리는 **중이-라오**.

　위 보기에서 ㄱ은 풀이말이 움직씨이며, ㄴ은 그림씨, ㄷ은 잡음씨이데 모두 적격한 월이 되어 풀이씨 뿌리와의 통합관계에서 제약이 없음을 알 수 있다.
　'-는다오'의 뒤에 놓일 수 있는 요소를 보면, (50)과 같이 들을이높임의 '요'와 아울러 느낌토씨 '그려'도 통합되지 못하여 어떤 요소도 '-는다오' 뒤에 놓이지 않는다.

(50) ㄱ. * 이장은 뭘 하고 있었**다오요**.
ㄴ. * 오늘은 힘이 너무 들었**다오그려**.

예사높임의 마침씨끝 '-는다오'와 통어론적으로 공기관계를 이루는 요소들과의 제약에 관하여 논의하기로 한다.

첫째, 마침씨끝이 '-는다오'인 월의 끝에는 (51)과 같이 '내림'의 절종결이 놓인다.

(51) ㄱ. 그래도 항상 십등 안에 들었**다오**(↘).
ㄴ. 그 일이 있은 뒤부터 저 모양이**라오**(↘).

이와 같이 '-는다오' 다음에 '내림'의 절종결이 놓이고, '-는다오' 앞에 때매김씨끝이 통합되므로 '-는다오'는 의향법에서 서술법에 해당됨이 증명된다. 앞에서 살핀 '-오'는 서술, 물음, 시킴법에 두루 쓰일 수 있지만 '-는다오'는 서술법으로만 쓰이기 때문에 '-는다오'는 형태배합상 서술법의 마침씨끝 중화형태 '-는다'와 서술법의 '-오'가 통합되어 이루졌음을 알 수 있다.

둘째, '-는다오'와 공기관계를 이룰 수 있는 임자말의 가리킴 제약을 보면, (52)와 같이 첫째가리킴(ㄱ), 둘째가리킴(ㄴ), 셋째가리킴(ㄷ)의 임자말과 공기될 수 있어 임자말 가리킴 제약을 따르지 않는다.

(52) ㄱ. **나는** 이렇게 생각**한다오**.
ㄴ. **당신이** 순이보다 똑똑하**다오**.
ㄷ. **김 과장이** 호텔 측과 의논 중이**라오**.

셋째, 마침씨끝이 '-는다오'로 끝맺는 월이 건너 따옴월로 포함될 때 어떤 중화형태로 실현되는가를 살피기로 한다.

(53) ㄱ. 갑→을 : 난 운전에 자신이 있**다오**.
　　　을→갑 : 뭐라고?
　　　갑→을 : 난 운전에 자신이 있**다**고 했소.
　　ㄴ. 갑→을 : 아이들은 다 동물들을 좋아**한다오**.
　　　을→갑 : 뭐라고?
　　　갑→을 : 아이들은 다 동물들을 좋아**한다**고 했소.

위 보기에서와 같이 표면상 마침씨끝이 '-는다오'인 월은 건너 따옴월의 형태를 취하지만 건너 따옴월로 이해되지 않는다. 곧 위 보기에서처럼 '갑'의 발화를 '을'이 알아듣지 못하여 되물었을 때, '갑'이 원발화를 다시 인용하여 발화하는 경우에 '-는다오'는 '-는다'의 형식을 취하기 때문에 '갑'의 원발화인 월은 건너 따옴월로 볼 수 없다.

넷째, '-는다고'와 공기관계를 이룰 수 있는 어찌말에 대하여 살피면, (54)와 같이 때어찌말과의 공기관계에서는 제약이 없다.

(54) ㄱ. 철수가 **지금(이따가, 내일, 다음 주에 …)** 학교에 **간다오**.
　　ㄴ. 철수는 **방금(좀 전에, 어제, 지난 주에 …)** 학교에 갔**다오**.

위 보기에서 ㄱ의 때어찌말은 올적에 관한 것이고, ㄴ은 지난적에 관한 것인데, 모두 '-는다오'와 자연스러운 공기관계를 이루어 제약이 발견되지 않는다.

그러나 '-는다오'는 (55)와 같이 불확실성을 나타내는, 곧 미정의 의미 자질을 가지는 어찌말과는 공기관계를 이룰 수 없으며, (56)과 같이 확실성이 강한 의미 자질을 포함하는 어찌말과만 공기될 수 있는 제약이 따른다.

(55) ㄱ. * **아마** 내년에 순이가 학교에 **간다오**.
　　ㄴ. * **어쩌면** 저분이 김선생이**라오**.
　　ㄷ. * **혹시** 저분이 애인이 있**다오**.

(56) ㄱ. **틀림없이** 내년에 순이가 학교에 **간다오**.

ㄴ. **확실히** 저분이 김선생이**라오**.

ㄷ. **반드시** 저분이 애인이 있**다오**.

(55)와 (56)의 차이는 단지 어찌씨뿐인데도 (55)는 모두 부적격한 월인 데 비하여 (56)은 모두 적격한 월이 되었다. 이와 같은 까닭은 '-는다오'의 의미와 이들 어찌말의 의미적 특성으로 말미암기 때문이다. 곧 (55)의 어찌말은 불확실성의 의미 자질을 포함하며, (56)의 어찌말은 확실성의 의미 자질을 가지는데, '-는다오'는 확실성이 있는 '기정 사실을 알림'의 의미적 특성을 가지므로 확실성의 의미 자질을 가지는 어찌말과는 자연스러운 공기관계를 이룰 수 있는 반면, 불확실성의 어찌말과는 의미상 부조화를 이루어 공기관계를 이룰 수 없게 된다.

3.2.1.2 '-는다오'의 의미·화용적 특성

'-는다오'가 마침씨끝으로 쓰인 월이 사용되는 장면을 보면, 말할이의 혼잣말인 단독적인 장면에서는 쓰이지 않고 항상 말할이가 들을이를 강하게 의식하는 상관적 장면에서만 쓰인다. 또한 말할이가 명제 내용에 대하여 확인하면서 강조하거나 가볍게 자랑, 영탄, 또는 하소연하는 경우에 사용된다.

'-는다오'의 쓰임을 통하여 그 뜻을 파악할 수 있는데, 통어적 특성에서 살핀 바와 같이 '-는다오'는 기정사실화한 뜻을 가지는 월의 마침씨끝으로 쓰일 뿐이고 미정의 뜻을 나타내는 월의 마침씨끝으로는 쓰일 수 없다.

(57) ㄱ. 내일은 학교에 **간다오**.

ㄴ. 나는 지난주에 학교에 갔었**다오**.

ㄷ. 저분이 김선생이**라오**.

(58) ㄱ. * **아마** 내일은 학교에 **간다오**.

ㄴ. * 내일은 학교에 가**겠다오**.
ㄷ. * 저분은 **아마** 김 선생이**라오**.

(57)은 모두 적격한 월로, ㄱ은 말할이가 '내일은 학교에 간다'는 확실성을 가지고 발화할 때, 곧 내일 학교에 가는 것을 기정사실화한 경우로 이해된다. ㄴ과 ㄷ도 각각 말할이가 '자기가 지난주에 산에 갔었음'과 '저분이 김 선생임'을 확신하여 기정사실화했음을 알 수 있다. 그러나 (58)은 모두 부적격한 월로, ㄱ은 (57)의 ㄱ과 비교하여 확실성이 적은 어찌말 '아마'가 첨가되어 있을 뿐인데도 부적격한 월이 되었다. 이 점이 '-는다오'의 쓰임을 가장 잘 나타내 준다고 할 수 있다. 곧 '-는다오'는 확실성이 적은 미정의 의미 자질을 포함하는 월의 마침씨끝으로는 쓰일 수 없다는 점이다. 이를 좀더 명확히 보여 주는 보기는 (57)의 ㄱ과 (58)의 ㄴ으로, 이 두 월은 월을 구성하는 요소가 모두 동일하고 단지 미정의 의미 자질을 포함하는 때매김씨끝 '-겠-'이 통합되어 있느냐, 없느냐의 차이인데, 이 차이가 바로 '-는다오'의 쓰임을 설명해 주는 결정적인 근거가 된다. '-겠-'이 포함되지 않은 (57)의 ㄱ은 적격한 월인데 반해 '-겠-'이 통합된 (58)의 ㄴ은 부적격한 월이 되었다. 이는 '-는다오'가 미정의 의미 자질을 포함하는 월의 마침씨끝으로 쓰이지 않음을 보여 주는 보기라고 하겠는데, 이와 같은 까닭은 '-는다오' 자체의 의미적 특성에서 말미암는다고 보아야 한다. 곧 '-는다오' 자체가 '기정사실'의 의미 자질이 포함되면, 명제 내용의 의미와 '-는다오'의 의미가 조화를 이루어 자연스러운 반면, '미정'의 의미 자질이 포함되면 의미상 서로 상충되어 부자연스러워진다고 보아야 할 것이다. 이렇게 볼 때, '-는다오'는 명제 내용에 대한 '기정사실화'의 의미적 특성을 가짐에 틀림없다.

'-는다오'를 '-오'와 비교해 보면, '-는다오'는 말할이가 기정사실화한 명제 내용을 객관화시켜 말할 때 사용됨을 알 수 있다.

    (59) ㄱ. 가. 아이들은 다 동물들을 좋아**한다오**.

           나. 아이들은 다 동물들을 좋아하**오**.

       ㄴ. 가. 말이 침묵보다 나을 때가 있**다오**.

           나. 말이 침묵보다 나을 때가 있**소**.

       ㄷ. 가. 쟨 이미 내놓은 아이**라오**.

           나. 쟨 이미 내놓은 아이**오**.

위 보기에서 (가)와 (나)를 비교해 보면, (나)는 말할이 자신의 주관적인 생각을 나타내는 데 비하여 (가)는 말할이가 자신의 생각을 객관화시켜 나타냄을 알 수 있다. 이는 형식상 '-는다오'가 건너 따옴월의 형식을 취하기 때문에 실제적으로 건너 따옴월이 아니더라도 말할이의 주관적 판단을 간접적인 표현 방식을 취함으로써 객관화되는 것이 아닌가 생각된다.

또한 '-는다오'에는 명제 내용에 대하여 말할이가 들을이에게 예사높임으로 '알림'의 의미가 파악된다. 이에 따라 의미상 차이 없이 (59)(가)의 의미를 되쓰기 하면 (60)과 같이 될 것이다.

    (60) ㄱ. **말할이가 들을이에게** 아이들은 다 동물들을 좋아함을 **예사높임으로 알린다.**

       ㄴ. **말할이가 들을이에게** 말이 침묵보다 나을 때가 있음을 **예사높임으로 알린다.**

       ㄷ. **말할이가 들을이에게** 쟨 이미 내놓은 아이임을 **예사높임으로 알린다.**

이 밖에 '-는다오'의 의미로 추가될 수 있는 것으로 강조, 자랑, 영탄, 하소연 따위를 들 수 있는데,[12] 이들 의미는 '-는다오' 자체의 기본 의미로는 보기 어렵고, 단지 특수한 상황이나 문맥에서 나타나는 잉여적 의미로 볼 수 있다. 왜냐하면 '-는다오'가 마침씨끝으로 쓰인 모든 월에

---

12) 기존의 사전에서는 '-는다오'의 의미로 이들 의미를 들고 있다.

서 이와 같은 의미가 파악된다면, 이를 기본 의미로 설정해야 마땅하지만 이들 의미는 특수한 경우에 한해서 나타나기 때문이다.

위에서 밝힌 '-는다오'의 의미 특성을 정리하면, '-는다오'는 '말할이가 기정사실화한 명제 내용을 객관화시켜 들을이에게 예사높임으로 알림'이란 의미적 특성을 가진다.

3.2.2 '-읍디다', '-읍디까'[13)

언어형식 '-읍디다'와 '-읍디까'는 형태배합상 말할이가 자신을 낮추는 안맺음씨끝 '-읍-'과 때매김의 '-더-'에 마침씨끝 '-다'나 '-까'가 통합되어 이루어졌다.[14) 이는 형태소의 분석 방법인 다른 언어형식과의 대조를 통해 쉽게 분석해 낼 수 있다. 곧 '-읍디다'와 '-읍디까'의 대조를 통해 '-다'와 '-까'가 분석되고, 또한 '-습니다'나 '-습니까'와의 대조를 통해 '-디-'가 분석되어 나온다.

그렇다면 '-읍디다'와 '-읍디까' 전체를 마침씨끝으로 다루지 않고, '-다'와 '-까'만을 마침씨끝으로 처리할 수도 있는데, 이렇게 할 수 없는 까닭은 '-다'와 '-까'만은 예사높임 마침씨끝으로써의 기능을 수행하지 못하기 때문이다. 예컨대 실제 발화에서 '-다'와 '-까'는 풀이말의 뿌리에 직접 통합되는 경우가 없으며, 특수한 경우에 '-다'는 풀이말의 뿌리에 직접 통합되는 일이 있기는 하나, 그렇게 되면 용법과 높임의 정도에서

---

13) '-읍-'이 환경에 따라 변이형태 /-읍-/, /-습-/, /-ㅂ-/으로 실현되는데, 이에 따라 '-읍디다'는 실제 환경에서 /-읍디다/, /-습디다/, /-ㅂ디다/로 실현되고, '-읍디까'는 /-읍디까/, /-습디까/, /-ㅂ디까/로 실현된다. 그런데 /-읍디다/와 /-습디다/, /-읍디까/와 /-습디까/에서 /-읍-/이냐 /-습-/이냐에 따라 들을이높임의 정도가 달라지는 것은 아니기 때문에 이들은 같은 환경에서 자유로이 교체되는 자유변이 형태들이라고 할 수 있다.

14) '-디-'는 어원적으로 보면 회상의 '-더-'와 말할이 낮춤의 '-이-'가 녹아붙은 융합형태로 이해된다. 그렇더라도 현재의 공시적이 측면에서는 '-이-'가 들을이낮춤의 용법으로 쓰임이 거의 사라지고 단지 화석화되어 남아 있는 실정이며, '-더-'와 '-이-'가 통합된 '-더이다'와 '-더이까'가 '-디다'와 '-디까'로 실현되지 않는 경우가 있기 때문에 여기서는 '-디-'를 '-더-'의 변이형태로 처리하기로 한다.

달라진다. 곧 '-다'와 '-까' 자체만으로는 마침씨끝으로의 자격이 모자라며, 예사높임의 기능을 수행하지 못한다. 이들이 예사높임의 마침씨끝으로서의 기능을 수행하기 위해서는 반드시 '-읍-'과 '-디-'와 통합되어야 한다. 곧 '-읍-', '-디-', '-다'의 세 형태소는 마치 한 가족처럼 합쳐져 예사높임의 마침씨끝으로서의 기능을 수행하게 된다. 다시 말해서 '-읍디다'와 '-읍디까'가 복합형이지만 예사높임 마침씨끝과 동일한 기능을 한다는 점과 한 가족처럼 늘 결합되어 쓰인다는 점에서 예사높임의 마침씨끝으로 다루게 된다.

3.2.2.1 '-읍디다', '-읍디까'의 형태·통어적 특성

복합형 예사높임의 마침씨끝 '-읍디다'와 '-읍디까'의 형태적 특성으로, 풀이말의 형태론적 구조 안에서 다른 요소와 어떤 제약 관계에 놓이는가에 대하여 논의하기로 한다.

첫째, '-읍디다'와 '-읍디까'와 통합관계를 이룰 수 있는 안맺음씨끝 가운데 주체높임의 '-시-'가 통합될 수 있다. 이들 마침씨끝으로 끝맺는 월에서 임자말이 셋째가리킴이며 높임의 대상이면 '-시-'의 통합은 당연하다. 주체가 첫째가리킴이면 '-시-'의 통합이 불가능한데, 이 점은 우리말 높임법의 일반적 특성에 해당한다. 둘째가리킴인 경우에는 (61)과 같이 예사높임 마침씨끝의 일반적 특성에 따라 '-시-'의 통합이 수의적이 된다. '-시-'가 통합되면 형식상으로는 월의 주체를 높이게 되지만, 실제로는 '-시-' 통합형이 비통합형보다 들을이를 약간 더 높이게 된다.

(61) ㄱ. 당신은 운동을 참 잘 **합디다.**/하**십디다.**
ㄴ. 당신은 기분이 좋**습디까?**/좋으**십디까?**

둘째, '-읍디다'와 '-읍디까'는 (62)와 같이 때매김씨끝 가운데 '-었-', '-겠-', '-었었-'과 통합될 수 있지만, '-려-'와 '-더-'는 통합될 수 없는 제약이 있다. '-더-'가 통합될 수 없는 까닭은 '-읍디다'와 '-읍디까'의 /-디-/

가 '-더-'의 변이형태이기 때문이다. 곧 동일한 '-더-'가 둘 쓰이기 때문
에 이들 마침씨끝 앞에는 '-더-'가 통합될 수 없다.

(62) 철수가 학교에 가- $\left[\begin{array}{l}\text{-었-} \\ \text{-겠-} \\ \text{-었었-} \\ \text{* -더-} \\ \text{* -려-}\end{array}\right]$ **-읍디다./-읍디까?**

　　이들 마침씨끝과 통합될 수 있는 '-겠-'은 '추정'의 의미인 경우에 가
능하고, '의도'의 의미일 때는 불가능하다. 마찬가지로 의도의 '-려-'도
통합될 수 없다.
　　셋째, 이들 마침씨끝은 풀이씨 뿌리의 종류에 관계없이 자유로이 통
합될 수 있어 제약이 따르지 않는다.

(63) ㄱ. 철수가 지금 학교에 **갑디다./갑디까?**
　　　ㄴ. 그 사람이 키가 **작습디다./작습디까?**
　　　ㄷ. 다시는 찾아갈 곳이 **아닙디다./아닙디까?**

　　위 보기에서 ㄱ은 풀이말이 움직씨이며, ㄴ은 그림씨, ㄷ은 잡음씨로,
모두 적격한 월이 되어 풀이씨 뿌리와의 통합관계에서 제약이 없음을
알 수 있다.
　　넷째, '-읍디다'와 '-읍디까' 뒤에 놓일 수 있는 요소를 보면, 둘 다
들을이높임의 '요'는 통합이 불가능하지만, (64)에서와 같이 '그려'의 통
합에서는 차이를 보여 '-읍디다' 다음에는 통합이 가능하지만 '-읍디까'
다음에는 불가능하다.

(64) ㄱ. 진달래가 활짝 피었**습디다그려**.
　　　ㄴ. * 철수가 학교에 **갑디까그려?**

예사높임의 마침씨끝 '-읍디다', '-읍디까'와 통어론적으로 공기관계를 이루는 요소들과의 제약에 관하여 논의하기로 한다.

첫째, (65)에서와 같이 마침씨끝이 '-읍디다'인 월 끝에는 '내림'의 절종결이 놓이고, '-읍디까'인 월 뒤에는 물음말이 있느냐 없느냐에 따라 '내림'이나 '올림'의 절종결이 놓여 다른 물음법 마침씨끝에서와 동일하다.

(65) ㄱ. 그 친구 말이 너무 많**읍디다**(↘).
ㄴ. 찰수가 학교에 **갑디까**(↗)?
ㄷ. 철수가 어디에 **갑디까**(↘)?

이를 통해 '-읍디까'는 서술법 마침씨끝에 해당하며, '-읍디까'는 물음법 마침씨끝에 해당함이 분명해진다.

둘째. 이들 마침씨끝과 공기관계를 이루는 임자말의 가리킴 제약을 살피면, '-더-'가 가지는 가리킴 제약이 '-읍디다'와 '-읍디까'에 그대로 적용된다.

'-읍디다'는 (66)과 같이 셋째가리킴이나 둘째가리킴 임자말과는 자연스럽게 공기관계를 이룰 수 있지만, 첫째가리킴에서는 말할이가 명제 내용을 자신의 감각을 통해 직접 지각할 수 없는 경우에는 자연스러운 공기관계를 이룰 수 없는 제약이 따른다.

(66) ㄱ. **철수가** 학교에 **갑디다**.
ㄴ. **당신이** 학교에 **갑디다**.
ㄷ. * **내가** 학교에 **갑디다**.

위 보기에서 임자말이 첫째가리킴인 ㄷ은 부적격한 월이 되었지만, 말할이가 명제 내용을 직접 지각할 수 있는 언어 표현이 ㄷ에 덧붙으면 (67)과 같이 적격한 월이 된다.

(67) **꿈에 보니, 내가** 학교에 **갑디다**.

'-읍디까'는 (68)과 같이 셋째가리킴이나 첫째가리킴 임자말과는 자연스럽게 공기관계를 이룰 수 있지만 둘째가리킴에서는 들을이가 명제 내용을 자신의 감각을 통해 직접 지각할 수 없는 경우에는 자연스러운 공기관계를 이룰 수 없다.

> (68) ㄱ. **철수가** 학교에 **갑디까**?
> ㄴ. * **당신이** 학교에 **갑디까**?
> ㄷ. **내가** 학교에 **갑디까**?

위 보기에서는 임자말이 둘째가리킴인 ㄴ이 부적격한 월이 되었는데, 여기에서도 들을이가 명제 내용에 대하여 자신의 감각을 통해 직접 지각할 수 있는 언어 표현이 덧붙으면 (69)와 같이 적격한 월이 된다.

> (69) **꿈에 보니**, **당신이** 학교에 **갑디까**?

이와 같이 '-읍디다'와 '-읍디까'는 임자말의 가리킴 제약이 따르는데, 이는 '-더-'의 제약과 일치함을 알 수 있다.

셋째, '-읍디다'와 '-읍디까'가 마침씨끝으로 쓰인 월이 건너 따옴월로 포함될 때 (70)에서와 같이 '-읍디다'는 '-더라'로 중화되고, '-읍디까'는 '-더냐'로 중화된다.

> (70) ㄱ. 갑→을 : 철수가 학교에 **갑디다**.
> 을→갑 : 뭐라고?
> 갑→을 : 철수가 학교에 가**더라**고요.
> ㄴ. 갑→을 : 철수가 학교에 **갑디까**?
> 을→갑 : 뭐라고?
> 갑→을 : 철수가 학교에 가**더냐**고요.

위 보기에서와 같이 '-읍디다'는 '-더라'로, '-읍디까'는 '-더냐'로 중화된 것은 이들 마침씨끝에는 '-더-'가 포함되어 있음을 단적으로 보여 주는 증거가 된다. 아울러 '-더라'의 '-라'는 서술법 마침씨끝의 중화형 태인 '-는다'의 변이형태이며, '-냐'는 물음법 마침씨끝의 중화형태이기 때문에 이들 마침씨끝이 각각 서술법과 물음법에 해당됨이 증명된다.

넷째, 어찌말과의 공기관계를 살피면, (71)과 같이 때어찌말과의 공기 관계에는 제약이 없음을 알 수 있다.

> (71) ㄱ. 철수는 <u>지금</u> 학교에 <u>**갑디다.**/**갑디까?**</u>
>   ㄴ. 철수가 **내일(다음주에, 내년에 …)** 학교에 가겠<u>**습디다.**/가겠<u>**습디까?**</u>
>   ㄷ. 철수가 **방금(어제, 지난주에 …)** 학교에 갔<u>**습디다.**/갔<u>**습디까?**</u>

위 보기에서 ㄱ은 때어찌말이 이적에 관한 것이고, ㄴ은 올적에, ㄷ 은 지난적에 관한 것으로, 모두 '-읍디다', '-읍디까'와 자연스러운 공기 관계를 이루어 때어찌말과의 공기관계에 제약이 없다.

3.2.2.1 '-읍디다', '-읍디까'의 의미·화용적 특성

'-읍디다'와 '-읍디까'가 마침씨끝으로 쓰인 월은 단독적인 장면에서 는 쓰이지 않고, 말할이가 들을이를 강하게 의식하는 상관적 장면에서 만 쓰이며, 말할이가 들을이에게 격식을 갖추되 조금 높이고자 하는 경 우에 사용된다. 곧 이들 마침씨끝은 들을이를 정중하고 깍듯하게 높여 야 하는 경우에는 사용되지 않는다. 또한 '-읍디다'는 명제 내용에 대하 여 말할이가 직접 지각한 것을 알릴 때 사용되며, '-읍디까'는 들을이가 직접 지각했는가를 물을 때 사용되는 마침씨끝이다.

'-읍디다'의 의미는 이를 이루고 있는 각 형태소의 의미 합계라고 할 수 있다. 곧 말할이가 자신을 낮추어 결과적으로 들을이를 높이게 되는 '-읍-'의 의미에, 자신의 감각으로 직접 지각하는 '-더'의 의미와 알림의 '-다'의 의미가 그대로 합쳐져 '-읍디다'의 의미가 형성된 셈인데, 들을 이높임의 정도는 약간 높이게 되는 예사높임에 해당한다. 이를 정리하면, ‘-읍디다’는 ‘말할이가 직접 지각한 명제 내용을 들을이에게 예사높임으로 알림’이란 의미적 특성을 가진다.

‘-읍디까’의 의미도 이를 이루고 있는 형태소들의 의미 합계라고 할 수 있다. 곧 ‘-읍-’의 의미에 ‘-더-’의 의미와 물음의 ‘-까’의 의미가 그대로 합쳐져 ‘-읍디까’의 의미가 형성된 셈이다. 이를 정리하면 ‘-읍디까’는 ‘말할이가 들을이에게 들을이 자신의 감각으로 명제 내용을직접 지각했는가를 예사높임으로 물음’이란 의미적 특성을 가진다.

물음법의 ‘-읍디까’는 여느 물음법 마침씨끝과 마찬가지로 반어적 용법으로 쓰일 수 있다. 곧 표면적인 형태로는 물음법에 해당하지만, 내면적인 내용에서는 반대적인 서술의 의미를 나타내는 데 사용될 수 있다.

> (72) ㄱ. 철수가 학교에 **갑디까**?
>   ㄴ. 누가 그런 소리를 **합디까**?

위 보기는 내면적으로도 물음말에 해당되기도 하지만, 표면상의 의미와는 반대적인 반어법으로도 해석될 수 있다. 반어법으로 해석되는 내용을 의미상 차이 없이 되쓰기하면, ㄱ은 ‘철수가 학교에 안 가더라’라는 의미로 해석되며, ㄴ은 ‘아무도 그런 소리를 안 하더라’라는 내용으로 해석된다. 곧 이런 의미를 반어적인 표현을 사용하여 (72)의 ㄱ과 ㄴ으로 표현했다고 볼 수 있으므로 ‘-읍디까’는 반어적 용법으로도 쓰임이 확실하다.

3.2.3 ‘-으리다’, ‘-으리까’

언어형식 ‘-으리다’와 ‘-으리까’도 앞에서 살핀 ‘-읍디다’나 ‘-읍디까’와 마찬가지로 복합형에 해당한다. 곧 ‘-으리다’는 형태배합상 말하는 사람의 추정이나 의지를 나타내는 ‘-으리-’에 서술법 마침씨끝 ‘-다’가 통합되어 이루어졌으며, ‘-으리까’는 ‘-으리-’에 물음법 마침씨끝 ‘-까’가 통합되어 이루어졌는데, 이는 형태소의 분석 방법인 다른 언어형식과의 대조를 통해 쉽게 증명될 수 있다. 곧 '-으리다'와 '-으리까'의 대조를 통해 '-다'와 '-까'가 분석되어 나오고, 그렇게 되면 자동으로 '-으리-'도 분석되어 나온다.

그러므로 '-으리다'와 '-으리까' 전체를 마침씨끝으로 다루지 않고, '-다'와 '-까'만을 마침씨끝으로 처리하자는 제안에 제기될 수 있는데, 그렇게 볼 수 없는 까닭은 '-읍디다'나 '-읍디까'에서와 마찬가지이다. 곧 '-다'와 '-까'만은 예사높임의 마침씨끝으로서의 기능을 수행하지 못하며, 이들이 예사높임 마침씨끝으로서의 기능을 수행하기 위해서는 반드시 '-으리-'와 통합되어야 한다. '-다'와 '-까'는 '-으리-'와 한 가족처럼 어울려야만 예사높임 마침씨끝으로 기능하게 된다. 다시 말해서 '-으리다'와 '-으리까'는 형태소 분석이 가능한 복합형이지만 이들 자체가 예사높임 마침씨끝과 동일한 가능을 한다는 점과 이들의 언어형식을 구성하는 형태소들이 한 가족처럼 쓰인다는 점에서 예사높임 마침씨끝으로 처리하게 된다.

3.2.3.1 '-으리다', '-으리까'의 형태 · 통어적 특성

복합형 예사높임의 마침씨끝 '-으리다'와 '-으리까'의 형태적 특성으로 풀이말의 형태론적 구조 안에서 다른 요소와 어떤 제약 관계에 놓이는가에 대하여 논의하기로 한다.

첫째, '-으리다'와 '-으리까'가 통합관계를 이룰 수 있는 안맺음씨끝 가운데 주체높임의 '-시-'는 통합될 수 있다. 이들 마침씨끝으로 끝맺는 월의 임자말이 셋째가리킴이고 높임의 대상이면 '-시-'의 통합은 당연하고, 첫째가리킴이면 우리말 높임법의 일반적 특성에 따라 '-시-'의 통합이 불가능함은 너무나 자명하다. 둘째가리킴이면 (73)과 같이 예사높임 마침씨끝의 일반적 특성처럼 '-시-'의 통합이 수의적이 된다.

(73) ㄱ. **당신은** 머지 않아 이 고통에서 벗어나**시리다**./벗어나**리다**.
　　　ㄴ. **당신은** 어찌 그걸 모르**시리까**?/모르**리까**?

위 보기에서와 같이 월의 주체가 둘째가리킴인 경우 '-시-'의 통합 여부에 관계없이 적격한 월이 되는데, '-시-'가 통합되면 표면적으로 말의 상대방을 월의 주체로서도 높이고 들을이로서도 약간 높이게 되지만, 통합되지 않은 경우에는 월의 주체로서는 높이지 않은 셈이다. 그러나 실질적으로는 '-시-' 통합형이 비통합형보다 들을이를 약간 더 높이게 된다.15)

둘째, 이들 마침씨끝과 통합관계를 이룰 수 있는 때매김씨끝을 보면, '-으리다'와 '-으리까'에서 '-으리-'가 '의지'의 의미 자질을 가지는 경우 (74)와 같이 어떤 때매김씨끝과도 통합될 수 없는 제약을 보인다.

(74) ㄱ. **나는** 독서로 낙을 삼-
$$\begin{bmatrix} * \text{-었-} \\ * \text{-겠-} \\ * \text{-었었-} \\ * \text{-더-} \end{bmatrix}$$
-으리다.

ㄴ. **당신은** 독서로 낙을 삼-
$$\begin{bmatrix} * \text{-었-} \\ * \text{-겠-} \\ * \text{-었었-} \\ * \text{-더-} \end{bmatrix}$$
-으리까?

위 보기에서 '-으리-'는 '의도'의 의미 자질을 포함하고 있기 때문에 이들 마침씨끝은 어떤 때매김씨끝과도 통합관계를 이룰 수 없다. 이처럼 '의도'의 의미 자질을 가지는 마침씨끝이 때매김씨끝과 통합될 수 없는 것은 일반적인 현상인데, 그 까닭은 '의도'란 시간적으로 미래의

---

15) 둘째가리킴 월에서 '-으리다'와 '-으리까'에 '-시-'가 통합되고 '-으리-' 다음에 '-이-'가 통합되면 들을이높임의 정도가 예사높임에서 아주높임으로 바뀌게 된다.
ㄱ. **선생님(=들을이)**께서는 머지 않아 이 고통에서 벗어나**시리이다**.
ㄴ. **선생님(=들을이)**께서는 어찌 그걸 모르**시리이까**?
이와 같이 위 보기는 들을이높임의 정도가 예사높임이 아니라 아주높임으로 해석되는데, 그 까닭은 바로 말할이 낮춤의 '-이-' 통합으로 말미암는다.

사실에 관한 것이기 때문이다.

‘-으리다’와 ‘-으리까’에서 ‘-으리-’가 ‘추정’의 의미 자질을 가지는 경우 (75)와 같이 ‘-었-’, ‘-었었-’, ‘-겠-’과는 자연스러운 통합관계를 이룬다.

(75) ㄱ. <u>저 사람이</u> 독서로 낙을 삼- ⎡ -었- / -겠- / -었었- / * -더- ⎤ <u>-으리다</u>.

ㄴ. <u>저 사람이</u> 독서로 낙을 삼- ⎡ -었- / -겠- / -었었- / * -더- ⎤ <u>-으리까</u>?

위 보기에서 ‘-으리다’와 ‘-으리까’의 ‘-으리-’는 ‘추정’의 의미 자질을 가지기 때문에 ‘-더-’를 제외한 때매김씨끝과 자연스러운 통합이 가능해진다.[16] 왜냐하면 ‘추정’인 경우는 미래의 사실에 관한 것만이 아니라 현재나 과거에 관한 것도 가능하기 때문에 때매김씨끝과의 통합이 가능해진다.

셋째, ‘-으리다’와 ‘-으리까’가 통합될 수 있는 풀이씨 뿌리의 종류에 대하여 살피면, ‘-으리-’의 의미적 특성에 따라 달라지는데, ‘의도’의 의미 자질을 가지는 ‘-으리다’와 ‘-으리까’는 (76)과 같이 움직씨 뿌리 가운데에서도 [행동성] 움직씨와만 통합될 수 있는 제약이 따른다.

(76) ㄱ. 내가 그 일을 **맡-<u>으리다</u>**./당신이 그 일을 **맡-<u>으리까</u>**?

ㄴ. * 내가 감기를 **앓-<u>으리다</u>**./ * 당신이 감기를 **앓-<u>으리까</u>**?

ㄷ. * 내가 오늘 **바쁘-리다**./ * 당신이 오늘 **바쁘-리까**?

ㄹ. * 내가 김선생<u>이</u>-**리다**./ * 내가 김선생<u>이</u>-**리까**?

---

16) ‘-더-’가 ‘추정’의 의미 자질을 가지는 ‘-으리다’와 ‘-으리까’에 통합될 수 없는 까닭은 ‘-더-’의 의미적 특성과 쓰임상의 제약 때문인 것 같다.

위 보기에서 마침씨끝에 '-으리-'가 포함되어 있기 때문에 풀이씨가 [행동성] 움직씨인 ㄱ은 적격한 월이 되지만, [과정성] 움직씨인 ㄴ, 그림씨인 ㄷ, 잡음씨인 ㄹ은 부적격한 월이 되었다. 이와 같은 제약은 '의도'의 의미 자질을 가지는 말본형태소의 공통적 특성이기도 하다.

'추정'의 의미 자질을 가지는 '-으리다'와 '-으리까'는 (77)과 같이 풀이씨 뿌리의 종류에 관계없이 통합이 가능하여 제약이 따르지 않는다.

(77) ㄱ. 저분이 그 일을 **맡-으리다**./저분이 그 일을 **맡-으리까**?
ㄴ. 저분이 감기를 **앓-으리다**./저분이 감기를 **앓-으리까**?
ㄷ. 저분이 오늘 **바쁘-리다**./저분이 오늘 **바쁘-리까**?
ㄹ. 저분이 (아마) 김선생**이-리다**./저분이 (혹시) 김선생**이-리까**?

넷째, '-으리다'와 '-으리까' 뒤에 놓일 수 있는 요소를 살피면, (78)과 같이 들을이높임의 '요'만이 아니라 느낌토씨 '그려'도 통합될 수 없는 제약이 따르는데, 이는 '-으리-'가 '의도'의 의미나(ㄱ과 ㄴ), '추정'의 의미나(ㄷ과 ㄹ)에 관계없이 모두 동일하게 적용된다.

(78) ㄱ. * 내가 그 일을 맡**으리다요**./ * 맡**으리다그려**.
ㄴ. * 당신이 그 일을 맡**으리다요**./ * 맡**으리다그려**.
ㄷ. * 저분이 그 일을 맡**으리다요**./ * 맡**으리다그려**.
ㄹ. * 저분이 그 일을 맡**으리다요**./ * 맡**으리다그려**.

예사높임의 마침씨끝 '-으리다', '-으리까'와 통어론적으로 공기관계를 이루는 요소들과의 제약에 관하여 논의하기로 한다.

첫째, (79)에서와 같이 마침씨끝이 '-으리다'인 월 뒤에는 '내림'의 절종결이 놓여 여느 서술법 마침씨끝에서와 동일하며, '-으리까'인 월 뒤에는 물음말이 있고 없음에 따라 '내림'이나 '올림'의 절종결이 놓여 여느 물음법 마침씨끝에서와 동일하다.

    (79) ㄱ. 내가 그 일을 하**리다**(↘).
        ㄴ. 당신은 무엇을 하**리까**(↘)?
        ㄷ. 당신이 그 일을 하**리까**(↗)?

  둘째, 이들 마침씨끝과 공기관계를 이루는 임자말의 가리킴 제약에 대하여 살피면, '-으리-'가 의도의 의미냐 추정의 의미냐에 따라 달라진다. '의도'의 의미 자질을 포함하는 '-으리다'는 (80)과 같이 첫째가리킴 임자말과만 공기관계를 이루고 둘째, 셋째가리킴 임자말과는 공기관계를 이룰 수 없는 제약이 따른다.

    (80)[17] ㄱ. **내가** 그 일을 하**리다**.
        ㄴ. * **당신이** 그 일을 하**리다**.
        ㄷ. * **저분이** 그 일을 하**리다**.

  의도의 의미 자질을 가지는 '-으리까'는 (81)과 같이 첫째, 둘째가리킴 임자말과 공기관계를 이루는 제약이 따른다.

    (81)[18] ㄱ. **내가** 그 일을 하**리까**?
        ㄴ. **당신이** 그 일을 하**리까**?
        ㄷ. * **저분이** 그 일을 하**리까**?

  '-으리다'가 '추정'의 의미 자질을 가지게 되면, (82)와 같이 셋째가리킴 임자말과만 공기관계를 이룰 수 있고, 첫째, 둘째가리킴 임자말과는 공기될 수 없는 제약이 따른다.

    (82) ㄱ. * **내가** 오늘 바쁘**리다**.

---

17) '-으리다'가 의도의 의미 자질을 가지지 않고 추정의 의미 자질을 가진다면 ㄴ과 ㄷ도 적격한 월이 된다.
18) '-으리까'가 의도의 의미 자질을 가지지 않고 추정의 의미 자질을 가진다면 ㄷ도 적격한 월이 된다.

ㄴ. * **당신이** 오늘 바쁘**리다**.
ㄷ. **저분이** 오늘 바쁘**리다**.

‘-으리까’가 ‘추정’의 의미 자질을 가지게 되면, (83)과 같이 첫째가리킴과 셋째가리킴 임자말과 공기관계를 이룰 수 있고, 둘째가리킴 임자말과는 공기될 수 없는 제약이 따른다.

(83) ㄱ. **내가** 오늘 바쁘**리까**?
　　ㄴ. * **당신이** 오늘 바쁘**리까**?
　　ㄷ. **저분이** 오늘 바쁘**리까**?

이와 같이 ‘-으리다’와 ‘-으리까’는 구성 요소인 ‘-으리-’가 ‘의도’냐 ‘추정’이냐에 따라 임자말의 가리킴 제약이 다르게 나타남을 알 수 있다.

셋째, ‘-으리다’와 ‘-으리까’가 마침씨끝으로 쓰인 월이 건너 따옴월에 포함될 때 어떤 중화형태로 실현되는가에 대하여 살피기로 한다.

‘의도’의 의미 자질을 가지는 ‘-으리다’와 ‘-으리까’를 보면, ‘-으리다’는 ‘의도’의 ‘-겠-’과 서술법 마침씨끝의 중화형태인 ‘-는다’의 통합형인 ‘-겠다’로 실현된다. ‘-으리까’는 임자말이 첫째가리킴인 경우 ‘의도’의 ‘-겠-’과 물음법 마침씨끝의 중화형태인 ‘-느냐’의 통합형인 ‘-겠냐’로 실현된다. 그러나 첫째가리킴인 경우에는 ‘-겠냐’로 실현되지 않고 (84) 의 ㄷ과 같이 ‘-냐’로만 실현되는 특성을 보인다. 왜냐하면 물음월에서는 임자말이 첫째가리킴인 경우에 ‘의도’의 ‘-겠-’이 쓰일 수 없는 제약 때문이다.

(84)[19] ㄱ. 갑→을 : 내가 그 일을 하**리다**.
　　　　을→갑 : 뭐라고?

---

19) ‘의도’의 ‘-으리다’는 건너 따옴월에서 ‘-겠다’로 중화될 뿐 아니라 ‘-으리라’로 실현될 수도 있는데, 그렇게 되면 ‘내가 그 일을 하**리다**’는 ‘내가 그 일을 하**리라**고 했소’로 포함된다.

　　　　갑→을 : 내가 그 일을 하**겠다**고 했소.
　　ㄴ. 갑→을 : 당신이 그 일을 하**리까**?
　　　　을→갑 : 뭐라고?
　　　　갑→을 : 당신이 그 일을 하**겠냐**고 했소.
　　ㄷ. 갑→을 : 내가 그 일을 하**리까**?
　　　　을→갑 : 뭐라고?
　　　　갑→을 : 내가 그 일을 하**냐**고 했소.

　‘추정’의 의미 자질을 가지는 ‘-으리다’와 ‘-으리까’를 보면, ‘-으리다’는 추정의 ‘-겠-’과 서술법 마침씨끝의 중화형태 ‘-는다’의 통합형인 ‘-겠다’로 실현되며, ‘-으리까’는 ‘추정’의 ‘-겠-’과 물음법의 마침씨끝 중화형태 ‘-느냐’의 통합형인 ‘-겠냐’로 실현된다.

　　(85)[20] ㄱ. 갑→을 : 저분이 오늘 바쁘**리다**.
　　　　을→갑 : 뭐라고?
　　　　갑→을 : 저분이 오늘 바쁘**겠다**고 했소.
　　ㄴ. 갑→을 : 저분이 오늘 바쁘**리까**?
　　　　을→갑 : 뭐라고?
　　　　갑→을 : 저분이 오늘 바쁘**겠냐**고 했소.

　(84)와 (85)에서 ‘의도’와 ‘추정’의 ‘-으리다’가 모두 ‘-겠다’로 중화되었지만 ‘-겠-’ 자체도 ‘의도’와 ‘추정’의 의미를 가지기 때문에 ‘의도’의 ‘-으리다’는 ‘의도’의 의미 자질을 가지는 ‘-겠다’로 중화하고 ‘추정’의 ‘-으리다’는 추정의 의미 자질을 가지는 ‘-겠다’로 중화되었다고 보아야 한다. ‘-으리까’에서도 이와 꼭 같다.

　넷째, ‘-으리다’와 ‘-으리까’가 어찌말과의 공기관계에서 보이는 제약을 살피면, (86)의 ㄱ과 같이 때어찌말과의 공기관계에서는 ‘의도’의 ‘-으

―――――――――――――――――――

20) ‘추정’의 ‘-으리다’도 건너 따옴월에서 ‘-겠다’만이 아니라 ‘-으리라’로 실현될 수도 있는데, 그렇게 되면 ㄱ의 ‘저분이 오늘 바쁘**리다**’는 ‘저분이 오늘 바쁘**리라**고 했소’로 포함된다. 그러나 ‘-으리까’는 ‘-으리냐’로 중화되는 일은 없다.

리다'와 '-으리까'는 현재를 포함하는 올적의 때어찌말과 공기될 뿐 지
난적의 때어찌말과는 공기될 수 없는 제약이 따른다. 그러나 '추정'의
'-으리다'와 '-으리까'는 (86)의 ㄴ과 같이 때어찌말의 종류에 관계없이
공기관계를 이룰 수 있는데, 이는 '의도'란 미래에 관한 사실만 가능하
기 때문이고 '추정'은 미래만이 아니라 과거에 대한 사실도 가능하기
때문이다.

(86) ㄱ. 가. 내가 **지금(내일, 다음주에, 내년에 …)** 그 일을 하**리다**./하
리까?
나. * 내가 **방금(어제, 지난주에, 작년에 …)** 그 일을 하**리다**./
* 하**리까**?
ㄴ. 가. 저분이 **지금(내일, 다음주에, 내년에 …)** 그 일을 하**리다**./
하**리까**?
나. 저분이 **방금(어제, 지난주에, 작년에 …)** 그 일을 하였**으리
다**./하였**으리까**?

'의도'의 '-으리다'와 '-으리까'는 확실성이 적은 어찌말과는 공기관
계를 이루지 못하고 확실성이 강한 어찌말과만 공기관계를 이루지만,
'추정'의 '-으리다'와 '-으리까'는 확실성이 적은 어찌말과도 자연스러
운 공기관계를 이룬다.

(87) ㄱ. 가. 내가 **틀림없이(꼭, 반드시 …)** 그 일을 하**리다**./하**리까**?
나. * 내가 **아마(혹시, 어쩌면 …)** 그 일을 하**리다**./ * 하**리까**?
ㄴ. 가. 저분이 **틀림없이(꼭, 반드시 …)** 그 일을 하**리다**./하**리까**?
나. 저분이 **아마(혹시, 어쩌면 …)** 그 일을 하**리다**./하**리까**?

위 보기에서 확실성의 정도에서 보면 (가)는 크고 (나)는 작다고 하겠
는데, ㄱ에서와 같이 '의도'인 경우에는 확실성이 적은 (나)는 부적격한
월이 되고, ㄴ에서와 같이 '추정'인 경우에는 확실성이 적은 (나)도 적
격한 월이 됨을 알 수 있다.

3.2.3.2 '-으리다', '-으리까'의 의미·화용적 특성

'-으리다'와 '-으리까'가 마침씨끝으로 쓰인 월은 단독적인 장면에서 는 쓰이지 않고, 말할이가 들을이를 의식하는 상관적 장면에서만 쓰이 며, 말할이가 들을이에게 격식을 갖추어 약간 높이고자 하는 경우에 사 용된다. 그리고 '-으리다'는 말할이의 '의도'나 '추정'을 들을이에게 알 릴 때 쓰이며, '-으리까'는 말할이나 들을이의 '의도'나 '추정'을 물을 때 사용된다.

'-으리다'의 의미는 이를 이루고 있는 형태소 '-으리-'와 '-다'의 의미 합계라고 할 수 있다. '-으리-'가 실제 문맥에 따라 '의도'와 '추정'의 의미를 가지기 때문에 '-으리다'도 임자말이 첫째가리킴이고 풀이말이 [행동성] 움직씨이면 '말할이가 들을이에게 명제 내용에 대한 자신의 의도를 예사높임으로 알림'이란 의미적 특성을 나타내며, 그 밖의 환경 에서는 '말할이가 들을이에게 명제 내용에 대한 자신의 추정을 예사높 임으로 알림'이란 의미적 특성을 가지게 된다.[21]

'-으리까'의 의미도 이를 이루고 있는 형태소 '-으리-'와 '-까'의 의미 합계라고 할 수 있다. 곧 '-으리-'가 '의도'의 의미인 경우에 '-으리까' 는 첫째가리킴에서 '말할이가 들을이에게 명제 내용에 대하여 자신이 할 의도가 있음을 예사높임으로 물음'이란 의미적 특성을 가지며, 둘째 가리킴에서는 '말할이가 들을이에게 명제 내용에 대한 들을이의 의도 를 예사높임으로 물음'이란 의미적 특성을 가지게 된다. '추정'의 의미 인 경우에는 '말할이가 들을이에게 명제 내용에 대한 자신의 추정을 예 사높임으로 물음'이란 의미적 특성을 가지게 된다.

물음법의 '-으리까'도 (88)에서와 같이 여느 물음법 마침씨끝과 마찬 가지로 반어적 용법으로 쓰일 수 있다.

---

21) 문맥에 따라 '즐거이 그리 하겠소', '들을이에 대한 경계, 경고', '욕구의 의향 내 지 약속'이란 의미적 특성을 나타내기도 하지만, 이는 '-으리다'의 기본 의미는 될 수 없고 단지 상황에 따른 잉여적 의미로 볼 수 있다.

(88) ㄱ. 당신이 어찌 그 일을 하**리까**?

　　 ㄴ. 저분이 어디를 가**리까**?

위 보기는 표면적으로만이 아니라 내면적으로도 물음말에 해당하기도 하지만, 상황에 따라서는 내면적으로는 표면상의 의미와는 반대적인 의미를 나타내어 반어법으로도 이해된다. (88)의 반어법의 내용을 되쓰기하면, ㄱ은 '당신이 그 일을 할 수 없을 것이다'라는 내용으로 해석되며, ㄴ은 '저분은 아무 데도 갈 수 없을 것이다'라는 내용으로 해석된다. 곧 이와 같은 의미를 (88)의 ㄱ과 ㄴ으로 반어적 표현을 써서 나타냈다고 할 수 있다.

3.2.4 '-읍시다'[22)]

언어형식 '-읍시다'는 그 자체가 단일한 형태소의 마침씨끝이 아니라 형태배합상 말할이가 자신을 낮추는 '-읍-'과 희구의 '-시-'[23)]에 마침씨끝 '-다'가 통합되어 이루어졌다. 여기에서의 '-다'는 그 자체만으로는 예사높임으로의 들을이높임법을 수행하지 못할 뿐 아니라 꾀임법의 마침씨끝으로 기능을 하지 못하고,[24)] 이들 세 형태소가 통합되어야만 꾀임법의 예사높임 마침씨끝으로 기능을 하기 때문에 이 세 형태소의 통합형을 복합형의 마침씨끝으로 다루게 된다. 또한 이들 세 형태소 사이에는 다른 요소가 끼어들 수 없고 항상 한 몸처럼 작용하는 특성으로 말미암아 하나의 마침씨끝으로 처리하게 된다.

---

22) 말할이 낮춤의 '-읍-'은 변이형태로 /-읍-/, /-습-/, /-ㅂ-/으로 실현되는데, '-읍시다' 에서는 앞 음절의 끝이 닿소리냐 홀소리냐에 따라 /-읍시다/와 /-ㅂ시다/로 실현될 뿐이고 /-습시다/로는 실현도지 않는 특성을 보인다.

23) 김석득(1966:102)은 '-읍시다'의 구성 요소 '-시-'를 희구(바람, 권유)의 안맺음씨끝 으로 처리하였다. 이 글에서도 이 견해를 그대로 따랐다.

24) '-읍시다'의 '-다'는 서술법의 '-다'와 동형성을 이루는데, 이들은 근본적으로 동일한 '-다'인지, 아니면 꼴만 같을 뿐이고 동음이의어적인 것들인지는 논외로 한다.

3.2.4.1 '-읍시다'의 형태·통어적 특성

예사높임의 마침씨끝 '-읍시다'의 형태적 특성으로, 풀이말의 형태론적 구조 안에서 다른 요소와 어떤 제약 관계에 놓이는가에 대하여 논의하기로 한다.

첫째, '-읍시다'와 통합관계를 이룰 수 있는 안맺음씨끝 가운데 주체높임의 '-시-'는 (89)와 같이 임자말이 첫째가리킴의 '나'나 '저'가 아니면 '-읍시다'에 통합될 수 있다.

(89) ㄱ. **저와 함께** 가**십시다**.
ㄴ. **우리가** 그 친구를 만나러 가**십시다**.
ㄷ. * **내가(제가)** 그 일을 하**십시다**.

위 보기에서 ㄷ이 부적격한 월이 됨은 너무나 자명하다. 우리말에서는 말할이가 자신을 높이는 경우가 정상적인 발화에서는 없기 때문이다. 그러나 '-시-'가 통합된 ㄱ과 ㄴ은 적격한 월인데, 이처럼 '-시-'가 통합된 '-으십시다'를 최현배(1971:278)와 서정수(1984:39)에서는 아주높임의 등분에 포함시켜 '-읍시다'는 예사높임으로, '-으십시다'는 아주높임으로 처리하였다.

그러나 '-으십시다'를 아주높임으로 볼 수 없는데, 그 까닭은 (89)의 ㄷ이 부적격하다는 점이 잘 설명해 준다. 곧 '-으십시다'가 아주높임이라면 (89) ㄷ의 들을이가 아주높임의 대상인 경우에 적격한 월이 되어야 한다. 그럼에도 불구하고 ㄷ이 부적격하다는 것은 '-으십시다'의 '-시-'가 들을이에 관한 것이 아니라 월의 주체에 관련된 것이라는 점을 보여준다.

그렇다면 '-으십시다'는 들을이에 대하여는 예사 높이고 월의 주체에 대하여도 높이게 되며, '-읍시다'는 월의 주체에 대하여는 안 높이게 된다고 할 수 있다.

그런데 '-으십시다'가 쓰이는 월들은 월의 주체가 들을이와 동일인이기 때문에 실제적으로는 '-읍시다'보다 더 높이는 결과가 되지만 그렇다고 아주높임에 해당되지는 않는다. 곧 들을이가 아주높임의 대상일 때에는 꾀임법을 사용하는 것보다 표현법을 바꾸어 간접화행으로 꾀임의 수행력을 나타내는 표현을 사용하게 되는데, 보기를 들면 (89)의 ㄱ과 ㄴ을 아주높임의 대상인 들을이에게 (90)과 같이 나타낼 수 있다.

(90) ㄱ. 저와 함께 가시지 않겠습니까?/가시지요.
ㄴ. 그 친구를 만나러 가시지 않겠습니까?/가시지요.

둘째, 때매김씨끝과의 통합관계를 보면, '-읍시다'는 (91)과 같이 어떤 때매김씨끝과도 통합이 불가능하여 풀이씨 뿌리에 직접 통합되는 형태 배합상의 특징을 가진다. 이 제약은 꾀임법 마침씨끝의 일반적 특성에 해당한다.

(91) 우리가 그 일을 하- ⎡ * -었- ⎤
⎢ * -겠- ⎥
⎢ * -었었- ⎥ **-읍시다**.
⎢ * -더- ⎥
⎣ * -려- ⎦

셋째, 풀이씨 뿌리와의 통합관계를 보면, '-읍시다'는 (92)와 같이 [행동성] 움직씨 뿌리와만 통합이 가능하고 그 밖의 풀이씨 뿌리에는 통합될 수 없는 제약이 따른다. 이는 꾀임법 마침씨끝의 일반적 특성이기도 하다.

(92) ㄱ. 점심은 식당에 가서 **먹-읍시다**.
ㄴ. * 우리가 오늘 **피곤하-ㅂ시다**.
ㄷ. * 우리가 이 학교 학생**의-ㅂ시다**.

넷째, '-읍시다' 뒤에 놓일 수 있는 요소를 보면, (93)과 같이 들을이 높임의 '요'는 통합되는 것보다 되지 않는 것이 더 일반적이고 자연스러우나 '요' 통합이 전혀 불가능한 것 같지는 않다. 또한 느낌토씨 '그려'도 통합될 수 있다.

    (93) ㄱ. ?그만 하고 쉬었다가 **합시다요**.
        ㄴ. 오늘 한 잔 먹**읍시다그려**.

    예사높임의 마침씨끝 '-읍시다'와 통어론적으로 공기관계를 이루는 요소들과의 제약에 관하여 논의하기로 한다.

    첫째, 마침씨끝이 '-읍시다'인 월 뒤에는 (94)와 같이 '내림'의 절종결이 놓인다.

    (94) ㄱ. 여기서 점심이나 하고 **갑시다**(↘).
        ㄴ. 책에 있는 말은 그만**둡시다**(↘).

    위와 같이 '-읍시다' 뒤에는 '내림'의 절종결이 놓이고 [행동성] 움직씨 뿌리에만 직접 통합되며, 건너 따옴월 포함시 중화형태에 따라 '-읍시다'는 꾀임법 마침씨끝임이 증명된다.

    둘째, '-읍시다'와 공기관계를 이루는 임자말의 가리킴 제약에 대하여 살피면, (95)와 같이 주로 첫째가리킴 임자말과 공기관계를 이루지만, 경우에 따라서는 첫째가리킴을 포함한 다른 가리킴의 임자말과도 공기관계를 이룬다. 첫째가리킴 임자말 가운데 홑셈과 겹셈의 임자말이 모두 가능하나 어휘상의 제약이 따르게 되어 예사높임 정도에 해당하는 낱말만이 공기관계를 이룰 수 있다. 또한 말할이와 들을이를 동시에 가리키는 낱말들 가운데에서도 예사높임에 해당하는 낱말만이 공기될 수 있는 제약이 따른다.

    (95) ㄱ. **내가(제가)** 그 일을 **합시다**.
        ㄴ. **우리가(저희들이)** 그 일을 **합시다**.
        ㄷ. **당신과 내가(당신과 제가, * 너와 내가, * 자네와 내가)** 그 일을 **합시다**.

　　ㄹ. **저분과 내가**(저애와 우리가, 저분과 내가, 저분과 제가) 그 일
　　　을 **합시다**.

　셋째, 마침씨끝이 '-읍시다'인 월이 건너 따옴월에 포함될 때, (96)과
같이 '-읍시다'는 꾀임법 마침씨끝의 중화형태인 '-자'로 실현된다.

　(96)　ㄱ. 갑→을 : 내가 그 일을 **합시다**.
　　　　　을→병 : (갑이 나에게) 그 일은 자기가 하**자**고 한다.
　　　　ㄴ. 갑→을 : 우리가 그 일을 **합시다**.
　　　　　을→병 : (갑이 나에게) 그 일을 하**자**고 한다.

　이처럼 '-읍시다'는 건너 따옴월에 포함될 때, 임자말이 첫째가리킴
홑셈(ㄱ)이건 겹셈(ㄴ)이건 관계없이 '-자'로 중화된다.
　넷째, '-읍시다'와 공기관계를 이룰 수 있는 때어찌말을 보면, (97)과
같이 현재를 포함한 올적의 때어찌말과만 공기관계를 이룰 뿐이고 지
난적의 때어찌말과는 공기관계를 이루지 못한다. 이는 꾀임법 마침씨끝
의 일반적 특성이기도 하다. 곧 꾀임법은 명제 내용에 대하여 행동에
옮길 것을 제안하는 것이기 때문에 지난적의 의미 자질을 가지는 때어
찌말과는 공기될 수 없다.

　(97)　ㄱ. **지금**(이따가, 내일, 다음주에, 내년에 …) 그 일을 **합시다**.
　　　　ㄴ. * **방금**(좀 전에, 어제, 지난주에, 작년에 …) 그 일을 **합시다**.

3.2.4.2 '-읍시다'의 의미 · 화용적 특성

　'-읍시다'가 마침씨끝으로 쓰인 월은 말할이가 들을이를 강하게 의식
하는 상관적 장면에서 쓰이며, 말할이의 혼잣말인 단독적 장면에서는
쓰이지 않는 제약이 있다. 말할이의 들을이에 대한 태도를 보면, 격식
을 갖추되 약간 높일 때 사용된다. 그리고 '-읍시다'는 말할이가 들을이
에게 예사높임으로 명제 내용을 행동에 옮길 것을 제안할 때 쓰인다.

그런데 '-읍시다'는 (98)과 같이 임자말이 말할이와 들을이를 동시에 가리키는 낱말일 때는 '함께 같이 행동하기를 제안'하게 되고, 첫째가리킴 홑셈일 때는 말할이가 '자신이 행동을 하도록 해 주기를 제안'하며, 둘째가리킴일 때는 말할이가 들을이가 행동을 해 주기를 제안하는데 쓰인다.[25]

> (98) ㄱ. **우리가** 그 일을 **합시다**.
>   ㄴ. **내가** 그 일을 **합시다**.
>   ㄷ. **당신이** 그 일을 **합시다**.

위 보기에서 ㄱ의 '-읍시다'는 '말할이가 들을이에게 예사높임으로 그 일을 함께 하기를 제안함'의 의미로, ㄴ의 '-읍시다'는 '말할이가 들을이에게 예사높임으로 그 일을 자기가 하도록 해 주기를 제안함'이란 의미로, ㄷ은 말할이가 들을이에게 예사높임으로 그 일을 해 달라고 제안함'이란 의미로 파악된다. 이들의 의미를 바탕으로 공통 의미를 추출하면, '-읍시다'는 '말할이가 들을이에게 명제 내용을 하기를 예사높임으로 제안함'이란 의미적 특성을 가진다.

장면에 따라서는 들을이에게만 어떠한 행동을 할 것을 요구하기도 한다. 곧 '김 선생, 좀 천천히 읽읍시다'와 '사회 좀 똑똑히 봅시다'에서의 '-읍시다'는 시킴법의 마침씨끝과 같은 수행력을 가지기도 한다.

---

25) 양인석(1976:122)에 따르면, ㄴ과 같이 말할이만 행동에 참여하는 경우에는 들을이가 그 언어행위를 수행함에 있어서 직접, 간접으로 협조해야 하며, ㄷ과 같이 들을이만 행동에 참여하는 경우에는 말할이가 협조해야 한다는 전제조건이 있을 때에만 쓰이게 된다.

4. 마무리

　예사높임 마침씨끝 설정 기준(일반 제약 충족)에 따라 단순형으로 서술법, 물음법, 시킴법의 '-오'와 서술법의 '-는구려', 시킴법의 '-구려'를 설정하였으며, 복합형으로 서술법에 '-는다오', '-읍디다', '-으리다', 물음법에 '-읍디까', '-으리까', 꾀임법에 '-읍시다'를 설정하였다. 이들은 형태·통어적 특성과 의미·화용적 특성에서 공통적 특성을 가지기도 하고, 각각 개별적 특성을 가지기도 한다. 공통적 특징을 일반 제약이라 하고 개별적 특징을 특수 제약이라고 할 수 있는데, 이를 정리하면 다음과 같다.

　◆ 일반 제약

　첫째, 임자말이 둘째가리킴인 경우 주체높임의 '-시-' 통합은 수의적이다.

　둘째, 임자말이 둘째가리킴일 때, 임자말의 어휘는 주로 '당신'이 쓰이는데, 주격토씨 '께서'는 쓰이지 않음이 일반적 특성이다.

　셋째, 예사높임 마침씨끝 다음에는 들을이높임의 요'가 통합될 수 없다.

　넷째, 월 사이의 호응관계에서 예사높임의 월은 아주높임, 예사높임, 반말에 '요' 통합형의 월과만 호응관계를 이룰 수 있을 뿐이다.

　다섯째, 예사높임의 마침씨끝을 사용하는 계층은 대체로 30대 이상의 세대이다.

　여섯째, 말할이와 들을이 사이의 관계를 보면, 말할이가 들을이보다 나이가 약간 적거나 손아래인 경우에 주로 사용되지만, 나이가 비슷하거나 말할이가 많을 때에도 쓰이는 일이 있다. 이 때 이들의 사회적 관계는 서로 잘 모르거나 그리 친한 사이가 아닌 경우이다.

　일곱째, 말할이의 들을이에 대한 태도에서 보면, 격식을 갖추되 약간 높이고자 할 때, 예사높임의 마침씨끝이 사용된다.

◆ 특수 제약

예사높임에 해당하는 마침씨끝마다 개별적으로 형태배합상의 제약이 어떻게 나타나며, 월조각과의 공기관계에서도 개별적인 제약이 어떻게 나타나는가를 살폈다. 또한 의미적인 특성에서도 각각의 마침씨끝이 어떤 특성을 보이며, 화용적인 쓰임에서도 각각 어떤 특성을 보이는가를 규명하였다.

제 7 장　아주낮춤의 마침씨끝

1. 들머리

들을이높임법은 쓰이는 장면의 차이에 따라 격식체와 비격식체로 나뉘고, 격식체는 다시 높낮이의 정도에 따라 아주높임, 예사높임, 예사낮춤, 아주낮춤으로 나뉨은 앞에서 논의한 바 있다. 여기에서 다루고자 하는 아주낮춤은 격식체로 들을이를 안 높이되 낮춤의 영역에 해당하며, 격식체 가운데 가장 낮은 등급에 해당한다.[1]

아주낮춤은 앞에서 살핀 반말과 마찬가지로 현대 우리말에서는 모든 세대에 두루 사용되는 등급으로 제약이 따르지 않는다. 곧 말할이에 있어서는 남녀·노소를 불문하고 모든 세대, 모든 계층에서 널리 사용되는 등분에 해당한다. 그러나 들을이를 낮추는 등분이기 때문에 말할이가 아무런 제약 없이 들을이에게 사용할 수 있는 것은 아니고 들을이에 대한 제약이 따르게 되어 아주낮춤 마침씨끝은 말할이가 들을이보다 나이가 많거나 손위인 경우, 또한 나이가 같거나 비슷한 경우에도 쓰인다. 이 때 이들의 사회적 관계에서 보면, 서로 잘 아는 사이이거나 아주 친한 사이인 경우에 주로 사용되며, 잘 모르는 사이이거나 그리 친한

---

[1] 최현배(1971:262)는 예사낮춤의 높임 정도에 대하여 "아주낮춤(極卑稱, 해라)은 그 말을 듣는 사람을 아주 낮게 보고 하는 말이니(곧 어른이 아이에게, 또는 지체(地體)가 높은 사람이 지체가 낮은 사람에게 하는 말이니"이라고 하였다.

사이가 아니면 들을이가 청소년 이하인 경우를 제외하고는 일반적으로 잘 쓰이지 않는 제약이 따른다.

이 장에서는 들을이높임의 정도가 아주낮춤에 해당하는 마침씨끝을 다른 등분의 씨끝과 구분해 낼 수 있는 기준을 설정하고, 이를 바탕으로 하여 아주낮춤의 마침씨끝들을 선정해 내기로 한다. 또한 선정된 마침씨끝들에 대하여 각각의 형태·통어적 특성과 아울러 의미·화용적 특성을 구체적으로 밝히기로 한다.

2. 아주낮춤 마침씨끝의 설정 기준

들을이높임의 정도가 아주낮춤에 해당하는 마침씨끝을 선정하기 위해서는 아주낮춤만이 가지는 공통 특성을 바탕으로 기준을 마련하여야 한다. 아주낮춤의 마침씨끝이 다른 등분의 마침씨끝과 구별될 수 것은 바로 다음과 같은 공통 특징이 있기 때문이다.

첫째, 아주낮춤의 마침씨끝들은 월의 주체가 둘째가리킴으로 들을이일 때, 주체높임의 '-시-'가 통합될 수 없는 공통 특성을 가지는데, 이 제약은 아주낮춤 마침씨끝만의 고유한 특성이다.[2]

둘째, 아주낮춤의 월에서는 임자말이 첫째가리킴, 곧 말할이 자신일 때, 임자말로 '나'가 쓰이며, '저'는 쓰이지 않는다. 만일 '저'가 쓰이면 부적격한 월이 된다. 둘째가리킴일 때는 임자말로 '너'만 쓰일 수 있을 뿐이고 '자네'나 '당신'은 놓일 수 없다. 이와 같은 어휘상의 제약이 격

---

[2] 임자말이 둘째가리킴인 월에서 다른 등분의 마침씨끝들은 '-시-'의 통합이 필수적(아주높임)이거나, 수의적(예사높임, 예사낮춤(통합이 불가능한 것도 있음), 반말(통합되는 것보다 통합되지 않는 것이 더 자연스러움), 반말에 '요' 통합형)이다. 그러나 아주낮춤의 마침씨끝들은 '-시-'와 통합될 수 없다. 만일 통합되면 비꼬거나 야유하는 의미적 특성을 보이게 되어 정상적이라고 할 수 없다.

식체의 아주높임, 예사높임, 아주낮춤 마침씨끝과 아주낮춤 마침씨끝을 구별 가능하게 해 준다. 셋째, 아주높임 마침씨끝 다음에는 들을이높임의 '요'가 통합될 수 없다. 이 점이 아주낮춤 마침씨끝을 반말 마침씨끝과 구별을 가능하게 해 주는 요인이 된다. 앞의 첫째와 둘째 특징만으로는 이들을 확연하게 구별할 수 없는데, 이 특징으로 이들이 분명하게 식별된다.

넷째, 월 사이의 호응관계에서 보면, 아주낮춤의 월은 (1)에서와 같이 아주낮춤이나 반말의 월과만 자연스럽게 호응할 뿐이고, 그 밖의 등분의 월과는 호응하지 않는 제약이 따른다.

(1) ㄱ. 떠날 시간이 다 됐**다**. 너도 어서 채비를 하**여라**.
    ㄴ. 떠날 시간이 다 됐**어**. 너도 어서 채비를 하**여라**.
    ㄷ. #떠날 시간이 다 됐**습니다**. 너도 어서 채비를 하**여라**.
    ㄹ. #떠날 시간이 다 되었**소**. 너도 어서 채비를 하**여라**.
    ㅁ. #자네도 같이 가**세**. 너도 어서 채비를 하**여라**.
    ㅂ. #떠날 시간이 다 됐**어요**. 너도 어서 채비를 하**여라**.

말할이가 들을이에게 연달아 발화하는 경우에 (1)에서와 같이 아주낮춤인 월인 '너도 어서 채비를 하여라'는 아주낮춤(ㄱ)과 반말(ㄴ)의 월과는 자연스럽게 호응될 수 있지만, 아주높임(ㄷ), 예사높임(ㄹ), 예사낮춤(ㅁ), 반말에 '요' 통합형(ㅂ)과는 호응되지 못함을 알 수 있다.

다섯째, 아주낮춤 마침씨끝을 사용하는 계층에서 보면, 대체적으로 제약이 적은 편이다. 곧 남녀 구분 없이 나이가 어린 세대뿐만 아니라 나이가 많은 세대에서도 적극적으로 쓰이는 등분으로 사용 계층상의 제약은 별로 없다.

여섯째, 말할이와 들을이 사에의 관계에서 보면, 아주낮춤 마침씨끝은 말할이가 들을이보다 나이가 많거나 손위인 경우에 사용되며, 또한 나이가 같거나 비슷한 경우에도 쓰인다. 이 때 이들의 사회적 관계에서 보면, 서로 잘 아는 사이이거나 아주 친한 사이인 경우에 주로 사용되며, 잘 모르는 사이이거나 그리 친한 사이가 아니면 들을이가 청소년 이하인 경우를 제외하고는 일반적으로 잘 쓰이지 않는 제약이 따른다.

일곱째, 말할이의 들을이에 대한 태도에서 보면, 말할이가 들을이에게 격식을 갖추되 들을이를 가장 낮추는 경우에 사용된다.

위에서 살핀 일곱 가지 조건을 만족시키는 마침씨끝은 아주낮춤의 마침씨끝으로 묶이게 되는데, 이에 해당하는 마침씨끝을 의향법에 따라 분류하면 아래와 같다.

> **서술법** : 단순형 : '-는다', '-으마', '-는구나', '-어라', '-으니', '-을라',
> ('-노라', '-누라')[3]
> 복합형 : '-는단다', '-느니라', ('-도다', '-을진저', '-을지니라',
> '-을거나', '-을러라', '-을레라', '-을지라', '-을지로다')
> **물음법** : 단순형 : '-느냐', '-니'
> 복합형 : '-으렷다', '-을소냐', '-는다니', ('-을소냐', '-는고', '-을
> 러라')
> **꾀임법** : 단순형 : '-자'
> **시킴법** : 단순형 : '-어라', '-으려무나'
> 복합형 : '-으렷다', ('-을지어다')

3. 아주낮춤 마침씨끝의 말본적 특성과 의미 기능

위에서 설정한 아주낮춤의 마침씨끝을 형태적 특성에 따라 단순형과 복합형으로 나누어 마침씨끝마다의 말본적 특성과 의미 기능을 살피기로 한다.

---

3) 서술법을 포함해서 물음법, 시킴법 가운데 ( ) 안에 들어 있는 것 모두 아주낮춤의 마침씨끝에 해당하지만 예스런 형태로 글말에서만 쓰일 뿐 입말에서는 거의 쓰이는 일이 없기 때문에 이 글에서는 자세한 논의는 하지 않고 그 밖의 영역에서 간단히 보기만 들기로 한다.

3.1 단순형

아주낮춤의 마침씨끝 가운데 단순형을 '-는다', '-느냐', '-니', '-자', '-어라', '-으려무나', '-으마', '-는구나', '-으니', '-을라'의 순서에 따라 논의하기로 한다.

3.1.1 '-는다'

서술법의 마침씨끝 가운데 대표적이라고 할 수 있는 아주낮춤의 '-는다'는 놓이는 환경에 따라 /-는다/, /-ㄴ다/, /-다/, /-라/의 네 가지 변이형태로 실현된다. 곧 움직씨의 뿌리에 직접 통합되는 경우에 그 뿌리 끝이 홀소리이면 /-ㄴ다/로, 닿소리이면 /-는다/로, 그림씨와 잡음씨 뿌리 다음에는 /-다/로 실현되며, 때매김씨끝 다음에 통합되면, 풀이씨 뿌리의 종류에 상관없이 '-더-'와 '-리-' 다음에는 /-라/로, 그 밖의 때매김씨끝 다음에서는 /-다/로 실현된다.[4]

3.1.1.1 '-는다'의 형태·통어적 특성

서술법의 아주낮춤 마침씨끝 '-는다'의 형태적 특성으로, 풀이말의 형태론적 구조 안에서 다른 요소와 어떤 제약 관계에 놓이는가에 대하여 논의하기로 한다.

첫째, '-는다'와 통합관계를 이룰 수 있는 안맺음씨끝 가운데 주체높임의 '-시-'는 통합될 수 있다. 월의 주체가 말할이인 첫째가리킴이거나 들을이인 둘째가리킴인 경우에는 '-시-'의 통합이 불가능하지만, 셋째가리킴으로 높임의 대상이면 '-시-'의 통합은 당연하다.

둘째, 때매김씨끝과의 통합관계를 보면, '-는다'는 (2)와 같이 '-었-',

---

4) 움직씨 뿌리에 /-다/가 직접 통합되는 일이 있지만, 이는 입말에서는 쓰이지 않으며, 들을이높임의 등분도 아주낮춤에 해당되지 않기 때문에 '-는다'와는 별개의 마침씨끝에 해당한다. '-다'에 관하여는 제9장에서 별도로 다루었다.

'-었었-', '-겠-', '-더-', '-으려-'와 통합될 수 있어 때매김씨끝과의 통합에 제약이 따르지 않는다.

$$
\begin{array}{l}
\text{(2) 철수가 학교에 가-} \\
\\
\text{내가 학교에 가-}
\end{array}
\left[
\begin{array}{l}
\text{-었-} \\
\text{-겠-} \\
\text{-었었-} \\
\text{-더-} \\
\text{-으려-}
\end{array}
\right]
\text{-는다.}
$$

셋째, 풀이씨 뿌리와의 통합관계를 보면, '-는다'는 (3)과 같이 풀이씨 뿌리의 종류에 관계없이 자유로이 통합될 수 있어 제약이 따르지 않는다.

    (3) ㄱ. 철수가 밥을 **먹-는다**.
        ㄴ. 철수가 마음이 **좋-다**.
        ㄷ. 철수가 학생**이-다**.

넷째, '-는다' 뒤에는 (4)와 같이 들을이높임의 '요'가 통합될 수 없을 뿐 아니라 느낌토씨 '그려'도 통합될 수 없는 제약이 따른다.

    (4) ㄱ. * 철수가 밥을 먹**는다요**.
        ㄴ. * 철수가 밥을 먹**는다그려**.

위 보기에서 ㄱ은 특정 지역의 방언이나 어린이말에서 간혹 쓰이기도 하지만 적격한 월로 볼 수는 없다. ㄴ에서는 '-는다'에 '그려'가 통합될 수 없음을 보이지만, '-는다'와 의향법에서 동일하나 높임의 정도에서만 차이를 보이는 아주높임의 '-습니다'에는 '그려'가 통합될 수 있어 대조를 보인다.

아주낮춤의 마침씨끝 '-는다'와 통어론적으로 공기관계를 이루는 요소들과의 제약에 관하여 논의하기로 한다.

첫째, '-는다'로 끝맺는 월 뒤에는 일반적으로 (5)와 같이 '내림'의 절종결이 놓인다.

> (5) ㄱ. 철수가 밥을 먹**는다**(↘).
>
>   ㄴ. 철수가 마음이 좋**다**(↘).
>
>   ㄷ. 철수가 학생이**다**(↘).

이와 같이 '-는다' 다음에는 '내림'의 절종결이 놓이고, 앞에는 때매 김씨끝이 통합될 수 있으므로 '-는다'는 서술법의 마침씨끝에 해당함이 증명된다.

그러나 '-는다'가 혼잣말의 물음월 마침씨끝으로 쓰이는 일이 있기도 한데, 이런 쓰임에서는 (6)과 같이 '올림'의 절종결이 놓이며, 주로 '누 구, 언제, 어디, 무엇, 어떻게' 따위의 물음말이 놓이게 된다.

> (6) ㄱ. 오늘 저녁에 **무엇**을 먹**는다**(↗).[5]
>
>   ㄴ. 오늘 밤 **어디**에 **간다**(↗).

위와 같이 '-는다'는 말할이의 혼잣말로도 쓰이며, 최현배(1971:280)에 서와 같이 '-는다'가 "그 말가락(語調)을 바꾸어서, 곧 월의 끝을 높여서 맞은편(對者)의 말한 것을 도로 물어서 다지는 뜻을 나타내는 일이 있나 니"라 한 바와 같이 '올림'의 절종결이 놓여 상대방의 말을 되묻는 용 법으로 쓰이기도 하지만 이와 같은 쓰임은 일반성을 띠지는 않는다.

둘째, 마침씨끝 '-는다'와 공기관계를 이루는 임자말의 가리킴 제약 에 대하여 살피면, (7)과 같이 모든 가리킴에 공기될 수 있어 제약이 따 르지 않는다.

> (7) ㄱ. **내가** 밥을 먹**는다**.
>
>   ㄴ. **네가** 학교에 가야 **한다**.

---

5) 이와 같은 '-는다'의 용법에서는 물음말이 있더라도 '올림'의 절종결이 놓여, 물음 말이 있으면 '내림'의 절종결이 놓이는 일반 물음월에서와 차이를 보인다.

ㄷ. **저분이** 요즘 바쁘**다**.

셋째, '-는다'가 마침씨끝으로 쓰인 월이 건너 따옴월에 포함될 때, (8)과 같이 '-는다'는 움직씨 다음에서는 /-는다/로, 그림씨 다음에서는 /-다/로, 잡음씨 다음에서는 /-라/로 중화된다.

(8) ㄱ. 갑→을 : 철수가 밥을 먹**는다**.
　　을→병 : (갑이 나에게) 철수가 밥을 먹**는다**고 한다.
ㄴ. 갑→을 : 철수가 마음이 좋**다**.
　　을→병 : (갑이 나에게) 철수가 마음이 좋**다**고 한다.
ㄷ. 갑→을 : 철수가 학생이**다**.
　　을→병 : (갑이 나에게) 철수가 학생이**라**고 한다.

'-는다'가 혼잣말의 물음월 마침씨끝으로 쓰이는 월에서는 (9)에서와 같이 '-는다'는 '-느냐'로 중화된다.

(9) ㄱ. 갑 : 오늘 저녁에 무엇을 먹**는다**?
　　을→갑 : 뭐라고?
　　갑→을 : 오늘 저녁에 무엇을 먹**느냐**고 했어.
ㄴ. 갑 : 오늘밤 어디에 **간다**?
　　을→갑 : 뭐라고?
　　갑→을 : 오늘밤 어디에 가**느냐**고 했어.

넷째, 어찌말과의 공기관계에서 보면, (10)에서와 같이 때어찌말과의 공기관계에 제약이 없으며, 확실성이 강한 어찌말만이 아니라 확실성이 적은 어찌말과도 공기될 수 있어 제약이 없다.

(10) ㄱ. 철수가 **지금(이따가, 내일 …)** 밥을 먹**는다**.
ㄴ. 철수가 **방금(아까, 어제 …)** 밥을 먹었**다**.
ㄷ. 철수가 **아마(어쩌면, 혹시 …)** 밥을 먹겠**다**.
ㄹ. 철수가 **반드시(확실히, 틀림없이 …)** 밥을 먹**는다**.

(10)에서 ㄱ은 현재를 포함한 다가올 올적의 때어찌말과 자연스러운 공기관계를 이루는 보기이며, ㄴ은 지난적의 때어찌말과, ㄷ은 확실성이 적은 어찌말과, ㄹ은 확실성이 강한 어찌말과 공기관계를 이루는 보기에 해당한다.

3.1.1.2 '-는다'의 의미 · 화용적 특성

'-는다'가 마침씨끝으로 쓰인 월이 사용되는 장면을 보면, 주로 말할이가 들을이를 강하게 의식하는 상관적 장면에서 쓰인다. 경우에 따라서는 들을이를 의식하지 않는 단독적 장면에서 쓰이는 일도 있다. 곧 말할이가 들을이가 없는 상황에서 '저분 참 이상하시다'란 표현이 자연스럽게 쓰일 수 있기 때문이다. 이 때 들을이를 말할이 자신으로 보는 것이 타당하다.

앞에서 살핀 바와 같이 '-는다' 뒤에 '올림'의 절종결이 놓여 물음법의 수행력을 보이기도 하는데, 이 경우는 특히 들을이를 의식하지 않은 말할이의 혼잣말로 이해된다.

'-는다'의 쓰임을 통하여 그 뜻을 파악할 수 있다. 서술법의 '-는다'는 말할이가 들을이에게 명제 내용에 대하여 알릴 때 사용되기 때문에 '-는다'는 '말할이가 들을이에게 명제 내용을 아주낮춤으로 알림'이란 의미적 특성을 가진다. 물음법의 수행력을 나타내는 '-는다'는 혼잣말로 쓰여 '말할이가 스스로에게 명제 내용에 대하여 아주낮춤으로 물음'이란 의미적 특성을 가진다.

3.1.2 '-느냐', '-니'[6]

단순형으로 이루어진, 물음법의 아주낮춤 마침씨끝으로는 '-느냐'와 '-니'가 있다. 이들은 의미상 공통점이 많지만 화용적인 쓰임에서 약간

---

6) 물음법의 '-느냐'는 풀이씨 뿌리에 직접 통합될 때, 움직씨 뒤에서는 /-느냐/로, 그림씨 다음에서는 끝이 닿소리이면 /-으냐/로, 홀소리이면 /-냐/로, 잡음씨 다음에서는

의 차이를 보이며, 형태배합에서도 차이를 보이는 일이 있기 때문에 이들을 동일한 형태소로 볼 수는 없다. 곧 '-느냐'와 '-니'는 별개의 마침씨끝으로써 공통적으로는 물음법의 아주낮춤을 나타내는 기능을 한다.

이 글에서는 '-느냐'와 '-니'의 형태·통어적 특성과 아울러 의미·화용적 특성을 기술하되, 공통점과 차이점을 드러내는 데 주안점을 두기로 한다.

3.1.2.1 '-느냐', '-니'의 형태·통어적 특성

아주낮춤의 마침씨끝 '-느냐', '-니'의 형태적 특성으로, 풀이말의 형태론적 구조 안에서 다른 요소와 어떤 제약 관계에 놓이는가에 대하여 논의하기로 한다.

첫째, '-느냐'와 '-니'가 통합관계를 이룰 수 있는 안맺음씨끝 가운데 주체높임 '-시-'와의 통합을 보면, (11)과 같이 월의 주체가 셋째가리킴이고 높임의 대상인 경우에 한하여 자연스럽게 통합될 수 있으며 그 밖에는 통합될 수 없는 제약이 따른다.

(11) ㄱ. <u>**선생님께서**</u> 어디에 가<u>시느냐</u>?
　　 ㄴ. <u>**선생님께서**</u> 어디에 가<u>시니</u>?

둘째, 때매김씨끝과의 통합관계를 보면, '-느냐'와 '-니'는 약간의 차이를 보인다. '-느냐'는 (12)의 ㄱ에서와 같이 어떤 때매김씨끝에도 통합될 수 있어 제약이 없지만, '-니'는 (12)의 ㄴ에서와 같이 '-더-'와 '-으려'에는 통합될 수 없는 제약이 따른다.

/-냐/로 실현된다. 때매김씨끝 다음에 통합되면, 풀이씨가 움직씨일 때 '-더-' 뒤에서는 /-냐/로 실현되나 그 밖에서는 /-느냐/와 /-냐/가 다 쓰일 수 있으며, 그림씨와 잡음씨일 때는 /-냐/로 실현된다. /-니/는 그림씨 뿌리 다음에 통합될 때 그 끝이 닿소리이면 /-으니/로 실현되지만 그 밖의 환경에서는 /-니/로 실현된다.

$$(12) \ \text{ㄱ. 철수가 학교에 가-} \begin{bmatrix} \text{-었-} \\ \text{-겠-} \\ \text{-었었-} \\ \text{-더-} \\ \text{-려-} \end{bmatrix} \underline{\textbf{-느냐}}?$$
네가 학교에 가-

$$(12) \ \text{ㄴ. 철수가 학교에 가-} \begin{bmatrix} \text{-었-} \\ \text{-겠-} \\ \text{-었었-} \\ \text{* -더-} \\ \text{* -려-} \end{bmatrix} \textbf{-니}?$$
네가 학교에 가-

임자말이 둘째가리킴인 월에서 '-느냐'가 '-으려-'와 통합되는 경우에는 (13)과 같이 '-느냐'가 /-ㄴ/으로 실현되는 일이 있다.

    (13) ㄱ. <u>**네가**</u> 그것을 <u>**보려느냐**</u>?
         ⇒네가 그것을 **보련**?
        ㄴ. <u>**네가**</u> 그 일을 <u>하**려느냐**</u>?
         ⇒네가 그 일을 하**련**?

위 보기에서와 같이 /-느냐/는 /-ㄴ/으로 별 차이 없이 치환될 수 있지만, /-느냐/에 비하여 /-ㄴ/은 어린이에게 주로 사용하되 친밀감을 가지는 표현이라고 할 수 있기 때문에 /-느냐/와 /-ㄴ/은 화용적인 면에서 약간의 차이를 보이는 셈이다.

'-느냐'가 '-더-'와 통합되면, 일반적으로 '-더냐'로 실현되지만 (14)와 같이 '-던'으로 축약되어 실현되기도 한다. 주로 어른이 어린이에게 친밀감을 가지고 발화하는 경우에 '-던'으로 실현된다. '-던'은 그 자체가 마침씨끝이 아니고, 때매김의 '-더-'와 마침씨끝 /-ㄴ/으로 분석된다.

    (14) ㄱ. 누가 그러**더냐**?
         ⇒누가 그러**던**?

ㄴ. 철수가 학교에 가<u>더냐</u>?
⇒철수가 학교에 가<u>던</u>?

위 보기에서 '-더냐'가 '-던'으로 줄어든 것으로 볼 수 있지만, 이들은 화용적으로 약간의 차이를 보여, '-던'이 어린이에게 친밀감을 가지는 경우에 제한적으로 사용된다.

셋째, '-느냐'와 '-니'는 (15)와 같이 움직씨(ㄱ), 그림씨(ㄴ), 잡음씨(ㄷ) 등 풀이씨 뿌리의 종류에 관계없이 자유로이 통합될 수 있어 풀이씨 뿌리에 대한 제약은 없다.

(15) ㄱ. 철수가 학교에 <u>**가-느냐**</u>?/<u>**가-니**</u>?
ㄴ. 날씨가 <u>**좋-으냐**</u>?/<u>**좋-으니**</u>?
ㄷ. 철수가 학생<u>**이-냐**</u>?/학생<u>**이-니**</u>?

넷째, '-느냐'와 '-니' 뒤에는 (16)과 같이 들을이높임의 '요'만이 아니라 느낌토씨 '그려'도 통합될 수 없는 제약이 있다.

(16) ㄱ. * 철수가 학교에 <u>**가느냐-요**</u>?/ * <u>가느냐-그려</u>?
ㄴ. * 철수가 학교에 <u>**가니-요**</u>?/ * <u>가니-그려</u>?

아주낮춤의 마침씨끝 '-느냐', '-니'와 통어론적으로 공기관계를 이루는 요소들과의 제약에 관하여 논의하기로 한다.

첫째, 마침씨끝이 '-느냐'와 '-니'인 월의 끝에는 물음말이 있고 없음에 따라 다른 종류의 절종결이 놓이는데, (17)과 같이 여느 물음법 마침씨끝에서와 마찬가지로 물음말이 있으면 '내림'의 절종결이, 없으면 '올림'의 절종결이 놓인다.

(17) ㄱ. 철수가 어디에 <u>**가느냐**</u>(↘)?/<u>**가니**</u>(↘)?
ㄴ. 철수가 학교에 <u>**가느냐**</u>(↗)?/<u>**가니**</u>(↗)?

둘째, '-느냐'와 '-니'에 공기될 수 있는 임자말의 가리킴 제약에 대하여 살피면, (18)과 같이 첫째가리킴(ㄱ), 둘째가리킴(ㄴ), 셋째가리킴(ㄷ)의 임자말과 자연스럽게 공기될 수 있어 임자말의 가리킴 제약은 따르지 않는다.

> (18) ㄱ. **내가** 어디에 가**느냐**?/가**니**?
> ㄴ. **네가** 어디에 가**느냐**?/가**니**?
> ㄷ. **저분이** 어디에 가**느냐**?/가**니**?

셋째, '-느냐'와 '-니'가 마침씨끝으로 쓰인 월이 건너 따옴월로 포함될 때, '-느냐'와 '-니'는 (19)와 같이 동일한 형태인 물음법 마침씨끝 중화형태 '-느냐'로 실현된다.

> (19) ㄱ. 갑→을 : 철수가 학교에 가**느냐**?
> 을→병 : (갑이 나에게) 철수가 학교에 가**느냐**고 한다.
> ㄴ. 갑→을 : 철수가 학교에 가**니**?
> 을→병 : (갑이 나에게) 철수가 학교에 가**느냐**고 한다.

넷째. '-느냐'와 '-니'가 공기관계를 이룰 수 있는 어찌말을 살피면, (20)과 같이 때어찌말과의 공기관계에는 제약이 없음을 알 수 있다.

> (20) ㄱ. 철수가 **지금(이따가, 내일 …)** 학교에 가**느냐**?/가**니**?
> ㄴ. 철수가 **방금(아까, 어제 …)** 학교에 갔**느냐**?/갔**니**?

'-느냐'와 '-니'는 (21)과 같이 확실성이 강한 어찌말(ㄱ)만이 아니라 확실성이 약한 어찌말(ㄴ)과도 자연스럽게 공기관계를 이룰 수 있어 제약이 따르지 않는다.

> (21) ㄱ. 철수가 **틀림없이(확실히, 반드시 …)** 학교에 가겠**느냐**?/가겠**니**?
> ㄴ. 철수가 **아마(어쩌면, 혹시 …)** 학교에 가겠**느냐**?/가겠**니**?

이와 같이 물음법의 '-느냐'와 '-니'는 일부 때매김씨끝과의 통합관계 제약에서의 차이를 제외하면 형태·통어적 특성이 일치한다.

3.1.2.2 '-느냐', '-니'의 의미·화용적 특성

'-느냐'와 '-니'가 마침씨끝으로 쓰인 월은 말할이의 혼잣말인 단독적 장면에서는 쓰이지 않고 상관적 장면에서만 쓰이는 제약이 따른다. 또한 이들 마침씨끝은 (22)와 같이 여느 물음법 마침씨끝과 마찬가지로 반어적인 용법으로도 쓰인다.

> (22) ㄱ. 양심이 밥 먹여 주**냐**?
> ㄴ. 네가 말 않으면 모를 줄 아**니**?

위 보기는 표면적으로는 물음법의 형태를 취하고 있으나, 내면적으로는 ㄱ은 '양심이 밥 먹여 주지 않는다'란 의미를, ㄴ은 '네가 말을 하지 않아도 알 수 있다'라는 의미를 반어적으로 나타낸다. 곧 (22)는 내면적으로 표면상과는 반대적인 의미로 서술법의 수행력을 보인다.

> (23) ㄱ. 넌 집에 안 가**느냐**?
> ㄴ. 가게에 가서 사과 좀 사다 주겠**니**?

위 보기는 표면 그대로의 물음월로 이해되기도 하지만, 경우에 따라서는 ㄱ은 '넌 집에 가라'로, ㄴ은 '가게에 가서 사과 좀 사다 달라'는 의미로도 해석되어, 이들 마침씨끝은 시킴법의 수행력을 나타내기도 한다.

> (24) ㄱ. 너도 자는 것이 어떠**냐**?
> ㄴ. 너도 같이 가겠**니**?

위 보기도 표면 그대로의 물음월로도 이해되지만, 상황에 따라서는 ㄱ은 '너도 같이 자자'로, ㄴ은 '너도 같이 가자'는 의미로도 해석되기 때문에 '-느냐'와 '-니'는 꾀임법의 수행력을 가지기도 함을 알 수 있다.

이와 같이 '-느냐'와 '-니'는 반어적 용법으로 쓰이어 표면상의 의미와는 반대의 서술법, 물음법, 시킴법의 수행력을 가진다.

'-느냐'와 '-니'의 기본적 의미는 공통적으로 '말할이가 들을이에게 명제 내용을 아주낮춤으로 물음'이라고 할 수 있다. 그러나 화용적인 면에서 보면, '-느냐'와 '-니'는 차이를 보여 '-니'는 '-느냐'보다 더 친밀하고 부드러운 느낌을 준다. 그렇기 때문에 '-니'에는 '-느냐'보다 [+친밀], [+부드러움]이란 의미 자질이 더 포함되어 있다고 할 수 있다.

'-느냐'와 '-니'는 기본적 의미가 같기 때문에 사전적 처리(한글학회 편저; 새한글사전, 신기철 · 신용철 편저; 새우리말 큰사전) 방법과 같이 '-니'를 '-느냐'의 준말로 다룰 수도 있지만, 이들은 형태배합에서 약간의 차이를 보이며, 의미적 특성에서도 기본적 의미는 같다고 하더라도 화용적인 면에서 차이를 보이기 때문에 '-느냐'와 '-니'는 각각 별개의 마침씨끝에 해당한다.

3.1.3 '-자'

들을이높임의 정도가 아주낮춤이면서 꾀임법의 마침씨끝으로 쓰이는 형태로는 /-자/와 /-자꾸나/가 있다. 이들은 어떤 환경에서도 자유스럽게 대치가 가능하며, /-자/이든 /-자꾸나/이든 화용적인 면에서 어감상의 차이만 보일 뿐이고 기본적인 의미에서는 그리 큰 차이가 없음을 (25)의 '가'와 '나'의 비교를 통해 확인할 수 있다.

> (25) ㄱ. 가. 어디 한 곡조 들어보**자**.
> 　　　 나. 어디 한 곡조 들어보**자꾸나**.
> 　　ㄴ. 가. 속시원히 알기나 하**자**.
> 　　　 나. 속시원히 알기나 하**자꾸나**.

위 보기에서 /-자/와 /-자꾸나/는 기본적 의미의 차이 없이 교체되어 쓰일 수 있지만, '나'가 '가'에 비하여 더 친근감을 주는 언어 표현이기 때문에 /-자꾸나/는 /-자/의 의미에 화용적 의미로 [+친근감]의 의미 자질이 더 포함되어 있다고 할 수 있다.

그렇다면 여기서 문제로 제기할 수 있는 점은 /-자꾸나/가 마침씨끝 '-자'에 [+친근감]의 /-꾸나/가 통합된 것으로 볼 수 있느냐 하는 점이다. 이렇게 본다면 /-꾸나/를 어떻게 처리하느냐의 문제가 남게 된다. 마침씨끝 다음에는 특수토씨가 결합될 수 있기 때문에 특수토씨로 처리할 수 있는 점에 따라 [친근감]의 의미 자질을 가지는 특수토씨로 간주할 수 있다. 그러나 /-꾸나/는 분포 제약이 극심하여 '-자'에만 통합될 뿐이고 어떤 마침씨끝과도 통합될 수 없기 때문에 토씨로 처리하는 데에도 무리가 따르게 된다. 에컨대 (26)의 마침씨끝은 모두 꾀임법에 해당하지만, /-꾸나/가 결합되면 ㄱ만이 적격한 월임을 알 수 있다.[7]

(26) ㄱ. 극장에 가**자꾸나**.
　　 ㄴ. * 극장에 가**세꾸나**.
　　 ㄷ. * 극장에 가**꾸나**.
　　 ㄹ. * 극장에 갑**시다꾸나**.

위 보기와 같이 /-자꾸나/를 '-자'와 '꾸나'의 통합으로 된 복합형으로 처리하는 데 문제점이 따르기 때문에 이를 단순형으로 보아 '-자'의 변이형태로 다룰 수도 있다. 곧 /-자/와 /-자꾸나/는 기본적 의미의 차이 없이 어떤 환경에서도 자유대치가 가능하여 형태·통어적 특성에서 차이가 없으며, 화용적인 면에서의 약간의 차이 외에는 대체적으로 동일

---

7) /-꾸나/는 아래 보기와 같이 '-자'와 들을이높임의 정도가 동일한 아주낮춤의 다른 마침씨끝에도 통합되는 일이 결코 없다.
　(보기) ㄱ. * 철수가 학교에 간**다꾸나**.
　　　 ㄴ. * 철수가 하교에 가**니꾸나**?
　　　 ㄷ. * 철수가 학교에 가**거라꾸나**.

하기 때문에 /-자/와 /-자꾸나/를 동일한 형태소의 자유변이형태로 다룰 수도 있다.[8]

그러나 /-자/와 /-자꾸나/는 형태·통어적 특성에서 차이가 없고, 의미상으로도 /-자꾸나/는 '-자'의 의미에 [+친근감]의 의미가 덧붙어 있기 때문에 /-자꾸나/는 '-자'에 [+친근감]의 의미를 가지는 특수토씨 '꾸나'가 덧붙은 꼴로 보는 것이 합리적이다. 마침씨끝 뒤에 통합되는 특수토씨인 경우에 분포의 제약이 따르는 것들도 있는 점으로 보아 비록 '꾸나'가 분포 제약이 심하더라도 특수토씨로 보는 데는 별 무리가 따르지 않는다.

3.1.3.1 '-자'의 형태·통어적 특성

아주낮춤의 마침씨끝 '-자'의 형태적 특성으로 풀이말의 형태론적 구조 안에서 다른 요소와 어떤 제약 관계에 놓이는가에 대하여 논의하기로 한다.

첫째, '-자'와 통합관계를 이루는 안맺음씨끝 가운데 주체높임 '-시-'는 통합될 수 없는 제약이 따른다. 마침씨끝이 '-자'인 월은 주체가 말할이와 들을이인데, 들을이를 낮추면서 주체로서는 높일 수 없으며, 아울러 말할이가 자신을 높이지 않는 우리말의 일반적 특성에 따라 '-시-'는 통합될 수 없다.

둘째, 때매김씨끝과의 통합관계를 보면, '-자'는 (27)과 같이 어떤 때매김씨끝과도 통합이 불가능하며 풀이씨 뿌리에 직접 통합된다. 이 점은 꾀임법 씨끝의 일반적 특성에 해당하며 '-자'만의 고유한 특성은 아니다.

---

8) 한길(1991:252)에서 이와 같은 주장을 펼친 바 있다.

$$(27)\ 우리가\ 그\ 일을\ 하- \begin{bmatrix} *\ -었- \\ *\ -겠- \\ *\ -었었- \\ *\ -더- \\ *\ -려- \end{bmatrix} -자.$$

셋째, '-자'와 풀이씨 뿌리와의 통합관계를 보면, (28)과 같이 행동성 움직씨 뿌리(ㄱ)에만 통합 가능할 뿐이고 그 밖의 풀이씨 뿌리에는 통합될 수 없는 제약이 따른다. 이 제약도 꾀임법 마침씨끝의 일반적 제약에 해당한다.

(28) ㄱ. 이제 그만 집에 **가-자**.
　　 ㄴ. * 우리가 **아름답-자**.
　　 ㄷ. * 우리가 이 학교 학생**이-자**.

넷째, '-자' 뒤에 놓이는 요소를 보면, (29)와 같이 들을이높임의 '요'와 느낌토씨 '그려'는 통합될 수 없지만 [+친밀감]의 의미 자질을 가지는 특수토씨 '꾸나'는 통합될 수 있다.[9]

(29) ㄱ. * 우리가 그 일을 하**자요**.
　　 ㄴ. * 우리가 그 일을 하**자그려**.
　　 ㄷ. 우리가 그 일을 하**자꾸나**.

아주낮춤의 마침씨끝 '-자'와 통어론적으로 공기관계를 이루는 요소들과의 제약에 관하여 논의하기로 한다.

첫째, 마침씨끝이 '-자'인 월 뒤에는 (30)과 같이 '내림'의 절종결이 놓인다. 그렇게 되면 의향법상 서술법이나 꾀임법에 해당되지만 건너

---

9) 아주낮춤의 '-자'와 예사낮춤 '-세'의 형태배합의 차이는 '그려'와 '꾸나'의 통합 가능성 차이에 있다. 곧 '-세' 뒤에는 '그려'는 통합될 수 있으나 '꾸나'는 통합될 수 없지만 '-자' 다음에는 '그려'는 통합될 수 없으나 '꾸나'는 통합될 수 있다.

따옴월에서의 중화형태로 보아 꾀임법 마침씨끝임이 증명된다.

(30) ㄱ. 우리가 내일 그 일을 하**자**(↘).
ㄴ. 나와 함께 거기에 가 보**자**(↘).

둘째, '-자'와 공기관계를 이룰 수 있는 임자말 가리킴에 대한 제약을
보면, 주로 첫째가리킴 임자말과 공기될 수 있는데, (31)의 ㄱ과 같이
첫째가리킴 임자말이라도 어휘상의 제약이 따르게 되어 아주낮춤의 정
도에 해당하는 어휘는 공기될 수 없다. 또한 (31)의 ㄴ과 같이 말할이와
들을이를 동시에 가리키는 어휘들 가운데에서도 아주낮춤의 정도에 해
당하는 낱말과는 공기될 수 없다. 그러나 들을이에 관한 어휘는 (31)의
ㄷ과 같이 아주낮춤의 낱말만이 공기될 수 있는 제약이 따른다.

(31) ㄱ. 그 일은 **내가**(* **제가**) 하**자**.
ㄴ. **우리가**(* **저희들이**) 그 일을 하**자**.
ㄷ. **너와 내가**(* **자네와 내가**, * **당신과 제가**, * **당신과 내가**) 그
일을 하**자**.

셋째, 마침씨끝이 '-자'인 월이 건너 따옴월로 포함될 때, '-자'는 (32)
와 같이 꾀임법 마침씨끝의 중화형태인 '-자'로 실현된다.

(32) ㄱ. 갑→을 : **내가** 그 일을 하**자**.
을→병 : (갑이 나에게) 자기가 그 일을 하**자**고 한다.
ㄴ. 갑→을 : **우리가** 내일 다시 찾아보**자**.
을→병 : (갑이 나에게) **자기와 내가** 내일 다시 찾아보자고 한다.

위와 같이 '-자'는 임자말이 첫째가리킴 홑셈(ㄱ)이건 겹셈(ㄴ)이건 관
계없이 꾀임법의 중화형태인 '-자'로 실현됨을 알 수 있다.
넷째, '-자'와 공기관계를 이룰 수 있는 때어찌말을 보면, (33)과 같이
현재를 포함한 올적의 때어찌말과만 공기될 뿐이고 과거시의 때어찌말

과는 공기될 수 없다.

> (33) ㄱ. **지금(이따가, 내일, 내년에 …)** 그 일을 하**자**.
> ㄴ. * **방금(좀 전에, 어제, 지난주에 …)** 그 일을 하**자**.

이와 같은 제약은 꾀임법 마침씨끝의 공통적 특성으로, 꾀임법 마침씨끝은 명제 내용에 대해 함께 행동에 옮길 것을 들을이에게 제안하기 때문에 지난적의 때어찌말과는 공기될 수 없다.

3.1.3.2 '-자'의 의미·화용적 특성

아주낮춤의 꾀임법 마침씨끝 '-자'는 주로 말할이가 들을이를 강하게 의식하는 상관적 장면에서 쓰이지만, (34)와 같이 들을이를 의식하지 않는 단독적 장면에서도 쓰이는 일이 있다.

> (34) ㄱ. 내년에는 꼭 그 일을 마치**자**.
> ㄴ. 이번 시험에 꼭 일등을 하**자**.

위 보기는 들을이를 전제하지 않은 말할이의 혼잣말로 해석되기도 하는데,10) 그렇게 되면 명제 내용에 대한 말할이 자신의 다짐이나 결심, 의도를 나타내게 된다.11)

일반적으로 '-자'는 말할이가 들을이에게 명제 내용을 함께 하기를 제안하는 경우에 쓰이지만, 상황에 따라서는 (35)와 같이 들을이에게만

---

10) 혼잣말로 쓰이는 '-자'에 대하여 양인석(1976:123)은 "화자가 자기를 두 개의 자아 즉 화자인 자아와 청자인 자아로 나누어 생각하는 경우이다. 이런 경우에는 화자인 자아만이 언어행위에 참여하고 청자인 자아는 그에 협조하는 격이라 생각된다."고 하였다.

11) '-자'가 이런 용법으로 쓰일 때에는 특수토씨 '꾸나'가 통합될 수 없다. 통합되어 자연스러운 월이 되더라도 의미와 용법이 달라지게 된다. 곧 (34)의 ㄱ이 '내년에 그 일을 마치자꾸나'로 되면, 말할이의 혼잣말이 아니라 들을이에게 제안하는 의미로 제한된다. '-자'가 혼잣말일 때 [+친밀감]의 '그려'가 통합될 수 없는 까닭은 말할이가 스스로에게 하는 말이기 때문이다.

명제 내용을 할 것을 요구하기도 한다.

> (35) ㄱ. 사회 좀 똑똑히 **보자**.
> ㄴ. 좀 천천히 읽**자**.

위 보기에서 말할이는 명제 내용의 행위 수행에 참여하지 않는 상황으로, ㄱ은 들을이가 사회자이고, ㄴ은 들을이가 책을 읽는 사람인데, 표면상으로는 이들 들을이에게 함께 할 것을 제안하는 형식이지만, 실제적으로는 들을이에게 '명제 내용을 시킴'의 수행력을 보이고 있다. (35)를 의미상 차이 없이 되쓰기하면 (36)과 같다.

> (36) ㄱ. 사회 좀 똑똑히 **보아라**.
> ㄴ. 좀 천천히 읽**어라**.

곧 (36)의 의미를 꾀임법의 형식을 취하여 간접적으로 시킴을 나타낸다고 하겠다.

그리고 '-자'는 (37)의 ㄱ과 같이 명제 내용에 대하여 말할이 자신만이 행동에 옮길 것을 들을이에게 제안하는 경우에도 쓰이며, ㄴ과 같이 명제 내용에 대하여 들을이에게 행동에 옮길 것을 요구하는 데 쓰이는데, 이 때 임자말은 ㄱ은 말할이로 첫째가리킴에 해당하고, ㄴ은 들을이로 둘째가리킴에 해당한다.[12]

> (37) ㄱ. 그 일은 **내가** 하**자**. / **나** 좀 내리**자**.
> ㄴ. (**네가**) 공부 좀 열심히 하**자**. / (**네가**) 좀 그 일을 하**자**.

---

12) 양인석(1976:122)에 따르면, ㄴ과 같이 말할이만 행동에 참여하는 경우에는 들을이가 그 언어행위를 수행함에 있어서 직접, 간접으로 협조해야 하며, ㄷ과 같이 들을이만 행동에 참여하는 경우에는 말할이가 협조해야 한다는 전제조건이 있을 때에만 쓰이게 된다.

위 보기에서처럼 임자말이 첫째가리킴 홑셈이면, 말할이가 들을이에게 함께 명제 내용을 하기를 제안하는 것이 아니라 말할이 자신만이 행동에 옮길 것을 제안하게 되고, 둘째가리킴인 경우에는 말할이가 들을이에게 들을이가 행동에 옮길 것을 제안하게 된다.

'-자'는 임자말이 말할이와 들을이를 동시에 가리키는 낱말이면 함께 같이 행동에 옮길 것을 제안하게 되고, 첫째가리킴 홑셈일 때에는 말할이 자신이 행동을 하도록 해 주기를 제안하는 데 쓰며, 둘째가리킴일 때에는 들을이가 행동할 것을 제안하는 데 쓰인다. 이를 바탕으로 공통적 의미를 추출하면, '-자'는 '말할이가 들을이에게 명제 내용을 하기를 아주낮춤으로 제안함'이란 의미적 특성을 가지게 된다.

3.1.4 '-어라'

언어형식 /-어라/는 통합되는 풀이씨 뿌리의 종류에 따라 의미가 달라진다. 움직씨 뿌리에 붙는 /-어라/는 '시킴'을, 그림씨와 잡음씨 뿌리에 붙는 /-어라/는 '느낌'을 나타내게 되며, 의향법에서도 차이를 가져오게 되기 때문에 이들은 각각 다른 형태소가 된다. 그러므로 느낌의 '-어라'와 시킴의 '-어라'로 갈라 살펴야 한다.

3.1.4.1 느낌의 '-어라'

느낌의 마침씨끝 '-어라'는 놓이는 환경에 따라 변이형태 /-어라/, /-아라/, /-여라/로 실현된다. 느낌의 '-어라'는 건너 따옴월에서 서술법의 중화형태인 '-다'로 실현되기 때문에 의향법에서는 일차적으로 서술법에 해당한다.

1) '-어라'의 형태·통어적 특성

느낌을 나타내는 아주낮춤의 마침씨끝 '-어라'의 형태적 특성으로, 풀이말의 형태론적 구조 안에서 다른 요소와 어떤 제약 관계에 놓이는가에 대하여 논의하기로 한다.

첫째, 느낌의 '-어라'가 통합관계를 이룰 수 있는 안맺음씨끝 가운데 주체높임의 '-시-'가 통합될 수 있다. 월의 주체가 셋째가리킴이고 높임의 대상이면 '-시-'의 통합은 당연하지만 둘째가리킴인 경우에도 '-시-'가 자연스럽게 통합될 수 있다. 여느 아주낮춤의 마침씨끝들은 둘째가리킴 월에서는 '-시-'가 통합될 수 없지만 느낌의 '-어라'에서는 통합이 가능하여 특이성을 보이는데, 이와 같은 까닭은 화용적 측면에서 보면 쉽게 설명될 수 있다. 곧 느낌의 '-어라'는 들을이를 거의 의식하지 않는 단독적 장면에서 쓰이기 때문이다.

(38) ㄱ. **김 선생님은(=제3자)** 훌륭하기도 하**셔라**.
ㄴ. **도련님은(=들을이)** 부지런하기도 하**셔라**.

위 보기에서 ㄱ은 월의 주체가 셋째가리킴이며 높임의 대상이기 때문에 '-시-' 통합이 자명하지만, ㄴ은 월의 주체와 들을이가 동일인이데도, 형식상으로 들을이로서는 아주 낮추고 주체로서는 높이는 모순을 보인다. 그러나 ㄴ은 들을이를 의식하지 않는 말할이의 혼잣말에 가깝기 때문에 들을이를 낮춘 것으로 보이지 않아 '-시-'가 통합되더라도 적격한 월이 된다.

둘째, 때매김씨끝과의 통합관계를 보면, 느낌의 '-어라'는 (39)와 같이 어떤 때매김씨끝과도 통합될 수 없는 제약이 따른다.

$$(39)\ 기쁨이\ 그지없-\ \begin{bmatrix} *\ -었- \\ *\ -겠- \\ *\ -었었- \\ *\ -더- \\ *\ -러- \end{bmatrix}\ \textbf{-어라}.$$

셋째, 느낌의 '-어라'와 통합관계를 이룰 수 있는 풀이씨의 뿌리에 대한 제약을 보면, (40)과 같이 그림씨(ㄴ)와 잡음씨(ㄷ) 뿌리에만 직접 통합될 뿐이며 움직씨(ㄱ) 뿌리에는 통합될 수 없는 제약이 따른다.

(40) ㄱ. * 저분이 집에 **가-아라**.
ㄴ. 기분이 **좋-아라**.
ㄷ. 저 아이는 갸륵한 어린이**이-어라**.

위 보기의 ㄷ에서와 같이 '-어라'는 잡음씨 뿌리에 통합될 수 있지만 이는 입말에서보다는 글말에서 주로 사용되는 제약을 보이며, 또한 예스러운 느낌을 주기 때문에 느낌의 '-어라'는 대체로 그림씨의 뿌리에 통합되는 특성을 보인다.

넷째, 느낌의 '-어라' 뒤에는 (41)과 같이 들을이높임의 '요'만이 아니라 느낌토씨 '그려'도 통합되지 않는 제약이 따른다.

(41) ㄱ. * 부장님은 참 부지런하시기도 하**여라요**.
ㄴ. * 부장님은 참 부지런하시기도 하**여라그려**.

느낌의 '-어라'와 통어론적으로 공기관계를 이루는 요소들과의 제약에 관하여 논의하기로 한다.

첫째, 마침씨끝이 느낌의 '-어라'인 월 끝에는 (42)와 같이 '내림'의 절종결이 놓인다.

(42) ㄱ. 곱기도 하**여라**(↘).
ㄴ. 아이구, 어지러**워라**(↘).

둘째, 느낌의 '-어라'와 공기관계를 이룰 수 있는 임자말의 가리킴 제약을 보면, (43)과 같이 둘째가리킴과 셋째가리킴 임자말과는 자연스럽게 공기될 수 있다.

(43) ㄱ. * **내가** 몹시 피곤하**여라**.
   ㄴ. **너는** 참 어리석기도 하**여라**.
   ㄷ. **저분은** 참 곱기도 하**여라**.

위 보기에서 ㄱ은 부자연스러운 월이지만 임자말인 '내가' 생략되면 적격한 월이 된다.[13] 곧 '몹시 피곤하여라'가 되면 자연스러운 월이 되며, 이 월의 임자말로 '내가'를 상정할 수 있다. 그렇다면 느낌의 '-어라'는 실질적으로는 임자말의 가리킴 제약은 없는 셈이다.

셋째, '-어라'가 마침씨끝으로 쓰인 월이 건너 따옴월에 포함될 때, 느낌의 '-어라'는 (44)와 같이 서술법 마침씨끝의 중화형태인 '-다'로 실현되며, 앞에서 살핀 바와 같이 '내림'의 절종결이 놓임으로 보아 의향법에서 서술법에 해당됨이 증명된다.

(44) ㄱ. 갑→을 : 고맙기도 하**여라**.
      을→병 : 갑이 나에게 고맙기도 하**다**고 한다.
   ㄴ. 갑→을 : 어지러**워라**.
      을→병 : 갑이 자기가 어지럽**다**고 한다.

넷째, 느낌의 '-어라'와 공기관계를 이룰 수 있는 때어찌말을 보면, (45)와 같이 이적의 때어찌말과만 공기될 뿐이고 미래나 지난적의 때어찌말과는 공기될 수 없는 제약이 따른다.

(45) ㄱ. **지금(현재 …)** 몹시 더**워라**.
   ㄴ. * **아까(방금, 좀 전에 …)** 몹시 더**워라**.
   ㄷ. * **이따가(내일, 다음에 …)** 몹시 더**워라**.

2) '-어라'의 의미·화용적 특성

느낌의 '-어라'가 마침씨끝으로 쓰인 월이 사용되는 장면을 보면, 앞에

---

13) 느낌의 '-어라'는 주로 말할이의 혼잣말로 쓰이기 때문에 말할이가 자신을 나타내는 임자말은 굳이 나타낼 필요가 없기 때문인 것 같다.

서 언급한 바와 같이 주로 말할이의 혼잣말인 단독적 장면에서 쓰이며, 들을이에게 발화하더라도 들을이를 의식하는 정도가 극히 작다. 그리고 말할이가 명제 내용에 대한 현재의 느낌을 서술하는 경우에 사용된다.[14]

'-어라'의 쓰임을 통하여 그 의미적 특성을 파악할 수 있는데, 느낌의 '-어라'는 형태배합상 때매김씨끝과의 통합이 불가능하고 과거나 올적의 때어찌말과 공기될 수 없음으로 보아, '-어라'는 '말할이가 명제 내용에 대한 현재의 느낌을 아주낮춤으로 서술함'이란 의미적 특성을 가진다.

3.1.4.2 시킴의 '-어라'

시킴의 '-어라'는 앞의 환경에 따라 변이형태로 /-어라/, /-아라/, /-여라/, /-거라/, /-너라/로 실현된다. 곧 '-어라' 앞의 음성적 환경에 따라 앞 음절의 홀소리가 양성이면 /-아라/로, 음성이면 /-어라/로 실현되고, 앞의 형태적 조건에 따라 풀이씨 뿌리가 '하-'이면 /-여라/로, '오-'이면 /-너라/로, '가-'이면 /-거라/로 실현된다. 지금 말에서는 (46)과 같이 /-여라/는 필수적이지만 /-거라/와 /-너라/는 수의적으로 실현되는 변이형태들이다.[15]

> (46) ㄱ. 열심히 공부**하여라**./ * **하아라**.
>
> ㄴ. 학교에 **오너라**.[16]/**오아라**.
>
> ㄷ. 학교에 **가거라**./**가아라**.

---

14) 현재의 느낌만을 서술하는 까닭은 '-어라'가 이적의 때어찌말과만 공기하기 때문이라고 할 수 있다.

15) /-너라/와 /-거라/가 단순히 '-어라'의 변이형태에 국한되는 것은 아니고, '-어라'와 쓰임에서 차이를 보이기도 한다. 양인석(1976:131)에서 "명령형에서 명령자와 수명자간의 간격이 가장 큰 것이 '너라', '거라'이다. 이들은 부모가 어린 자식에게, 또는 어른이 어린애에게, 주인이 아주 손아래의 하인에게, 따위에서 쓸 수 있는 것으로서, 화자의 입장을 격조 높인 말씨이다."라고 지적한 바와 같이 /-너라/와 /-거라/는 말할이가 성인이며 들을이가 어린이나 나이 차이가 많은 경우에 한하여 쓰이는 점에서 '-어라'는 약간의 차이를 보이기도 한다.

16) /-너라/는 어른이 어린이에게 말할 때, 수의적으로 /-ㄴ/으로 실현되기도 하여 '학교에 온., 이리 온' 따위로 쓰이기도 한다. /-ㄴ/은 /-너라/에 비하여 친근한 말맛을 준다.

이와 같이 /-거라/와 /-너라/는 수의적으로 적용되는 변이형태임을 알 수 있다. 이 가운데 /-거라/는 (47)과 같이 풀이씨 뿌리 '가-' 이외의 여러 풀이씨 뿌리에 통합되기도 한다.

> (47) ㄱ. 너도 어서 채비를 **하거라**.
> ㄴ. 부지런히 먹고 부지런히 **크거라**.
> ㄷ. 너희들은 저편으로 가 **있거라**.

여기에서 문제로 제기될 수 있는 점은 (47)처럼 /-거라/로 실현될 때와 (48)에서와 같이 /-여라/, /-어라/로 실현될 때, 형태·통어적 차이나 의미·화용적 차이가 나느냐 하는 점이다. 만일 뚜렷한 차이가 있음이 발견된다면 (47)의 /-거라/는 (48)의 '-어라'와는 별개의 형태소가 될 것이다.

> (48) ㄱ. 너도 어서 채비를 **하여라**.
> ㄴ. 부지런히 먹고 부지런히 **크어라**.
> ㄷ. 너희들은 저편으로 가 **있어라**.

(47)과 (48)을 비교해 보면, 형태·통어적 차이나 의미적 차이는 발견되지 않는다. 다만 화용적인 면에서 약간의 차이를 보여 (48)에 비해 (47)은 입말에서 주로 쓰이며, 말할이가 들을이에 대하여 좀더 권위적인 태도를 보이고 예스런 느낌을 준다고 할 수 있다. 그러므로 (47)의 /-거라/도 '-어라'의 수의적 변이형태 가운데 하나로 처리하더라도 그리 큰 문제는 없을 성싶다.

1) '-어라'의 형태·통어적 특성

시킴을 나타내는 아주낮춤의 마침씨끝 '-어라'의 형태적 특성으로, 풀이말의 형태론적 구조 안에서 다른 요소와 어떤 제약 관계에 놓이는가에 대하여 논의하기로 한다.

첫째, 시킴의 '-어라'가 통합관계를 이룰 수 있는 안맺음씨끝 가운데

주체높임의 '-시-'가 통합될 수 없다. 이와 같은 까닭은 시킴의 '-어라'
가 마침씨끝인 월은 월의 주체가 들을이이기 때문이다. 곧 동일인을 들
을이로서는 아주 낮추면서 월의 주체로서는 높일 수 없으므로 '-시-'의
통합이 불가능하다.

둘째, 때매김씨끝과의 통합관계를 보면, 시킴의 '-어라'는 (49)와 같이
어떤 때매김씨끝과도 통합될 수 없는 제약이 따른다. 이 제약은 시킴법
마침씨끝들의 일반적 특성이기도 하다.

$$
(49) \text{ 어서 밥을 먹-} \begin{bmatrix} * \text{-었-} \\ * \text{-겠-} \\ * \text{-었었-} \\ * \text{-더-} \\ * \text{-려-} \end{bmatrix} \text{-어라.}
$$

셋째, 시킴의 '-어라'는 풀이씨 뿌리와의 통합에서 제약이 따른다.[17]
(50)과 같이 시킴의 '-어라'는 [+행동성] 움직씨에만 통합될 뿐이고 그
밖의 풀이씨 뿌리에는 통합되지 않는다. 이 제약도 모든 시킴법 마침씨
끝의 공통적 특성에 해당한다.

    (50) ㄱ. 네가 학교에 **가-거라**.
        ㄴ. * 네가 오늘 **바쁘-어라**.
        ㄷ. * 네가 이 학교 학생**이-어라**.

넷째, '-어라' (50)과 같이 뒤에는 들을이높임의 '요'만이 아니라 느낌
토씨 '그려'도 통합되지 않는다.

---

17) 풀이씨 뿌리가 '주-'인 경우에는 아래 보기 ㄱ과 같이 보충법에 의해 '다오'로 실
    현되는데, 그렇지 않고 ㄴ과 같이 그대로 '주어라'로 실현되기도 한다. 젊은 세대
    나 그 이하 세대에서는 뒤의 형태가 더 일반적으로 쓰인다.
    ㄱ. 그 사과 나 좀 **다오**.
    ㄴ. 그 사과 나 좀 **주어라**.

(51) ㄱ. * 어서 밥을 먹**어라요**.

   ㄴ. * 어서 밥을 먹**어라그려**.

시킴의 '-어라'와 통어론적으로 공기관계를 이루는 요소들과의 제약
에 관하여 논의하기로 한다.

첫째, 마침씨끝이 시킴의 '-어라'인 월 끝에는 (52)와 같이 '끊음'의
절종결이 놓여, 여느 시킴법 마침씨끝들에서와 동일하다.

(52) ㄱ. 어서 밥을 먹**어라**(↓).

   ㄴ. 학교에 가**거라**(↓).

둘째, 시킴의 '-어라'와 공기관계를 이룰 수 있는 임자말의 가리킴 제
약을 살피면, 시킴법 마침씨끝의 일반적 제약과 마찬가지로 둘째가리킴
임자말과만 공기될 수 있는 제약이 따른다. 그러나 '-어라'는 (53)과 같
이 둘째가리킴 임자말에도 어휘상의 제약이 따르게 되어 아주낮춤에
해당하는 낱말들과만 공기될 수 있는 제약이 따른다.

(53) ㄱ. **네가** 학교에 가**거라**.

   ㄴ. * **자네가** 학교에 가**거라**.

   ㄷ. * **당신이** 학교에 가**거라**.

   ㄹ. * **선생님께서**(=둘째가리킴) 학교에 가**거라**.

셋째, 마침씨끝이 시킴의 '-어라'인 월이 건너 따옴월에 포함될 때, '-어
라'는 (54)와 같이 시킴법 마침씨끝의 중화형태인 '-으라'로 실현되어 '-어
라'가 시킴법에 해당함이 증명된다.

(54) ㄱ. 갑→을 : 어서 밥을 먹**어라**.

   을→병 : 갑이 나에게 어서 밥을 먹**으라**고 한다.

   ㄴ. 갑→을 : 학교에 가**거라**.

   을→병 : 갑이 나에게 학교에 가**라**고 한다.

넷째, 시킴의 '-어라'와 공기관계를 이룰 수 있는 때어찌말에 관하여 살피면, '-어라'는 (55)와 같이 현재를 포함한 다가올 올적의 때어찌말과 공기될 수 있을 뿐이고 지난적의 때어찌말과는 공기될 수 없는 제약이 따른다.

> (55) ㄱ. **지금(내일, 다음주에, 내년에 …)** 학교에 가**거라**.
> ㄴ. * **방금(어제, 지난주에 , 작년에 …)** 학교에 가**거라**.

2) '-어라'의 의미·화용적 특성

마침씨끝이 시킴의 '-어라'인 월은 말할이가 들을이를 강하게 의식하는 상관적 장면에서만 쓰이고, 느낌의 '-어라'와는 달리 들을이를 의식하지 않는 단독적 장면에서는 잘 쓰이지 않는다. 단독적 장면에서 쓰이는 경우에는 (56)과 같이 시킴의 의미보다는 '기원이나 소망'을 나타내게 된다.

> (56) ㄱ. 올해도 풍년 좀 들**어라**.
> ㄴ. 비 좀 그만 내**려라**.

위 보기에서는 특정의 들을이를 전제하지 않은 말할이의 혼잣말로, 말할이의 바람이나 기원을 나타내었다.

일반적으로 들을이에게 아주낮춤으로 시키는 경우에 '-어라'가 쓰이며, 말할이가 권위적인 태도를 가지거나 예스럽게 표현할 때 /-거라/가 쓰인다. 풀이씨의 뿌리가 '오-'일 때, 어른인 말할이가 어린이인 들을이에게 친근감을 가지고 말하는 경우, /-ㄴ/이 쓰인다.

시킴법 '-어라'의 의미적 특성은 그 용법을 통해 추출할 수 있는데, '-어라'는 '말할이가 들을이에게 아주낮춤으로 명제 내용을 시킴'이란 의미적 특성을 가진다.

3.1.5 '-으려무나'

언어형식 /-으려무나/는 의미상 차이 없이 어떤 환경에서도 /-으렴/으로 자유대치가 가능하여 이들을 동일한 것으로 볼 수 있다.[18] 그렇다면 /-으렴/을 /-으려무나/의 줄어든 꼴로 보느냐, 아니면 /-으려무나/를 /-으렴/에 /-우나/라는 언어형식이 덧붙어 이루어진 것으로 보느냐의 문제가 제기 될 수 있다. 만일 뒤의 방법을 따른다면 /-우나/를 어떻게 설명해야 할 것이냐의 문제가 새로이 발생하게 된다.[19] 그러나 앞의 방법을 따르면 일관성 있게 설명이 가능하므로 '-으려무나'를 기본형으로 삼고, /-으렴/을 /-으려무나/의 줄어든 꼴로 보고자 한다.[20]

그런데 /-으려무나/는 단일형태가 아니라 복합형태로 보는 견해도 있다. 고영근(1989:290)은 '-(으)려무나'를 '-(으)려무'와 '-나'로 분석하고, 그 근거로 '-게나'와 비교하여 공통의 '-나'를 분석해 낼 수 있는 가능성을 보기로 들었다. 이 주장의 문제점은'-으려무나'와 '-게나'의 '-나'가 동일한 의미를 가지느냐 하는 점을 들 수 있다.[21] 또한 동일한 /-으려무/를 공통으로 가지는 다른 복합형태가 발견되지 않을 뿐더러 '-게나'의 '-게'는 독자적인 마침씨끝으로 존재하지만 /-으려무/는 독자적으로 마침씨끝으로는 쓰일 수 없다는 점이다.

그러므로 이 글에서는 '-으려무나'를 더 이상 분석하지 않고 단순형의 마침씨끝으로 다루기로 한다.

---

18) 어떤 환경에서도 자유대치가 가능하다는 것은 형태배합과 통어적 특성이 같음을 의미한다.

19) 그렇게 보면 /-우나/를 무엇으로 처리하느냐의 문제가 제기된다. 토씨로 처리한다고 하여도 /-우나/는 어떤 마침씨끝 다음에도 덧붙는 경우가 없기 때문에 설명의 일반성을 잃게 된다.

20) /-으렴/은 /-으려무나/의 줄어든 꼴에 해당하지만 실제 쓰임에서는 약간의 차이를 보여 /-으렴/이 /-으려무나/보다 좀 더 부드럽고 친근감을 준다.

21) 이 점은 고영근(1989:290)에서도 지적하여 /-으려무나/를 /-으려무/와 /-나/로 분석하는 데 확신성을 가지지 못하였다.

3.1.5.1 '-으려무나'의 형태·통어적 특성

'-으려무나'의 형태배합과 통어적인 특성은 앞에서 살핀 시킴법의 '-어라'와 대체적으로 일치한다. 곧 '-으려무나'는 주체높임의 '-시-'와 통합될 수 없고, 어떤 때매김씨끝에도 통합될 수 없는 제약이 따른다. 그리고 [+행동성] 움직씨의 뿌리에 직접 통합되며, '-으려무나' 뒤에는 어떤 요소도 덧붙지 않는다. '-으려무나'와 공기관계를 이루는 임자말을 보면, 아주낮춤에 해당하는 둘째가리킴 임자말과만 공기될 수 있으며, 건너 따옴월에 포함될 때에도 '-으려무나'는 시킴법 마침씨끝의 중화형태인 '-으라'로 실현된다.[22] 때어찌말과의 공기관계에서도 현재를 포함한 다가올 올적의 때어찌말과만 공기되는 제약을 보인다.

위와 같은 점에서 '-으려무나'는 시킴의 '-어라'와 형태·통어적 특성이 일치하지만 차이를 보이는 점도 있다. 마침씨끝이 시킴의 '-어라'인 월 다음에는 '끊음'의 절종결이 놓이지만 '-으려무나'인 월 뒤에는 (57)의 ㄴ과 같이 '내림'의 절종결이 놓여 차이를 보인다.

    (57) ㄱ. 네가 밥을 먹**어라**(↓).

        ㄴ. 네가 밥을 먹**으려무나**(↘).

이 차이는 '-어라'와 '-으려무나'의 화용적인 면에서의 차이에서 비롯된다. 곧 '-으려무나'는 '-어라'에 비하여 말할이의 들을이에 대한 태도가 좀 부드러운 느낌을 주기 때문이라고 할 수 있다. 이 차이만으로 '-으려무나'를 시킴법의 범주에서 제외할 수는 없다. 그 까닭은 '-으려무나'가 시킴법 마침씨끝들과 용법과 의미에서 대체적으로 일치하기 때문이다.

'-으려무나'가 '-어라'와 형태·통어적 특성이 같다고 하더라도 (58)과 같이 모든 시킴의 '-어라'가 '-으려무나'로 자유로이 대치될 수 있는 것은 아니다.

---

22) '-으려무나'가 시킴법의 중화형태인 '-으라'로 실현되는 점과 부정월에서 '말-'과만 통합되는 점으로 보아 '-으려무나'는 시킴법의 마침씨끝에 해당한다.

> (58) ㄱ. 이놈아, 넌 두더지나 되**어라**.
>   ⇒ * 이놈아 넌 두더지나 되**려무나**.
> ㄴ. 이놈들, 꼼짝 말고 거기 서 있**어라**.
>   ⇒ * 이놈들, 꼼짝 말고 거기 서 있**으려무나**.

이와 같은 까닭은 '-어라'와 '-으려무나'의 의미·화용적 특성의 차이로 말미암기 때문이다. 이 차이로 말미암아 '-으려무나'는 '-어라'와는 별개의 마침씨끝에 해당한다.

3.1.5.2 '-으려무나'의 의미·화용적 특성

'-으려무나'가 마침씨끝으로 쓰인 월은 말할이가 들을이를 강하게 의식하는 상관적 장면에서만 쓰이는 제약이 따른다. 말할이의 들을이에 대한 태도를 보면, 말할이가 들을이에게 친근감을 갖고 권유하는 경우에 쓰인다. 그렇기 때문에 앞에서 살핀 바와 같이 '-으려무나'가 시킴법 마침씨끝에 해당하더라도 딱딱한 느낌을 주는 '끊음'의 절종결이 놓이지 않고 부드러움의 '내림'의 절종결이 놓이게 되었다. 또한 (58)에서와 같이 들을이를 나무라거나 위협하여 해롭게 하는 경우에는 쓰이지 않기 때문에 '-으려무나'는 명제 내용이 들을이에게 이롭거나 적어도 중립적일 때 사용되며, 들을이에게 불리하거나 해로운 경우에는 잘 사용되지 않는 특성을 보인다.

'-으려무나'는 장면에 따라서 (59)와 같이 들을이에게 명제 내용을 허락하는 경우에도 사용될 수 있다.

> (59) ㄱ. 갑 : 전 집에 가고 싶습니다.
>   을 : 그럼 집에 가**려무나**.
> ㄴ. 갑 : 전 사과를 먹고 싶습니다.
>   을 : 그럼 사과를 먹**으려무나**.

위 보기에서 '-으려무나'는 갑의 '바람'에 대하여 을의 '허락'하는 의미가 파악된다. '바람'의 전제된 발화가 없더라도 조건의 이음씨끝 '-면'에 이끌리는 마디가 있으면, (60)에서와 같이 '-으려무나'는 '허락'의 의미로 해석된다.

> (60) ㄱ. 있고 싶으**면** 있**으려무나**.
> ㄴ. 다리가 아프**면** 앉**으려무나**.

위에서 논의한 내용을 바탕으로 '-으려무나'의 의미적 특성을 정리하면, '-으려무나'는 '말할이가 들을이에게 친근감을 가지고 아주낮춤으로 명제 내용을 권유(시킴)하거나 허락함'의 의미적 특성을 가진다.

3.1.6 '-으마'

아주낮춤의 '-으마'는 의향법에서 일차적으로 서술법에 포함되지만, 형태·통어적 특성에서 서술법의 여느 마침씨끝과는 다르고 시킴법이나 꾀임법과 같은 면을 보이기도 하여 많은 논란의 대상이 되는 마침씨끝이다. 이 글에서는 '-으마'가 가지는 형태배합상의 특성과 통어적 특성을 살피고, 의미·화용적 특성에 관하여 논의하기로 한다.

3.1.6.1 '-으마'의 형태·통어적 특성

아주낮춤의 마침씨끝 '-으마'의 형태적 특성으로, 풀이말의 형태론적 구조 안에서 다른 요소와 어떤 제약 관계에 놓이는가에 대하여 논의하기로 한다.

첫째, '-으마'와 통합관계를 이룰 수 있는 안맺음씨끝 가운데 주체높임의 '-시-'는 통합될 수 없는 제약이 있다. 왜냐하면 '-으마'는 첫째가리킴 임자말과만 공기될 수 있는 가리킴 제약 때문이다.

둘째, 때매김씨끝과의 통합관계를 살피면, '-으마'는 (61)과 같이 어떤 때매김씨끝과도 통합될 수 없는 제약을 보인다.

$$(61)\ \text{내가 그 일을 하-} \begin{bmatrix} * \text{-었-} \\ * \text{-겠-} \\ * \text{-었었-} \\ * \text{-더-} \\ * \text{-려-} \end{bmatrix} \text{-마.}$$

위 보기와 같이 '-으마'가 어떤 때매김씨끝과도 통합될 수 없는 까닭은 '-으마'의 의미 특성으로 말미암는다. 곧 '-으마'는 '약속'의 의미를 가지는데, '약속'이란 지금 이후의 앞으로의 행위에 대한 것이기 때문이다. 다시 말해서 '-으마'는 올적에 대한 때매김적 요소를 함의하기 때문이라고 하겠다. '-으마'가 건너 따옴월에서 '-겠다'로 중화되는 사실도 이를 뒷받침해 준다.

셋째, '-으마'는 통합될 수 있는 풀이씨 뿌리에도 제약을 보여, (62)와 같이 [+행동성] 움직씨 뿌리에만 직접 통합될 뿐이고 그 밖의 풀이씨 뿌리에는 통합될 수 없는 제약이 따른다.

(62) ㄱ. 내가 그 곳에 **가-마.**
　　 ㄴ. * 내가 감기를 **앓-으마.**
　　 ㄷ. * 내가 오늘 **바쁘-마.**
　　 ㄹ. * 내가 이 학교 선생**이-마.**

위 보기에서 ㄱ만이 적격한 월인데, 이는 풀이말이 행동성 움직씨이기 때문이다. ㄴ은 풀이말이 움직씨이더라도 부적격한 까닭은 '앓-'이 비행동성 움직씨이기 때문이다, ㄷ과 ㄹ은 그림씨와 잡음씨로 행동성의 의미자질을 가지지 않기 때문에 부적격한 월이 되었다.

이와 같이 '-으마'가 행동성 움직씨와만 통합될 수 있는 까닭은 '-으마'의 의미적 특성 때문이다. '-으마'는 '약속'의 의미적 특성을 가지는데, '약속'이란 말할이가 행동에 옮길 수 있는 경우에만 가능하기 때문이다.

넷째, '-으마' 뒤에는 (63)과 같이 들을이높임의 '요'만이 아니라 느낌토씨 '그려'도 덧붙을 수 없다.

(63) ㄱ. * 내가 학교에 가**마요**.
ㄴ. * 내가 학교에 가**마그려**.

약속의 '-으마'와 통어론적으로 공기관계를 이루는 요소들과의 제약에 관하여 논의하기로 한다.

첫째, 마침씨끝이 '-으마'인 월 끝에는 (64)와 같이 '내림'의 절종결이 놓인다. '내림'의 절종결이 놓이고 때매김씨끝이 통합될 수 없으면 일반적으로 꾀임법에 해당하지만 '-으마'는 건너 따옴월에서 서술법의 '겠다'로 중화되기 때문에 서술법에 해당한다.

(64) ㄱ. 내 이제 이야기해 주**마**(↘).
ㄴ. 내가 지금 그리로 가**마**(↘).

둘째, '-으마'와 공기관계를 이룰 수 있는 임자말의 가리킴 제약을 보면, '-으마'는 (65)와 같이 첫째가리킴 임자말과만 공기될 수 있는 제약이 따른다.

(65) ㄱ. **내가** 그 일을 하**마**.
ㄴ. * **네가** 그 일을 하**마**.
ㄷ. * **저분이** 그 일을 하**마**.

셋째, '-으마'가 마침씨끝으로 쓰인 월이 건너 따옴월로 포함될 때, '-으마'는 (66)과 같이 '-겠다'로 실현된다.

(66) ㄱ. 갑→을 : 죄는 다 내가 받**으마**.
을→병 : 갑이 나에게 죄는 다 자기가 받**겠다**고 한다.
ㄴ. 갑→을 : 그 일은 내가 알아서 하**마**.
을→병 : 갑이 나에게 그 일은 자기가 알아서 하**겠다**고 한다.

이와 같이 '-으마'는 '-겠다'로 중화되는데, 이처럼 중화형태에서 '-겠-'이 실현되는 까닭은 '-으마'의 의미상의 특성에서 비롯된다. 곧 '-으마'가 앞으로의 행위에 대한 약속이기 때문에 건너 따옴월에서 중화될 때, '-겠-'으로 살아나 이에 대한 의미를 유지시켜 준다.

'-으마'가 서술법 마침씨끝의 중화형태인 '-는다'로 실현되며, 앞에서 살핀 바와 같이 '내림'의 절종결이 놓임으로 보아 '-으마'는 서술법 마침씨끝에 포함됨이 증명된다.

넷째, '-으마'와 공기관계를 이룰 수 있는 어찌말을 보면, '-으마'는 (67)과 같이 때어찌말 가운데 현재를 포함한 올적의 때어찌말과만 공기될 수 있을 뿐이고 지난적의 때어찌말과는 공기될 수 없는 제약이 따른다.

> (67) ㄱ. **내가 지금(내일, 다음주에, 내년에 …) 그리로 가마.**
> ㄴ. * **내가 방금(어제, 지난주에, 작년에 …) 그리로 가마.**

곧 '-으마'가 앞으로의 행위에 대한 약속을 의미하기 때문에 지난적의 때어찌말과는 의미상 상충되어 공기관계를 이룰 수 없는 것이다.

확실성의 정도에서 보면, 확실성의 정도가 큰 어찌말과는 자연스럽게 공기될 수 있지만, 확실성의 정도가 작은 어찌말과는 공기될 수 없다. 이와 같은 까닭도 '-으마'의 의미 특성에서 비롯된다. 곧 불확실한 것보다는 확실한 것에 대한 약속이 이루어지기 마련이기 때문이다.

> (68) ㄱ. **내가 틀림없이(확실히, 반드시 …) 이야기를 해 주마.**
> ㄴ. * **내가 아마(어쩌면, 혹시 …) 이야기를 해 주마.**

3.1.6.2 '-으마'의 의미·화용적 특성

'-으마'가 마침씨끝으로 쓰인 월은 단독적 장면에서는 잘 쓰이지 않고 주로 들을이를 강하게 의식하는 상관적 장면에서 쓰인다.

그리고 말할이가 들을이에게 약속을 하는 경우, 곧 약속 행위를 이룰 때 '-으마'가 마침씨끝으로 쓰인다. 이 때 장면에 따라 말할이가 즐거운 태도로 명제 내용을 약속하는 감정적 의미(affective meaning)로 [+기꺼움]의 의미 자질을 가지기도 하며, 또한 명제 내용이 들을이에게 유익한 경우에 쓰이기도 하므로 [+들을이에게 이익]이란 의미 자질을 가지기도 한다. 그러나 이들의 의미 자질은 마침씨끝이 '-으마'인 모든 월에 다 실현되는 것은 아니기 때문에 이들의 의미는 '-으마'의 기본 의미로 볼 수 없고 잉여적 의미로 보아야 한다.

 (69) ㄱ. 좀 있다가 먹**으마**.
    ㄴ. 죄는 다 내가 (기꺼이) 받**으마**.
    ㄷ. 죽는 마당에 모든 청을 들어주**마**.

곧 위 보기에서는 모두 약속의 의미가 파악되지만, ㄱ은 단순한 약속의 의미만, ㄴ은 말할이의 기꺼운 태도의 의미가, ㄷ은 들을이에게 이익이 되는 의미가 더 포함되어 있음을 알 수 있다.

그렇다면 '-으마'는 '말할이가 들을이에게 (들을이에게 이익이 되는) 명제 내용을 (말할이가 기꺼운 태도로) 아주낮춤으로 행할 것을 약속함'이란 의미적 특성을 가진다.

3.1.7 '-는구나'

아주낮춤의 마침씨끝 '-는구나'는 앞에서 살핀 반말의 마침씨끝 '-는군'과 들을이높임의 정도에서 차이가 날 뿐이고 형태배합상의 특성이 거의 동일하고[23], 통어적 특성에서도 별다른 차이가 없으며, '-는군'은 들을이높임의 정도가 [안높임]이고 '는구나'는 [아주낮춤]이란 차이를 제

---

23) 그러나 들을이높임의 '요' 통합에서는 차이를 보인다. 다음 보기와 같이 '-는군' 다음에는 '요'가 통합될 수 있지만 '-는구나' 다음에는 '요'의 통합이 불가능하다.
 ㄱ. 저 말이 참 빨리 달리는**군요**.
 ㄴ. *저 말이 참 빨리 달리는**구나요**.

외하면 의미적 특성에서도 대체로 일치한다. 화용적인 면에서 보면 '-는군'은 상관적 장면과 아울러 단독적 장면에서 쓰여 제약이 없는데, '-는구나'는 주로 상관적 장면에서 쓰이지만 말할이의 혼잣말로도 쓰이는 일이 있어 그리 큰 차이는 보이지 않는다. 그 밖에는 전반적으로 일치하기 때문에 '-는구나'에 대한 논의는 줄이기로 한다.

3.1.8 '-으니'

물음법에서 풀이씨의 뿌리가 그림씨이며 닿소리로 끝날 때 실현되는 아주낮춤의 마침씨끝 '-으니'와 동일한 음성적 형태인 '-으니'는 서로 다른 말본적 기능과 의미 특성을 보이기 때문에 동음이의어적 마침씨끝들이다. 뒤의 '-으니'는 그림씨 가운데에서도 '같-'에만 결합되기 때문에 모자람 마침씨끝에 해당한다. 여기서는 서술법에 해당하는 모자람 마침씨끝 '-으니'에 관하여 논의하기로 한다.

3.1.8.1 '-으니'의 형태·통어적 특성

서술법을 실현하는 아주낮춤의 마침씨끝 '-으니'의 형태적 특성으로, 풀이말의 형태론적 구조 안에서 다른 요소와 어떤 제약 관계에 놓이는가에 대하여 논의하기로 한다.

'-으니'는 다음과 같이 여느 서술법 마침씨끝들과는 다른 독특한 형태배합상의 특성을 보여준다.

첫째, '-으니'와 통합관계를 이룰 수 있는 안맺음씨끝 가운데 주체높임의 '-시-'는 통합될 수 없는 제약이 따른다. 월의 주체가 셋째가리킴이고 높임의 대상이면 '-시-'의 통합이 가능한 것이 원칙이다. 그러나 '-으니'의 의미적 특성([+경멸]의 의미 자질을 가짐)으로 말미암아 주체 자리에 높임의 대상이 놓이는 일이 없기 때문에 '-시-'와 통합되는 일은 없다.

둘째, '-으니'는 때매김씨끝과의 통합에서도 제약을 보여, (70)과 같이 어떤 때매김씨끝과도 통합되지 않는 제약이 따른다.

(70) 배은망덕한 놈 같-
$$\left[\begin{array}{l} *\,\text{-었-} \\ *\,\text{-겠-} \\ *\,\text{-었었-} \\ *\,\text{-더-} \\ *\,\text{-려-} \end{array}\right]$$
-으니.

셋째, '-으니'는 통합될 수 있는 풀이씨 뿌리에도 극심한 선택 제약이 있어, '같-' 이외의 어떤 풀이씨 뿌리에도 통합될 수 없는 제약이 있다. 또한 풀이씨가 '같-'이더라도 (71)의 ㄱ과 같이 '같으니' 바로 앞에 이름씨가 놓여야만 적격한 월이 된다.

  (71) ㄱ. 건방진 **녀석 같-으니**!
      ㄴ. * 건방진 녀석**과 같-으니**!
      ㄷ. * 건방진 녀석이 **싫-으니**!

위 보기 ㄱ에서는 '-으니'가 쓰일 수 있는 환경이 갖추어져 있기 때문에 적격한 월이 되었지만, ㄴ은 '같으니' 앞에 이름씨가 놓여야 하는데, '이름씨+토씨'가 놓여 부적격한 월이 되었으며, ㄷ은 '-으니' 앞에 '같-'이 놓이지 않았기 때문에 부적격한 월이 되었다.

넷째, '-으니' 뒤에는 (72)와 같이 토씨 '라고'는 통합될 수 있지만 '요'와 '그려'는 통합될 수 없다.

  (72) ㄱ. 거지같은 녀석 같**으니라고**.
      ㄴ. * 거지같은 녀석 같**으니요**.
      ㄷ. * 거지같은 녀석 같**으니그려**.

위에서 살핀 바와 같이 '-으니'는 형태배합상 극심한 선택 제약(그 가운데서도 특히 '같-'이란 풀이씨 뿌리에만 통합되는 점)을 보여 정상적인 마침씨끝이라기보다는 모자람(불구적) 마침씨끝이라고 하는 것이 타당하다.

서술법의 '-으니'와 통어론적으로 공기관계를 이루는 요소들과의 제약에 관하여 논의하기로 한다.

첫째, 마침씨끝이 '-으니'인 월 뒤에는 (73)과 같이 '내림'의 절종결이
놓여 '-으니'가 서술법 마침씨끝임을 증명해 준다.

> (73) ㄱ. 인정머리가 없는 놈들 같<u>으니</u>(↘).
>   ㄴ. 이런 버르장머리가 없는 놈 같<u>으니</u>(↘).

둘째, '-으니'와 공기관계를 이룰 수 있는 임자말의 가리킴 제약을 보
면, (74)와 같이 마침씨끝이 '-으니'인 월은 내면적으로는 둘째가리킴과
셋째가리킴 임자말을 유추할 수 있지만 표면적으로 임자말이 나타나면
부적격한 월이 되고 만다. 내면적으로도 첫째가리킴 임자말은 유추되지
않는 특성을 보인다.

> (74) ㄱ. [너는]24) 배은망덕한 놈 같<u>으니</u>!
>   ㄴ. [저 놈은] 건방진 녀석 같<u>으니</u>!
>   ㄷ. * [나는] 나쁜 놈 같<u>으니</u>!

셋째, '-으니'가 마침씨끝으로 쓰인 월이 반복형으로 표현될 때, (75)
와 같이 '-으니'는 '-다'로 실현되어 '-으니'가 서술법 마침씨끝임이 분
명해진다.

> (75) ㄱ. 갑 : 고얀 놈 같<u>으니</u>!
>   을 : 뭐라고?
>   갑 : 고얀 놈 같<u>다</u>고.
>   ㄴ. 갑 : 앙큼한 것 같<u>으니</u>!
>   을 : 뭐라고?
>   갑 : 앙큼한 것 같<u>다</u>고.

---

24) [　] 표시는 내면구조에서만 유추될 뿐이고 표면상으로는 나타나지 않음을 표시
한다.

넷째, '-으니'와 공기관계를 이룰 수 있는 때어찌말을 보면, (76)과 같이 현재를 포함한 때어찌말이건(ㄱ) 지난적의 때어찌말이건(ㄴ) 모두 공기될 수 없는 제약을 보인다.

(76) ㄱ. * 지금(이따가, 내일, 다음주에 …) 어리석은 것 같<u>으니</u>!
    ㄴ. * 방금(아까, 어제, 지난주에 …) 어리석은 것 같<u>으니</u>!

3.1.8.2 '-으니'의 의미 · 화용적 특성

'-으니'가 마침씨끝으로 쓰인 월은 말할이의 혼잣말인 단독적인 장면에서도 쓰이며, 말할이가 들을이를 의식하는 상관적 장면에서도 쓰이는데, 이 때 들을이에 대한 의식의 정도는 적은 편이다.

'-으니'는 말할이가 발화 시점에서의 자신의 느낌을 서술할 때 쓰인다. 이는 '-으니'가 때어찌말과 공기될 수 없음을 통하여 알 수 있다. 들을이나 제3자에 대한 태도를 보면, (77)과 같이 이들을 깔보는 느낌을 주기 때문에 [+경멸]이란 감정적 의미 자질을 가진다고 하겠다.

(77) ㄱ. 가. 어리석은 사람 같<u>으니</u>!
      나. * 똑똑한 사람 같<u>으니</u>!
    ㄴ. 가. 못난 사람 같<u>으니</u>!
      나. * 훌륭한 사람 같<u>으니</u>!

위 보기에서 (가)는 적격한 월인데, 그 까닭은 이들의 의미가 들을이(월의 주체=둘째가리킴)나 제3자(월의 주체=셋째가리킴)를 깔보는 내용이기 때문이다. (나)는 부적격한 월인데, 이들은 들을이나 제3자를 경멸하는 내용이 아니기 때문이다. 그러므로 앞의 설명은 타당한 셈이다.

그렇다면 '-으니'는 '말할이가 (들을이에게) 명제 내용에 대한 경멸적인 느낌을 아주낮춤으로 서술함'이란 의미적 특성을 가진다.

3.1.9 '-을라'

의향법에서 '-을라'의 처리에 관하여 독립된 한 범주로 보아 경계법 (김민수(1960), 고영근(1976))을 설정한 연구 논저도 있는 반면, 경계법을 따로 설정하지 않고 다른 범주에 포함시킨 연구 논저도 있는데, 대부분 경계법을 따로 설정하지 않는 견해를 따랐다. 이 글에서도 건너 따옴월의 중화형태에 따라 '-을라'를 일차적으로 서술법에 포함시켰다.

3.1.9.1 '-을라'의 형태 · 통어적 특성

서술법을 실현하는 아주낮춤의 마침씨끝 '-을라'의 형태적 특성으로, 풀이말의 형태론적 구조 안에서 다른 요소와 어떤 제약 관계에 놓이는가에 대하여 논의하기로 한다.

첫째, '-을라'와 통합관계를 이룰 수 있는 안맺음씨끝 가운데 주체높임의 '-시-'는 (78)과 같이 통합될 수 있다. '-을라'가 마침씨끝인 월에서 주체가 셋째가리킴이고 높임의 대상이면 '-시-'의 통합이 자연스럽지만 그 밖에는 통합될 수 없다.

> (78) ㄱ. **아버지께서** 깨**실라**.
> ㄴ. **저분께서** 그 일을 아**실라**.

둘째, '-을라'는 때매김씨끝과의 통합에서도 제약을 보여, (79)와 같이 '-었-'과만 통합될 수 있을 뿐이고 그 밖의 때매김씨끝과는 통합되지 않는 제약이 따른다.

$$
(79) \ \text{동네 사람들이 그 말을 들-}
\begin{bmatrix}
\text{-었-} \\
* \text{-겠-} \\
* \text{-었었-} \\
* \text{-더-} \\
* \text{-려-}
\end{bmatrix}
\text{-을라.}
$$

셋째, '-을라'는 풀이씨 뿌리와의 통합에서 제약을 보이지 않는다.
(80)에서와 같이 움직씨 뿌리(ㄱ)와 그림씨 뿌리(ㄴ), 잡음씨 뿌리(ㄷ)에
통합될 수 있어 제약이 따르지 않는다.

> (80) ㄱ. 그 생선 고양이가 **먹-을라**.
>　　 ㄴ. 차시간에 **늦-을라**.
>　　 ㄷ. 혹시 그것이 가짜**이-ㄹ라**.

넷째, '-을라' 뒤에는 (81)과 같이 들을이높임의 '요'와 느낌토씨 '그
려'가 통합될 수 없다.

> (81) ㄱ. * 차시간이 늦**을라요**.
>　　 ㄴ. * 차시간에 늦**을라그려**.

아주낮춤의 '-을라'와 통어론적으로 공기관계를 이루는 요소들과의
제약에 관하여 논의하기로 한다.

첫째, '-을라'로 끝맺는 월 뒤에는 (82)와 같이 '내림'의 절종결이 놓
여 '-을라'가 서술법의 마침씨끝에 해당함이 증명된다.

> (82) ㄱ. 너 때문에 어머니 병도 못 고**칠라**(↘).
>　　 ㄴ. 너무 늦으면 집에서 걱정하**실라**(↘).

둘째, '-을라'와 공기관계를 이룰 수 있는 임자말의 가리킴 제약에 대
하여 살피면, (83)과 같이 둘째가리킴이나 셋째가리킴 임자말과는 자연
스럽게 공기될 수 있지만 첫째가리킴 임자말과는 공기될 수 없는 제약
이 따른다.

> (83) ㄱ. * **내가** 차시간에 늦**을라**.
>　　 ㄴ. **네가** 차시간에 늦**을라**.
>　　 ㄷ. **저분이** 차시간에 늦**을라**.

셋째, 마침씨끝이 '-을라'인 월이 반복형으로 바뀔 때, '-을라'는 (84)
에서와 같이 '-겠다'로 중화된다.

> (84) ㄱ. 갑→을 : 그러다가 더위 먹**을라**.
>   을→갑 : 뭐라고?
>   갑→을 : 그러다가 더위 먹**겠다**고.
>   ㄴ. 갑→을 : 그러다가 차시간에 늦**을라**.
>   을→갑 : 뭐라고?
>   갑→을 : 그러다가 차시간에 늦**겠다**고.

위 보기에서와 같이 '-을라'는 '-겠다'로 중화되는데, 이 때의 '-겠-'은
'의도'가 아니라 '추정'의 '-겠-'으로 이해된다. 왜냐하면 '-겠-'이 '의도'
를 나타내려면 임자말이 첫째가리킴이고 풀이말이 행동성 움직씨이어
야 하는 제약이 따르는데, '-을라'는 첫째가리킴 임자말과는 공기될 수
없을 뿐더러 그림씨와도 통합이 가능하기 때문이다. 그러므로 '-을라'에
는 '추정'의 의미 자질이 함의되어 있는 셈이다. '-을라' 다음에는 '내
림'의 절종결이 놓이고, '-겠다'로 중화됨으로 보아 '-을라'는 의향법에
서 서술법에 해당함이 분명하다.

넷째, '-을라'와 공기관계를 이룰 수 있는 어찌말을 보면, (85)와 같이 현
재를 포함한 올적이나 지난적의 때어찌말과 공기될 수 있어 제약은 없다.

> (85) ㄱ. **지금(내일, 다음주에, 내년에 …) 누가 올라**.
>   ㄴ. **방금(어제, 지난주에, 작년에 …) 누가 왔을라**.

확실성의 정도에서 보면, '-을라'는 (86)과 같이 확실성의 정도가 작
은 어찌말과는 자연스럽게 공기될 수 있지만, 확실성의 정도가 큰 어찌
말과는 공기될 수 없는 제약을 보인다. 이와 같은 제약은 '-을라'의 의
미적 특성으로 말미암는다.

(86) ㄱ. 철수가 **아마(어쩌면, 혹시 …)** 그 일을 모**를라**.
　　 ㄴ. * 철수가 **틀림없이(확실히, 반드시 …)** 그 일을 모**를라**.

3.1.9.2 '-을라'의 의미·화용적 특성

'-을라'가 마침씨끝으로 쓰인 월은 단독적 장면에서도 쓰이며, 들을이를 강하게 의식하는 상관적 장면에서도 쓰인다. 그러나 '-을라'는 어떤 상황이 전제되지 않은 경우에는 쓰이지 않고, 반드시 말할이가 우려하는 상황이 전제될 때에만 쓰이는 제약이 따른다.[25) 곧 마침씨끝이 '-을라'인 월에 대한 말할이의 우려라는 전제가 놓여야만 자연스럽게 쓰일 수 있다.

'나무에서 떨어질라'라는 발화가 이루어지기 전의 장면을 설정해 보면, 들을이가 나무에 올라가 있거나, 오르려고 하는 상황에서 말할이가 '들을이가 나무에서 떨어질는지 모르겠다'고 우려하는 장면을 추정할 수 있다. 바로 이런 전제가 있는 경우에 한하여 '-을라'가 마침씨끝으로 쓰일 수 있다.

말할이가 우려하거나 염려하는 상황과 반대되는 경우, 곧 (87)과 같이 긍정적으로 생각하는 장면에서는 '-을라'가 마침씨끝으로 쓰이지 않는다.

(87) ㄱ. * 열심히 노력하면 성공<u>할라</u>.
　　 ㄴ. * 차시간에 맞<u>을라</u>.

위 보기가 부적격한 월이 되는 까닭은 ㄱ의 전제되는 상황인 '성공하는 것'과 ㄴ의 전제되는 상황인 '차시간에 맞는 것'은 긍정적인 것이기 때문이다. 이들을 우려되는 내용으로 바꾸어 보면 (88)과 같이 적격한 월이 된다.

---

25) 양인석(1976:133)은 '-을라'가 "어떤 불리한 사태가 일어났거나 일어나는 것을 추측으로 걱정하면서, 그런 사태가 방지돼야 한다는 뜻을 전달하는 형태"라 하였다.

　　(88) ㄱ. 열심히 노력하지 않으면 실패**할라**.

　　　　ㄴ. 차시간에 늦**을라**.

이와 같이 '-을라'는 우려되는 상황 아래 들을이에게 주의를 환기시키거나 경계시키고자 할 때 사용되기 때문에(고영근(1989:341), '-을라'는 '말할이가 들을이에게 명제 내용에 대하여 경계할 것을 아주낮춤으로 서술함'이란 의미적 특성을 가진다. '아이 깰라'가 '조용히 해라'의 의미를 함의하듯 '-을라'는 간접언어행위로 함의에 의해 명령이나 요청의 효과를 가지기도 한다(양인석(1976:133)).

3.2 복합형

아주낮춤의 마침씨끝 가운데 복합형 마침씨끝으로 서술법의 '-는단다'와 '-느니라', 물음법의 '-는다니', 시킴법과 물음법의 '-으렷다'에 관하여 논의하기로 한다.

3.2.1 '-는단다'[26)]

언어형식 '-는단다'는 '-는다고 한다'의 축약형인데, '-는단다'가 의미상 차이 없이 늘 '-는다고 한다'로 회복될 수 있는 것은 아니다. 만일 회복이 가능하다면 '-는단다'는 그 자체가 마침씨끝으로서의 기능을 하는 것으로 볼 수 없고, 뒷부분의 '-는다'만을 아주낮춤 마침씨끝으로 처리하고, 앞부분의 '-는다'는 서술법 마침씨끝의 중화형태인 '-는다'로 다룰 수 있게 되어 별 문제가 없게 된다. 그러나 (89)를 보면, '-는단다'가 '-는다고 한다'로 회복될 수 없음을 쉽게 알 수 있다.

---

26) '-는단다'는 풀이씨의 종류, 때매김씨끝의 유무, 풀이씨 뿌리의 끝이 닿소리냐 홀소리냐에 따라 /-는단다/, /-ㄴ단다/, /-단다/, /-란다/로 실현된다.

(89) ㄱ. 나는 이제 점심을 먹**는단다**.

　　⇒ * 나는 이제 점심을 먹**는다고 한다**.

　ㄴ. 나는 오늘 바빠**단다**.

　　⇒ * 나는 오늘 바빠**다고 한다**.

그런데 '-는단다'가 모두 이와 같이 '-는다고 한다'로 회복될 수 없는 것은 아니다. 곧 (90)에서는 의미상 차이 없이 자연스럽게 회복될 수 있다.

(90) ㄱ. 철수는 영이가 예뻐**단다**.

　　⇒철수는 영이가 예뻐**다고 한다**.

　ㄴ. 순이는 이것이 책이**란다**.

　　⇒순이는 이것이 책이**라고 한다**.

위에서 살핀 바와 같이 '-**는단다**'는 (90)과 같이 건너 따옴월 형식 '-는다고 한다'의 줄어든 꼴과 (89)와 같이 '-는다고 한다'의 줄어든 꼴로 볼 수 없는, 곧 '-는단다' 자체를 마침씨끝으로 다루어야만 하는 것으로 나눌 수 있다.27)

이와 같은 '-는단다'의 두 가지 용법을 실제 보기에서 구별할 수 있는 방안을 모색해 보면, 인용하는 월의 임자말과 인용되는 월의 임자말이 표면상으로 실현되는 경우의 '-는단다'는 '-는다고 한다'의 축약형으로 해석되고, 표면상 임자말이 하나이거나 없는 경우에는 모호성을 가지게 되어 '-는다고 한다'의 줄어든 꼴로 이해되거나, 그 자체가 마침씨끝으로 이해되는 일이 많다. 장석진(1985:144)에서 "저녁에 비가 온단다." 는 화자가 비가 온다고 말함으로써 그것을 청자에게 알리는 뜻과 제3자가 말하는 것을 화자가 알리는 두 가지 뜻이 있다고 한 것처럼 임자

---

27) 이에 관하여 장석진(1985:144)에서도 "국어의 '-ㄴ다고 한다'가 줄어 '-ㄴ단다'로 되는 구문이 있다. 이 구문은 화자 자신의 말을 스스로 전달하는 이행적인 용법과 제3자와 주어의 말을 전달하는 용법이 있다"라 하여, '-는단다'의 두 가지 쓰임을 지적하였다.

말이 하나인 경우에는 모호성을 띠게 된다. 이 때, '-는다고 한다'로 회복시켜 자연스러운가의 여부, 의미상 말할이가 명제 내용을 직접 알리는 것인가의 여부에 따라 마침씨끝으로 기능하는 '-는단다'를 식별해 낼 수 있다.[28]

'-는다고 한다'로 회복될 수 없고, 말할이가 명제 내용을 직접 알리는 '-는단다'만이 마침씨끝으로 기능을 할 수 있다. 마침씨끝으로서의 '-는단다'는 '-느냔다', '-잔다', '-으란다'와 계열관계를 이룰 수 없다. 이들은 모두 형태상으로 건너 따옴월에서의 마침씨끝 중화형태인 '-는다', '-느냐', '-자', '-으라'에 아주낮춤의 '-는다'가 통합된 형태임에도 불구하고, (91)과 같이 '-는단다'를 제외한 그 밖의 형태들은 그 자체가 마침씨끝으로 쓰일 수 없다.

> (91) ㄱ. 내가 지금 밥을 먹**는단다**.
> ㄴ. * 내가 지금 밥을 먹**느냔다**.
> ㄷ. * 내가 지금 밥을 먹**잔다**.
> ㄹ. * 내가 지금 밥을 먹**으란다**.

그러나 '-는다고 한다'가 줄어들어 '-는단다'가 되는 것처럼 (92)와 같이 '-느냐고 한다'는 '-느냔다'로, '-자고 한다'는 '-잔다'로, '-으라고 한다'는 '으란다'로 축약이 가능하다.

> (92) ㄱ. 철수가 나한테 언제 집에 가**느냐고 한다**.
> ⇒철수가 나한테 언제 집에 가**느냔다**.
> ㄴ. 철수가 나한테 집에 가**자고 한다**.
> ⇒철수가 나한테 집에 가**잔다**.

---

28) 허웅(1995:555)에서는 두 쓰임의 구별에 대하여 "전달의 뜻으로 쓰였는지, 강조의 뜻으로 쓰였는지 어려울 때가 많고, 또 같은 말이라도 두 뜻으로 풀이될 수가 있는 경우가 있는데, 이럴 때에는 말한 사람(글쓴 사람)의 마음을 짐작해 보아야 한다"라 하여 주관적 판단에 기대었다.

ㄷ. 철수가 나한테 집에 **가라고 한다**.
⇒철수가 나한테 집에 **가란다**.

그러므로 '-는단다'만이 건너 따옴월에서의 형태로 해석되지 않는 경우가 있으며, 마치 단일한 마침씨끝처럼 쓰이는 일이 있기 때문에 이 경우의 '-는단다'를 하나의 마침씨끝으로 다루게 된다.

3.2.1.1 '-는단다'의 형태·통어적 특성

서술법을 실현하는 복합형 아주낮춤의 마침씨끝 '-는단다'의 형태적 특성으로, 풀이말의 형태론적 구조 안에서 다른 요소와 어떤 제약 관계에 놓이는가에 대하여 논의하기로 한다.

첫째, '-는단다'와 통합관계를 이룰 수 있는 안맺음씨끝 가운데 주체 높임의 '-시-'는 통합될 수 있다. '-는단다'가 마침씨끝인 월에서 주체가 셋째가리킴이고 높임의 대상이면 '-시-'의 통합이 자연스럽지만 그 밖에는 통합될 수 없다.

둘째, '-는단다'는 때매김씨끝과의 통합에서도 제약을 보여, (93)과 같이 '-었-'과 '-었었-'만 통합될 수 있을 뿐이고 그 밖의 때매김씨끝과는 통합되지 않는 제약이 따른다.

$$(93)\ 나는\ 그분을\ 만나- \begin{bmatrix} -었- \\ *\ -겠- \\ -었었- \\ *\ -더- \\ *\ -려- \end{bmatrix} \textbf{-는단다}.$$

위와 같이 '-는단다'가 '-겠-', '-더-', '-려-'와 통합될 수 없는 까닭은 '-는단다'의 의미상의 특성 때문이다. 곧 '-는단다'는 '말할이가 기정사실화한 명제 내용을 알림'이란 의미적 특성을 가지는데, '-겠-'과 '-려-'는 미정의 의미 자질을 가지므로 의미상 상충되어 통합관계를 이룰 수

없는 것으로 볼 수 있다. 이로 미루어 '-더-'와 통합될 수 없음도 이들
의 의미적 특성으로 말미암는 것으로 추정된다.

그러나 (94)와 같이 '-는단다'가 '-겠-'과 '-더-'에 통합될 수 있는 경
우도 있다. 그렇게 되면 '-는단다'는 '-는다고 한다'의 축약형에 해당되
어 이 글에서 다루는 마침씨끝 '-는단다'와는 관계가 없게 된다.

> (94) ㄱ. 철수가 학교에 가**겠단다**.
> ⇒철수가 학교에 가**겠다고 한다**.
> ㄴ. 순이가 예쁘**더란다**.
> ⇒순이가 예쁘**더라고 한다**.

셋째, '-는단다'는 (95)와 같이 풀이말의 풀이씨 뿌리의 종류에 관계
없이 통합될 수 있어 제약이 따르지 않는다.

> (95) ㄱ. 나는 내일 서울에 **가-ㄴ단다**.
> ㄴ. 나는 너한테 할 말이 **많-단다**.
> ㄷ. 이게 다 너 때문**이-란다**.

넷째, '-는단다' 뒤에는 (96)과 같이 들을이높임의 '요'와 느낌토씨
'그려'가 통합될 수 없다.

> (96) ㄱ. * 겨울철에는 햇빛도 싸늘하**단다요**.
> ㄴ. * 겨울철에는 햇빛도 싸늘하**단다그려**.

아주낮춤의 복합형 마침씨끝 '-는단다'와 통어론적으로 공기관계를
이루는 요소들과의 제약에 관하여 논의하기로 한다.

첫째, '-는단다'로 끝맺는 월 뒤에는 (97)과 같이 '내림'의 절종결이
놓여 '-는단다'가 서술법의 마침씨끝에 해당함이 증명된다.

> (97) ㄱ. 나는 꽃이 지는 걸 보았**단다**(↘).

ㄴ. 어린애들은 빨리 크는 법이**란다**(↘).

둘째, '-는단다'와 공기관계를 이룰 수 있는 임자말의 가리킴 제약에 관하여 살피면, (98)과 같이 첫째(ㄱ), 둘째(ㄴ), 셋째가리킴(ㄷ) 임자말과 공기될 수 있어 임자말 가리킴 제약이 없음을 알 수 있다.

(98) ㄱ. **내가** 어제 영화를 보았**단다**.
　　 ㄴ. **네가** 어릴 땐 똑똑했**단다**.
　　 ㄷ. **저분이** 김 선생이**란다**.

셋째, 마침씨끝이 '-는단다'인 월이 반복형으로 바뀔 때, '-는단다'는 (99)에서와 같이 '-는다'로 중화된다.

(99) ㄱ. 갑→을 : 난 이래봐도 자존심이 있**단다**.
　　　 을→갑 : 뭐라고요?
　　　 갑→을 : 난 이래봐도 자존심이 있**다**고.
　　 ㄴ. 갑→을 : 아이는 네가 나는 게 아니**란다**.
　　　 을→갑 : 뭐라고요?
　　　 갑→을 : 아이는 네가 나는 게 아니**라**고.

위 보기에서와 같이 마침씨끝이 '-는단다'인 월은 표면상으로는 건너 따옴월의 형식을 취하지만 실제로는 건너 따옴월로 해석되지 않는다. 만일 '-는단다'의 월이 건너 따옴월로 이해된다면 (100)에서와 같이 반복형으로 바뀔 때 '-는다고' 형식을 취하지 못한다.

(100) ㄱ. 갑→을 : 철수는 내가 밥을 먹**는단다**.
　　　 을→갑 : 뭐라고요?
　　　 갑→을 : * 철수는 내가 밥을 먹**는다**고.
　　 ㄴ. 갑→을 : 순이는 저것이 연필이**란다**.
　　　 을→갑 : 뭐라고요?
　　　 갑→을 : * 순이는 저것이 열필이**라**고.

곧 (99)의 '-는단다'는 (100)의 '-는단다'와 달리 '갑'의 최초 발화를 '을'이 못 알아듣고 되물었을 때, '-는다고'의 형태를 취하기 때문에 '갑'의 최초 발화인 월은 건너 따옴월로 볼 수 없다. 그러므로 (99)의 '-는단다'는 '-는다고 한다'의 줄어든 꼴이 아니라 그 자체가 마침씨끝임이 증명되었다.

넷째, '-는단다'와 공기관계를 이룰 수 있는 어찌말을 보면, (101)과 같이 현재를 포함한 올적나 지난적의 때어찌말과 공기될 수 있어 제약은 없다.

> (101) ㄱ. 나는 **지금(내일, 다음주에, 내년에 …)** 학교에 **간단다**.
> ㄴ. 나는 **방금(어제, 지난주에, 작년에 …)** 그분을 만났**단다**.

확실성의 정도에서 보면, '-는단다'는 (102)와 같이 확실성의 정도가 작은 어찌말과는 자연스럽게 공기될 수 없지만, 확실성의 정도가 큰 어찌말과는 공기될 수 있는 제약을 보인다.

> (102) ㄱ. * 저분이 **아마(어쩌면, 혹시 …)** 내일 학교에 **간단다**.
> ㄴ. 저분이 **틀림없이(확실히, 반드시 …)** 내일 학교에 **간단다**.

(102)에서 어찌말을 제외하면 ㄱ과 ㄴ은 동일한 월이 된다. 그런데도 불구하고 어찌말이 포함되면 ㄱ은 부적격한 반면 ㄴ은 적격한 월이 되었다. 이와 같은 까닭은 어찌말의 의미 특성과 '-는단다'의 의미 특성의 부조화로 말미암는 것으로 보는 것이 타당하다.[29] 곧 ㄱ의 어찌말은 불확실성의 의미 자질을 가지고 있으며, ㄴ의 어찌말은 확실성의 의미 자질을 가지는데, '-는단다'가 확실성이 있는 '기정사실을 알림'이란 의미적 특성을 가지므로, 불확실성의 의미 자질을 가지는 ㄱ의 어찌말과는

---

29) 왜냐하면 (102)의 ㄱ도 마침씨끝이 달라지면 적격한 월이 되기 때문이다. 예컨대 '-는단다' 대신에 반말의 '-지'가 놓이면 다음 보기와 같은 적격한 월이 된다.
  (보기) 저분이 **아마(어쩌면, 혹시 …)** 내일 학교에 **가지**.

의미상 충돌이 일어나 공기관계를 이루지 못하고, 확실성의 의미 자질을 포함하고 있는 ㄴ의 어찌말과만 자연스럽게 공기될 수 있다.

3.2.1.2 '-는단다'의 의미 · 화용적 특성

'-는단다'가 마침씨끝으로 쓰인 월이 사용되는 장면을 보면, 말할이가 들을이를 강하게 의식하는 상관적 장면에서만 쓰이고 말할이의 혼잣말인 단독적 장면에서는 쓰이지 않는 제약이 따른다. 말할이와 들을이 사이의 관계에서 보면, 말할이가 들을이보다 윗사람인 경우에 들을이에게 친밀한 태도를 가지며, 교훈적인 태도를 보이는 화용상의 특징을 나타낸다. 말할이와 들을이가 비슷한 나이인 경우에는 말할이의 자랑을 나타내기도 한다. 또한 말할이가 명제 내용에 대하여 강조하고자 할 때에도 '-는단다'가 쓰이기도 한다.

'-는단다'의 쓰임을 통하여 그 뜻을 파악할 수 있는데, 들을이높임의 정도를 제외하면 대체로 '-는다오'나 '-는다네'의 의미적 특성과 일치한다. 통어적 특성에서 살핀 바와 같이 '-는단다'는 기정사실화된 뜻을 가지는 월의 마침씨끝으로 쓰일 뿐이고 미정의 의미 자질을 가지는 월의 마침씨끝으로는 쓰일 수 없는데, 그 까닭은 '-는단다' 자체의 의미적 특성으로 말미암는다고 할 수 있다. 곧 '-는단다' 자체가 '기정사실'의 의미 자질을 내포하고 있기 때문에 명제 내용에 '미정'의 의미 자질이 포함되어 있으면 서로 충돌이 일어나 부적격한 월이 된다고 설명할 수 있다. 그렇다면 '-는단다'는 명제 내용에 대한 '기정사실화'란 의미적 특성을 추출할 수 있다.

또한 (103)에서와 같이 '-는다'와의 비교를 통하여 '-는단다'는 말할이가 기정사실화한 명제 내용을 객관화시켜 말할 때 사용됨을 알 수 있다.

(103) ㄱ. 가. 철수가 밥을 먹**는다**.

　　　　나. 철수가 밥을 먹**는단다**.

    ㄴ. 가. 걷는 것이 건강에 좋**다**.
       나. 걷는 것이 건강에 좋**단다**.
    ㄷ. 가. 저분이 김 선생이**다**.
       나. 저분이 김 선생이**란다**.

위 보기에서 (가)와 (나)를 비교해 보면, 마침씨끝에서만 차이를 보이는데도 그 의미에서 차이가 남을 쉽게 알 수 있다. (가)는 말할이가 자신의 주관적인 생각을 나타내는 데 비하여 (나)는 객관화시켜 나타냈다. 이는 '-는단다'가 형식상 건너 따옴월의 형태를 취하기 때문에 실제적으로는 건너 따옴월의 기능을 잃었더라도 말할이의 주관적 판단을 간접적인 표현 방식을 취함으로써 객관화되는 것으로 설명된다.

그리고 '는단다'는 명제 내용에 대하여 말할이가 들을이에게 '아주낮춤으로 알림'의 의미적 특성을 가진다.

위에서 밝힌 '-는단다'의 의미적 특성을 정리하면, '-는단다'는 '말할이가 기정사실화한 명제 내용을 객관화시켜 들을이에게 아주낮춤으로 알림'의 의미적 특성을 가진다.

3.2.2 '-는다니'[30)]

언어형식 '-는다니'는 '-는다고 하니'의 축약형인데, '-는다니'가 의미상 차이 없이 늘 '-는다고 하니'로 회복될 수 있는 것은 아니다. 만일 회복이 가능하다면 '-는다니'는 그 자체가 마침씨끝으로서의 기능을 하는 것으로 볼 수 없고, 뒷부분의 '-니'만을 아주낮춤 마침씨끝으로 처리하고, 앞부분의 '-는다'는 서술법 마침씨끝의 중화형태인 '-는다'로 다룰 수 있게 되어 별 문제가 없게 된다. 그러나 (104)를 보면, '-는다니'가 '-는다고 하니'로 회복될 수 없음을 쉽게 알 수 있다.

---

30) '-는다니'는 풀이씨의 종류, 풀이씨 뿌리의 끝이 닿소리냐 홀소리냐에 따라 /-는다니/, /-ㄴ다니/, /-다니/, /-라니/로 실현된다.

(104) ㄱ. 나는 언제 점심을 마음놓고 먹**는다니**?

　　　　⇒＊나는 언제 점심을 마음놓고 먹**는다고 하니**?

　　　ㄴ. 나는 오늘 왜 이리 바빠**다니**?

　　　　⇒＊나는 오늘 왜 이리 바빠**다고 하니**?

　그런데 '-는다니'가 모두 이와 같이 '-는다고 하니'로 회복될 수 없는 것은 아니다. 곧 (105)에서는 의미상 차이 없이 자연스럽게 회복될 수 있다.

(105) ㄱ. 영이가 학교에 **간다니**?

　　　　⇒영이가 학교에 **간다고 하니**?

　　　ㄴ. 순이는 이것이 책이**라니**?

　　　　⇒순이는 이것이 책이**라고 하니**?

　위에서 살핀 바와 같이 '-는다니'는 (105)와 같이 건너 따옴월 형식 '-는다고 하니'의 줄어든 꼴과 (104)와 같이 '-는다고 하니'의 줄어든 꼴로 볼 수 없는, 곧 '-는다니' 자체를 마침씨끝으로 다루어야만 하는 것으로 나눌 수 있으며, 여기서는 (104)의 '-는다니'만 연구의 대상이 된다.

　앞에서 살핀 반말의 '-다니'는 움직씨의 뿌리 다음에서도 '-는다니'로 실현되지 않고 '-다니'로만 실현되고, 뒤에 들을이높임의 '요'가 통합되었으나, 아주낮춤의 '-는다니'는 움직씨 뿌리 다음에서는 '-는다니/ㄴ다니'로 실현되며, '요'가 통합될 수 없는 점에서 차이를 보이기 때문에 '-다니'와 '-는다니'는 별개의 마침씨끝으로 설정된다.

3.2.2.1 '-는다니'의 형태·통어적 특성

　물음법을 실현하는 복합형 아주낮춤의 마침씨끝 '-는다니'의 형태적 특성으로, 풀이말의 형태론적 구조 안에서 다른 요소와 어떤 제약 관계에 놓이는가에 대하여 논의하기로 한다.

　첫째, '-는다니'와 통합관계를 이룰 수 있는 안맺음씨끝 가운데 주체높임의 '-시-'는 통합될 수 있다. '-는다니'가 마침씨끝인 월에서 주체가 셋째가리킴이고 높임의 대상이면 '-시-'의 통합이 자연스럽지만 그 밖에는 통합될 수 없다.

둘째, '-는다니'는 때매김씨끝과의 통합에서도 제약을 보여, (106)과 같이 어떤 때매김씨끝과도 통합되지 않는 제약이 따른다.

(106) 나는 어디서 그분을 만나- $\left[\begin{array}{c} * -\text{었-} \\ * -\text{겠-} \\ * -\text{었었-} \\ * -\text{더-} \\ * -\text{려-} \end{array}\right]$ **-는다니**?

위와 같이 '-는다니'는 어떤 때매김씨끝과도 통합관계를 이룰 수 없는 제약이 따르지만 (107)과 같이 '-는다니'가 때매김씨끝과 통합될 수 있는 경우도 있다. 그렇게 되면 '-는다니'는 '-는다고 하니'의 축약형에 해당되어 이 글에서 다루는 마침씨끝 '-는다니'와는 관계가 없게 된다.

(107) ㄱ. 철수가 언제 집에 **갔다니**?←**갔다고 하니**?
 ㄴ. 철수가 언제 집에 **가겠다니**?←**가겠다고 하니**?
 ㄷ. 철수가 언제 집에 **갔었다니**?←**갔었다고 하니**?

곧 (107)의 '-는다니'는 그 자체가 마침씨끝이 아니라 '-니'만이 마침씨끝에 해당하게 되어 (106)의 마침씨끝인 '-는다니'와 차이를 보인다.

셋째, '-는다니'는 (108)과 같이 풀이말의 풀이씨 뿌리의 종류에 관계없이 통합될 수 있어 제약이 따르지 않는다.

(108) ㄱ. 나는 어떻게 서울에 **가-ㄴ다니**?
 ㄴ. 나는 왜 이렇게 **춥-다니**?
 ㄷ. 나는 도대체 무엇**이-라니**?

넷째, '-는다니' 뒤에는 (109)와 같이 들을이높임의 '요'와 느낌토씨 '그

려'가 통합될 수 없다. '요'가 통합될 수 없는 점이 바로 '-는다니'의 들을
이높임 정도가 반말에 해당되지 않고 아주낮춤에 해당함을 보여준다.

(109) ㄱ. *이 많은 음식을 어떻게 다 먹<u>**는다니**</u>요?
　　　ㄴ. *이 많은 음식을 어떻게 다 먹<u>**는다니**</u>그려?

아주낮춤의 복합형 마침씨끝 '-는다니'와 통어론적으로 공기관계를
이루는 요소들과의 제약에 관하여 논의하기로 한다.

첫째, '-는다니'로 끝맺는 월 뒤에는 (110)과 같이 '올림'의 절종결이
놓여 '-는다니'가 물음법의 마침씨끝에 해당함이 증명된다. 물음월 뒤에
는 물음말이 없느냐 있느냐에 따라 '올림'이나 '내림'의 절종결이 놓이
지만 '-는다니' 뒤에는 물음말이 있더라도 항상 '올림'의 절종결이 놓이
는 특성을 보인다.

(110) ㄱ. 나는 <u>**언제**</u> 꽃이 피는 걸 <u>**본다니**</u>(↗)?
　　　ㄴ. 쟤는 왜 또 저<u>**런다니**</u>(↗)?

둘째, '-는다니'와 공기관계를 이룰 수 있는 임자말의 가리킴 제약에
관하여 살피면, (111)과 같이 첫째(ㄱ), 둘째(ㄴ), 셋째가리킴(ㄷ) 임자말
과 공기될 수 있어 임자말 가리킴 제약이 없음을 알 수 있다.

(111) ㄱ. <u>**내가**</u> 어떻게 그 사람을 만<u>**난다니**</u>?
　　　ㄴ. <u>**네가**</u> 어떻게 그 일을 한<u>**다니**</u>?
　　　ㄷ. <u>**저분이**</u> 어떻게 그 일을 한<u>**다니**</u>?

셋째, 마침씨끝이 '-는다니'인 월이 반복형으로 바뀔 때, '-는다니'는
(112)에서와 같이 '-느냐'로 중화된다.

(112) ㄱ. 갑→을 : 오늘 저녁에 무엇을 먹<u>**는다니**</u>?
　　　　　을→갑 : 뭐라고요?

　　　　갑→을 : 오늘 저녁에 무엇을 먹**느냐**고.
　　ㄴ. 갑→을 : 저 아이는 왜 저렇게 까분**다니**?
　　　　을→갑 : 뭐라고요?
　　　　갑→을 : 저 아이는 왜 저렇게 까부**느냐**고.

3.2.2.2 '-는다니'의 의미·화용적 특성

'-는다니'가 마침씨끝으로 쓰인 월이 사용되는 장면을 보면, 말할이가 들을이를 강하게 의식하는 상관적 장면에서만 쓰이고 말할이의 혼잣말인 단독적 장면에서는 쓰이지 않는 제약이 따른다. 말할이와 들을이 사이의 관계에서 보면, 말할이가 들을이보다 윗사람인 경우에 들을이에게 친밀한 태도를 가지며, 명제 내용에 대한 말할이의 놀라움이나 못마땅하게 여김의 화용상의 특징을 나타낸다. '는다지'는 주로 입말에서 쓰이고 글말에서는 잘 쓰이지 않는 제약을 보인다.

'-는다니'의 쓰임을 통하여 그 뜻을 파악할 수 있는데, '는다니'는 '말할이가 들을이에게 명제 내용에 대하여 놀라움이나 못마땅함의 태도를 가지고 아주낮춤으로 물음'이란 의미적 특성을 가진다.

3.2.3 '-느니라'[31)

고영근(1987:256)에서는 '-느니라'가 의향법에서 원칙법에 해당하며, 원칙법의 기능은 '-느니-'가 맡는다고 하였다. 그렇다면 '-느니라'는 원칙법의 안맺음씨끝과 마침씨끝 '-라'의 통합이 되는 셈이다.[32) 그런데

---

31) '-느니라'는 풀이씨의 종류, 때매김씨끝의 유무, 풀이씨 뿌리의 끝이 닿소리냐 홀소리냐에 따라 /-느니라/, /-으니라/, /-니라/로 실현된다.

32) '-느니-'는 안맺음씨끝으로만 기능을 하는 것이 아니라 아래 보기 ㄴ과 같이 비록 예스런 형태이기는 하나 그 자체가 마침씨끝으로의 기능을 담당하기도 한다.
　(보기) ㄱ. 양반의 집에서 그럴 수는 없**느니라**.
　　　　ㄴ. 양반의 집에서 그럴 수는 없**느니**.
위 보기에서 ㄴ은 ㄱ의 '-느니라'에서 '-라'가 생략된 것으로 볼 수 없다. 왜냐하면 들을이높임의 정도에서 차이가 나기 때문이다. ㄱ은 아주낮춤에 해당하고 ㄴ

‘-느니-’는 다른 등분의 마침씨끝에 통합되는 일이 없고 항상 ‘-라’와만 통합되는 제약을 보이며, 또한 ‘-느니-’와 ‘-라’ 사이에는 어떤 요소도 놓일 수 없는 점으로 보아, 이들은 한 몸처럼 굳어져 마침씨끝으로 말본적 기능을 수행한다고 할 수 있다. 곧 비록 ‘-느니라’가 위에서와 같이 형태소 분석이 가능하더라도 마침씨끝으로서의 말본적 최소 단위는 ‘-느니라’가 되기 때문에 ‘-느니라’를 마침씨끝의 범주에 넣게 된다.

3.2.3.1 ‘-느니라’의 형태·통어적 특성

서술법을 실현하는 복합형 아주낮춤의 마침씨끝 ‘-느니라’의 형태적 특성으로, 풀이말의 형태론적 구조 안에서 다른 요소와 어떤 제약 관계에 놓이는가에 대하여 논의하기로 한다.

첫째, ‘-느니라’와 통합관계를 이룰 수 있는 안맺음씨끝 가운데 주체 높임의 ‘-시-’는 통합될 수 있다. 임자말이 셋째가리킴이면서 높임의 대상인 경우에만 ‘-시-’ 통합이 가능하고, 그 밖의 경우에는 통합될 수 없는 제약이 따른다.

둘째, ‘-느니라’와 통합관계를 이룰 수 있는 때매김씨끝을 보면, ‘-느니라’는 (113)과 같이 모든 때매김씨끝에 통합될 수 있어 제약을 보이지 않는다.

(113) ㄱ. 너희들은 여기에 있어야 **했느니라**.
 ㄴ. 내가 일찍이 여기에 **왔었느니라**.
 ㄷ. 내일 아침에 떠나야 하**겠느니라**.
 ㄹ. 저분이 그런 말을 하**더니라**.
 ㅁ. 내가 그 일을 꼭 하**려느니라**.

셋째, ‘-느니라’는 (114)와 같이 움직씨(ㄱ), 그림씨(ㄴ), 잡음씨(ㄷ) 등

___

은 예사낮춤에 해당하기 때문에 ‘-느니’ 자체도 마침씨끝으로서의 기능을 충분히 수행한다고 보아야 한다.

풀이말의 풀이씨 뿌리의 종류에 관계없이 통합될 수 있어 제약이 따르지 않는다.

> (114) ㄱ. 누워만 있으면 병이 더 오래 **가-느니라**.
> ㄴ. 아침에 일찍 일어나면 몸에 **좋-으니라**.
> ㄷ. 이 몸은 실로 물위에 거품 같은 것**이-니라**.

넷째, '-느니라' 뒤에는 (115)와 같이 들을이높임의 '요'와 느낌토씨 '그려'가 통합될 수 없는 제약이 따른다.

> (115) ㄱ. * 산에 가야 범을 잡**느니라요**.
> ㄴ. * 산에 가야 범을 잡**느니라그려**.

아주낮춤의 복합형 마침씨끝 '-느니라'와 통어론적으로 공기관계를 이루는 요소들과의 제약에 관하여 논의하기로 한다.

첫째, '-느니라'로 끝맺는 월 뒤에는 (116)과 같이 '내림'의 절종결이 놓여 '-느니라'가 서술법의 마침씨끝에 해당함이 증명된다.

> (116) ㄱ. 약자를 돕는 것이 좋**으니라**(↘).
> ㄴ. 열심히 공부해야만 하**느니라**(↘).

둘째, '-느니라'와 공기관계를 이룰 수 있는 임자말의 가리킴 제약에 관하여 살피면, (117)과 같이 첫째(ㄱ), 둘째(ㄴ), 셋째가리킴(ㄷ) 임자말과 공기될 수 있어 임자말 가리킴 제약이 없음을 알 수 있다.

> (117) ㄱ. **나는** 공부를 잘 했**느니라**.
> ㄴ. **너는** 무척 똑똑했**느니라**.
> ㄷ. **저분은** 술을 좋아하**느니라**.

셋째, 마침씨끝이 '-느니라'인 월이 건너 따옴월에 포함될 때, '-느니라'는 (118)에서와 같이 '-는다'로 중화되어 '-느니라'가 서술법에 해당함이 증명된다.

> (118) ㄱ. 갑→을 : 세상 물정도 배워야 하**느니라**.
>   을→갑 : 뭐라고요?
>   갑→을 : 세상 물정도 배워야 한**다**고.
>   ㄴ. 갑→을 : 이건 너무나 크고 중대한 일이**니라**.
>   을→갑 : 뭐라고요?
>   갑→을 : 이건 너무나 크고 중대한 일이**라**고.

넷째, '-느니라'와 공기관계를 이룰 수 있는 어찌말을 보면, (119)와 같이 현재를 포함한 올적이나 지난적의 때어찌말과 공기될 수 있어 제약은 없다.

> (119) ㄱ. 저분이 **지금(내일, 다음주에, 내년에 …)** 서울에 가**느니라**.
>   ㄴ. 철수가 **방금(어제, 지난주에, 작년에 …)** 그분을 만났**느니라**.

이와 같이 '-느니라'는 때어찌말과의 공기관계에는 제약이 없지만, (120)과 같이 불확실성의, 곧 미정의 의미 자질을 가지는 어찌말과는 공기될 수 없고 확실성이 강한 의미 자질을 가지는 어찌말과만 자연스러운 공기관계를 이룰 수 있다.

> (120) ㄱ. * 저분이 **아마(어쩌면, 혹시 …)** 내일 서울에 가**느니라**.
>   ㄴ. 저분이 **틀림없이(확실히, 반드시 …)** 내일 서울에 가**느니라**.

위 보기에서 ㄱ과 ㄴ은 어찌말을 제외하면 동일한 월이 되는데, 확실성의 정도가 작은 어찌말을 포함한 ㄱ은 부적격한 월이 되고, 확실성의 정도가 큰 ㄴ은 적격한 월이 되었다. 이와 같은 까닭은 '-느니라'의 의미적 특성으로 말미암는다고 볼 수 있다. 곧 '-느니라'는 당연시되는 명제 내용(진리나 으레 있을 사실)를 알릴 때 쓰이는 마침씨끝이기 때문에 확실성이 큰 어찌말과만 공기될 수 있을 뿐이고 확실성이 적은 어찌말과는 의미상 상충되어 공기될 수 없다.

3.2.3.2 '-느니라'의 의미 · 화용적 특성

'-느니라'가 마침씨끝으로 쓰인 월이 사용되는 장면을 보면, 말할이가 들을이를 강하게 의식하는 상관적 장면에서만 쓰이고 말할이의 혼잣말인 단독적 장면에서는 쓰이지 않는 제약이 따른다. 말할이와 들을이 사이의 관계에서 보면, 말할이가 들을이보다 나이가 많은 경우에만 쓰일 수 있는데, 그렇더라도 말할이가 적어도 성인인 경우에만 사용되며, 미성년인 경우에는 일반적으로 사용되지 않는 제약이 따른다. 곧 선생님이 제자들에게, 또는 부모님이 자녀들에게 발화할 때 쓰일 수 있지만, 10대의 선배가 후배에게, 10대의 형이 동생에게, 친구 사이의 발화인 경우 등에서는 사용되지 않는다. 그러므로 '-느니라'는 사용되는 세대, 사용될 수 있는 장면에서 다른 아주낮춤 마침씨끝에 비해 제약이 큰 마침씨끝에 해당한다.

'-느니라'의 의미는 그 쓰임을 통하여 파악할 수 있다. '-느니라'는 말할이가 일상적인 진리라 생각하는 명제 내용을 알릴 때, 또는 당연시되는 사실의 명제 내용을 알릴 때 사용되므로 이를 바탕으로 '당연시되는 진리나 사실의 명제 내용을 알림'이란 의미적 특성을 추출할 수 있다.[33]

그렇다면 '-느니라'는 '말할이가 들을이에게 당연시되는 진리나 사실의 명제 내용을 아주낮춤으로 알림'이란 의미적 특성을 가진다고 하겠다.

쓰이는 장면에 따라서는 지나간 사실을 확인하거나 강조할 때, 남을 설득하거나 타이르는 경우에도 사용되어, 이와 같은 화용적인 의미도 가진다고 할 수 있지만 넓은 의미로 이들도 위의 의미적 특성에 포함된다.

---

33) '-느니라'를 고영근(1986:256)에서와 같이 '-느니-'와 '-라'로 형태소 분석을 하게 되면, '-느니-'가 '당연시되는 진리나 사실'의 명제 내용을 가리키는 역할을 하고 (이를 고영근(1986:256)은 원칙법이라고 함), '-라'가 '말할이가 들을이에게 아주 낮춤으로 알림'이란 의미적 특성을 나타내게 된다.

3.2.4 '-으렷다'[34)]

고영근(1989:251)은 '-으렷다'가 추정의 '-으리-'와 확인의 '-엇-', 마침 씨끝 '-다'가 통합되어 확인법을 나타낸다고 보았다. 형태배합상으로 볼 때, 이와 같은 분석 방법은 타당한 셈이다. 그런데 '-으렷다'는 실제적 인 용법에서 단지 구성하고 있는 형태소들의 의미 합계로만 이해되지 않고, 시킴법이나 물음법의 여느 마침씨끝들과 동일한 수행력을 보이 며, 또한 이들 형태소 사이에는 다른 어떤 요소도 끼여들 수 없고, 이들 이 한 몸처럼 작용하여 마침씨끝으로서의 말본적 단위가 된다는 점에 서 '-으렷다'를 복합형 마침씨끝으로 다루게 된다. 그리고 '-으렷다'가 물음법과 시킴법의 마침씨끝으로 쓰이게 되는데, '-으렷다'를 구성하는 어떤 형태소도 시킴법과 물음법 같은 기능을 담당하는 것이 없다는 점 도 '-으렷다'를 마침씨끝으로 다루게 하는 근거가 된다.

이 글에서는 '-으렷다'가 시킴법과 물음법의 두 가지 용법과 의미로 쓰이기 때문에 시킴법의 '-으렷다'와 물음법의 '-으렷다'로 갈라, 별개 의 마침씨끝으로 다루기로 한다.

3.2.4.1 시킴법의 '-으렷다'

'-으렷다'가 의향법에서 시킴법에 해당함은 '-으렷다'의 형태·통어 적 특성을 살피면 쉽게 드러난다. 먼저 시킴법에서는 부정문에서 '아니' 가 사용되지 못하고 '말-'이 사용되는데, (121)과 같이 마침씨끝이 '-으렷 다'인 월에서도 마찬가지라는 점이다.

(121) ㄱ. * 책을 계속 읽지 **않으렷다**.
      ㄴ. 책을 계속 읽지 **말렷다**.

---

34) '-으렷다'는 통합될 수 있는 움직씨 뿌리의 끝이 닿소리냐 홀소리냐에 따라 /-으렷 다/와 /-렷다/로 실현된다.

또한 '으렷다'가 마침씨끝인 월이 건너 따옴월에 포함될 때, '-으렷다'가 시킴법 마침씨끝의 중화형태인 '-으라'로 중화된다는 점에서 '-으렷다'가 시킴법 마침씨끝에 해당됨을 알 수 있다.

1) '-으렷다'의 형태·통어적 특성

시킴법을 실현하는 복합형 아주낮춤의 마침씨끝 '-으렷다'의 형태적 특성으로, 풀이말의 형태론적 구조 안에서 다른 요소와 어떤 제약 관계에 놓이는가에 대하여 논의하기로 한다.

첫째, '-으렷다'와 통합관계를 이룰 수 있는 안맺음씨끝 가운데 주체 높임의 '-시-'는 통합될 수 없다. 그 까닭은 (122)와 같이 시킴법에서는 월의 주체가 둘째가리킴이기 때문에 아주낮춤의 대상인 들을이와 동일인이 되어 '-시-'가 통합될 수 없다.

> (122) ㄱ. * 저리 비끼**시렷다**.
>
> ㄴ. * 이실직고하**시렷다**.

둘째 '-으렷다'와 통합관계를 이룰 수 있는 때매김씨끝을 보면, '-으렷다'는 (123)과 같이 여느 시킴법 마침씨끝에서처럼 어떤 때매김씨끝과도 통합될 수 없는 제약을 보인다.

> (123) 꼭 학교에 가- ⎡ * -었-
 * -겠-
 * -었었-
 * -더-
 * -려- ⎤ -**으렷다**.

셋째, 시킴법의 '-으렷다'는 풀이씨 뿌리와의 통합에 제약이 따른다.[35] (124)에서와 같이 '-으렷다'는 [+행동성] 움직씨 뿌리에만 통합될 수 있을 뿐 그 밖의 풀이씨 뿌리에는 통합되지 못하는데, 이는 시킴법 마침씨끝의 일반적 특성이기도 하다.

   (124)[36] ㄱ. 네가 학교에 **가-렷다**.
          ㄴ. * 네가 오늘 바쁘-렷다.
          ㄷ. * 네가 이 학교 학생이-렷다.

위 보기에서 ㄱ만이 풀이말이 [+행동성] 움직씨이기 때문에 적격한 월이 되었고, ㄴ과 ㄷ은 [-행동성]인 그림씨와 잡음씨이기 때문에 부적격한 월이 되었다.

넷째, '-으렷다' 뒤에는 (125)과 같이 들을이높임의 '요'와 느낌토씨 '그려'가 통합될 수 없다.

   (125) ㄱ. * 그 책을 읽지 말**렷다요**.
        ㄴ. * 그 책을 읽지 말**렷다그려**.

시킴법을 실현하는 아주낮춤의 복합형 마침씨끝 '-으렷다'와 통어론적으로 공기관계를 이루는 요소들과의 제약에 관하여 논의하기로 한다.

첫째, '-는단다'로 끝맺는 월 뒤에는 (126)과 같이 '끊음'의 절종결이 놓여 여느 시킴법 마침씨끝에서와 일치함을 알 수 있다.

   (126) ㄱ. 어서 밥을 먹**으렷다**(↓).
        ㄴ. 학교에 가**렷다**(↓).

둘째, '-으렷다'와 공기관계를 이룰 수 있는 임자말의 가리킴 제약을 보면, 둘째가리킴 임자말과만 공기될 수 있다. 그 가운데에서도 (127)과 같이 아주낮춤의 정도에 해당하는 어휘와만 공기될 수 있는 제약이 따른다.

---

35) 물음법의 '-으렷다'는 풀이씨 뿌리와의 통합에서 제약이 따르지 않아 시킴법의 '-으렷다'와는 차이를 보인다.

36) (115)의 ㄴ과 ㄷ이 시킴월이 아니라면 적격한 월이 되는데, 그렇게 되면 '-으렷다'는 물음법의 마침씨끝에 해당하게 된다.

(127) ㄱ. **네가** 학교에 가**렷다**.

　　ㄴ. * **자네가** 학교에 가**렷다**.

　　ㄷ. * **당신이** 학교에 가**렷다**.

　　ㄹ. * **선생님께서**(=둘째가리킴) 학교에 가**렷다**.

셋째, 마침씨끝이 '-으렷다'인 월이 건너 따옴월에 포함될 때, '-으렷다'는 (128)에서와 같이 '-자'로 중화되어 '-으렷다'가 시킴법에 해당함이 증명된다.

(128) ㄱ. 갑→을 : 아까 하던 말을 계속 하**렷다**.

　　　　을→갑 : 뭐라고요?

　　　　갑→을 : 아까 하던 말을 계속하**라**고.

　　ㄴ. 갑→을 : 그 책은 읽지 말**렷다**.

　　　　을→갑 : 뭐라고요?

　　　　갑→을 : 그 책은 읽지 말**라**고.

넷째, '-으렷다'와 공기관계를 이룰 수 있는 어찌말을 보면, (129)와 같이 현재를 포함한 올적의 때어찌말과는 공기될 수 있지만 지난적의 때어찌말과 공기될 수 없는 제약이 따른다. 이 점도 시킴법 마침씨끝의 공통적 특성이기도 하다.

(129) ㄱ. **지금(내일, 다음주에, 내년에 …)** 학교에 가**렷다**.

　　ㄴ. * **방금(어제, 지난주에, 작년에 …)** 학교에 가**렷다**.

확실성의 정도에서 보면, '-는단다'는 (130)과 같이 확실성의 정도가 작은 어찌말과는 자연스럽게 공기될 수 없지만, 확실성의 정도가 큰 어찌말과는 공기될 수 있는 제약을 보인다.

(130) ㄱ. * **아마(어쩌면, 혹시 …)** 학교에 가**렷다**.

　　ㄴ. **틀림없이(확실히, 반드시 …)** 학교에 가**렷다**.

2) '-으렷다'의 의미 · 화용적 특성

시킴법의 '-으렷다'가 마침씨끝으로 쓰인 월은 상관적 장면에서 주로 쓰이고 단독적 장면에서는 잘 쓰이지 않는 제약을 보인다. 말할이와 들을이 사이의 관계에서 보면, 손위의 말할이가 손아래의 들을이에게 명제 내용을 시킬 때 사용된다. 말할이가 들을이보다 손위이더라도 나이 차이가 많이 나는 경우, 곧 어른이 아이에게, 부모가 자녀에게, 선생이 학생에게, 등의 장면에서 쓰일 수 있을 뿐이므로 성인들에게서 주로 사용되는 제약을 가진다. 말할이의 들을이에 대한 태도에서 보면, 말할이가 권위적인 태도를 가지고 들을이를 낮추는 경우에 사용된다.

'-으렷다'의 쓰임을 통하여 그 의미적 특성을 밝힐 수 있는데, '-으렷다'는 건너 따옴월에 포함될 때 시킴법의 '-으라'로 중화되며, 시킴의 수행력을 가지기 때문에 '시킴'의 의미적 특성을 가진다. 또한 말할이에게 당연시되는 명제 내용을 강조하거나 확인시키고자 할 때 사용된다.

위에서 논의한 시킴법 '-으렷다'의 의미적 특성을 정리하면, '-으렷다'는 '말할이가 들을이에게 자신에게 당연시되는 명제 내용을 아주낮춤으로 강조 · 확인시킴'이란 의미적 특성을 가진다.

3.2.4.2 물음법의 '-으렷다'

'-으렷다'가 의향법에서 물음법에 해당함은 '-으렷다'의 형태 · 통어적 특성을 살피면 쉽게 드러난다. '-으렷다'에는 때매김씨끝이 통합될 수 있으며, 건너 따옴월에 포함될 때 물음법 마침씨끝의 중화형태인 '-느냐'로 실현됨을 통해 확인할 수 있다.

1) '-으렷다'의 형태 · 통어적 특성

물음법을 실현하는 복합형 아주낮춤의 마침씨끝 '-으렷다'의 형태적 특성으로, 풀이말의 형태론적 구조 안에서 다른 요소와 어떤 제약 관계에 놓이는가에 대하여 논의하기로 한다.

첫째, 물음법의 '-으렷다'와 통합관계를 이룰 수 있는 안맺음씨끝 가운데 주체높임의 '-시-'는 통합될 수 있다. (131)과 같이 임자말이 셋째 가리킴이고 높임의 대상인 경우에 한하여 '-시-'의 통합이 가능하다.

> (131) ㄱ. 너의 **선생님도** 산에 가**시렷다**?
> ㄴ. **저분이** 김 선생이**시렷다**?

둘째, 물음법의 '-으렷다'는 때매김씨끝과의 통합에서도 제약을 보여, (132)와 같이 '-었-', '-었었-', '-겠-'과만 통합될 수 있을 뿐이고 그 밖의 때매김씨끝과는 통합되지 않는 제약이 따른다.

$$
(132)\ \text{철수가 밥을 먹-} \left[\begin{array}{l} \text{-었-} \\ \text{-겠-} \\ \text{-었었-} \\ *\ \text{-더-} \\ *\ \text{-려-} \end{array} \right] \text{-으렷다}.
$$

셋째, 물음법의 '-으렷다'는 (133)과 같이 풀이씨 뿌리와의 통합관계에서 모든 풀이씨 뿌리에 통합될 수 있어 제약이 따르지 않는다.

> (133) ㄱ. 저분이 학교에 **가-렷다**?
> ㄴ. 저분이 돈이 **많-으렷다**?
> ㄷ. 저분이 김 선생**이-렷다**?

넷째, 물음법의 '-으렷다' 뒤에 놓일 수 있는 요소를 보면, (134)와 같이 들을이높임의 '요'와 느낌토씨 '그려'가 통합될 수 없어 어떤 요소도 덧붙을 수 없다. 이 점은 시킴법의 '-으렷다'와 동일하다.

> (134) ㄱ. * 철수가 학교에 **가렷다요**?
> ㄴ. 철수가 학교에 **가렷다그려**?

　물음법을 실현하는 아주낮춤의 복합형 마침씨끝 '-으렷다'와 통어론적으로 공기관계를 이루는 요소들과의 제약에 관하여 논의하기로 한다.

　첫째, 물음법의 '-는단다'로 끝맺는 월 뒤에는 '올림'의 절종결이 놓인다. 여느 물음법 마침씨끝은 물음말의 있고 없음에 따라 '올림'과 '내림'의 절종결이 놓이는데, '-으렷다'는 (135)와 같이 물음말과 공기될 수 없다. 곧 '-으렷다'는 물음말이 없는 월에서만 마침씨끝으로 쓰일 수 있는 제약을 가지기 때문이다.

　　　(135) ㄱ. 철수가 학교에 갔**으렷다**(↗)?
　　　　　　ㄴ. * 철수가 **어디**에 갔**으렷다**(↘)?

　위 보기에서 만일 ㄴ이 적격한 월이라면 당연히 '내림'의 절종결이 놓일 것이다. 그리고 '어디'가 물음말이 아니라 미정의 장소를 가리킨다면 적격한 월이 될 것이다.[37] 그러나 그렇게 되면 '내림'이 아니라 '올림'의 절종결이 놓이게 된다.

　둘째, 물음법의 '-으렷다'와 공기관계를 이룰 수 있는 임자말의 가리킴 제약을 보면, (136)과 같이 '-으렷다'는 첫째가리킴만이 아니라 둘째, 셋째가리킴 임자말과도 자연스럽게 공기될 수 있어 임자말 가리킴과의 공기관계에 제약이 따르지 않는다.

　　　(136) ㄱ. **내가** 시계를 고장냈**으렷다**?
　　　　　　ㄴ. **네가** 시계를 고장냈**으렷다**?
　　　　　　ㄷ. **저분이** 시계를 고장냈**으렷다**?

　셋째, 마침씨끝이 물음법 '-으렷다'인 월이 건너 따옴월에 포함될 때, '-으렷다'는 (137)에서와 같이 '-느냐'로 중화되어 '-으렷다'가 물음법에 해당함이 증명된다. 이 점으로 보아 '-으렷다'가 비록 '-다'로 끝맺었더

---

37) 이는 '어디'만이 아니라 '누구', '무엇', '언제' 등 물음말 전반에 해당된다.

라도 서술법에 해당하지 않고 물음법에 해당함을 알 수 있다.

> (137) ㄱ. 갑→을 : 철수가 학교에 갔**으렸다**?
>   을→갑 : 뭐라고요?
>   갑→을 : 철수가 학교에 갔**느냐**고.
>   ㄴ. 갑→을 : 저분이 김 선생이**렸다**?
>   을→갑 : 뭐라고요?
>   갑→을 : 저분이 김 선생**이냐**고.

넷째, 물음법의 '-으렸다'와 공기관계를 이룰 수 있는 어찌말을 보면, (138)과 같이 현재를 포함한 올적의 때어찌말과 공기될 수 있으며, 지난적의 때어찌말과도 자연스럽게 공기될 수 있다.

> (138) ㄱ. **지금(내일, 다음주에, 내년에** …) 철수가 학교에 가**렸다**?
>   ㄴ. **방금(어제, 지난주에, 작년에** …) 철수가 학교에 갔**으렸다**?

확실성의 정도에서 보면, 물음법의 '-으렸다'는 (139)와 같이 확실성의 정도가 작은 어찌말과도 자연스럽게 공기될 수 있을 뿐 아니라 확실성의 정도가 큰 어찌말과는 공기될 수 있어 제약을 보이지 않는다.

> (139) ㄱ. **아마(어쩌면, 혹시** …) 저분이 김 선생이**렸다**?
>   ㄴ. **틀림없이(확실히, 반드시** …) 저분이 김 선생이**렸다**?

2) '-으렸다'의 의미·화용적 특성

물음법의 '-으렸다'가 마침씨끝으로 쓰인 월은 상관적 장면에서도 쓰이며, 말할이의 혼잣말로도 쓰일 수 있어 단독적 장면에서도 쓰인다.

> (140) 저분이 김 선생이렸다?

위 보기는 말할이가 들을이에게 명제 내용을 묻는 것으로 해석될 수도 있지만 말할이가 스스로에게 묻는 혼잣말인 경우에도 사용될 수 있기 때문에 단독적 장면에서도 쓰임을 알 수 있다.

말할이와 들을이 사이의 관계에서 보면, 시킴법의 '-으렷다'와 동일함을 알 수 있다. 곧 성인의 말할이가 자신보다 나이가 어린 들을이에게(예컨대 부모가 자녀에게, 선생이 학생에게 등) 권위주의적 태도를 가지고 낮추는 경우에 사용된다.

'-으렷다'의 쓰임을 통하여 그 의미적 특성을 파악할 수 있는데, '-으렷다'가 건너 따옴월에 포함될 때, '-느냐'로 중화되며 물음의 수행력을 가지기 때문에 '물음'의 의미적 특성을 가진다. 또한 '-으렷다'의 '-렷-'이 추정의 '-리-'와 확인의 '엇-'으로 분석될 수 있기 때문에 '추정 확인'의 의미적 특성을 추출할 수 있다.

위에서 논의한 물음법 '-으렷다'의 의미적 특성을 정리하면, '-으렷다'는 '말할이가 추정되는 명제 내용을 확인하고자 들을이에게 아주낮춤으로 물음'이란 의미적 특성을 가진다.

3.3 그 밖

앞에서 살핀 아주낮춤 마침씨끝들은 지금의 우리말에서 자유로이 사용되어 제약을 받지 않는 것들이다. 이 밖에도 지금말에서 간혹 쓰이기도 하나 특수한 상황에서 극히 제한적으로 쓰일 뿐 아니라 예스러운 느낌을 주는 것들도 있다. 그렇다고 해서 지금의 우리말에서 제외시킬 수도 없는 마침씨끝들을 그 밖의 영역으로 다루었다.

여기에 해당하는 아주낮춤의 마침씨끝들을 의향법과 형태배합상의 특성에 따라 분류하면 다음과 같다.

> **서술법** : 단순형 : '-노라', '-누나'
> 　　　　　복합형 : '-도다', '-을진저', '-을지니라', '-을거나', '-을러라',
> 　　　　　　　　　'-을레라', '-을지라', '-을지로다'

> **물음법** : 복합형 : '-을소냐', '-는고', '-을거나'
> **시킴법** : 복합형 : '-을지어다'

이들 아주낮춤 마침씨끝들은 지금의 우리말에서는 그리 생산적으로 사용되는 것들이 아니기 때문에 마침씨끝마다의 형태·통어적 특성과 의미·화용적 특성에 관하여는 더 이상 논하지 않기로 한다.

4. 마무리

아주낮춤 마침씨끝들이 가지는 다양한 특성에 관하여 지금까지 논의한 바를 간단히 정리하면 다음과 같다.

아주낮춤 마침씨끝 설정 기준(일반적 제약 충족)에 따라 단순형으로 서술법에 '-는다', '-으마', '-는구나', '-어라' '-으니', '-을라', '-노라', '-누나'를, 물음법에 '-느냐', '-니'를, 꾀임법에 '-자'를, 시킴법에 '-으려무나'를 설정하였으며, 복합형으로 서술법에 '-는단다', '-느니라', '-을진저', '-을지니라', '-도다', '-을거나', '-을러라', '-을레라', '-을지라', '-을지로다'를, 물음법에 '-을소냐', '-으렷다', '-는다니', '-을소냐', '-는고', '-을거나'를, 시킴법에 '-으렷다', '-을지어다'를 설정하였다. 이들 마침씨끝은 형태·통어적 특성과 의미·화용적 특성에서 공통적 특성을 가지기도 하고, 개별적 특성을 가지기도 한다. 공통적 특성을 일반적 제약이라고 하고, 개별적 제약을 특수 제약이라고 할 수 있는데, 이를 간단히 정리하면 다음과 같다.

◆ 일반 제약

첫째, 임자말이 둘째가리킴인 경우 주체높임의 '-시-' 통합은 불가능하다.

둘째, 임자말이 첫째가리킴일 때, 임자말로 '나'는 쓰일 수 있지만 '저'는 쓰일 수 없으며, 둘째가리킴일 때, '너'만 쓰일 수 있을 뿐이고 '자네'나 '당신'은 쓰일 수 없는 어휘 제약이 따른다.

셋째, 아주낮춤 마침씨끝 다음에는 들을이높임의 '요'가 통합될 수 없는 제약이 따른다.

넷째, 월 사이의 호응관계에서 아주낮춤의 월은 아주낮춤이나 반말의 월과만 호응될 수 있다.

다섯째, 아주낮춤의 마침씨끝을 사용하는 계층을 보면, 노인에서부터 어린이에 이르기까지 전 세대에 걸쳐 두루 사용되어 제약이 없다.

여섯째, 말할이와 들을이 사이의 관계에서 보면, 말할이가 들을이보다 나이가 많거나 손위일 때, 또는 나이가 같거나 비슷한 경우에 사용된다. 이 때 이들의 사회적 관계는 서로 잘 아는 사이이거나 아주 친밀한 관계에 해당한다.

일곱째, 말할이의 들을이에 대한 태도를 보면, 말할이가 들을이에게 격식을 갖추되 들을이를 가장 낮추는 경우에 사용된다.

◈ 특수 제약

아주낮춤에 해당하는 마침씨끝들이 들을이높임의 등분에서는 동일하지만 마침씨끝마다 말본적 특성과 의미 기능에서는 차이를 보임을 드러내고자 하였다. 곧 마침씨끝마다 개별적으로 형태배합상의 제약이 어떻게 나타나며, 월조각과의 공기관계에서도 개별적인 제약이 어떻게 나타나는가를 살폈다. 또한 의미적인 특성에서도 각각의 마침씨끝이 어떤 특성을 보이며, 화용적인 쓰임에서도 각각 어떤 제약을 보이는가를 밝혔다.

제8장   아주높임의 마침씨끝

1. 들머리

  들을이높임법은 쓰이는 장면의 차이에 따라 격식체와 비격식체로 나뉘고, 격식체는 다시 높낮이의 정도에 따라 아주높임, 예사높임, 예사낮춤, 아주낮춤으로 나뉨은 앞에서 논의한 바 있다. 여기에서 다루고자 하는 아주높임은 격식체로 들을이를 가장 높이는 등분에 해당한다.[1]

  아주높임은 앞에서 살핀 아주낮춤과 마찬가지로 현대 우리말에서는 모든 세대에 두루 사용되는 등급으로 제약이 따르지 않는다. 곧 말할이에 있어서는 남녀·노소를 불문하고 모든 세대, 모든 계층에서 널리 사용되는 등분에 해당한다. 그러나 들을이를 가장 높이는 등분이기 때문에 말할이가 아무런 제약 없이 들을이에게 사용할 수 있는 것은 아니고 들을이에 대한 제약이 따르게 되어, 아주높임 마침씨끝은 말할이가 들을이보다 나이가 적거나 손아래인 경우, 또한 나이가 같거나 비슷한 경우에도 쓰이며, 들을이가 성인인 경우에는 말할이보다 들을이가 나이가 어리더라도 쓰인다. 이 때 이들의 사회적 관계에서 보면, 서로 잘 모르는 사이이거나 그리 친하지 않은 사이인 경우에 주로 사용되며, 잘 아는

---

[1] 최현배(1971:263)는 아주높임의 높임 정도에 대하여 "아주높임(極尊稱, 합쇼)은 그 말을 듣는 이를 아주 높여서 하는 말씨이니, 아이가 어른에게, 지체(地體)가 낮은 사람이 지체가 높은 사람에게 대하여 말함과 같은 경우에 쓰이는 꼴이니라"라고 하였다.

사이이거나 친한 사이이면 일반적으로 잘 쓰이지 않는 제약이 따른다.

이 장에서는 들을이높임의 정도가 아주높임에 해당하는 마침씨끝을 다른 등분의 씨끝과 구분해 낼 수 있는 기준을 설정하고, 이를 바탕으로 하여 아주높임의 마침씨끝들을 선정해 내기로 한다. 또한 선정된 마침씨끝들에 대하여 각각의 형태·통어적 특성과 아울러 의미·화용적 특성을 구체적으로 밝히기로 한다.

2. 아주높임 마침씨끝의 설정 기준

들을이높임의 정도가 아주높임에 해당하는 마침씨끝을 선정하기 위해서는 아주높임만이 가지는 공통 특성을 바탕으로 기준을 마련하여야 한다. 아주높임의 마침씨끝이 다른 등분의 마침씨끝과 구별될 수 있는 것은 바로 다음과 같은 공통 특징이 있기 때문이다.

첫째, 아주높임 마침씨끝들은 월의 주체가 들을이인 둘째가리킴일 때, 주체높임의 '-시-'가 반드시 통합된다. 물론 '-시-'가 통합되지 않는다고 해서 부적격한 월이 되는 것은 아니지만,[2] (1)과 같이 '-시-'가 통합되어야만 아주높임 마침씨끝으로서의 기능을 제대로 수행하게 된다.

> (1) ㄱ. **선생님**(=들을이)께서는 영어를 잘 하**십니다**.
>   ㄴ. **선생님**(=들을이)께서는 거기에 가**십니까**?

위 보기에서와 같이 임자말이 둘째가리킴이고 높임의 대상이면 '-시-'

---

2) 다음 보기에서는 '-시-'가 통합되지 않았지만 부적격한 월이라기보다는 용인 가능한 월로 실제 말살이에서 쓰이고 있다. 그렇더라도 '-시-' 통합되는 것이 자연스러우며, 높임의 정도도 더욱 높게(아주 높게) 된다.
  (보기) ㄱ. **선생님**(=들을이)께서는 영어를 잘 **합니다**.
     ㄴ. **선생님**(=들을이)께서는 거기에 **갑니까**?

의 통합은 필수적이다. 이와 같은 환경에서 '-시-'의 통합이 필수적인 것은 아주높임 마침씨끝뿐이므로 이 기준이 아주높임 마침씨끝만을 추출할 수 있는 식별 기준이 된다.

둘째, 아주높임의 월에서는 임자말이 첫째가리킴일 때, 임자말로 '저'가 쓰이며, '나'는 그리 잘 쓰이지 않는다. 둘째가리킴일 때는 임자말로 쓰일 수 있는 대이름씨가 따로 없으며,3) '당신', '자네', '너' 등은 쓰이지 않는다. 임자말이 둘째가리킴 월에서는 임자자리토씨 '께서'가 통합됨이 일반적 특성이다.4)

셋째, 아주높임 마침씨끝 다음에는 원칙적으로 들을이높임의 '요'가 통합되지 않는다. 그러나 극히 일부 특수한 계층에서는 '요'를 통합하여 사용하기도 하는데, 그렇다고 해서 '요'의 통합 여부가 높임의 정도에 차이를 가져오지는 않고, 단지 사용 계층에서 차이를 보일 뿐이다.

넷째, 월 사이의 호응관계에서 보면, 아주높임의 월(안녕하십니까?)은 (2)와 같이 아주높임의 월(ㄱ)이나 반말에 '요' 통합형인 월(ㄴ)과만 호응할 뿐이고 그 밖의 월(ㄷ=예사높임, ㄹ=반말, ㅁ=예사낮춤, ㅂ=아주낮춤)과는 호응관계를 이루지 못한다.

> (2) ㄱ. 안녕하**십니까**? 요즘 어떻게 지내**십니까**?
>
> ㄴ. 안녕하**십니까**? 요즘 어떻게 지내**세요**?
>
> ㄷ. #안녕하**십니까**? 요즘 어떻게 지내**오**?
>
> ㄹ. #안녕하**십니까**? 요즘 어떻게 지**내**?
>
> ㅁ. #안녕하**십니까**? 요즘 어떻게 지내**나**?
>
> ㅂ. #안녕하**십니까**? 요즘 어떻게 지내**니**?

---

3) 최현배(1971:802)에서는 둘째가리킴의 아주높임 대이름씨로 '당신'을 들고 있지만, 지금의 우리말에서는 '당신'이 아주높임의 둘째가리킴 대이름씨 구실을 하지 못한다. 예컨대 '당신'이란 대이름씨의 사용으로 말미암아 말할이와 들을이 사이에 말다툼이 일어나는 일이 있는데, 만일 '당신'이 아주높임에 해당한다면 시비의 대상이 되지 않을 것이다.

4) 임자말이 둘째가리킴인 월에서 '께서'가 통합될 수 있는 마침씨끝으로는 아주높임과 반말에 '요' 통합형 마침씨끝뿐이다.

다섯째, 아주높임 마침씨끝을 사용하는 계층을 보면, '-습니다', '-습니까', '-으십시오'는 제약을 보이지 않고 어느 세대에서나 두루 쓰일 수 있지만, '-는답니다', '-으소서', '-나이다', '-나이까', '-오이다' 따위는 주로 성인만이 사용하는 제약을 보인다.

여섯째, 말할이와 들을이 사이의 관계에서 보면, 아주높임 월은 주로 말할이가 들을이보다 나이가 적거나, 신분이 낮거나, 손아래인 경우에 주로 쓰인다. 경우에 따라서는 나이가 비슷하거나 말할이가 들을이보다 나이가 많을 때도 사용되는데, 이 때 이들의 관계는 서로 잘 모르거나, 가까운 사이가 아닌 경우이다.

일곱째, 말할이의 들을이에 대한 태도에서 보면, 말할이가 들을이에게 격식을 갖추어 가장 높이는 경우에 아주높임 마침씨끝을 사용한다.

위에서 든 일곱 가지 조건을 만족시키는 마침씨끝은 아주높임 마침씨끝으로 묶이게 되는데, 이에 해당하는 마침씨끝을 의향법에 따라 분류하면 다음과 같다.

서술법 : '-습니다', '-는답니다', '-나이다', '-으오이다', '-올시다'
물음법 : '-습니까', '-는답니까', '-나이까', '-으오이까'
시킴법 : '-으십시오', '-으소서'
꾀임법 : 없음[5)]

---

5) 꾀임법의 아주높임 마침씨끝은 없다. 그 까닭은 꾀임월의 임자말은 말할이와 들을이가 되는데, 말할이가 자신을 포함하는 임자말로 등장하는 사람을 아주 높이는 것은 우리말에서 자신을 높이지 않는 일반성에 비추어 어긋나기 때문이다. 표면상 예사높임 마침씨끝인 '-읍시다'에 주체높임의 '-시-'가 통합된 '-으십시다'가 아주높임 마침씨끝으로서 기능을 하는 것 같지만, 실제적으로 들을이가 아주높임의 대상일 때, '-으십시다'를 사용하지 않고, 표현법을 바꾸어 꾀임법의 수행력을 가져올 수 있는 물음법이나 시킴법 마침씨끝을 사용하게 된다.

3. 아주높임 마침씨끝의 말본적 특성과 의미 기능

앞에서 설정한 아주높임 마침씨끝을 형태배합상의 특성에서 보면, 단순형인 시킴의 '-으소서'를 제외하고 모두 복합형에 해당한다. 이들 아주높임 마침씨끝 가운데 지금 우리말에서 제약이 없이 적극적으로 쓰이는 것으로는 '-습니다', '-는답니다', '-습니까', '-는답니까', '-으십시오'이며, 그 밖의 마침씨끝들은 특수한 상황이나 계층에서 사용되는 것들이다. 그렇기 때문에 여기서는 앞의 마침씨끝들을 중심으로 다루되 뒤의 것들은 간단히 언급하기로 한다.

3.1 '-습니다', '-습니까'[6)]

이들 마침씨끝은 '-습니-'가 공통이고 단지 마지막이 '-다'냐 '-까'냐의 차이로 서술법과 물음법으로 갈라진다. 그러므로 '-다'와 '-까'만을 마침씨끝에 포함시킬 수도 있지만, 그렇게 되면 이들이 아주높임 마침씨끝으로서의 기능을 가지지 못한다. 곧 이들은 '-습니-'와 결합되어야만 아주높임 마침씨끝으로의 기능을 가지게 되며, 또한 형태소 '-습-', '-니-'에 '-다'나 '-까'가 한 몸처럼 결합되어야만 할 뿐더러 그 사이에 어떤 다른 형태소가 끼여들 수 없기 때문에 비록 이들이 형태소 분석이 되더라도 한 단위의 마침씨끝으로 다루게 된다. '-습니다'와 '-습니까'는 말본적 기능을 수행하는 최소한의 단위로, 복합형으로 이루어진 아주높임의 마침씨끝에 해당한다.

'-습니다'와 '-습니까'는 형태·통어적 특성이 비슷하며, 화용적인 쓰임에서도 그리 큰 차이가 없기 때문에 한 범주로 묶어 다루기로 한다.

---

6) 앞선 음절의 끝이 닿소리냐 홀소리냐에 따라 '-습니다'는 /-습니다/와 /-ㅂ니다/로 실현되고, '-습니까'는 /-습니까/와 /-ㅂ니까/로 실현된다.

3.1.1 '-습니다', '-습니까'의 형태·통어적 특성

서술법과 물음법을 실현하는 복합형 아주높임의 마침씨끝 '-습니다'와 '-습니까'의 형태적 특성으로, 풀이말의 형태론적 구조 안에서 다른 요소와 어떤 제약 관계에 놓이는가에 대하여 논의하기로 한다.

첫째, '-습니다', '-습니까'와 통합관계를 이룰 수 있는 안맺음씨끝 가운데 주체높임의 '-시-'는 통합될 수 있다. 첫째가리킴 임자말에서 '-시-'가 통합될 수 없음은 지극히 당연하다. 둘째가리킴인 경우에는 당연히 통합되어야 하며, 셋째가리킴일 때는 높임의 대상이면 '-시-'가 통합된다.

둘째, '-습니다'와 '-습니까'는 때매김씨끝과의 통합에서도 제약을 보여, (3)과 같이 '-었-', '-었었-', '-겠-', '-려-'와는 통합될 수 있지만 '-더-'는 통합되지 않는 제약이 따른다.

(3) ㄱ. 내가 밥을 먹- [-었- / -겠- / -었었- / *-더- / -으려-] -습니다.

ㄴ. 선생님(=들을이)께서 그 일을 하시- [-었- / -겠- / -었었- / *-더- / -으려-] -습니까?

위 보기에서와 같이 '-습니다'와 '-습니까'가 '-더-'와 통합될 수 없는 까닭은 '-습니다'와 '-습니까'의 구성 요소인 '-니-'[7] 때문이다. 곧 '-더-'와 '-니'는 같은 자리에서 동시에 나타날 수 없는 제약을 가지기 때문이다.

셋째, '-습니다'와 '-습니까'는 (4)와 같이 풀이씨 뿌리와의 통합관계

---

7) 김석득(1966:104)에서 '-니-'를 '진행'의 안맺음씨끝으로 다루었다.

에서 움직씨(ㄱ), 그림씨(ㄴ), 잡음씨(ㄷ) 등 모든 풀이씨 뿌리에 통합될 수 있어 제약이 따르지 않는다.

> (4) ㄱ. 철수가 학교에 가-**ㅂ니다**./가-**ㅂ니까**?
> ㄴ. 철수가 키가 크-**ㅂ니다**./크-**ㅂ니까**?
> ㄷ. 철수가 학생이-**ㅂ니다**./이-**ㅂ니까**?

넷째, '-습니다'와 '-습니까' 뒤에 놓일 수 있는 요소를 보면, (5)의 ㄱ과 같이 들을이높임의 '요'가 통합될 수 있지만, 그렇더라도 높임의 정도는 달라지지 않고 사용 계층에서만 한정될 뿐이다. 느낌토씨 '그려'는 (5)의 ㄴ과 같이 '-습니다'에는 통합될 수 있지만 '-습니까' 다음에는 통합될 수 없다.

> (5) ㄱ. 가. 오늘 날씨가 좋**습니다요**.
> 나. 오늘 날씨가 좋**습니까요**?
> ㄴ. 가. 오늘 날씨가 좋**습니다그려**.
> 나. * 오늘 날씨가 좋**습니까그려**?

마침씨끝 '-습니다', '-습니까'와 통어론적으로 공기관계를 이루는 요소들과의 제약에 관하여 논의하기로 한다.

첫째, 마침씨끝이 '-습니다'인 월 뒤에는 '내림'의 절종결이 놓이고, '-습니까'인 월 뒤에는 여느 물음법 마침씨끝에서와 같이 물음말이 있느냐 없느냐에 따라 '내림'과 '올림'의 절종결이 놓임을 (6)을 통해 확인할 수 있다.

> (6) ㄱ. 철수가 학교에 **갑니다**(↘).
> ㄴ. 철수가 어디에 **갑니까**(↘)?
> ㄷ. 철수가 학교에 **갑니까**(↗)?

둘째, '-습니다', '-습니까'와 공기관계를 이룰 수 있는 임자말의 가리킴 제약을 보면, '-습니다', '-습니까'는 (7)과 같이 첫째가리킴(ㄱ), 둘째 가리킴(ㄴ), 셋째가리킴(ㄷ)과 공기될 수 있어, 임자말 가리킴에 제약이 따르지 않는다.

> (7) ㄱ. **제가** 그 일을 **합니다./합니까?**
> ㄴ. **선생님**(=들을이)**께서** 그 일을 하**십니다./**하**십니까?**
> ㄷ. **철수가** 그 일을 **합니다./합니까?**

셋째, 마침씨끝이 '-습니다'와 '-습니까'인 월이 건너 따옴월에 포함될 때, '-습니다'는 (8)의 ㄱ에서와 같이 '-는다'로 중화되어 '-습니다'가 서술법에 해당하고, '-습니까'는 (8)의 ㄴ과 같이 '-느냐'로 중화되어 '-습니까'가 물음법에 해당함이 증명된다

> (8) ㄱ. 갑→을 : 철수가 사과를 먹**습니다.**
> 을→병 : (갑이 나에게) 철수가 사과를 먹**는다**고 한다.
> ㄴ. 갑→을 : 철수가 사과를 먹**습니까?**
> 을→병 : (갑이 나에게) 철수가 사과를 먹**느냐**고 한다.

넷째, '-습니다', '-습니까'와 공기관계를 이룰 수 있는 어찌말을 보면, (9)와 같이 현재를 포함한 올적의 때어찌말(ㄱ)과 공기될 수 있으며, 지난적의 때어찌말(ㄴ)과도 자연스럽게 공기될 수 있다.

> (9) ㄱ. 철수가 **지금**(내일, 다음주에, 내년에 …) 학교에 **갑니다./갑니까?**
> ㄴ. 철수가 **방금**(어제, 지난주에, 작년에 …) 학교에 **갔습니다./갔습니까?**

확실성의 정도에서 보면, '-습니다'와 '-습니까'는 (10)과 같이 확실성의 정도가 작은 어찌말(ㄱ)과도 자연스럽게 공기될 수 있을 뿐 아니라 확실성의 정도가 큰 어찌말(ㄴ)과는 공기될 수 있어 제약을 보이지 않는다.

(10) ㄱ. 철수가 내일 **아마(어쩌면, 혹시 …)**   학교에 **갑니다./갑니까?**
　　ㄴ. 철수가 내일 **틀림없이(확실히, 반드시 …)** 학교에 **갑니다./갑니까?**

3.1.2 '-습니다', '-습니까'의 의미 · 화용적 특성

'-습니다', '-습니까'가 마침씨끝으로 쓰인 월은 단독적인 장면에서는 쓰이지 않고 항상 말할이가 들을이를 강하게 의식하는 상관적 장면에서만 쓰인다. 말할이와 들을이 사이의 관계에서 보면, 대체로 들을이가 말할이보다 나이가 많거나, 손위일 때, 또는 서로 가까운 사이가 아니거나 공적인 장면일 때,[8] 말할이가 들을이에게 격식을 갖추어 아주 높이는 경우에 사용되는데, 들을이를 더욱 더 높이고 정중하게 대하고자 하는 경우에는 '-으옵-'이나 '-사옵-'과 통합되어 쓰이기도 한다. 이 통합형은 주로 특수한 상황에서만 쓰이며, 일반적으로는 이들 마침씨끝이 들을이를 아주 높여 명제 내용을 알리거나 물을 때 사용된다. 사용 계층을 보면, 모든 세대에서 자유로이 사용되어 제약이 없다.

'-습니다', '-습니까'의 의미적 특성은 이들이 마침씨끝으로 쓰인 월들의 쓰임을 통하여 파악할 수 있다. 이들 마침씨끝은 '-습니-'가 공통이므로 '-다'냐 '-까'냐의 차이, 곧 서술이냐 물음이냐의 차이를 제외하면 의미적 특성이 같다. 먼저 '-습니다'의 의미적 특성을 보면, '-습니다'는 '말할이가 들을이에게 명제 내용을 아주높임으로 알림'의 의미적 특성을 가지며, '-습니까'의 의미적 특성을 보면, '-습니까'는 '말할이가 들을이에게 명제 내용을 아주높임으로 물음'이란 의미적 특성을 가진다.

여느 물음법 마침씨끝과 마찬가지로 '-습니까'도 반어적 용법으로 사용될 수 있다.

---

8) 말할이와 들을이가 서로 가까운 사이가 아닐 때에는 비록 들을이가 말할이보다 나이가 적더라도 이들 마침씨끝이 사용되기도 한다.

3.2 '-으십시오'

'-으십시오'를 형태소 분석하여 주체높임의 '-으시-'를 분석해 내고, '-ㅂ시오'만을 아주높임의 시킴법 마침씨끝으로 다루는 일이 있기도 하지만, 여기서는 '-으십시오' 자체를 시킴법의 아주높임 마침씨끝으로 간주하기로 한다. 왜냐하면 정상적인 발화에서 '-ㅂ시오'만이 단독으로 움직씨 뿌리에 통합되는 일이 없고,[9] 항상 '-으시-'와 통합되어야만 최소한의 말본적 단위로 쓰이게 되며, 또한 그래야만 아주높임 마침씨끝으로서의 기능을 가지게 되기 때문이다.

3.2.1 '-으십시오'의 형태·통어적 특성

'-으십시오'의 형태·통어적 특성은 대체적으로 앞에서 살핀 시킴법 마침씨끝 '-어라'와 일치하기 때문에 '-어라'와의 차이점만을 살피기로 한다.

첫째, '-으십시오'와 '-어라'는 풀이씨 뿌리와의 통합에서 [+행동성] 움직씨 뿌리에만 통합되는 점은 같지만 풀이씨 뿌리에 대한 어휘적 제약은 다르다. 곧 '-으십시오'는 (11)에서와 같이 높임말이 따로 보충되는 풀이씨인 경우에 반드시 높임말로 쓰여야 하는 제약이 따른다.

(11) ㄱ. 가. * 밥을 **먹으십시오**.

　　　나. 진지를 **잡수십시오**.

　　ㄴ. 가. * 편안히 **자십시오**.

　　　나. 편안히 **주무십시오**.

둘째, 임자말과의 가리킴 제약에서 둘째가리킴 임자말과만 공기될 수 있는 점은 같지만 어휘상의 제약이 다르다. '-으십시오'는 (12)에서

---

9) 물론 특수한 계층에서 '-ㅂ시오'가 움직씨 뿌리에 직결되는 일이 있다. 예컨대 '한 푼 줍시오(줍쇼). 어서 옵시오(옵쇼).' 따위에서 쓰이기도 하지만 일반적인 쓰임이라고 보기는 어렵다.

와 같이 아주높임 정도에 해당하는 임자말과만 공기될 수 있다.

> (12) ㄱ. ***네가** 학교에 가**십시오**.
>   ㄴ. * **자네가** 학교에 가**십시오**.
>   ㄷ. **당신**10)**이** 학교에 가**십시오**.
>   ㄹ. **선생님(=들을이)께서** 학교에 가**십시오**.

이와 같이 '-으십시오'는 '-어라'와 어휘상의 제약을 제외하고는 형
태·통어적 특성에서 동일하다.

3.2.2 '-으십시오'의 의미·화용적 특성

마침씨끝이 '-으십시오'인 월은 단독적 장면에서는 쓰이지 않고 상관
적 장면에서만 쓰이는 제약이 따른다. 말할이의 들을이에 대한 관계에
서 보면, 일반적으로 말할이보다 들을이가 나이가 많거나 손위일 때나,
서로 잘 모르거나 가까운 사이가 아닌 경우에 말할이가 들을이에게 격
식을 갖추어 아주높임으로 시킬 때 사용되는데, 들을이에게 더욱 정중
하고 공손하게 대할 때는 표현법을 바꾸어 시킴법의 수행력을 가지는
물음법의 형태를 사용하게 된다. '-으십시오'는 사용하는 계층에 제약이
없이 모든 계층에서 두루 사용된다.

'-으십시오'의 의미적 특성은 '-으십시오'의 쓰임을 통하여 추출할 수
있다. '-으십시오'는 '말할이가 들을이에게 명제 내용을 할 것을 아주높
임으로 시킴'이란 의미적 특성을 가진다.

---

10) '당신'은 예사높임에 해당하는 대이름씨이지만 아주높임의 마침씨끝과도 공기되
    어 쓰이는데, 그렇게 되면 아래 보기와 같이 들을이높임의 정도가 아주높임보다
    는 좀 낮아지는 느낌을 준다.
    (보기) ㄱ. **당신이** 그 일을 하**십시오**.
          ㄴ. **선생님(=들을이)께서** 그 일을 하**십시오**.
    ㄱ보다는 ㄴ이 더 들을이를 높이는 느낌을 준다.

3.3 '-는답니다'[11)

언어형식 '-는답니다'는 앞에서 살핀 아주낮춤의 '-는단다'와 마찬가지로 '-는다고 합니다'의 줄어든 꼴로 해석되는 것과 '-는다고 합니다'로 회복될 수 없는, 그 자체가 단일한 마침씨끝과 같은 기능을 하는 '-는답니다'로 구분할 수 있는데, 앞의 '-는답니다'는 그 자체가 마침씨끝이 아니라 건너 따옴월의 형태인 '-는다고 하-'에 아주낮춤의 마침씨끝'-습니다'가 통합되어 줄어들었기 때문에 '-습니다'의 범주에서 다루면 된다. 그러나 뒤의 '-는답니다'는 의미와 용법상 '-는다고 합니다'와 인연을 끊고, 그 자체가 마침씨끝을 수행하기 때문에 아주높임의 마침씨끝에 포함시키고자 한다.

건너 따옴월의 줄어든 꼴인 '-는답니다'와 아주높임 마침씨끝인 '-는답니다'의 식별 기준은 '-는단다'에서와 동일하기 때문에 더 이상 설명은 줄이기로 한다.

3.3.1 '-는답니다'의 형태 · 통어적 특성

'-는답니다'의 형태 · 통어적 특성은 앞에서 살핀 '-는단다'와 대체로 일치한다. 곧 주체높임의 '-시-' 통합, 때매김씨끝과의 통합관계, 풀이씨 뿌리와의 통합 제약 따위가 완전히 일치한다. 그러나 들을이높임의 '요' 통합에서는 차이를 보여 '-는답니다' 다음에는 (13)과 같이 '요'의 통합이 가능하다. 그렇지만 '요'의 통합형은 일부 계층에서만 사용되며, '요'의 통합 여부가 들을이높임의 정도에 영향을 미치는 것은 아니기 때문에 반말 마침씨끝에 '요' 통합형과는 차이를 보인다.

---

11) '-는답니다'는 풀이씨의 종류, 때매김씨끝의 유무, 풀이씨 뿌리의 끝이 닿소리냐 홀소리냐에 따라 /-는답니다/, /-ㄴ답니다/, /-답니다/, /-랍니다/로 실현된다.

(13) ㄱ. 제가 그 일을 **한답니다요**.
  ㄴ. 저분이 김 선생이**랍니다요**.

또한 '-는답니다' 뒤에 놓이는 절종결의 형태, 임자말의 가리킴 제약12), 건너 따옴월에서의 중화형태, 어찌말과의 공기관계 따위에서 '-는단다'와 일치한다.

3.3.2 '-는답니다'의 의미 · 화용적 특성

'-는답니다'가 마침씨끝으로 쓰인 월은 단독적 장면에서는 쓰이지 않고, 상관적 장면에서만 쓰이는 제약이 따른다. 말할이와 들을이의 관계에서 보면, '-는답니다'는 일반적으로 말할이보다 들을이가 나이가 많거나 손위일 때나, 서로 잘 모르거나 가까운 사이가 아닌 경우에 말할이가 들을이에게 격식을 갖추어 아주높임으로 알릴 때 사용된다. 장면에 따라서는 말할이가 명제 내용을 객관화시켜 강조하거나 자랑할 때 쓰이기도 한다.

'-는답니다'의 쓰임을 통하여 그 뜻을 파악할 수 있는데, 들을이높임의 정도를 제외하면 '-는다오', '-는다네', '-는단다'의 의미와 전반적으로 일치한다. 그러므로 '-는답니다'는 '말할이가 기정사실화한 명제 내용을 객관화시켜 들을이에게 아주높임으로 알림'이란 의미적 특성을 가진다.

3.4 '-는답니까'13)

언어형식 '-는답니까'는 앞에서 살핀 아주높임의 서술법 마침씨끝 '-는

---

12) 임자말의 가리킴 제약은 같지만 어휘상 차이를 보여 '-는답니다'는 첫째가리킴인 경우 '저'나 '나'가 공기되며, 둘째가리킴인 경우 아주높임에 해당하는 낱말이 공기될 수 있는 점에서 '-는단다'와 차이를 보인다.

13) '-는답니까'는 풀이씨의 종류, 때매김씨끝의 유무, 풀이씨 뿌리의 끝이 닿소리냐 홀소리냐에 따라 /-는답니까/, /-ㄴ답니까/, /-답니까/, /-랍니까/로 실현된다.

답니다'와 마찬가지로 '-는다고 합니까'의 줄어든 꼴로 해석되는 것과 '-는다고 합니까'로 회복될 수 없는, 그 자체가 단일한 마침씨끝과 같은 기능을 하는 '-는답니까'로 구분할 수 있는데[14], 앞의 '-는답니까'는 그 자체가 마침씨끝이 아니라 건너 따옴월의 형태인 '-는다고 하-'에 아주 낮춤의 마침씨끝'-습니까'가 통합되어 줄어들었기 때문에 '-습니까'의 범주에서 다루면 된다. 그러나 뒤의 '-는답니까'는 의미와 용법상 '-는다고 합니까'와 인연을 끊고, 그 자체가 마침씨끝을 수행하기 때문에 아주높임의 마침씨끝에 포함시키고자 한다.

건너 따옴월의 줄어든 꼴인 '-는답니까'와 아주높임 마침씨끝인 '-는답니까'의 식별 기준은 '-는답니다'에서와 동일하기 때문에 더 이상 설명은 줄이기로 한다.

3.4.1 '-는답니까'의 형태 · 통어적 특성

'-는답니까'의 형태 · 통어적 특성은 앞에서 살핀 '-는답니다'와 대체로 일치한다. 곧 주체높임의 '-시-' 통합, 때매김씨끝과의 통합관계, 풀이씨 뿌리와의 통합 제약, 들을이높임의 '요'와 느낌토씨 '그려'의 통합 제약 따위가 완전히 일치한다.

'-는답니까' 뒤에 놓이는 절종결의 형태와 건너따옴월에서의 중화형태는 여느 물음법 마침씨끝에서와 일치하며, 임자말의 가리킴 제약, 어찌말과의 공기관계 따위에서도 '-는답니다'와 일치한다.

---

14) 다음 보기에서 ㄱ의 '-는답니까'는 '-는다고 합니까'로 회복되더라도 의미상 차이가 없지만, ㄴ의 '-는답니까'는 '-는다고 합니까'로 회복될 수 없으며, 만일 회복된다고 하더라도 의미가 달라진다.
　ㄱ. 철수가 학교에 **간답니까**?
　　⇒철수가 학교에 **간다고 합니까**?
　ㄴ. 내가 어떻게 이 많은 음식을 먹**는답니까**?
　　⇒ * 내가 어떻게 이 많은 음식을 먹**는다고 합니까**?
　곧 ㄴ의 '-는답니까'는 '-는다고 합니까'로 회복될 수 없기 때문에 ㄴ의 '-는답니까'는 그 자체가 마침씨끝으로 기능을 한다.

3.4.2 '-는답니까'의 의미 · 화용적 특성

'-는답니까'가 마침씨끝으로 쓰인 월이 사용되는 장면을 보면, 말할이가 들을이를 강하게 의식하는 상관적 장면에서만 쓰이고 말할이의 혼잣말인 단독적 장면에서는 쓰이지 않는 제약이 따른다. 말할이가 들을이에 대하여 명제 내용에 대한 말할이의 놀라움이나 못마땅하게 여김의 화용상의 특징을 나타내며, 반어법의 용법으로도 쓰인다. 주로 입말에서 쓰이고 글말에서는 잘 쓰이지 않는 제약을 보인다.

'-는답니까'의 쓰임을 통하여 그 뜻을 파악할 수 있는데, '는답니까'는 '말할이가 들을이에게 명제 내용에 대하여 놀라움이나 못마땅함의 태도를 가지고 아주높임으로 물음'이란 의미적 특성을 가진다.

3.5 그 밖

위에서 살핀 아주높임 마침씨끝들은 어느 계층에서나 어떤 상황에서도 비교적 제약을 덜 받고 사용되는 것들이지만, 서술법의 '-나이다', '-오이다', '-올시다'와 물음법의 '-나이다', '-오이까'와 시킴법의 '-으소서'는 사용하는 계층과 장면에서 극심한 제약을 받는 것들이다. 그렇기 때문에 여기서는 이들 아주높임 마침씨끝에 관하여 간략히 그 용법과 의미를 살피고자 한다.

이들 마침씨끝 가운데 '-나이-'가 공통인 '-나이다'와 '-나이까'를 한 묶음으로 다루고, '-으오-'가 공통인 '-으오이다', '-으오이까', '-올시다'를 또 다른 묶음으로 다루기로 한다. 마지막으로 단순형의 '-으소서'를 별도로 다루기로 한다.

3.5.1 '-나이다', '-나이까'

'-나이다'와 '-나이까'는 입말에서는 잘 쓰이지 않고 주로 글말에서만 사용되는 제약을 보인다. 곧 입말에서는 기도를 할 때나 기원을 할 때에 국한하여 사용되며, 글말에서는 편지나 시를 쓸 때 등에서 사용되는데, 말할이가 들을이를 최고로 높이면서 정중한 마음을 가지는 경우에 이들 마침씨끝이 쓰인다. 이들 마침씨끝보다 더욱 더 정중하게 표현하고자 하는 경우에 '-사옵-'과 통합된 '-사옵나이다', '-사옵나이까'를 사용한다.

3.5.1.1 '-나이다', '-나이까'의 형태·통어적 특성

첫째, 주체높임의 '-시-' 통합 : 가능함.

둘째, 때매김씨끝과의 통합 제약 : '-더-'와 '-려-'는 통합될 수 없음.

셋째, 풀이씨 뿌리와의 통합 제약 : 제약 없음.

넷째, 들을이높임 '요'와 느낌토씨 '그려' 통합 제약 : 통합 불가.

다섯째, 절종결 종류 : '-나이다' 뒤 - '내림'의 절종결 놓임. '-나이까' 뒤 - 물음말이 있으면 '내림'이, 없으면 '올림'의 절종결 놓임.

여섯째, 임자말의 가리킴 제약 : 없음.

일곱째, 건너 따옴월 중화형태 : '-나이다'는 '-는다'로, 나이까는 '-느냐'로 중화됨.

여덟째, 때어찌말과의 공기관계 : 제약 없음

3.5.1.2 '-나이다', '-나이까'의 의미·화용적 특성

'-나이다'는 주로 글말에서 쓰이고, 입말에서는 기도 등 특수한 장면에서만 쓰이는 제약을 보이며, '말할이가 들을이에게 명제 내용을 아주 높임으로 정중하게 알림'의 의미적 특성을 가진다.

'-나이까'도 주로 글말에서 쓰이고, 입말에서는 기도 등 특수한 장면에서만 쓰이는 제약을 보이며, '말할이가 들을이에게 명제 내용을 아주 높임으로 정중하게 물음'의 의미적 특성을 가진다.

3.5.2 '-으오이다', '-으오이까', '-올시다'

이들 아주높임 마침씨끝들은 말할이의 겸양을 나타내는 '-으오-'를 공통으로 하는 형태배합상의 특성을 보인다. '-으오-'는 말할이의 겸양에 해당하지만 결과적으로는 들을이를 높이는 기능을 담당한다. 이들 마침씨끝에서 '-으오-'를 분석해 내어 '-이다', '-이까', '-ㄹ시다'만을 마침씨끝으로 보거나 이들을 더 작게 형태소 분석을 하여 '-다'나 '-까'만을 마침씨끝으로 보는 견해도 있을 수 있지만, 이들이 합쳐져야만 최소한의 말본적 단위로 쓰일 수 있기 때문에 이들을 복합형의 마침씨끝으로 다루게 된다.

3.5.2.1 '-으오이다', '-으오이까', '-올시다'의 형태·통어적 특성

첫째, 주체높임의 '-시-' 통합 : '-으오이다'와 '-으오이까'는 월의 주체가 높임의 대상이면 '-시-'의 통합이 자연스럽지만, '-올시다'는 '-시-'의 통합이 불가능하다.[15]

둘째, 때매김씨끝과의 통합 제약 : '-으오이다'와 '-으오이까'는 '-더-', '-려-'와는 통합이 불가능하지만 '-었-', '-었었-', '-겠-'과는 통합이 가능하며, '-올시다'는 어떤 때매김씨끝과도 통합될 수 없는 제약이 따른다.

셋째, 풀이씨 뿌리와의 통합 제약 : '-으오이다'와 '-으오이까'는 제약이 없지만, '-올시다'는 잡음씨 뿌리에만 통합되는 제약을 보인다.

넷째, 들을이높임 '요'와 느낌토씨 '그려' 통합 제약 : 원칙적으로 모두 '요'의 통합이 불가능하며[16], '-으오이다'와 '-으오이까'는 '그려'와

---

15) 아래 보기는 월의 주체가 높임의 대상인데도 '-시-'가 통합되면 (1)과 같이 부적격한 월이 되지만, '-시-'가 통합되지 않은 (2)는 적격한 월이 된다.
   (1) ㄱ. * **저분이** 제 할아버지이**시올시다**.
      ㄴ. * **저분이** 우리 나라 대통령이**시올시다**.
   (2) ㄱ. **저분이** 제 할아버지이**올시다**.
      ㄴ. **저분이** 우리 나라 대통령이**올시다**.
16) '-올시다'에는 '요'가 통합될 수 있지만 그렇다고 해서 들을이높임의 정도가 달라

의 통합이 불가능하지만 '-올시다'는 '그려'와 통합이 가능하다.

다섯째, 절종결 종류 : '-으오이다'와 '-올시다'는 의향법에서 서술법에 해당하기 때문에 '내림'의 절종결이 놓이고, '-으오이까'는 물음법에 해당하기 때문에 물음말이 있으면 '내림'이, 없으면 '올림'의 절종결이 놓인다.

여섯째, 임자말의 가리킴 제약 : '-으오이다', '-으오이까', '-올시다' 모두 제약이 없다.

일곱째, 건너 따옴월 중화형태 : '-으오이다'는 '-는다'로, '-으오이까'는 '-느냐'로, '-올시다'는 풀이말이 잡음씨인 서술법의 중화형태인 '-라'로 중화된다.

여덟째, 때어찌말과의 공기관계 : '-으오이다'와 '-으오이까'는 현재를 포함한 올적의 때어찌말과 공기될 뿐 아니라 지난적의 때어찌말과도 공기될 수 있어 제약이 없지만, '-올시다'는 지난적의 때어찌말과는 공기될 수 없는 제약을 보인다.[17]

3.5.2.2 '-으오이다', '-으오이까', '-올시다'의 의미·화용적 특성

이들 아주높임의 마침씨끝은 모든 계층에서 두루 쓰이지 않고, 대체로 나이가 많은 계층에서만 한정적으로 쓰이는 제약을 보인다. 사용되는 장면을 보면, 말할이가 들을이를 강하게 의식하는 상관적 장면에서 주로 쓰이는 제약이 따른다.

'-으오이다'는 '말할이가 들을이에게 명제 내용을 아주높임으로 친근하게 알림'의 의미적 특성을 가지며, '-으오이까'는 '말할이가 들을이에게 명제 내용을 아주높임으로 친근하게 물음'의 의미적 특성을 가진다. '-올시다'는 '말할이가 들을이에게 명제 내용을 아주높임으로 친근하게

지는 것도 아니며 사용계층도 특수한 계층으로 한정된다.
17) 이와 같은 까닭은 '-올시다'가 어떤 때매김씨끝과도 통합될 수 없는 제약 때문이다. 곧 지난적의 때어찌말과 통합되려면, 때매김의 '-었-'과 통합될 수 있어야 한다.

알림'의 의미적 특성을 가져, '-으오이다'와 별다른 차이가 없다.

3.5.3 '-으소서'

'-으소서'는 더 이상 형태소 분석이 되지 않는 단순형의 형태소로 된 시킴법의 마침씨끝에 해당한다.

3.5.3.1 '-으소서'의 형태·통어적 특성

첫째, 주체높임의 '-시-' 통합 : 가능함.

둘째, 때매김씨끝과의 통합 제약 : 어떤 때매김씨끝도 통합될 수 없음.

셋째, 풀이씨 뿌리와의 통합 제약 : [+행동성] 움직씨 뿌리와만 통합 가능.

넷째, 들을이높임 '요'와 느낌토씨 '그려' 통합 제약 : 통합 불가.

다섯째, 절종결 종류 : '끊음'의 절종결 놓임.

여섯째, 임자말의 가리킴 제약 : 둘째가리킴 임자말과만 공기 가능.

일곱째, 건너 따옴월 중화형태 : 여느 시킴법 마침씨끝에서와 같은 '-으라'로 중화됨.

여덟째, 때어찌말과의 공기관계 : 현재를 포함한 올적의 때어찌말과만 공기함.

3.5.3.2 '-으소서'의 의미·화용적 특성

'-으소서'는 입말에서는 거의 사용되지 않고 글말에서 주로 사용된다. 곧 앞에서 살핀 '-나이다', '-나이까'와 마찬가지로 입말에서는 기도나 기원을 할 때에 국한되어 사용되며, 글말에서는 편지나 시 따위에서 사용되는데, 말할이가 들을이를 최고로 높이면서 정중한 마음으로 요청하거나 간절히 탄원하는 경우에 '-으소서'가 사용된다. '-으소서'보다 더욱 더 정중하게 표현하고자 하는 경우에 '-으옵-'이나 '-으오'와 통합된 '-으옵소서'나 '-으오소서'를 사용한다.

‘-으소서’는 ‘말할이가 들을이에게 명제 내용을 할 것을 아주높임으로 간절히 시킴’이란 의미적 특성을 가진다.

4. 마무리

아주높임 마침씨끝의 설정 기준에 따라 서술법에 ‘-습니다’, ‘-는답니다’, ‘-나이다’, ‘-으오이다’, ‘-올시다’를 설정하였고, 물음법에 ‘-습니까’, ‘-는답니까’, ‘-나이까’, ‘-으오이까’를, 시킴법에 ‘-으소서’를 설정하였다. 이들 가운데 보편적으로 쓰이는 ‘-습니다’, ‘-는답니다’, ‘-습니까’, ‘-는답니까’, ‘-으십시오’를 구체적으로 그 말본적 특성과 의미 기능을 살폈고, 특수한 제약 아래 쓰이는 그 밖의 마침씨끝을 간략히 그 특성만을 기술하였다.

이들 마침씨끝은 형태·통어적 특성과 의미·화용적 특성에서 공통적 특성을 가지기도 하고, 개별적 특성을 가지기도 한다. 공통적 특성을 일반적 제약이라고 하고, 개별적 제약을 특수 제약이라고 할 수 있는데, 이를 간단히 정리하면 다음과 같다.

◆ 일반 제약

들을이높임의 정도가 아주높임에 해당하는 마침씨끝은 다음과 같은 공통 특성이 있었다.

첫째, 아주높임 마침씨끝들은 월의 주체가 들을이인 둘째가리킴일 때, 주체높임의 ‘-시-’가 반드시 통합되었다. 둘째가리킴 월에서 ‘-시-’의 통합이 필수적인 것은 아주높임 마침씨끝뿐이므로 이 기준이 아주높임 마침씨끝만을 추출할 수 있는 식별 기준이 되었다.

둘째, 아주높임의 월에서는 임자말이 첫째가리킴일 때, 임자말로 ‘저’가 쓰이며, ‘나’는 그리 잘 쓰이지 않았다. 둘째가리킴일 때는 임자말로 쓰일 수 있는 대이름씨가 따로 없다. 임자말이 둘째가리킴 월에서는 임자자리토씨 '께서'가 통합됨이 일반적 특성이었다

셋째, 아주높임 마침씨끝 다음에는 원칙적으로 들을이높임의 '요'가 통합되지 않았다. 그러나 극히 일부 특수한 계층에서는 '요'를 통합하여 사용하기도 한다.

넷째, 월 사이의 호응관계에서 보면, 아주높임의 월(안녕하십니까?)은 아주높임의 월이나 반말에 '요' 통합형인 월과만 호응할 뿐이었다.

다섯째, 아주높임 마침씨끝을 사용하는 계층을 보면, '-습니다', '-습니까', '-으십시오'는 제약을 보이지 않고 어느 세대에서나 두루 쓰일 수 있지만, '-는답니다', '-으소서', '-나이다', '-나이까', '-오이다' 등은 주로 성인만이 사용하는 제약을 보였다.

여섯째, 아주높임 월은 주로 말할이가 들을이보다 나이가 적거나, 신분이 낮거나, 손아래인 경우에 주로 쓰였다. 경우에 따라서는 나이가 비슷하거나 말할이가 들을이보다 나이가 많을 때도 사용되었는데, 이때 이들의 관계는 서로 잘 모르거나, 가까운 사이가 아니 경우이었다.

일곱째, 말할이의 들을이에 대한 태도에서 보면, 말할이가 들을이에게 격식을 갖추어 가장 높이는 경우에 아주높임 마침씨끝이 사용되었다.

◆ 특수 제약

아주높임에 해당하는 마침씨끝들이 들을이높임의 등분에서는 동일하지만 마침씨끝마다 말본적 특성과 의미 기능에서는 차이를 보임을 드러내고자 하였다. 곧 마침씨끝마다 개별적으로 형태배합상의 제약이 어떻게 나타나며, 월조각과의 공기관계에서도 개별적인 제약이 어떻게 나타나는가를 살폈다. 또한 의미적인 특성에서도 각각의 마침씨끝이 어떤 특성을 보이며, 화용적인 쓰임에서도 각각 어떤 제약을 보이는가를 밝혔다.

제 9 장　높낮이없음의 마침씨끝

1. 들머리

들을이높임법은 쓰이는 장면의 차이에 따라 격식체와 비격식체로 나뉘고, 격식체는 다시 높낮이의 정도에 따라 아주높임, 예사높임, 높낮이없음, 예사낮춤, 아주낮춤으로 나뉨은 앞에서 논의한 바 있다. 여기에서 다루고자 하는 높낮이없음은 격식체로 들을이를 낮추지도 않고 높이지도 않는 등분에 해당한다.

높낮이없음의 등분은 다른 등분과 달리 들을이에 대한 의식이 거의 없거나 불특정의 들을이를 전제하는 경우에, 입말에서보다는 글말에서 주로 사용되는 특이성을 보인다. 또한 높임의 정도에서도 다른 등분의 마침씨끝은 정도의 차이는 있지만 들을이를 높이든가, 안 높이든가, 낮추든가 하는데, 이들 마침씨끝들은 높낮이에 관한 한 중화되어 높낮이가 없어지는 특이성을 보인다. 모든 마침씨끝은 들을이높임에 관여한다는 보편성에서 보아 이들 마침씨끝의 높임 정도는 말할이와 들을이 사이에 대등한 정도인 '같음'에 해당하는 것으로 보인다.

이 장에서는 들을이높임의 정도가 높임도 아니고 낮춤도 아닌 중화형으로 높낮이없음에 해당하는 마침씨끝을 다른 등분의 씨끝과 구분해 낼 수 있는 기준을 설정하고, 이를 바탕으로 하여 높낮이없음의 마침씨끝들을 선정해 내기로 한다. 또한 선정된 마침씨끝들에 대하여 각각의

형태·통어적 특성과 아울러 의미·화용적 특성을 구체적으로 밝히기
로 한다.

2. 높낮이없음 마침씨끝의 설정 기준

들을이높임의 정도가 높낮이없음에 해당하는 마침씨끝을 선정하기
위해서는 높낮이없음만이 가지는 공통 특성을 바탕으로 기준을 마련하
여야 한다. 높낮이없음의 마침씨끝이 다른 등분의 마침씨끝과 구별될
수 있는 것은 바로 다음과 같은 공통 특징이 있기 때문이다.

첫째, 대체로 다른 등분의 마침씨끝은 입말과 글말에 관계없이 두루
쓰일 수 있지만 글말에서 주로 쓰이는 마침씨끝이 있는데. 이 가운데
넷째 조건을 만족시키는 것은 높낮이없음 마침씨끝에 해당한다.

둘째, 다른 등분의 마침씨끝은 일반적으로 정해진 들을이에게 발화하
는 경우에 사용되지만, '-다', '-으라', '-으랴', '-음' 따위는 불특정의 들을
이에게 발화할 때 사용되는데, 이들이 높낮이없음 마침씨끝에 해당한다.

셋째, 일반적으로 다른 등분의 마침씨끝은 상관적 장면과 단독적 장면
에서 모두 사용될 수 있지만, '-는담' 따위는 오직 말할이의 혼잣말인 단
독적 장면에서만 사용되는데, 이들이 높낮이없음 마침씨끝에 해당한다.

넷째, 높임의 정도에서 다른 등분의 마침씨끝은 정도의 차이는 있지
만 들을이를 높이든가 낮추든가 하는데, 어떤 마침씨끝들은 높낮이에
관한 한 중화되어 말할이와 들을이가 대등한 관계인 '같음'에 해당하는
데, 이들이 바로 높낮이없음 마침씨끝에 해당한다.

위의 조건 가운데 하나 이상을 만족시키는 마침씨끝은 높낮이없음
마침씨끝으로 묶이게 되는데, 이를 의향법과 형태적 특성에 따라 분류
하면 다음과 같다.

> **서술법** : 단순형 : '-다', '-음'
> **물음법** : 복합형 : '-는담', '-으랴'
> **시킴법** : 단순형 : '-으라'
>   복합형 : '-을것'

3. 높낮이없음 마침씨끝의 말본적 특성과 의미 기능

앞에서 설정한 높낮이없음 마침씨끝을 형태적 특성에 따라 단순형인 '-다', '-으라'에 관하여 살피고, 복합형으로 '-는담', '-으랴'를 살핀 다음, 단순형 가운데 '-음'과 복합형 가운데 '-을것'은 다른 것과는 달리 마침씨끝의 자격이 의심스럽기 때문에 이들은 그 밖의 영역에서 다루기로 한다.

3.1 단순형

3.1.1 '-다'

'-다'는 아주낮춤의 '-는다'와 달리 움직씨 뿌리 다음에서 /-다/로만 실현되고, 높임의 정도에서도 '-는다'와 다르며, 쓰임에서도 차이를 보여 글말에서만 쓰이기 때문에 '-는다'와는 다른 독립된 마침씨끝으로 설정될 만한 충분한 자격을 가진다.

3.1.1.1 '-다'의 형태 · 통어적 특성

첫째, 주체높임의 '-시-' 통합 : 가능함.
둘째, 때매김씨끝과의 통합 제약 : 어떤 때매김씨끝도 통합될 수 없음.[1]
셋째, 풀이씨 뿌리와의 통합 제약 : 움직씨 뿌리와만 통합 가능.

넷째, 들을이높임 '요'와 느낌토씨 '그려' 통합 제약 : 통합 불가.

다섯째, 절종결 종류 : '-다'는 글말에서 쓰이기 때문에 직접적으로 어떤 절종결이 놓이는가 살필 수 없지만 간접적으로 읽음을 통하여 '내림'의 절종결이 놓임을 파악할 수 있음.

여섯째, 임자말의 가리킴 제약 : 첫째와 셋째가리킴 임자말은 공기 가능하지만 둘째가리킴 임자말은 공기될 수 없음.

일곱째, 건너 따옴월 중화형태 : 글말에서만 쓰이기 때문에 건너 따옴월로 포함되지 않지만, 포함될 수 있다면 서술법의 마침씨끝 중화형 태로 실현될 것임.

여덟째, 때어찌말과의 공기관계 : 현재를 포함한 올적의 때어찌말만 이 아니라 지난적의 때어찌말과도 공기될 수 있지만, 때매김씨끝은 통합되지 않음.

3.1.1.2 '-다'의 의미·화용적 특성

입말에서는 쓰이지 않고 글말에서만 쓰이는 제약을 보이는 '-다'는 의향법에서 서술법의 범주에 포함되며, 말할이가 불특정의 들을이에게 명제 내용을 알릴 때 사용된다. 곧 신문 기사에서 "우리 나라 원정대 드디어 에베레스트 정복하다."란 머릿기사는 신문사가 불특정의 독자에 게 명제 내용을 알리는 의미로 파악된다. 그러나 일기를 쓰거나 기록을 하는 경우에 사용된 '-다'는 '알림'의 의미가 약화되어 단지 '명제 내용 을 기록하다'의 의미적 특성을 나타낸다. 곧 일기에서 "오늘 오후 2시 학교에서 친구 김철수를 만나다."란 월은 명제 내용을 불특정인에게 알 리는 것보다는 단지 명제 내용을 기록한 것으로 볼 수 있다.

---

1) 때매김씨끝과 통합된 /-다/는 아주낮춤의 '-는다'에 해당한다. 곧 "친구를 만나다." 란 월에 지난적의 때어찌말이 포함된 경우에 "어제 친구를 만나다."가 되어야지, "어제 친구를 만났다."가 되면 아주낮춤의 월이 되고 만다. 이 점이 '-다'와 '-는다' 의 차이를 잘 보여주는 보기이다.

3.1.2 '-으라'[2)]

높낮이없음의 '-으라'는 아주낮춤의 '-어라'와 마찬가지로 시킴법의 마침씨끝에 해당하지만 형태배합상 '-어라'는 주체높임의 '-시-'와 통합될 수 없지만, '-으라'는 (1)과 같이 '-시-'와의 통합이 가능하다.

> (1) ㄱ. * 이 손에서 뭐가 나올 것인지 기대하**서라**.
> ㄴ. 이 손에서 뭐가 나올 것인지 기대하**시라**.

또한 '-어라'는 특정의 들을이에게 시킴을 나타내는 데 비하여 '-으라'는 불특정 다수의 들을이에게 시킴을 나타내는 점에서 차이를 보이며, 높임의 정도에서도 다르다. 이와 같은 차이로 말미암아 '-으라'를 '-어라'와 별개의 마침씨끝으로 설정하게 된다.

3.1.2.1 '-으라'의 형태·통어적 특성

첫째, 주체높임의 '-시-' 통합 : 가능함.

둘째, 때매김씨끝과의 통합 제약 : 여느 시킴법 마침씨끝들과 마찬가지로 어떤 때매김씨끝도 통합될 수 없음.

셋째, 풀이씨 뿌리와의 통합 제약 : [+행동성] 움직씨 뿌리와만 통합 가능.

넷째, 들을이높임 '요'와 느낌토씨 '그려' 통합 제약 : 통합 불가.

다섯째, 절종결 종류 : 여느 시킴법 마침씨끝들과 마찬가지로 '끊음'의 절종결 놓임.

여섯째, 임자말의 가리킴 제약 : 불특정 다수의 둘째가리킴 임자말만이 공기함.

---

2) 예스런 표현으로 아주낮춤에 해당하는 '-으라'가 있다. 예컨대 왕이 신하에게 하는 표현으로 "국사(國事)에 그르침이 없도록 하라."에서의 '-으라'는 예스런 형태이므로 논외로 한다.

일곱째, 건너 따옴월 중화형태 : 시킴법의 중화형태 '-으라'로 중화됨.
여덟째, 때어찌말과의 공기관계 : 현재를 포함한 올적의 때어찌말과
만 통합 가능함.

3.1.2.2 '-으라'의 의미·화용적 특성

'-으라'는 신문 기사, 광고문, 성경, 제시문 게시문, 표어 따위의 글말
에서 주로 쓰일 뿐 아니라 선전, 구호 따위의 입말에서도 쓰일 수 있는
특성을 보인다. 말할이의 들을이에 대한 관계를 보면, 불특정의 막연한
들을이를 대상으로 하되, 들을이에 대한 의식의 정도는 낮은 편에 해당
한다.

'-으라'의 의미적 특성은 '-으라'가 마침씨끝으로 쓰인 월의 쓰임을
통해 파악할 수 있는데, '-으라'는 '말할이가 불특정의 들을이에게 명제
내용을 높낮이 없이 시킴'이란 의미적 특성을 가진다.

3.2 복합형

3.2.1 '-는담'

'-는담'은 통합되는 풀이씨 뿌리의 종류, 때매김씨끝의 통합 유무에
따라 변이형태 /-는담/, /-ㄴ담/, /-담/, /-람/으로 실현된다. '-는담'은 형태
배합상 '-는다'에 '-ㅁ'이 통합된 복합형태로 분석되지만, 이 경우의 '-ㅁ'
이 어떤 기능을 나타내는 형태소인지, 형태소라면 그 의미가 무엇인지
쉽게 규명되지 않는다. 그렇더라도 '-는담'의 '-는다'가 서술법의 그것
과 동형성을 가지기 때문에 '-는다'를 분석해 낼 수 있고, 남는 '-ㅁ'은
허웅(1979:38)에서 제기한 가상형태소로 우선 다루기로 한다.

'-는담'은 물음법의 마침씨끝으로 '누구, 언제, 무엇, 어디, 왜, 어떻
게' 따위의 물음말이 들어있는 월의 마침씨끝으로 쓰인다.

`3.2.1.1` **'-는담'의 형태 · 통어적 특성**

첫째, 주체높임의 '-시-' 통합 : 가능함.

둘째, 때매김씨끝과의 통합 제약 : '-더-'와 '-려-'는 통합될 수 없음.

셋째, 풀이씨 뿌리와의 통합 제약 : 제약 없음.

넷째, 들을이높임 '요'와 느낌토씨 '그려' 통합 제약 : 통합 불가.

다섯째, 절종결 종류 : 물음말이 있으면 '내림'이, 없으면 '올림'의 절종결' 놓임.

여섯째, 임자말의 가리킴 제약 : '-는담'은 들을이를 전제로 하지 않기 때문에 둘째가리킴 임자말과는 공기하지 않음.

일곱째, 건너 따옴월 중화형태 : 물음법의 '-느냐'로 중화됨.

여덟째, 때어찌말과의 공기관계 : 제약 없음.

`3.2.1.2` **'-는담'의 의미 · 화용적 특성**

'-는담'은 말할이가 들을이를 전제로 하지 않는 말할이의 혼잣말에서 쓰이는 마침씨끝으로 쓰이며, 들을이가 존재하더라도 들을이에 대한 의식의 정도가 미미한 경우에 사용된다.

'-는담'의 '-는다'가 비록 서술법의 그것과 동형성을 가지지만 '-는담'은 물음법의 특성을 가지기 때문에 물음법 마침씨끝에 포함되며, 주로 말할이의 혼잣말로 쓰이어 높임의 정도가 높임이나 낮춤이 아니라 높낮이가 중화되어 높낮이없음 마침씨끝에 속하게 된다.

'-는담'도 여느 물음법 마침씨끝과 마찬가지로 (2)와 같이 반어적 용법으로 쓰일 수 있다.

> (2) ㄱ. 그래가지고 무슨 일을 할 수 있**담**?
>
> ㄴ. 누가 그런 일을 **한담**?

위 보기는 물음월로도 해석될 수 있지만, 반어적인 용법으로 이해되기도 한다. 곧 ㄱ은 "그래가지고는 아무 일도 할 수 없다"란 부정 서술의 반어적 의미로 해석되며, ㄴ도 "아무도 그런 일을 하지 않는다"란 부정 서술의 반어적 의미로 해석된다.

'-는담'의 의미적 특성은 '-는담'이 마침씨끝으로 쓰인 월의 쓰임을 통해 파악할 수 있는데, '-는담'는 '말할이가 명제 내용에 대하여 스스로에게 높낮이 없이 물음'이란 의미적 특성을 가지며 ,때로는 '명제 내용에 대한 언짢음'을 나타내기도 한다.

3.2.2 '-으랴'

'-으랴'는 형태배합상 의도의 '-으리-'와 마침씨끝 '-아'[3)가 결합된 복합형태로 이해된다. 그런데 '-으랴'는 높낮이없음에 해당하는 것만이 아니라 (3)의 ㄴ과 같이 아주낮춤으로 이해되는 것도 있다.

> (3) ㄱ. 스승의 참뜻을 어찌 잊<u>으랴</u>?
>   ㄴ. 내가 도와주<u>랴</u>?

곧 위 보기에서 ㄱ은 특정한 들을이에게 발화하는 것이 아니라 말할이의 혼잣말이나 불특정 다수에게 발화하는 것으로 들을이높임의 정도에서 높낮이없음에 해당하지만, ㄴ은 아주낮춤에 해당하는 특정의 들을이에게 발화하는 것이기 때문에 ㄱ과 ㄴ을 구별하여야 한다. 여기서는 ㄱ에 상당하는 '-으랴'만이 논의의 대상이 된다.

높낮이없음의 '-으랴'는 '누구, 언제, 무엇, 어디, 왜, 어떻게' 등 물음말과 함께 쓰이는 제약을 가진다.

3.2.2.1 '-으랴'의 형태·통어적 특성

첫째, 주체높임의 '-시-' 통합 : 가능함.

---

3) 이 때의 '-아'는 마침씨끝임이 분명한데, 높임의 정도가 어디에 해당하는지 알 수 없기 때문에 가상형태소의 마침씨끝으로 보기로 한다.

둘째, 때매김씨끝과의 통합 제약 : '-었-'과 '-었었-'은 통합 가능하지만 '-겠-'은 통합될 수 없는데, '-겠-'이 통합될 수 없는 까닭은 '-으랴'에서의 '-으리-'가 '-겠-'과 같기 때문임. '-더-'와 '-려-'도 통합될 수 없음.

셋째, 풀이씨 뿌리와의 통합 제약 : 제약 없음.

넷째, 들을이높임 '요'와 느낌토씨 '그려' 통합 제약 : 통합 불가.

다섯째, 절종결 종류 : 물음말이 있는 물음월에서 쓰이기 때문에 '내림'의 절종결이 놓임.

여섯째, 임자말의 가리킴 제약 : 둘째가리킴 임자말과는 공기하지 않음.

일곱째, 건너 따옴월 중화형태 : '-으랴'에서의 '-리-'가 '-겠-'으로 바뀌어 '-겠느냐'의 형태로 실현됨.

여덟째, 때어찌말과의 공기관계 : 제약 없음.

3.2.2.2 '-으랴'의 의미 · 화용적 특성

높낮이없음의 '-으랴'는 주로 글말에서 쓰이며, 입말에서는 선전, 구호 따위에 제한적으로 쓰인다. 사용되는 장면에서는 말할이의 혼잣말이나 불특정 다수의 들을이에게 발화할 때 사용되지만 들을이에 대한 의식의 정도는 미미하다.

높낮이없음의 '-으랴'가 마침씨끝으로 쓰인 월은 항상 반어적 용법으로만 해석되는 특성을 보인다. 예컨대 (3)의 ㄱ도 "스승의 참뜻을 잊을 수 없다."라는 의미를 강하게 표현한 반어적 용법에 해당한다.

'-으랴'의 의미적 특성은 '-으랴'가 마침씨끝으로 쓰인 월의 쓰임을 통해 파악할 수 있는데, '-으랴'는 '말할이가 명제 내용에 대하여 스스로에게(혹은 불특정의 들을이에게) 높낮이 없이 반어적으로 물음'이란 의미적 특성을 가진다.

3.3 그 밖

그 밖의 높낮이없음 마침씨끝으로는 '-음'[4], '-을것'을 들 수 있다. 이 들은 본래 마침씨끝이었다기보다는 다른 기능의 언어형식이 마침씨끝으로서의 기능을 수행하게 되어 전용된 것으로 볼 수 있다. 곧 '-음'은 이름꼴 형성 자격씨끝이 마침씨끝으로 전용된 경우이고, '-을것'은 매김꼴 형성 자격씨끝 '-을'에 매인이름씨 '것'이 통합되어 이루어진 복합형태가 마침씨끝으로 기능이 전용된 것이다. 그러므로 앞에서 살핀 높낮이없음 마침씨끝과는 달리 별도로 그 밖의 범주에서 이들을 다루기로 한다.

3.3.1 '-음'[5]

'-음'은 본디 이름꼴의 자격씨끝이었던 것이 공고문, 게시문, 법령, 간결한 기록 따위의 특수한 글말에 국한하여 서술법의 마침씨끝으로 전용되어 쓰이는 일이 있다.

3.3.1.1 '-음'의 형태·통어적 특성

첫째, 주체높임의 '-시-' 통합 : 가능함.

둘째, 때매김씨끝과의 통합 제약 : '-더-'와 '-려-'는 통합될 수 없음.

셋째, 풀이씨 뿌리와의 통합 제약 : 제약 없음.

넷째, 들을이높임 '요'와 느낌토씨 '그려' 통합 제약 : 통합 불가.

다섯째, 절종결 종류 : 읽을 경우에 '내림'의 절종결 놓임.

여섯째, 임자말의 가리킴 제약 : 제약 없음.

---

4) '-음'을 마침씨끝으로 볼 수 있음을 최현배(1971:271)는 다음과 같이 설명하였다.
"글월에서만 월을 끝낼 적에만 쓰는 '-(으)ㅁ' 같은 것은 역시 마침법의 베풂꼴의 한 가지로 볼 수 있느니라. 보기 ;
- 본회(本會)는 우리말과 글의 연구와 통일을 목적함."
5) 앞 음절의 끝이 닿소리이면 /-음/으로, 홀소리이면 /-ㅁ/으로 실현된다.

일곱째, 건너 따옴월 중화형태 : '-음'은 글말에서만 쓰이기 때문에 건너 따옴월에 포함되는 일이 없으나, 글말을 인용하여 발화하는 경우에 서술법 마침씨끝의 중화형태인 '-는다'로 중화됨.[6]

여덟째, 때어찌말과의 공기관계 : 제약 없음.

3.3.1.2 '-음'의 의미·화용적 특성

'-음'은 입말에서는 쓰이지 않고 글말에서만 쓰이며, 특정한 들을이에게 사용되는 것이 아니라 불특정의 들을이에게 사용되는 제약을 보인다. 글말에서도 공고문, 게시문, 법령, 간결한 기록 따위의 특수한 경우에 한정되어 어떤 사실을 알리거나 기록하는 경우에 사용된다. 그러므로 마침씨끝이 '-음'인 월은 말할이가 들을이에게 특정한 높임의 등분으로 발화했다고 볼 수는 없다. 단지 말할이가 들을이의 높임 정도를 의식하지 않은 형태로 볼 수 있기 때문에 '-음'은 높낮이없음 마침씨끝에 해당된다.

'-음'은 의향법에서 서술법에 포함되며, 어떤 사실을 알릴 때 사용되기 때문에 의미적 특성으로는 '말할이가 불특정의 들을이에게 글말로 명제 내용을 높낮이 없이 알림'이라 하겠다.

3.3.2 '-을것'

매김꼴 형성 자격씨끝 '-을'에 매인이름씨 '것'이 통합되어 이루어진 복합형 마침씨끝 '-을것'은 글말에서 주로 사용되지만 입말에서도 쓰이는 일이 있는데, 입말에서 쓰이게 되면 들을이가 특정한 개인인 경우보다는 다수의 들을이에게 발화할 때 사용된다. 글말이나 다수의 들을이에게 발화할 때만 쓰이기 때문에 '-을것'도 특정한 높임의 등분으로 발

---

6) 예컨대 "철수가 학교에 갔**음**."이란 글말을 본 갑이 을에게 인용하여 발화하면, "철수가 학교에 갔**다**고 쓰여 있다."가 될 것이다.

화했다기보다는 말할이가 들을이를 의식하지 않은 형태로 볼 수 있어 높낮이가 중화된 높낮이없음 마침씨끝에 포함된다.

'-을것'은 의향법에서 시킴법에 해당되는데, 그 까닭은 '-을것'이 마침씨끝으로 쓰인 월에서 (4)와 같이 시킴법이나 꾀임법 마침씨끝에 쓰이는 부정형이 놓인다는 점을 들 수 있다.

> (4) 내일 학교에 **올것**.
> ⇒ * 내일 학교에 오지 **않을것**.
> ⇒내일 학교에 오지 **말것**.

또한 건너 따옴월에 포함될 때, '-을것'은 (5)와 같이 시킴법 마침씨끝의 중화형태인 '-으라'로 실현되는 점도 '-을것'이 시킴법 마침씨끝에 해당함을 증명해 준다.

> (5) ㄱ. 갑→을 : 내일 학교에 나**올것**.
> 을→병 : 갑이 나에게 내일 학교에 나오**라**고 한다.
> ㄴ. 갑→을 : 빨리 끝**낼것**.
> 을→병 : 갑이 나에게 빨리 끝내**라**고 한다.

이와 같이 '-을것'은 복합형으로 이루어진 시킴법의 마침씨끝에 해당한다.

3.3.2.1 '-을것'의 형태·통어적 특성

첫째, 주체높임의 '-시-' 통합 : 기능함.

둘째, 때매김씨끝과의 통합 제약 : 여느 시킴법 마침씨끝들과 마찬가지로 어떤 때매김씨끝도 통합될 수 없음.

셋째, 풀이씨 뿌리와의 통합 제약 : [+행동성] 움직씨 뿌리와만 통합 가능.

넷째, 들을이높임 '요'와 느낌토씨 '그려' 통합 제약 : 통합 불가.

다섯째, 절종결 종류 : 여느 시킴법 마침씨끝들과 마찬가지로 '끊음'의 절종결 놓임.

여섯째, 임자말의 가리킴 제약 : 둘째가리킴에 상당하는 임자말만이 공기함.

일곱째, 건너 따옴월 중화형태 : 시킴법의 중화형태 '-으라'로 중화됨.

여덟째, 때어찌말과의 공기관계 : 현재를 포함한 올적의 때어찌말과만 통합 가능함.

3.3.2.2 '-을것'의 의미·화용적 특성

시킴법의 복합형 마침씨끝 '-을것'은 경고문, 공고문, 게시문 따위의 특수한 글말에서 주로 사용된다. 입말에서도 명령을 내릴 때 쓰이는 일이 있는데, 입말에서 쓰이게 되면 들을이가 특정한 개인인 경우보다는 다수의 들을이에게 발화할 때 주로 사용된다. 글말이나 다수의 들을이에게 발화할 때만 쓰이기 때문에 '말할이가 들을이를 의식하지 않은 형태로 볼 수 있어 높낮이가 중화된 높낮이없음 마침씨끝에 포함된다.

-을것'의 의미적 특성은 '-을것'이 마침씨끝으로 쓰인 월의 쓰임을 통해 파악할 수 있는데, '-을것'은 '말할이가 들을이에게 명제 내용을 높낮이 없이 시킴'이란 의미적 특성을 가진다.

4. 마무리

높낮이없음 마침씨끝의 설정 기준에 따라 서술법에 '-다', '-음'을 설정하였고, 물음법에 '-는담', '-으랴'를 설정하였으며, 시킴법에 '-으라'와 '-을것'을 설정하였는 바, 이들 마침씨끝의 공통적 특성과 개별적 특성을 정리하면 다음과 같다.

◆ 일반 제약

들을이높임의 정도가 높낮이없음에 해당하는 마침씨끝은 다음과 같은 공통 특성이 있었다.

첫째, 대체로 다른 등분의 마침씨끝은 입말과 글말에 관계없이 두루 쓰일 수 있지만 높낮이없음 마침씨끝들은 일반적으로 글말에서 주로 쓰이는 특성을 보인다.

둘째, 다른 등분의 마침씨끝은 일반적으로 정해진 들을이에게 발화하는 경우에 사용되지만, 높낮이없음 마침씨끝은 말할이의 혼잣말이나 불특정 다수의 들을이에게 사용되는 특성을 보인다.

셋째, 일반적으로 다른 등분의 마침씨끝은 상관적 장면과 단독적 장면에서 모두 사용될 수 있지만, 높낮이없음 마침씨끝은 주로 단독적 장면에서 쓰인다.

넷째, 높임의 정도에서 다른 등분의 마침씨끝은 정도의 차이는 있지만 들을이를 높이든가, 안 높이든가, 낮추든가 하는데, 높낮이없음 마침씨끝들은 높낮이에 관한 한 중화된다.

◆ 특수 제약

높낮이없음에 해당하는 마침씨끝들이 들을이높임의 등분에서는 동일하지만 마침씨끝마다 말본적 특성과 의미 기능에서는 차이를 보임을 드러내고자 하였다. 곧 마침씨끝마다 개별적으로 형태배합상의 제약이 어떻게 나타나며, 월조각과의 공기관계에서도 개별적인 제약이 어떻게 나타나는가를 살폈다. 또한 의미적인 특성에서도 각각의 마침씨끝이 어떤 특성을 보이며, 화용적인 쓰임에서도 각각 어떤 제약을 보이는가를 밝혔다.

제 10 장 맺음말

우리말은 형태적으로 교착어[첨가어]적 특성을 가지기 때문에 뿌리에 덧붙는 씨끝이 다양한 양상을 띠고 있음은 이미 잘 알려진 사실이다. 씨끝 가운데에서도 월의 끝에 놓이는 마침씨끝은 다양한 들을이높임의 등분과 의향법에 따라 많은 분포를 이루고 있는데, 같은 의향법에 속하고 동일한 들을이높임의 등분에 속하는 마침씨끝들일지라도 각기 다른 말본적 특성과 의미적 기능을 가지고 서로 대립되어 있다.

이 글에서는 현대 우리말에서 쓰이고 있는 마침씨끝에 관하여 마침씨끝이 가지는 여러 기능에 따라 마침씨끝마다의 형태·통어적 특성과 의미·화용적 특성을 밝히고자 하였다. 이 글에서 논의된 내용을 간단히 정리하면 다음과 같다.

우리말의 모든 씨끝들을 다음과 같이 몇 가지 기준에 따라 체계화하였으며, 이 체계 안에서의 마침씨끝이 어디에 자리하는가를 밝혔다.

```
씨끝 ---- 안맺음씨끝
    맺음씨끝 ----- 마침씨끝
        안마침씨끝 ----- 이음씨끝
                        자격씨끝
```

마침씨끝의 기본 과제에서는 마침씨끝이 말본적으로 월 안에서 어떤 영향을 미치는가에 따라 형태적 특성과 통어적 특성을 가지고 있음을 살폈고, 또한 의미적으로 각기 독특한 의미를 나타내기 때문에 의미적 특성을 가짐을 살폈으며, 이 밖에도 월로 표현되지 않은 말할이와 들을이에 관련된 것, 말이 이루어지는 장면, 말할이의 들을이에 대한 태도 등 여러 가지 화용적인 특성을 가짐을 살폈다. 이처럼 마침씨끝은 어떤 다른 말본적 형태보다도 다양한 기능을 보여 기능부담성이 큰 말본적 요소임을 알 수 있었다.

마침씨끝의 다양한 기능 가운데 가장 중요한 것은 의향법과 들을이 높임법의 실현하는 기능이라고 할 있다. 이 글에서는 먼저 들을이높임법의 관점에서 마침씨끝을 분류·체계화시키는 작업을 하였으며, 다음으로 의향법의 관점에서 마침씨끝을 재분류하였다.

마침씨끝에 의해 실현되는, 말할이의 들을이에 대한 태도를 나타내는 의향법은 다음과 같은 분류 기준에 따라 체계화되었다.

<분류 기준>
일차 분류 기준
1. 통사적 기준
 1) 독자적 건너 따옴월 중화형태 있음
 2) 들을이높임법 등분에 빈칸 없음
2. 의미적 기준
 1) 들을이에 대한 요구 [있음/없음]
 2) 대답 요구/행동 요구
 3) 행동의 대상 [들을이/말할이+들을이]
이차 분류 기준
마침씨끝의 의미적 속성 개념

<의향법 분류 체계>

일차 분류	이차 분류	대표 씨끝
서술법	풀이법	-는다
	감탄법	-구나
	약속법	-마
	경계법	-을라

물음법	질문법	-니
	의문법	-을까
꾀임법	제안법	-자
시킴법	명령법	-어라
	허락법	-으려무나

마침씨끝에 의해 실현되는 들을이높임법의 체계에 관하여는 연구 논저마다 각기 다른 양상을 보였다. 이 글에서는 현대 우리말에서 주류를 이루고 쓰이고 있는 반말을 중심으로 하여 들을이높임법 체계 안에서 그 위치를 고정시키고, 이를 중심으로 하여 들을이높임법 체계를 다음과 같이 재정립하였다.

구 분	격식체	비격식체	구 분
높 임	아주높임	반말 + 요	높 임
	예사높임		
같 음	높낮이없음	반 말	안높임
낮 춤	예사낮춤		
	아주낮춤		

들을이높임의 등분이 위 도표에서와 같이 사용되는 장면이나 높임의 정도에 따라 격식체와 비격식체로 이원적으로 설정되지만 실제 발화에서는 격식체와 비격식체의 뒤섞기 현상이 일어나는데, 대체로 들을이높임의 정도가 비슷한 등분끼리 뒤섞여 쓰인다. 이와 같이 실제 발화에서 격식체와 비격식체가 뒤섞이는 현상은 이들이 모두 들을이높임을 나타낸다는 공통점과 발화할 때 말할이의 심리상태 변화나 장면의 변화로 말미암음을 알 수 있었다.

위의 들을이높임법 체계에서 높임의 정도가 각 등분에 해당하는 마침씨끝을 각 등분의 마침씨끝 설정 원칙에 따라 다음과 같이 설정하였다.

<반말 마침씨끝>
서술법 : 단순형 : -어, -지, -게, -네, -는군, -데, -거든, -는데, -고
　　　　복합형 : -다나, -자나, -으라나, -는다고, -느냐고, -자고, -으
　　　　　　　　라고, -는다니까, -냐니까, -자니까, -으라니까, -을
　　　　　　　　래, -을게, -는걸, -을걸, -고말고, -다마다
물음법 : 단순형 : -어, -지, -게, -네, -는가, -나, -데, -는데, -고
　　　　복합형 : -다니, -냐니, -자니, -으라니, -는다고, -느냐고, -자
　　　　　　　　고, -라고, -는다면서, -자면서, -으라면서, -는대, -는
　　　　　　　　다지, -을까, -을래, -는지
꾀임법 : 단순형 : -어, -지
　　　　복합형 : 없음
시킴법 : 단순형 : -어, -지, -고
　　　　복합형 : 없음

<예사낮춤 마침씨끝>
서술법 : 단순형 : -ㄹ세, -음세, -으이, -네, -거니, -느니
　　　　복합형 : -는다네
물음법 : -는가, -나, -네, -을런가, -을손가
꾀임법 : -세
시킴법 : -게

<예사높임 마침씨끝>
서술법 : 단순형 : -오, -는구려
　　　　복합형 : -는다오, -읍디다, -으리다
물음법 : 단순형 : -오
　　　　복합형 : -읍디까, -으리까
꾀임법 : 복합형 : -읍시다
시킴법 : 단순형 : -오, -구려

<아주낮춤 마침씨끝>
서술법 : 단순형 : -는다, -으마, -는구나, -어라, -으니, -을라,
　　　　　　　　(-노라, -누라)

복합형 : -는단다, -느니라(-도다, -을진저, -을지니라, -을거나,
-을러라, -을레라, -을지라, -을지로다)
물음법 : 단순형 : -느냐, -니
복합형 : -으렷다, -을소냐, -는다니(-을소냐, -는고, -을러라)
꾀임법 : 단순형 : -자
시킴법 : 단순형 : -어라, -으려무나
복합형 : -으렷다(-을지어다)

<아주높임 마침씨끝>
서술법 : 복합형 : -습니다, -는답니다, -나이다, -으오이다, -올시다
물음법 : 복합형 : -습니까, -는답니까, -나이까, -으오이까
시킴법 : 단순형 : -으소서
복합형 : -으십시오
꾀임법 : 없음

<높낮이없음 마침씨끝>
서술법 : 단순형 : -다, -음
물음법 : 복합형 : -는담, -으랴
꾀임법 : 없음
시킴법 : 단순형 : -으라
복합형 : -을것

위에서 들을이높임법과 의향법에 따라 분류한 마침씨끝들은 공통적
특성이 있는 반면, 마침씨끝마다 독특한 특성이 있으며, 그 특성들이
유사한 것들이 있는가 하면 전혀 이질적인 것들도 있었다. 먼저 공통적
특성(일반 제약)에 따라 앞에서와 같이 각 등분의 마침씨끝을 설정할 수
있으며, 그 다음 같은 등분에 해당하는 마침씨끝마다의 고유한 특성을
밝히되, 유사성의 정도에 따라 몇 가지 부류로 묶어서 그 특성을 고찰하
였다. 또한 유사성이 큰 마침씨끝들의 특성 차이가 드러나도록 하였다.
마침씨끝의 특성은 마침씨끝의 기능에서 살핀 바에 따라 형태적, 통
어적, 의미적, 화용적 특성으로 나누어 고찰하였는데, 먼저 형태적 특성

에서는 마침씨끝이 통합된 풀이말의 영역 안에서 다른 요소에 어떤 제약을 미치는가에 대하여 살폈다. 곧 마침씨끝마다 앞서는 환경에 대한 제약과 뒤에 놓이는 요소와의 제약 관계인 형태배합상의 특성을 주로 논의하였다.

그 내용을 보면, 안맺음씨끝(주로 주체높임의 '-시-'와 때매김씨끝과의 통합)과의 통합에 어떤 제약이 따르는가를 살폈으며, 가능한 한 그 제약의 원인은 무엇인가를 규명하려고 하였다. 또한 풀이씨와의 통합관계에서도 마침씨끝마다 어떤 제약이 따르는가, 그 까닭은 무엇인가를 밝히려고 하였으며, 뒤에 놓이는 요소로 들을이높임의 '요'와 느낌토씨 '그려'의 통합 가능성 여부를 드러내었다.

통어적 특성에서는 마침씨끝이 통합된 풀이말 이외의 다른 월조각이나 월 그 자체에 어떤 영향을 미치는가를 검토하였다. 월 끝에 놓이는 절종결의 종류에 따라 마침씨끝인지 아닌지가 판명되며, 또한 의향법의 종류가 결정되기도 하였다. 마침씨끝마다 그 마침씨끝으로 끝나는 월의 뒤에 어떤 절종결이 놓이는가를 살펴서 마침씨끝으로서의 자격에 문제가 될 수 있는 것들을 해결할 수 있었으며, 또한 이를 바탕으로 마침씨끝마다 의향법에서 어디에 해당되는가를 검증할 수 있었다. 아울러 마침씨끝마다 임자말의 가리킴에 어떤 제약이 따르는가를 살폈으며, 임자말의 가리킴 제약이 나타나는 경우에 그와 같은 제약의 원인은 무엇인가를 가능한 한 규명하고자 하였다. 그리고 마침씨끝마다 간접화하는 경우에 어떤 형태로 중화되는가를 살피고, 이를 바탕으로 하여 마침씨끝마다의 특성을 규명하거나, 이미 밝힌 내용에 대한 증거로 삼았다. 또한 경우에 따라서 어찌말과의 공기관계 제약을 밝혀 마침씨끝의 특성을 드러내기도 하였다.

의미적 특성에서는 마침씨끝들이 가지고 있는 의미에 대하여 기존의 연구 논저에서 밝힌 의미를 바탕으로 하고, 실제 마침씨끝이 쓰인 보기를 통하여 의미적 특성을 규명하였다. 마침씨끝마다 가질 수 있는 여러 의미를 가능한 다 밝히고, 이를 바탕으로 하여 공통적 의미 특성을 추출하고자 하였다.

화용적 특성에서는 마침씨끝들이 각각 어떤 장면에서 사용되는가를 밝혔으며, 아울러 마침씨끝마다 용법상의 특징, 수행력(force), 말할이가 들을이를 높이는 정도, 말할이의 들을이에 대한 태도 따위를 살펴 마침씨끝마다의 화용적인 특성이 드러나도록 하였다.

마침씨끝 연구에서 가장 중요하고 본질적인 작업은, 마침씨끝들을 단지 의향법과 들을이높임의 정도에 따라 분류하거나 구분하는 데 그칠 것이 아니라 각 의향법이나 들을이높임 등분에 해당하는 마침씨끝이 가지는 말본적 특성과 의미적 기능을 밝혀야 하는 것이다. 이 글에서는 바로 이와 같은 점에 착안하여 마침씨끝마다의 형태·통어적 특성과 의미·화용적 기능에 대하여 공통점과 차이점을 규명하고, 그와 같은 차이점과 공통점을 가지게 된 동기나 원인 따위를 규명하고자 하였다.

참고문헌

강구중(1984), "국어 시킴꼴의 유형과 의미 기능 연구", 어문학교육 7, 한국어문
    교육학회.

고광모(2001), "반말체의 등급과 반말체의 어미의 발달에 대하여", 언어학 30,
    한국언어학회.

고성환(1987), 의문의 문답관계 연구, 국어연구 75, 서울대학교 국어연구회.

고성환(2003), 국어 명령문에 대한 연구, 역락.

고영근(1965), "현대국어의 서법체계에 대한 연구", 국어연구 15, 서울대학교
    국어연구회.

고영근(1973), "현대국어 종결어미에 대한 구조적 연구", 어학연구 9-2.

고영근(1974), "현대국어의 종결어미에 대한 구조적 연구", 어학연구 10-1.

고영근(1974), "현대국어의 존비법에 대한 연구", 어학연구 12-1.

고영근(1975), "현대국어의 어말어미에 대한 구조적 연구", 응용언어학 7-1.

고영근(1976), "현대국어의 문체법에 대한 연구", 어학연구 12-1.

고영근(1986), "서법과 양태의 상관관계", 국어학신연구, 탑출판사.

고영근(1989), 국어형태론연구, 서울대학교출판부.

고영근(1995), 단어 · 문장 · 텍스트, 한국문화사.

고영진(1994), "현대국어의 물음법 씨끝의 문법화 과정에 대하여", 원우론집 22,
    연세대학교 대학원.

고창운(1995), 서술씨끝의 문법과 의미, 박이정.

권재일(1984), "현대국어의 의향법 연구", 목천유창균박사환갑기념논문집.

권재일(1984), "현대국어의 약속문 어미 연구", 대구어문논총 2, 대구어문학회.

권재일(1985), 국어 복합문 구성 연구, 집문당.

권재일(1986), "형태론적 구성으로 인식되는 복합문 구성에 대하여", 국어학 15, 국어학회.

권재일(1987), "문법형태소의 성격", 국어학신연구 1, 탑출판사.

권재일(1991), "의향법과 그 통사 특성", 인문과학논총 23, 건국대학교 인문과학연구소

권재일(1992), 한국어 통사론, 민음사.

김민수(1972), 국어문법론, 일조각.

김석득(1966), "V류어(움직씨, 동사류어)의 내부적 구성요소 분석", 인문과학 14·15합집, 연세대학교 인문과학연구소.

김석득(1967), "국어형태론 - 형태류어의 구성요소 분석", 연세논총 4집.

김석득(1968), "현대국어 존대법의 일치와 확대구조", 국어국문학 41, 국어국문학회.

김석득(1971), 국어구조론, 연세대학교출판부.

김석득(1977), "더 높임법과 더 낮춤법", 언어와 언어학 제4집, 외국어대학교 언어연구소.

김석득(1989), "마침법의 의향법 체계", 제효이용주박사회갑기념논문집, 한샘.

김석득(1992), 우리말 형태론, 탑출판사.

김선호(1988), 한국어의 행위요구월 연구, 건국대학교대학원 박사학위논문.

김선호(1992), "현대국어의 시킴씨끝 연구", 한국어의 토씨와 씨끝, 서광학술자료사.

김세중(1987), "국어의 명시적 수행문에 대하여", 한글 196.

김수태(1999), 인용월 연구, 부산대학교출판부.

김수태(1999), "'-다고, -느냐고, -으라고, -자고'에 대하여", 우리말연구 9, 우리말학회.

김수태(2000), "'-다니, -느냐니, -으라니, -자니'에 대하여", 문창어문논집 37, 문창어문학회.

김수태(2001), "'-다면서, -으라면서, -자면서'에 대하여", 언어과학 8-1, 한국언어과학회.

김수태(2001), "'-다니까, -느냐니까, -으라니까, -자니까'에 대하여", 부산한글

20, 한글학회 부산지회.

김수태(2001), "'-고 하-'의 생략과 씨끝의 융합", 한글 254, 한글학회.

김수태(2002), "융합씨끝 '-다지, -으라지'에 대하여", 한글 258, 한글학회.

김승곤(1983), "현대국어 존대법 연구", 문호 8, 건국대학교.

김승곤(1990), 한국어통사론, 건국대출판부.

김승곤(1996), 현대 나라 말본, 박이정.

김영희(1975), "의문문의 이접적 특성", 문법연구 2.

김영희(1996), "문법론에서 본 상대 높임법의 문제", 한글 233, 한글학회.

김윤경(1948), 나라말본, 동명사.

김일웅(2000), "마침법 씨끝의 겹침과 융합", 한국민족문화 15, 부산대 민족문화원.

김정수(1996), "높임법의 등분", 말 21, 연세대학교 한국어학당.

김종택(1981), "국어 대우법 체계를 재론함", 한글 172.

김종택(1982), 국어 화용론, 형설출판사.

김종택(1996), "상대높임법의 화용론", 국어학연구의 오솔길, 우전 김형주 선생 화갑기념논총.

김종훈(1984), 국어 경어법 연구, 집문당.

김주미(1992), "현대국어의 서술씨끝 연구", 한국어의 토씨와 씨끝, 서광학술자료사.

김차균(1980), "국어 시제 형태소의 의미", 한글 169.

김태엽(1998), "국어 비종결어미의 종결어미화에 대하여", 언어학 22, 한국언어학회.

김태엽(1999), "국어 통용 종결어미에 대하여", 현대문법연구 18, 현대문법학회.

김태엽(2001), 국어 종결어미의 문법, 국학자료원.

김혜숙(1991), 현대 국어의 사회언어학적 연구, 태학사.

김희상(1911), 조선어전, 역대한국어문법대계, 탑출판사.

김홍범(1987), "'-다면서', '-다고', '-다니'의 구조와 의미", 말 12, 연세대학교 한국어학당.

김희진(1998), "간접인용구문의 녹아붙은꼴 연구", 국어문법의 탐구 4, 태학사.

나진석(1958), "의문형 어미고", 한글 123.

나진석(1959), "종지법 서술형 접미사고", 국어국문학 20, 국어국문학회.

남기심(1971), "인용문의 구조와 성격", 동방학지 제12집.

남기심(1973), 국어 완형보문법 연구, 탑출판사.

남기심(1978), 국어문법 시제에 관한 연구, 탑출판사.

남기심(1981), "국어 존대법의 기능", 인문과학 45집.

남기심(1982), "국어의 공시적 기술과 형태소 분석", 배달말 7.

남기심(2001), 현대국어 통사론, 태학사.

남기심 · 고영근(1983), 국어의 통사 · 의미론, 탑출판사.

남기심 · 고영근(1985), 표준 국어 문법론, 탑출판사.

남기심(외)(1975), 현대국어 문법, 계명대학교출판부.

노대규(1983), 국어의 감탄문 문법, 보성문화사.

노용균(1984), 국어 의문문의 통사와 의미, 서울대학교대학원 석사학위논문.

박금자(1987), "국어의 명령표현 연구", 관악어문연구 12, 서울대학교 국어국문
        학과.

박승빈(1935), 조선어학, (1972, 복사판), 조선어학연구회.

박승빈(1937), 간이조선어문법, 조선어학연구회.

박영순(1976), "국어 경어의 사회언어학적 연구", 국어국문학 72 · 73, 국어국문
        학회.

박영순(1985), 한국어 통사론, 집문당.

박영순(1992), "국어 요청문의 의미에 대하여", 주시경학보 9, 주시경연구소.

박영준(1994), 명령문의 국어사적 연구, 국학자료원.

박영준(1996), "국어 반말 종결어미의 역사성", 어문논집 35, 민족어문학회.

박종갑(1984), "의문문의 화용론적 특성", 영남어문학 11.

박종갑(1987), 국어 의문문의 의미 기능, 홍문각.

박창해(1946), 쉬운 조선말본, 계문사.

박창해(1964), 한국어구조론 3, 연세대학교 한국어학당.

서상준(1996), 현대국어의 상대높임법, 전남대 출판부.

서정목(1987), 국어 의문문 연구, 탑출판사.

서정목(1988), "한국어 청자대우 등급의 형태론적 해석(1)", 국어학 17, 국어학회.

서정목(1989), "'반말체' 형태 '-지'의 형태소 확인", 이혜숙교수정년기념논문집, 한신문화사.

서정목(2001), "현대국어 '-오오체' 어미의 형태론적 해석", 형태론 3-2.

서정수(1977), "'-겠-'에 관하여", 말 제2집, 연세대학교 한국어학당.

서정수(1978), "'-을 것'에 관하여", 국어학 6, 국어학회.

서정수(1984), 존대법 연구, 한신문화사.

서정수(1985), "국어 의문문의 문제점", 김형기선생팔지기념국어학논총, 창학사.

서정수(1990), "국어의 서법체계에 관하여", 강신항교수회갑기념논문집.

서정수(1994), 국어문법, 뿌리깊은나무.

서태룡(1985), "국어의 명령형에 대하여", 국어학 14, 국어학회.

서태룡(1985), "정동사어미의 형태론", 진단학보 60, 진단학회.

서태룡(1986), "정동사어미의 의미특성", 성심어문논집 9.

서태룡(1988), 국어 활용어미의 형태와 의미, 탑출판사.

석경징(1976), "The Syntax of Sentence Ender", 어학연구 12-1.

성광수(1980), "국어 부가의문문에 대하여", 한글 168, 한글학회.

성광수(1984), "국어의 추정적 표현", 한글 184, 한글학회.

성기철(1985), 현대국어 대우법 연구, 개문사.

성기철(1995), "반말의 특성", 한양어문 13, 한국언어문화학회.

손현선(1998), "이른바 반말 종결형태의 양태적 의미 연구", 국어문법의 탐구 4, 태학사.

신기철 · 신용철(1985), 새우리말큰사전, 삼성출판사.

신선경(2001), "'-군(요)'와 '-네(요)의 쓰임에 대한 연구", 형태론 3-1.

신창순(1984), 국어문법연구, 박영사.

신현숙(1980), "'-더라'의 쓰임과 의미", 논문집 11, 건국대학교 대학원.

정인승(1956), 표준 고등말본, 신구문화사.

안명철(1990), 국어의 융합 현상, 국어국문학 103, 국어국문학회.

안명철(1991), "인용구문의 융합 현상", 국어학의 새로운 인식과 전개, 문학과지성사.

안병희(1965), "15세기 국어 공손법의 한 연구", 국어국문학 28, 국어국문학회.

안주호(1996), 한국어 명사의 문법화 현상 연구, 연세대학교대학원, 박사학위논문.

양인석(1976), "한국어 양상의 화용론", 언어 1-1, 한국언어학회.

양인석(1980), "한국어 말끝말씨 간소화", 언어와 언어학 제6집, 외국어대학교 언어연구소.

유목상(1986), 연결서술형 어미 연구, 집문당.

유송영(1996), 국어 청자대우 어미의 교체사용(switching)과 대우법 체계-힘(power)과 유대(solidarity)의 정도성에 의한 담화분석적 접근, 고려대학교대학원 박사학위논문.

유현경(2003), "연결어미의 종결어미적 쓰임에 대하여", 한글 261, 한글학회.

윤석민(2000), 현대국어의 문장종결법 연구, 집문당.

이광호(1983), "후기 중세국어의 종결어미 '-다/라'의 의미", 국어학 12. 국어학회.

이기갑(1987), "의도구문의 인칭 제약", 한글 196, 한글학회.

이기동(1986), "Pragmatic function of sentence enders", 인문과학 56, 연세대 인문과학연구소.

이기동(1987), "마침꼴의 의미 연구", 한글 195, 한글학회.

이기용(1978), "언어와 추정", 국어학 6, 국어학회.

이길록(1972), 국어문법연구, 일신사.

이맹성(1973), "Variation of Speech Levels and Interpersonal Social Relationship in Korean", 한산 이종수박사 송수논총.

이맹성(1975), "한국어 종결접미사와 대인관계 요소의 상호관계에 관한 연구", 인문과학 33·34, 연세대학교 인문과학연구소.

이상규(1985), "'-거라' 명령법 어미의 기능과 방언차", 소당천시권박사화갑기념 국어학논총.

이상복(1976), "'-요'에 대한 연구", 연세어문학 7·8, 연세대학교 국어국문학과.

이상복(1984), "국어의 상대존대법 연구", 배달말 9, 배달말학회.

이상준(1978), "명령문에 대한 논리적 고찰", 영어영문학 68, 한국영어영문학회.

이성구(1983), 국어 의문문의 유형에 관한 연구, 서울대학교대학원 석사학위논문.

이성하(1998), 문법화의 이해, 한국문화사.

이승욱(1980), "종결어미의 통합적 관계", 난정남광우박사 회갑기념논총, 일조각.

이승재(1992), "융합형의 형태 분석과 형태의 화석", 주시경학보 10, 주시경연구소.

이영민(1989), 국어 의문문에 대한 통사적 연구, 서강대학교대학원 석사학위논문.

이유기(2001), 중세국어와 근대국어 문장종결형식 연구, 역락.

이윤하(2001), 현대 국어의 대우법 연구, 역락.

이익섭(1974), "국어 경어법의 체계화 문제", 국어학 2, 국어학회.

이익섭·임홍빈(1983), 국어문법론, 학연사.

이익환(1980), "의문문의 의미", 어학연구 16-2, 서울대학교 어학연구소.

이 정(1978), "서법의 정의와 분류", 말 제3집, 연세대학교 한국어학당.

이 정(1979), "서법에 관하여", 한글 163, 한글학회.

이정민(1975), "언어행위에 있어서의 양상 구조", 현대국어문법, 계명대학교 출판부.

이주행(1994), 한국어문법연구, 중앙대학교출판부.

이지량(1993), 국어의 융합현상과 융합형식, 서울대학교 대학원 박사학위논문.

이카라치 고이치(2000), "연결어미와 종결어미의 호응관계에 대하여", 형태론 2-2.

이태영(1988), 국어 동사의 문법화 연구, 한신문화사.

이창용(1986), "명령문의 발화 조건", 미원우인섭선생화갑기념논문집.

이필영(1993), 국어의 인용구문 연구, 탑출판사.

이현희(1987), "국어 종결어미 발달에 대한 관견", 국어학 11, 국어학회.

이희승(1957), 새고등문법, 일조각.

이희승(1970), 새문법, 일조각.

이희승(1982), 국어대사전, 민중서림.

이희자·이종희(1999), 텍스트 분석적 국어 어미의 연구, 한국문화사.

임홍빈(1984), "문장종결의 논리와 수행-억양", 말 9, 연세대학교 한국어학당.

임홍빈(1985), "'-시-'와 경험주 상정의 시점", 국어학 14, 국어학회.

임홍빈(1985), "현대의 '-삽-'과 예사높임의 '-오'에 대하여", 선오당김형기선생팔지기념국어학논총.

임홍빈(1985), "청자대우법상의 '해'체와 '해라'체", 소당천시권박사화갑기념논총.

임홍빈·장소원(1995), 국어문법론 1, 한국방송대학교출판부.

장경희(1977), "17세기 국어의 종결어미연구", 서울대학교사대논총 16.

장경희(1985), 현대국어의 양태범주 연구, 탑출판사.

장석진(1973), 화의 생성적 연구, 어학연구 별권 9-2.

장석진(1985), 화용론 연구, 탑출판사.

장석진(1993), 정보기반 한국어문법, 언어와 정보.

장윤희(2002), 중세국어 종결어미 연구, 태학사.

정길남(1994), 성서의 우리말 연구, 서광학술자료사.

조민정(1996), "'-구나'와 '-네'에 관한 연구", 연세어문학 28, 연세대학교 국어
　　　　국문학과.

조준학(1976), "화용론과 공손규칙, 어학연구 16-1, 서울대학교 어학연구소.

조준학(외)(1981), "한국인의 언어의식", 어학연구 17-2, 서울대학교 어학연구소.

주시경(1910), 국어문법, 주시경전집 3(김민수 편), 탑출판사.

채영희(1983), "서법으로서의 명령법", 국어국문학 20, 부산대학교 국어국문학과.

채영희(1985), 우리말 명령법 연구, 부산대학교대학원 석사학위논문.

최경자(1985), 국어 명령문의 화행분석, 서울대학교 대학원 석사학위논문.

최기호(1978), "17세기 국어의 마침법(終止法) 연구", 논문집 2, 목원대학교.

최명옥(1976), "현대국어의 의문법 연구", 학술원논문집 15, 대한민국 학술원.

최현배(1937), 우리말본, 연희전문학교출판부.

최현배(1961), 우리말본, 정음사.

최현배(1971), 우리말본, 정음사.

한　길(1991), 국어 종결어미 연구, 강원대학교 출판부.

한　길(2002), 현대 우리말의 높임법 연구, 역락.

한동완(1988), "청자경어법의 형태원리", 말 13, 연세대학교 한국어학당.

허　웅(1975), 우리 옛말본, 샘문화사.

허　웅(1981), 언어학, 샘문화사.

허　웅(1983), 국어학, 샘문화사.

허　웅(1988), "16세기 우리말의 의향법(마침법)에 대한 연구", 한글 201, 한글학회.

허　웅(1995), 20세기 우리말의 형태론, 샘문화사.

허　웅(1999), 20세기 우리말의 통사론, 샘문화사.

황승렬(1975), 현대국어 의문에 대한 연구, 서강대학교대학원 석사학위논문.

황적륜(1976), "한국어 대우법의 사회언어학적 기술", 언어와 언어학 제4집, 외
　　　　국어대학교 언어연구소..

Chafe, W. L.(1970), *Meaning and the Structure of Language*, Chicago : The
　　　　University of Chicago Press.

Chomsky, N.(1965), *Aspect of the Theory of Syntax*, Cambridge, Mass : MIT
　　　　press.

Lukoff, Fred(1976), *"Ceremonial and Express Uses of the Style of Address of Korean"*,
　　　　Paper in Korean Linguistics. ed by Chin-W, Kim Columbia :
　　　　Hornbeam Press, Inc.

Lyon, J.(1977), *Semantics 2*, Cambridge : Cambridge University Press.

Nida, E. A.(1946), *Morphology*, Ann Arbor : The University of Michigan.

Radford, A.(1981), *Transformational Syntax*, Cambridge : Cambridge University
　　　　Press.

Searle, J. R.(1969), *Speech Act*, Cambridge : Cambridge University Press.

Suk, Kyong-Jing(1975), *Speech Act and Syntactic Regularity* : A Study of Sentence
　　　　Ender in Korean, Ph. D. Dissertation, The University of Texas.

용어 찾아보기

지 • 은 • 이 • 소 • 개

한 길

연세대학교 문과대학 국어국문학과 마침(76)
같은 대학교 대학원 문학석사(78), 문학박사(87)
미국 슬리퍼리 록 대학교 교환교수(91~92)
미국 브리검 영 대학교 객원교수(98~99)
지금 강원대학교 인문대학 국어국문학과 교수(81~)

<논저>

『국어 종결어미 연구』(1991, 강원대 출판부)
'월조각의 되풀이법 연구'(1993, 한글 221)
'반어법 구문의 통사 특성'(1996, 국어문법의 탐구 Ⅲ)
『현대 우리말의 높임법 연구』(2002, 역락)

현대 우리말의 마침씨끝 연구

인 쇄   2004년 1월 19일
발 행   2004년 1월 26일
저 자   한 길
펴낸이   이대현
편 집   조혜진
펴낸곳   도서출판 **역락** / 서울 성동구 성수2가 3동 301-80
         (주)지시코 별관 3층(우133-835)
Tel 대표·영업 3409-2058 편집부 3409-2060 FAX 3409-2059
E-mail   yk3888@kornet.net / youkrack@hanmail.net
등 록   1999년 4월 19일 제2-2803호

정 가   25,000원
ISBN   89-5556-258-6-93710

* 잘못된 책은 교환해 드립니다.